現代の経営革新

池上一志 編著

執筆者
遠山　曉　　河邑　肇
芦澤成光　　長峰秀和
所　伸之　　鄭　炳武
林　正樹　　飛田幸宏
長谷川　廣　日高克平
安積　淳　　池上一志

中央大学企業研究所
研究叢書20

中央大学出版部

は　し　が　き

　本書は企業研究所のプロジェクト「現代の経営革新」の研究成果である．経営学研究者関連のプロジェクトは企業研究所開設以来6次を数える．今回のプロジェクトはテーマを「現代の経営革新」とし，20名の研究者で総合プロジェクト研究チームを組織し，1997－1999年度を研究期間として共同研究を行った．

　第2次大戦後，企業はその環境に適合するため経営革新を行ってきた．すなわち，発達する科学技術を取り入れ生産システムを変革した．需要が成熟化するとともに新製品を開発した．そして現在では，企業発展のために企業全体の整合性を指向して組織変革をはかっている．そこで本プロジェクトでは，現代を仮に1985年以降とし，わが国企業がとってきた「経営革新」を取り上げることにした．なお，「経営革新」は「企業革新」「組織革新」「事業革新」とか「ビジネス・トランスフォーメーション」などとさまざまな用語が用いられる．それらがそれぞれのニュアンスをもっているので，本書ではこれを統一することは避けた．

　本プロジェクト研究は定例的な研究会を中心に，外部研究者を招いての研究交流，企業の調査訪問，あるいは，郵送調査などを行った．そして，本書は実証研究を中心とする「企業革新」，経営革新の諸側面を分析した「事業革新・職能革新」，そして，最近みられる企業間結合を「企業間関係革新」として取りまとめた．以下，各論文の概要をあげる．

第1部　企業革新　―実証研究を中心にして―

第1章　情報技術による企業革新

　情報化投資をしても企業の生産性・収益性は向上しないという「生産性パラドックス論」に関して1990年代中頃「消滅論争」があった．すなわち，パラドックスは消滅したというBrynjolfssonらの実証研究と，消滅したとはいえないとするStrassmannの研究である．本章では，これにたいしてこの論争は互いに矛盾していないと結論して，効率的なビジネス・組織転換を指向するならば人的・組織的要因の補完的改革と補完的投資が必要であるとするVenkatramanの「ビジネス転換ステージモデル」を評価する．

　そして，付1に示した「経営革新と情報化に関する調査票」の集計結果を用いてわが国においても人的・組織的要因と情報化推進との補完的変革が，情報化度合い，情報化効果に密接に関連していることを実証している．

第2章　経営戦略と組織の革新

　本章では，付2に示した「経営革新（トップ・マネジメント）に関する調査票」の集計結果をデータにして経営革新の実態を分析している．この調査は機械工業を対象にしている．なお，この郵送調査のほかに，それを補完するため訪問調査を行っている．そして，経営戦略，主として新製品開発とトップマネジメント組織について分析している．

第3章　環境経営の実践と課題

　本章もまた，付2の「経営革新（トップ・マネジメント）に関する調査票」から環境問題項目を選び，さらに補完のための訪問調査をし，環境経営の現状を企業の意識と実態の面から捉えている．また，環境経営のレベルがかなり高い音響機器メーカーA社についてケーススタディをし，企業の情報公開の重要性を指摘している．そして，論文のまとめとして，環境経営に関して5項目の提言をしている．

第4章　現代企業革新の検証

本章では，付2にあげた「経営革新（トップ・マネジメント）に関する調査票」の回答を，売上高経常利益率の4区分ごとに経営革新とその経営効果を関連させ分析した．そして，経常利益率が3％以上とそれ未満の企業の経営革新の重要項目の違いを明らかにしている．

第2部　事業革新，職能革新

第5章　現代の経営革新と人事労務計画・組織・監査の新動向

本章は，人事労務管理が人的資源管理へと変貌するなかで，現代の経営革新と関連して人事労務計画・組織・監査がどのように変わってきたかを，わが国企業を中心に検討している．

現代の経営革新は，人的資源を部品的な消耗品としてではなく，創造的な経営資源として捉え，資産の流動化をはかり雇用慣行を無視し，雇用関係を個別化する．同時に企業グループあるいは連結子会社をふくむ総人員計画・採用・配置などの一元的人事管理をとっている．ひいては「労務部」軽視となり，人事労務監査は「制度よりも機能の重視」となった．その結果，人事労務組織の効果測定が重視されるようになったとする．

第6章　情報技術と組織革新の実証研究

本章は，付1のアンケート調査「経営革新と情報化に関する調査票」の集計結果を基礎に経営革新と情報化の関連を分析している．すなわち，「経営革新と情報化に関する調査票」の集計結果を用いて，企業の経営特性および情報化の結果としての情報システム特性を取りまとめている．ついで，これらにより情報化投資と情報システム効果，業績を関連づけている．

第7章　NC工作機械の発達と工作機械メーカーの生産技術
―「現代化」の過程としての1970年代―

わが国の工作機械産業は1970年代になってはじめて，現代化の途をあゆみは

じめたとして，1970年代以降を現代ととらえている．工作機械産業は，1970年代に生産技術の蓄積をはかり，1980年代にはそれを基礎に競争優位の生産技術を確立したとして，両年代の生産技術を分析している．すなわち，1970年代には多種少量生産のために専用機械を導入し，ベルトコンベアによる生産ラインを確立し，作業効率をたかめるために治具を多用し，生産工程全体の管理手法としてグループ・テクノロジーを導入したとする．ついで1980年代になると，工作機械の構造を改良し，機械部品点数を減少した．これは工数，作業時間減少を可能にし，さらに数値制御（NC）工作機械を導入し，自動化，無人化生産を実現したとする．

第8章 製品開発システムの革新とその原動力
—NEC米沢のコンカレント・エンジニアリング導入を事例として—

本章では，製品開発システムにおけるコンカレント・エンジニアリングを経営革新と捉え，それが持続的なものとなる環境について，NEC米沢を例にして吟味している．すなわち，まずコンカレント・エンジニアリングの概念を明らかにし，ついでNEC米沢での製品開発システムへのコンカレント・エンジニアリングの導入を例に，その経営環境としてのトップマネジメント，組織風土，製品開発力，支援技術を捉え，それらがコンカレント・エンジニアリングと相乗して継続的な経営革新になったとしている．

第9章 NECに見られる作業現場革新 —セル生産方式の導入を中心に—

企業における生産方式は大量生産から多品種少量生産へ移行している．ここでは，NECが導入している「自己完結生産方式」である「セル生産方式」の導入過程を取り上げて，経営革新としての生産性向上の戦略的方向性，生産ラインにおける作業方式の革新，人的資源の多技能工化，部門間の業務分担方式の変化を分析している．また，これが「次世代生産システム」に発展するのかを考察している．事例としてNEC長野，埼玉，米沢を取り上げ，その生産調節機能と雇用調整機能とミドルマネジメントの役割が重要であることを示唆し

ている．

第10章　社内企業家活動の枠組みと組識革新

　本章のテーマは，事業，職能についての革新そのものではなく，企業家精神に富み，革新に貢献する「社内企業家」についてである．すなわち，Burgelman に依拠して社内企業家の意義とその必要性，その出現の可能性，さらに当該企業の事業革新に果たす役割について考察している．また，社内企業家の戦略行動によって多くの新製品，新規事業をもたらしている「3M」を事例にとって社内企業家の行動を敷衍している．

第 3 部　企業間関係革新
第11章　自動車産業における世界再編と統合化戦略

　自動車産業は過剰生産能力，需要の鈍化に対応するために経営合理化をはかってきた．現在では低燃費・低公害車の次世代車の開発競争，安全車の開発競争，および高度道路情報システムをめぐる開発競争に直面している．そのため，グローバルな合従連衡など国際的な「統合化」戦略を展開している．

　本章ではこれをめぐって二つの統合化戦略，すなわち，「プラットフォーム統合化戦略」と「モジュールを多用した部品統合化戦略」を検討している．プラットフォーム統合化戦略では，コスト管理はもちろんのこと，企業統合によって生じる多様な車種とブランドバリエーションの維持をはかり，また，モジュールを多用した部品統合化戦略は作業の軽減からコスト削減へと展開していることを指摘している．

第12章　企業結合　―合併，提携，協定―

　バーチャル・コーポレーション，持株会社と企業結合がとられるようになった．経営環境の激変に対応するため，一つの企業を越えて経営資源を有効利用している．この企業結合の形態，すなわち，企業合併，提携，および，協定を分析している．また，その事例として金融業，自動車組立業，通信業，コンピ

ュータ業などをとり，業種による企業結合の特徴を考察している．

　なお最後に，プロジェクトを事務的に支えてくださった企業研究所横本五朗事務長，久保田敦子氏，また，この研究叢書の発行にご助力くださった中央大学出版部矢崎英明副部長に謝意を表する．

2000年10月20日

　　　　　　　　　　　　　企業研究所　プロジェクト「現代の経営革新」
　　　　　　　　　　　　　　　　　　主査　池上　一志

目　次

はしがき

第1部　企業革新――実証研究を中心にして――

第1章　情報技術による企業革新
遠　山　　　曉

1．経済レベルにおける生産性パラドックス論争の再検討 ……………3
　(1)　生産性パラドックス認識の論拠 ……………………………………3
　(2)　生産性パラドックスの再検討 ………………………………………7
2．生産性パラドックスをめぐる議論から得るもの ……………………12
　(1)　Strassmann の「マネジメントの生産性」 ………………………12
　(2)　Strassmann と Brynjolfsson and Hitt における共通点 …………13
　(3)　米国における人的・組織要因と情報化に関する実証成果 ………16
3．ITによる企業革新の基本要件：実証研究 ……………………………20
　(1)　人的・組織要因の変革と情報化の整合関係 ………………………20
　(2)　人的・組織要因特性と情報化連動の効果 …………………………23
　(3)　情報化と情報化投資・業績との関係 ………………………………26
4．総　　括 …………………………………………………………………29

第2章　経営戦略と組織の革新
芦　澤　成　光

1．はじめに …………………………………………………………………33

2．経営ビジョン・指針の変化状況 …………………………34
3．目標の変化状況 ……………………………………………39
4．経営戦略の変化状況 ………………………………………41
5．トップマネジメント組織の変化状況 ……………………46
6．新製品開発とトップマネジメント ………………………51
7．おわりに ……………………………………………………54

第3章　環境経営の実践と課題

所　　伸　之

1．問題の設定 …………………………………………………59
2．アンケート調査の概要と結果の分析 ……………………61
3．ヒアリング調査——音響機器メーカーA社のケース ……67
4．取り組むべき課題 …………………………………………72

第4章　現代企業革新の検証

林　　正　樹

1．はじめに——調査の仮説と対象 …………………………81
2．企業革新の実態調査 ………………………………………84
　(1)　経営ビジョン・方針，経営目標 ………………………84
　(2)　経 営 戦 略 ………………………………………………88
　(3)　経営組織と経営制度 ……………………………………94
3．結びに代えて ………………………………………………104

第2部　事業革新，職能革新

第5章　現代の経営革新と人事労務計画・組織・監査の新動向

長谷川　廣

1．現代の経営革新の意味——本章の分析視角 …………………………109
　(1)　ビジネス・トランスフォーメーション ……………………………109
　(2)　アジャイル生産システム ……………………………………………111
　(3)　産業競争力の再構築 …………………………………………………113
2．雇用慣行「無視」の人事労務計画と「雇用の流動化」……………117
　(1)　人事労務管理から人的資源管理への変化の意味 …………………117
　(2)　人事労務計画の「科学性」よりも「人減らし競争」……………119
3．人事労務管理組識の再編と人事労務部門の「転換」………………124
　(1)　人事労務管理組識の再編 ……………………………………………124
　(2)　人事労務部門の「転換」……………………………………………127
4．人事労務監査の新しい役割 ……………………………………………129
　(1)　人事労務監査から人事労務評定へ …………………………………129
　(2)　制度よりも機能の重視——人事労務監査の新しい役割 …………131

第6章　情報技術と組織革新の実証研究

安　積　　　淳
遠　山　　　曉

1．はじめに ………………………………………………………………139
2．調査報告 ………………………………………………………………140

(1)　調査企業の事業概要 …………………………………………140
　(2)　調査企業の経営特性 …………………………………………142
　(3)　情報技術・情報システム ……………………………………152
3．情報化とその効果との関連性の検討 ……………………………164
　(1)　情報化投資と情報システム効果に関する検討 ……………164
　(2)　情報システム効果と業績の関連性 …………………………168
　(3)　経営特性，情報システム特性・効果と業績との関連性 …170
4．総　　　括 …………………………………………………………171

第7章　NC工作機械の発達と工作機械メーカーの生産技術
―― 「現代化」の過程としての1970年代 ――

河 邑　　肇

1．分析手法 ……………………………………………………………175
　(1)　工作機械産業にとっての「現代」 …………………………175
　(2)　工作機械生産における「現代」 ……………………………176
2．NC工作機械導入以前における量産技術の蓄積 ………………178
　(1)　専用工作機械の導入 …………………………………………179
　(2)　コンベア・システムの導入 …………………………………181
　(3)　ジグの多用 ……………………………………………………184
　(4)　グループ・テクノロジーの導入 ……………………………185
　(5)　工作機械産業内部の下請構造 ………………………………187
3．NC工作機械の導入による機械加工工程の自動化 ……………191
　(1)　NC工作機械の導入 …………………………………………192
　(2)　NC工作機械を中心とした無人加工システム ……………195
　(3)　DNCシステム ………………………………………………197

4．製品のNC化による量産技術の展開条件の獲得 …………200
　　(1) 工作機械の構造的変化にともなう部品点数の減少 …………201
　　(2) 工作機械の機能的変化にともなう市場の拡大 ……………202
　5．NC工作機械の生産における日本的特質 ……………………204
　　(1) 工作機械産業における量産の意味 ……………………………204
　　(2) NC工作機械の生産における日本的特質 ……………………205
　6．おわりに ………………………………………………………210

第8章　製品開発システムの革新とその原動力
　　　　── NEC米沢のコンカレント・エンジニアリング導入を
　　　　　　事例として──
　　　　　　　　　　　　　　　　　　　　　長　峰　秀　和

　1．はじめに …………………………………………………………219
　2．コンカレント・エンジニアリングについて ………………221
　　(1) コンカレント・エンジニアリング誕生の経緯 ………………221
　　(2) 直列型製品開発とコンカレント・エンジニアリング ………222
　3．NEC米沢のコンカレント・エンジニアリング導入プロセス …224
　　(1) NEC米沢とコンカレント・エンジニアリング ………………224
　　(2) コンカレント・エンジニアリングのための施策体系 ………226
　　(3) NEC米沢のコンカレント・エンジニアリング導入プロセスの
　　　　特徴と評価 …………………………………………………………233
　4．競争力の源泉としての「革新の原動力」 ……………………236
　5．おわりに ………………………………………………………242

第9章　NECに見られる作業現場革新
——セル生産方式の導入を中心に——

鄭　炳　武

1．はじめに …………………………………………………………249
2．大量生産方式から多品種少量生産方式へ ……………………250
3．セル生産方式とは何か …………………………………………252
　(1)　概念とその起源 ……………………………………………252
　(2)　セル生産方式の類型と長所・短所 ………………………257
4．NECに見られる作業現場革新 ………………………………259
　(1)　NEC長野の事例 …………………………………………259
　(2)　NEC埼玉の事例 …………………………………………261
　(3)　NEC米沢の事例 …………………………………………263
5．セル生産方式の課題 ……………………………………………264
6．おわりに …………………………………………………………266

第10章　社内企業家活動の枠組みと組織革新

飛　田　幸　宏

1．はじめに …………………………………………………………271
2．社内企業家活動の枠組み ………………………………………273
　(1)　社内企業家による戦略行動 ………………………………273
　(2)　大企業における社内企業家活動 …………………………276
　(3)　社内企業家活動の組織的位置付け ………………………279
3．社内企業家活動に関する事例研究——3Mを事例として ……284
4．組織革新における社内企業家の意義 …………………………289

5．むすびに代えて──トップ・マネジメントの役割 ……………296

第3部　企業間関係革新

第11章　自動車産業における世界再編と統合化戦略
日　高　克　平

1．世界自動車産業の経営環境
　　──環境変化要因と統合化の展開── …………………………303
2．プラットフォーム統合化戦略 ………………………………308
3．部品統合(モジュール)化戦略 ………………………………315
　(1)　モジュール化による部品統合 …………………………315
　(2)　欧州自動車産業における部品統合化 …………………319
　(3)　モジュール生産の代表的事例 …………………………321
4．統合化戦略の合理性と革新性 ………………………………328

第12章　企　業　結　合──合併，提携，協定──
池　上　一　志

1．は じ め に …………………………………………………339
2．企　業　結　合 ………………………………………………339
　(1)　連結の経済性 ……………………………………………340
　(2)　情報ネットワーク社会論 ………………………………341
　(3)　ネットワーク外部性 ……………………………………341
　(4)　企業結合の形態 …………………………………………342
3．ケース・スタディ──業界動向 ……………………………344
　(1)　金　融　業 ………………………………………………344

(2)　自動車組立業 …………………………………………354
　(3)　情報通信業 ……………………………………………357
　(4)　コンピュータ業 ………………………………………362
　(5)　そ の 他 ……………………………………………365
4. む す び ……………………………………………………368

付1　経営革新と情報化に関する調査票 ……………………………373
付2　経営革新（トップ・マネジメント）に関する調査票 …………383

第1部　企業革新——実証研究を中心にして——

第1章　情報技術による企業革新

1．経済レベルにおける生産性パラドックス論争の再検討

(1) 生産性パラドックス認識の論拠

　コンピュータを中心とする情報技術（IT：Information Technology）の機能的・技術的合理性が，ますます加速度的あるいは指数的に向上している．企業その他組織体は，このようなITを駆使するならば，情報活動の効率化が実現できるだけでなく，経営組織や管理活動そしてビジネス特性の抜本的変革・転換レベルにおいても大いなる効果があるという暗黙の前提を受容する傾向がある．

　経営情報システム実践に関する研究においても，少なからず，このような前提に立って，ITに関する"特効薬理論"あるいは"魔法の弾丸理論（silver bullet theory）"が展開されてきたといって過言でないだろう．また，現在でさえも少なからずこのような理論展開が図られているのではなかろうか．

　確かに，ITを"特効薬"あるいは"魔法の弾丸"であるかのように駆使して経営革新を実現した成功事例（寓話）も少なくない．さらには，このような成功事例を視野に置くベスト・プラクティス的アプローチによって大いなる変革効果をあげている事例も存在する．しかしながら，いかに事例が存在しようと，ITを駆使すれば経営革新が実現され，組織の維持・発展に必要な生産性や収益性を向上させ，さらには，そのことが社会全体の生産性や収益性までも向上させて情報化社会全体としても大いなる発展が期待できるかのような単純

な"特効薬"的因果関係は成立していないようである．

Solow (1987) の手厳しい分析結果である「我々は，生産性統計以外のどこにおいても，コンピュータ時代であると認識できる．」という言葉，さらには，サービスセクターにおける情報化投資が急速に増大しているが，ホワイトカラーの生産性は1年間に0.7%しか増大していないというRoach (1984) の実証研究などに触発されたかのように，80年代後半から90年代にかけて，情報化投資と生産性や収益性との関係に関する実証的論争が展開される．とくに経済全体のレベルやセクターレベルを中心にする研究において，情報化投資を増大させても，必ずしも生産性あるいは収益性が向上しないという関係，すなわち情報システム (IS) あるいはITの「生産性パラドックス (Productivity Paradox)」の存在が，情報化投資の上昇とともに，急速に活況を呈した米国経済を背景にして，徐々に多くの支持を得るところとなる．もちろん後述のように生産性パラドックスは存在しないという成果もあるが，おしなべてパラドックスの存在を支持する見解が多かったといえよう．詳細な検討は，すでに多くの優れた論文サーベイが存在するので省略する[1]．およそパラドックス存在の論拠は，次のように総括できよう．

(a) 測定の問題

パラドックスの存在は，それを実証するための長期間にわたる統計データ (セット) そのものの特性から派生する．たとえばパラドックスの存在に大いなる論拠となったホワイトカラーの生産性の低下についても，ワーカー一人あたりの生産性といった労働生産性指標による計測でよいかどうかなど，どのような指標によって計測すべきか，また一般的にアウトプットの指標設定の問題，および分析のもとになるデータセットにおいてインフレや品質向上による価格指標の調整が適切か否かの問題 (測定誤差の問題) 等々の存在が多くの研究者によって指摘されている (Baily and Gordon (1988))．

とくに経済全体，セクターレベルでの実証研究が進んでいるが，これらの結果をもって単純に企業レベルでの生産性・収益性やパラドックスの存在を推し量ることには，若干の無理がある．

第1に，各企業レベルにおいては，ITを駆使して商品・サービスの高品質化を実現し，それが顧客に認められ他企業との差別化を生み収益性を高めても，他方では情報化投資レベルも低く，低品質にとどまり収益性の低い企業が存在する．したがって，これらのデータを統合した業界全体のレベルとしては，平均的な線にとどまり，さほど収益性が高いとは認識されず，情報化投資と収益性との相関関係が低くなることも起こりうる．また情報化投資が低くても，高品質・高収益性を実現する企業も少なくない．
　第2に，個別の企業レベルにおいて情報化投資効果として生産性や収益性が向上したとしても，その利得をもって，他の事業領域を支援するための情報化投資に振り向ける（再配分する）ならば，個別企業全体としての情報化投資に伴う生産性は，必ずしも実態を反映しているとはいえず，生産性値を押し下げることになる．
　さらには，情報化の目的として重要な位置を占める無形の付加価値，たとえば利便性，品質改善，適時性の向上等々については，伝統的な生産統計において計測されにくい，あるいは存在しないものとして扱われている (Hitt and Brynjolfsson (1998), Brynjolfsson and Hitt (1997a), Baily and Gordon (1988))．

(b) **タイムラグの問題**

　情報化投資は，本来，インフラ的，一般的技術投資の特性をもっている．その効果は，間接的であり即時的に出現しない特性をもっているので，タイムラグが存在している．これがパラドックスを認識させる大きな理由になる．IT投資が企業レベルにおいても生産性や利得を上げたという前提に立っても，ITを導入したからといって，即，生産性や何らかの利得を上昇させるには至らないという分析結果が多い．
　David (1990) によれば，画期的な技術が生まれ，それを駆使して革新がなされても，それが一般に伝播するには長期間を要しているという視点に立って，このタイムラグの存在を論拠づけている．たとえば，発電機が発明されて，その価値が認識・評価されても一般的に伝播・普及するまでには，20年を要したと見積っている．またAllen (1997) も，グーテンベルグの自動印刷機

も書籍出版として利用されるまでには40年，ラジオが発明されて放送が展開されるまでに25年が必要であったというCookの言葉を借りつつも，自らもタイムラグの存在を実証している．かれは，すべての業界にとって妥当とはいえないが，とくに電気業界のデータによりIT投資の加速化と生産性の増大との間には5年のタイムラグがあることを明らかにする．そして，タイムラグの存在を前提とすることは，情報化投資の効果を評価するのに合理的接近であることを指摘している．

さらには，Brynjolfsson, Malone, GurBaxani and Kambil (1994) らは，情報化投資が企業の平均的規模を縮小させて生産性の向上と密接に関連するが，それは情報化投資をしてから2～3年のタイムラグが存在することを実証している．

(c) 情報化投資額の割合の問題

年ごとにコンピュータ投資（関連するソフトウェア・コストなどを含めても）が増大しているとはいえ，ITの陳腐化する速度は，他の技術に比べてかなり速いという特性をもっている．そのうえ情報化投資額は，資本ストックや設備投資額のごく小さな割合を占めるにすぎないために，総生産性の成長における貢献は低く（年0.16%程度），90年代前半における生産性成長が，コンピュータ投資の結果によるものではないことを成長会計モデルの利用によって明らかにする (Oliner and Sichel (1994))．

Oliner and Sichelは，その理由として「見えない生産性」が考慮されないからであると指摘している．この点については，Allen (1997) は，かれらの分析がIT技術そのものに対する投資の直接的・単純なリターンに焦点を置いていることから必然的に生じる結果であると分析している．コンピュータその他ITによって形成されるネットワークの拡大による相乗作用（協働による潜在的効果）は，個々のITによる労働生産性の改善を超える効果があるという側面を無視していると評価する．確かにATMは，単一の金融機関ごとに効果があるのではなく，複数の金融機関がネットワーク化されてATMが組み込まれることによってその利便的効果が相乗的に生まれるのであって，単体の

ATM 装置ごとに効果が認識できるものではない．

(2) 生産性パラドックスの再検討
(a) **生産性パラドックス消滅論の台頭**

とくに90年代中頃以降に焦点を絞って，このような生産性パラドックスの存在がどのように評価されるようになっているのか企業レベルを重視した代表的実証研究によって整理する．

90年代中頃からの「企業レベル」におけるパラドックスに関連する評価研究に多大な影響を与えたものは，やはり Brynjolfsson and Hitt (1993, 1996) の大量かつ長期にわたる企業レベルのデータをもとにした一連の研究であろう．

かれらは，1991年に約1.8兆ドルの総産出高を生み出した大企業367社の87年から91年の個別企業レベルのデータ（IDG データ）を利用して，パラドックスを生む測定誤差やデータ特性の限界を考慮しながら限界資本生産性の測定を行い，コンピュータ資本の ROI（総限界資本生産性）が非コンピュータ資本の ROI に比較してかなり高いという結果を得る．とくに，資本をコンピュータ資本と一般資本に区別し，労働を情報作業者と一般雇用者に区別して生産関数（コブ・ダグラス関数）を計測して資本効率を算定する．具体的には，製造業における一般資本の ROI が5.4%に対してコンピュータ資本の ROI が58.8%になる．製造業とサービス業の全体では，一般資本の ROI が6.3%に対して，コンピュータ資本の ROI は，81.0%という驚異的結果を得る．この結果から，かれらは，1991年において，生産性パラドックスの存在を認識することができなかった，すなわち1991年をもって生産性パラドックスが消失したと明快に結論づけたのである．

この実証研究に関連して，さらに，毎年，コブ・ダグラス生産関数式を基調として，それまでに指摘された測定上の問題点をもとにモデルを修正を行う。そして，生産性に関連する一層緻密な分析を展開する．まずコンピュータ以外の資本ストックの限界生産性が，4.14%～6.86%であるのに対して，コンピュータの限界生産性は，56%～68%に達することを明らかにする．さらには，生

産性のアウトプットは，利益ではなく付加価値を採用すべきであるという認識のもとにさらにモデルの改善を行って，ROI は，コンピュータ以外の資本では，10％以下なのに，コンピュータ資本は，50％以上という実証結果を導くことになる (Brynjolfsson (1994))．

最終的には，総売上高マイナス労働コストといった単純な経済的付加価値ベースでは説明できない要因を調整する一般変数を導入してモデルの一層の修正を行い分析する．これは，企業効果要因（firm effects factor）を考慮したモデルである．IT の効果を，企業独自の特性によって決まる固有のものと，投資額によって決まる効果要因に分類して測定する．これにより，多額の情報化投資によって高い生産性を上げる企業と低い生産性しか上げることができない企業の存在を前提にした評価を可能にする．その結果，IT 資本投資の ROI の 81％は，45％まで低下することになる．このことは，IT 効果の半分近くがすべての企業によって共有されても，残りは各々の企業固有の特性によって決まるということを意味している (Brynjolfsson and Hitt (1995), Hitt and Brynjolfsson (1998))．

Brynjolfsson and Hitt の一連の実証研究において，IT の効果の度合いは調査を繰り返すたびに徐々に低下してきている．しかし，依然として確かな効果の存在を明らかにしている．現在，研究論文にとどまらずビジネス誌でも，とくにかれらの初期の実証結果を一般的に受容できる結果として高く評価して引用することが多い．その結果，そして，情報化投資の生産性パラドックス問題は，すでに解決したものとして捉えることが多い．その結果，現段階はパラドックスの存在を議論する段階は過ぎ去り，すでにいかに「ペイオフ」させるかの段階にきているという論調が生まれ始めたのである．

たとえば The Economist (1994), Fortune (1994) では Magnet によって，そして Business Week (1993) の特集等々においては，Brynjolfsson and Hitt の分析結果を「パラドックス存在の反証」として高く評価してパラドックス消滅論を積極的かつ明快に展開することになる．

もちろん Brynjolfsson and Hitt の分析に依拠しているだけではない．たと

えば，*Business Week*（1993）自身も，独自のデータ分析により80年代の情報化投資の効果は，タイムラグをもって90年代に至って，ハードウェアやソフトウェアの機能の向上，リエンジニアリングの推進とあいまって出現し始めたのであり，まさに「いかにペイオフさせるか」の段階に至ったと分析している．また Gillin（1994）も *Computerworld* の「プレミア100社」の調査結果を分析することによって，IT パラドックスは，消失し，生産性に貢献しており，いよいよ「生産性ペイオフ」段階にきていると指摘する．*The Economist*（1996）でも，確実に「パラドックス消失」といってよい時代がきたという論調をとる．

さらには，最近の *Business Week* の特別レポートにおいては，ダウンサイジング，リエンジニアリング，アウトソーシングによる改革と連動し，コミュニケーション・ネットワークを中心に情報化投資が増大するなかで，さほどのタイムラグもなく生産性が上昇しており，生産性パラドックスは，いまや終了したと分析している（Mandel, et al.（1997））．

(b) **生産性パラドックス消滅論への批判**

しかしながら91年頃をもって生産性パラドックスが消滅したという分析結果に疑問を呈する有力な見解も存在する．

たとえば，Financial Times では，Baker（1997）が，経済やセクターレベルにおいて1995年からの米国の生産性上昇に対して IT が貢献したという統計的証拠が殆ど存在していないという．つまり96年に製造セクターは年率3.8%であったのに，サービスセクターは，たった0.7%に過ぎなかったことを明らかにしている．

しかも，80年代後半，はじめてパラドックスの存在を統計的に明らかにした Roach（1997）の実証研究では，北米企業における IT への投資の1/5が製造業で，4/5がサービス業であり，90年代の製造業における生産性が年平均3％であるのに対して，サービス業における生産性が依然として1％よりも低いという結果を導出している．Baker や Roach の成果を踏まえるならば，90年代に入っても生産性パラドックスが消滅したとはいえず，依然として存在すること

になる.

　Scientific American においても，Gibbs (1997) は，やはり90年代の経済成長の要因が，雇用と貿易，生産能力の増大であってITの効果はその他の要因の中に埋もれてしまっていると指摘している．また最近の傾向については，生産性が鈍化（年率1.5%）しているけれども，その要因は，情報化投資を積極的に推進し，全情報化投資に占める割合の高いサービス産業における低落傾向にあるからであると Roach や Strassmann らの実証研究に依拠しながら結論づけている．

　また，Hu and Plant (1998) は，1990年代4年間のデータセットをもとに投資効果のタイムラグの存在を考慮して，IT支出が企業の生産性に影響を与えるかどうかを調査した結果，なんら積極的影響を与えている統計的証拠が存在しないことを明らかにする．さらには，IT支出は，企業パフォーマンス（従業員あたり売上高，ROE，ROA）に殆ど効果がなかったことを実証している (Willcocks and Lester (1999))．

　なお，周知のように Strassmann は，すでにセクターレベルでの分析を通じて情報化投資と生産性や収益性との間には，何ら相関関係が存在しないことを一貫して実証している (Strassmann (1990), (1995))．さらに，かれは，その後の研究においても，もし利益の増大がITへの支出の増大よりも大きければ，パラドックスが消滅しているという仮定にたって，実証分析を継続的に繰り返している．その結果，90年代中頃に至っても依然として情報投資と生産性や収益性との間には，なんら相関関係が存在しないという分析結果を導いている．

　かれは，1988年から1994年の7年間のデータ（138の大企業の公開データとかれ自身が集めたデータ）によって分析を重ねる．結果として総IT予算 (67.4%) は，総収益 (29.6%) と利益 (39.7%) よりも速く上昇していることを発見する．またその間に，販売費及び一般管理費 (SGA) は，41.9%に上昇している．かれは，もしITからの生産性効果が認識できるならば，情報処理関連コスト的特性を備えているSGAの成長が鈍化して，利益の割合が上昇し，ますます「コンピュータ・ペイオフ」が進んでいると評価している．しかし現実に

は，SGA が総収益や利益よりも速く上昇しているために，IT 支出の生産性の成長および収益性に密接に関連するという結論を導くことができずに，従来からのパラドックスは存在しているという主張を一層強固なものにしたのである (Strassmann (1997)).

なお付言するならば，かれは，パラドックス消滅論の論拠として引用されるBrynjolfsson and Hittの一連の研究については，製造・サービス会社の81.0％の総リターンをROIとも解釈する点に関連して，全投資額の収益性を示す総平均リターンとROIとの関係にもう少し留意すべきであるなどと計算の仮定と方法および分析結果に厳しい批判を展開している．

そして極めつけは，生産性パラドックス消滅論の「放棄声明書」という皮肉なサブ・タイトルまでつけて，その後の一連の Brynjolfsson and Hitt の各々研究成果から，都合のよい個所(?)を引用して，かれら自身が自らパラドックス消滅論を放棄していると批判し，生産性パラドックスは依然として存在していると断言する[2].

このような Strassmann のシビアな批判をそのまま受け入れることには無理があろう．

まず，すでに触れたように Brynjolfsson and Hitt においては，当初の他の重要な要素を無視して情報化投資にその要因を求めた81.0％の総限界生産性は，調査のたびに徐々に低下し，最終的には45.0％まで低下してきている．しかもその調査のたびに Strassmann の批判にもかなり応えることができるモデル修正を繰り返しているからである．最終的にも，当初のようなレベルのドラスティックな結果ではないが，IT 投資によって生産性がかなり上がっているという結果は常に導出されている．しかも IT 投資には，経済統計データの分析によって得られる生産性効果以上の無形の目に見えない効果が存在するという事実認識にたっている．

とくに，かれらは，このパラドックス消滅に関する一連の分析を通じて，生産性を評価するためのアウトプットの内容については，単純な収益から，経済的付加価値，そしてさらには顧客にとっての実質的価値へと変容・拡大を図っ

ている．また，かなりの部分は，経済・業界レベルのデータを使わずに個別企業レベルのデータセットを利用することによってその問題を吸収しようとする．

　すなわち，かれらは，単なる生産量のレベルではなく，商品やサービスの品質，迅速性，正確性，利便性，多様性など無形で目に見えない要素，すなわち伝統的な経済的パフォーマンス測定において無視された要素をとくに重視する．またインプットについては，単なる労働時間，装置資本の質・量，原材料だけでなく，労働者の再教育訓練やビジネス・プロセスを構成する供給業者・顧客との関係等々「組織資本」までも含む発想である．なお，かれらは，伝統的な能率性や合理性の追求としてIT投資をする目的が消えて，迅速性，品質，顧客満足，多様性などの実現を目的とする企業が高い比率を占めていることを実証している（Brynjolfsson and Hitt (1997))．

　そして，これらの無形の目に見えない価値が直接的に計測できなくとも，企業レベルにおいては間接的に計測できるとする．たとえば，製品の品質や利便性を改善するためにIT投資をした場合，その価値が顧客に認められるならば，収入増という形で価値の増加を反映することができるという視点を採用している．

2．生産性パラドックスをめぐる議論から得るもの

(1) Strassmannの「マネジメントの生産性」

　Strassmannは，IT投資が，伝統的な労働・資本ベースの生産性や収益性に大いなる影響を与えることを認めつつも，両者の間には，何ら相関関係がないという分析を今日においても一貫して展開している．その根底には，もともと伝統的な生産性や収益性概念（ROA，ROS等々）そのものが，必ずしも今日のポスト工業社会である情報化時代とともに重要性を増してきた組織の管理（management）特性を反映したビジネス価値の評価尺度ではないと評価する．したがって，このような指標では，情報化の評価においても有効な指標にはな

らないという認識を生む．

その論拠は，およそ次のように整理できよう．

1．IT（情報システム）は，独立的な変数として扱うことはできない．支援する業務や管理自体の改善と密接に関連している．
2．経済活動の成果は，企業内で純粋に付加された価値を採用すべきであり，たとえば供給者側で付加された価値や資本コストなどを含むべきではない．
3．今日の生産性の鍵は，労働や資本ではなく，それらを調整・コントロールするマネジメントの生産性（情報処理能力）にある．それは，販売費及び一般管理費として認識できる．

かれは，この前提にたって，「マネジメントの生産性 (Management Productivity)」（マネジメントの付加価値÷マネジメントのインプット）によって測定することを提唱する．マネジメントの付加価値とは，「事業活動にかかわるすべてのインプットに関与するものに支払われた後に残るもの」であり，マネジメント・コストは，業務コストと資本コストを差し引いたものとする．この計算式をベースにした「情報の生産性指標 (IPI: Information Productivity Index)」｛(税引き前営業利益－資本コスト)÷販売費及び一般管理費｝によって *Computerworld* は，「プレミア100社」を選んでいる[3]．ここでの生産性は情報化を行うか否かに関係ない一般性をもっており，情報化に限定した生産性ではない．

なお，かれ自身は，この指標によって選択された「プレミア100社」と *Fortune* 100社の調査結果との比較から，純売上高，株主持分，販売費及び一般管理費，R/Dコスト，雇用コストにおける成長率には，格段の開きがあり，IPIの有効性・妥当性がかなり高いことを実証している．そしてマネジメントの生産性が高い企業ほど，平均的企業よりもマネジメントにおける情報化コストが低いことも明らかにしている (Strassmann, 1995)．

(2) Strassmann と Brynjolfsson and Hitt における共通点

StrassmannとBrynjolfsson and Hitt は，まさに両極に位置する代表的実証成果である．しかし，両者の研究プロセスや関連を見直すならば，両極の成果や見解でありながらも共通点が存在する．

第1に，両者とも伝統的生産性あるいは収益性の尺度によってIT投資効果，IT利用効果を測定することは意味がないことを明らかにする．

Strassmannは，数量的に把握される物理的アウトプットを労働時間や資本投資額のような物理的なインプットによって除する伝統的な生産性概念は，労働集約型から知識集約型特性が強くなるビジネス展開においては有効な指標とはなりえないとする．たとえば，工場で1人削減しても，他方においてオフィスで2人が管理・事務をするために増大するならば，生産性が上がってはいないという例を指摘しながら，管理・事務部門のアウトプットを測定する適切な指標や方法も存在しないとする．すなわち，伝統的生産性は，この間接的なマネジメントや情報処理のアウトプットが適切に生産性に反映されないとして付加価値とくに「マネジメントの付加価値」を提唱したのである．

Brynjolfsson and Hitt も同様に経済統計データから測定されるような物理的な生産性は意味がないとする．商品の品質，納期の正確性，利便性，多様性など目に見えない消費者のために創造された価値がパフォーマンス（アウトプット）に大いなる影響を与えているという認識のもとに，測定の難しさがあってもこれらを包含して測定できなければならない．またインプットは，ITだけでなく，教育訓練コスト，ビジネスプロセスの再構成まで含まなければ意味がないとしている．

第2に，両者とも，ITを直接的・自己完結的に労働や資本ベースの伝統的生産性を向上させるための技術や装置として認識していない．

Strassmannは，前述のようにポスト工業化社会である現代において伝統的生産性概念は，まったく有効でないという認識にたって，前述の従来の財務データやセクター，経済レベルでは捕捉不可能な「マネジメントの生産性」あるいは「情報の生産性」という概念を提唱している点である．しかもITは，業務や管理の改善と連動することによってビジネス効果を発揮するのであって，

「独立変数」として扱うことは不可能であり，独立変数として扱うことによって生産性の測定をすることは意味がないとしている．

他方，Brynjolfsson and Hitt は，コンピュータを中心とする IT は，蒸気機関や電気モータのように「汎用目的技術」であって「特定目的技術」ではないという認識をとる．つまり情報化は，直接的に効果を生むのではなく，組織設計・開発に連動してこのような技術を業務や管理活動に組み込むことによって，全体として効果を生むものであるとする．また生産性についても，伝統的な生産性概念では，無形の目に見えない効果を無視しており，今日の情報化目的に適合した生産性概念ではないとしている．

第3に，両者とも，人的・組織的要因との連動をとることによって，その機能が発揮できることを明らかにする．

Strassmann は，確かに情報化投資と生産性や収益性との間に直接的な相関関係を認めないが，IT が収益性に大きな影響を与えることは事実であり，生産性向上の必要条件ではあるが十分条件ではないと明言している．そして組織のオペレーションの処理能力ではなく，それを調整・コントロールする情報処理や情報管理能力である「マネジメント（情報）の生産性」概念を導入する．それゆえ，かれはこの生産性を向上させる要因として，マネジメントに関連して IT を利用する組織文化，これを管理する人的・組織的要因との整合問題等々をとくに重視する．

他方，Brynjolfsson and Hitt は，生産性との正の相関を認識しつつも，現実には回帰直線からかなり離れている企業も少なくなく，同じ投資をしても生産性に高低が生まれていることを明らかにする．それゆえ，このような違いを説明するために IT による効果を，企業固有の特性によるもの，企業の投資額によるものに分類した「企業効果モデル」を導入したのである．これによって，企業独自の組織要因が効果のおよそ半分を左右していることを明らかにする．かれらも Strassmann と同様に，組織変革が情報化投資による生産性に大いなる影響を与えると評価したのである (Brynjolfsson and Hitt (1995))．

さらに，かれらは，IT の影響は，情報化投資を組織変革のような補完的投

資とともに行う場合に，時間の経過とともに徐々に増大してくることを明らかにする．また情報化投資と補完的投資を連動させた企業は，情報化投資だけを行うだけで補完的投資を行わない企業よりもパフォーマンスが高くなることを明らかにする (Hitt and Brynjolfsson (1988))．

以上，90年代以降の生産性パラドックスをめぐる議論の過程に焦点をおいて再検討を試みた．

依然として生産性パラドックスが存在するか否かという問題はさておいて，この議論の成果として，たとえ両極における見解であろうとも，米国では人的・組織的要因が情報化投資あるいは情報化の有効性を大いに左右することが統計的に明らかにされたといってよい．

それゆえに，情報化あるいは情報化投資の評価において，とくに目に見えない効果や投資をふまえて生産性や収益性概念の変容拡大の必然性が明らかにされる．これまで事例的あるいは理論的に展開されてきたITを中心とする情報システム設計と組織設計・開発との連動の成果は，この変容拡大した生産性や収益性と密接に関連していることが明らかにされる．また「ITによる情報システム」と「人間による情報システム」の設計が連動しなければ，ITの価値は向上せず，しかも組織体の情報システムは，両システムを統合したものとして認識し，情報システムを構築しなければならないという見解の根拠を提供してくれたといえよう (遠山 (1998))．

(3) 米国における人的・組織要因と情報化に関する実証成果

Brynjolfsson and Hitt (1997b)は，1995年から翌年にかけて *Fortune* 1,000社の554社のデータから抽出したおよそ380社のサンプルによって，とくに人的・組織要因とITに関する詳細な調査を行っている．

そこでのITと人的組織特性に関する発見事項は，およそ次のとおりである．

① 意思決定の分権化 (decentralization) の度合いが大きいほど，とくに自己管理チームを利用している場合，また，チーム結成能力が高く，その他

職務拡大，経営参加などが進むほど，ITへの要求度合い（利用度）は大きくなる．
② 従業員への教育訓練と教育レベルでのスクリーニング（選抜）などが進むほど，またこれらの人的資本コストにおける投資が大きいほどITへの要求度合い（利用度）が大きくなる．
③ ITのアウトプット弾力性は，上述の分散化や人的・組織的な資本投資が進むほど大きくなる．

さらに，かれらは，組織要因（組織の分権化度）とITの要求度の各々について，その高低をもとに2×2のマトリックスを構成して分析を深める（図表1.1）．各セル内は，該当する企業数と生産性（限界利益率）の平均値であるが，低一低のセルをゼロにしたときの相対的平均値として表現している．このマトリックスから，ITの要求度が高くて，組織の分権化が進んでいる企業は，どちらも低い企業に比べて，0.0455％生産的であり，両要因には，相関関係があることも発見する．なおこれと殆ど同じ結果が，すでに他の実証研究においても導かれており，一般的にも受容できる実証結果といえよう（Lichtenberg (1995)）．

図表1.1　ITと分権化の生産性効果

分権化＼IT	低い	高い
高い	0.0161 (0.0191) N＝47	0.0455 (0.0177) N＝69
低い	0 (n/a) N＝69	－0.0366 (0.0197) N＝47

出所）　Brynjolfsson and Hitt, 1997, p. 46, 1998, p. 16.

また，このような結果は，90年代におけるインターネット，イントラネッ

ト，そしてエクストラネット等々の情報ネットワーク技術の合理性を前提にして，リエンジニアリング，サプライチェーン・マネジメント（SCM），「製販同盟」等々のプロセス指向やバーチャル組織的なビジネス革新思考が叫ばれている．これは，フラットで機動力ある組織構造やエンパワーメント等々分権化や外延化思考に支えられるビジネス転換の有効性を示すものといえる．

さらにこの結果は，ITを駆使するビジネス転換・組織転換をどのように展開すべきか，またその展開の枠組みとして評価されている「ビジネス転換ステージ理論」の点からも納得のいく結果であり，逆に当該理論の妥当性を統計的に論拠づけたとも評価できる．

Venkatraman (1994) は，90年代は，低コスト戦略が限界にきており，低コストだけでなく高品質，顧客要求への迅速・柔軟な対応という経営戦略のもとで，ビジネス・組織転換が図られなければならないとする．ITは，従来のような能率性の向上のツールとしてではなく，この戦略に適合するための柔軟なビジネス・ネットワークを創造するイネーブラーとして位置づけられる．そして，5つのレベルによるビジネス転換を識別して，そのもとでITの便益を最大に発揮する推進・管理のガイドラインと情報化の推進方法を示したのである（図表1.2）．

第1レベル「部分的利用」は，最も単純なレベルで，あるビジネスの特定の機能を遂行するITアプリケーションを開発利用するレベルである．第2レベル「内部的統合」は，ビジネス・プロセスの応用可能なすべての活動においてITの能力を発揮させるレベルである．第3レベル「ビジネス・プロセス再設計」は，ITの能力を最大限に利用するためにビジネス・プロセス全体が再設計される．いわゆる「リエンジニアリング」である．第4レベル「ビジネス・ネットワーク再設計」は，ネットワーク技術を駆使して製造と販売会社の業務がビジネス・プロセスとして再設計されるレベルである．今日の組織間SCMである．第5レベル「ビジネス範囲の再定義」は，ビジネスのミッションや範囲を拡大・シフトさせる知識ネットワークのレベルである．

X軸がITの潜在的便益の程度，Y軸が組織転換の程度である．レベルが上

図表1.2　ITによるビジネス転換の5レベル

```
高
↑
ビジネス転換の程度
                              革命的レベル

              ┌──────────────────┐
              │ ビジネス範囲の再定義 │
              └──────────────────┘
           ┌──────────────────────┐
           │ ビジネスネット・ワーク再設計 │
           └──────────────────────┘     潜在能力向上
        ┌──────────────────┐
   →    │ ビジネス・プロセス再設計 │    ←
        └──────────────────┘
─────────────────────────────────────    追加的レベル
   能率性追求
           ┌──────────────────┐
           │  内 部 的 統 合   │
           └──────────────────┘
           ┌──────────────────┐
           │  部 分 的 利 用   │
           └──────────────────┘
低
   低                              高  →
            ITの潜在的利益の範囲
```

出所）Venkatraman, 1994, p. 85 を一部加筆修正．

がるほどITの便益レベルが上がり，組織転換の程度が高いことを意味している．第1の部分的利用のレベル，第2の内部的統合のレベルは，順次的に組織条件（戦略構造，管理プロセス，組織文化など）の改善を進めることができるので進化的特性のビジネス転換である．第3のビジネス・プロセス再設計のレベル，第4のビジネス・ネットワーク再設計のレベル，第5のビジネス範囲の再定義のレベルは，第2レベルまで達成した場合に選択的に推進され，現状に左右されない組織条件の変革であることから革命的特性のビジネス転換として位置づけられる．高次であるほど組織条件の変革はドラスティックでありビジネス・プロセスや範囲も拡大する．組織は，最初にITの便益が，必要とされる組織変革の潜在的コスト（努力）と一致する転換レベルを決定し，それから競争環境を考慮してより高度なものへ前進させることを提案している．

このビジネス転換のステージ・モデルでは，ITの便益は，高次になればなるほど質量的に拡大するが，同時に組織条件の変革レベルも質量的に拡大する，あるいはITの潜在的便益は，直接的に組織条件の変化の程度に関連するという確固たる仮説にたっている．基本的には，高次になるほどITによるビジネスのプロセス・範囲の拡大，再定義が必要になり，そのためにはそれに見合うだけの組織変革を進めなければならないことも意味している．

ビジネスのプロセス・範囲の拡大の基本要件は，まさにBrynjolfsson and Hittの前述の人的・組織的要因に関する発見特性によって導かれるといってよいだろう．またBrynjolfsson and HittとVenkatramanの成果から，ITによるビジネス転換の基本的要件を次のように認識することができる．

競争戦略上，ビジネス転換を高度に進めようとすれば，組織条件は，各組織単位について自律的組織単位としてエンパワーメントを進め，各々の単位においてその権限や自律性を十分に駆使できるとともに，さらにはそれらの単位をビジネスのプロセス・範囲を全一体として調整・コントロールできるような組織・ネットワーク文化の醸成と教育訓練・評価システムの確立がなされなければならない．

またそのイネーブラーとしてのITに関しては，各組織単位における自律的な情報処理能力が発揮できるように分散的処理が可能な機能を備えつつ，全体としても情報機能を調整・コントロールする機能をそなえた全一体として整合性あるシステム化が必要になる．

3．ITによる企業革新の基本要件：実証研究

(1) 人的・組織要因の変革と情報化の整合関係

ビジネスにあたって，人的・組織要因と情報化との連動が最大の鍵になるというBrynjolfsson and HittとStrassmannの実証結果，Venkatramanの一般化モデルから導かれる特性が日本においても存在するか，また日本的特性が存在するか否かを検討する．

この検討は，当企業研究所「現代の経営革新」研究プロジェクトの「経営革新と情報化に関する調査」と題するアンケート調査の結果を再分析して展開する（調査結果の概要は，本書「第6章　情報技術と組織革新の実証研究」に収録．巻末に調査票を添付）．

　当該調査結果では，日本においても人的・組織的要因と情報化度合いは，やはり総じて密接な相関関係をもっており，人的・組織的要因が情報化の進展に多大な影響を与えていることが実証された．

　とくにBrynjolfsson and Hittが明らかにした，意思決定権限の委譲，自主的管理チーム，教育訓練の整備，文化等々の人的組織的要因と情報化程度と密接に関連するという結果については，日本においても「下位への権限の委譲」，「明確な業績評価」，「教育訓練プログラム」等々において密接な関連があり，基本的に米国と同様の結果が導出されたといえよう．なお，これらの人的・組織要因と情報化との関連性については，「基幹系システムの情報化度合い」，「情報系システムの情報化度合い」，「両系の統合度合い」に関する3つの質問（5スケールポイント形式）の合算値を「情報化度合い」として採用する．また人的・組織的要因の各項目は，経営革新，ビジネス転換に関する代表的な研究・調査のなかから，その成果に大きな影響を与える重要要因としているものとBrynjolfssonらの調査項目とを照応して抽出する．各質問項目は，これらの要因の変革度合いを示す5スケールポイント形式を採用する．したがって「人的組織的要因」のスコアは，「人的・組織要因の変革度合い」も含意する．図表1.3は，人的組織的要因の変革度合いと情報化度合いの相関分析の結果である．

　注目すべき点は，業績評価に関する点である．これまで評価体系は，職務遂行のプロセスをその結果よりも重視している．しかも評価体系は，曖昧な職務構造という日本的組織特性と連動して，実に曖昧であると指摘されてきた．しかし当該調査では，景気停滞を反映してか，業績評価は，プロセス重視ではなく，結果重視へと徐々に移行し，業績評価システムも明確になりつつあることを示している．しかも，評価体系が情報化度合いと密接な関連性があることも

図表1.3　情報化度と人的組織要因との関係

	単相関係数	無相関の検定
組織特性		
責任と権限が明確に規定	0.16383537	
規則や分掌規定が整備	0.214234334	*
下位への権限委譲	0.442170522	**
機能別(職能別)組織編成	0.113528477	
プロジェクト組織駆使	0.250151622	*
管理特性		
民主的行動・意思決定	0.251839897	**
明確な業績評価	0.216863077	*
結果重視の業績評価	0.200311327	*
強力なリーダーシップ	0.081253605	
経営者の積極的提示・指示	0.168707374	*
組織文化		
保守的組織風土	0.177802817	*
革新的組織風土	0.33909749	**
価値観・行動パターンの存在	−0.056040289	
会社に対する一体感・誇り	0.345970712	**
情報共有・組織学習		
小集団活動	0.138063169	
機能横断的人事ローテーション	0.193280711	*
現場からのアイディア重視	0.313657237	**
教育・訓練プログラム	0.31175339	**
インフォーマルな会議・会合	0.151381363	

**：1%有意
*：5%有意

認められた．

　その一方では，これまで指摘されてきた日本的経営の特性，すなわち責任権限の曖昧性，集団的意思決定などは依然として維持されていると推定できる．さらには，伝統的特性である「組織横断的な人事異動・ローテーション」，「現場重視」等々情報共有と組織学習に関連する特性を維持しながら，情報化度合いとの関連性も高いという結果が明らかになる．

日本では，米国以上に情報共有・組織学習のメカニズムの存在，つまり「人間による情報システム」との整合性が「ITによる情報システム」の成否を左右していると推定できる．この点は，本書の第6章の実証分析においても一層掘り下げた分析によって明確にされる．

(2) 人的・組織要因特性と情報化連動の効果

Brynjolfsson and Hittの実証から人的・組織要因特性と情報化が密接な関連をもっているとき，情報化の効果は高く，情報化投資も高いという結果が日本でも妥当するかどうかを調べる（図表1.4, 5）．

情報化度合いは，前述の3質問の合算値を採用する．そして，人的・組織要因特性（変革度合い）の合算値について上位40社と下位40社の2グループ，情報化度合いの合算値について上位40社と下位40社の2グループを抽出する．このグループの組合せによって4グループを構成する．すなわち人的・組織要因特性が上位40社以内であり，同時に情報化度合いが上位40社以内に入る企業群（上位－上位グループ），人的・組織要因特性が上位40社以内であるが，情報化

図表1.4　グループ別情報システム効果(1)

情報システム効果	上位－上位グループ	下位－下位グループ	下位－上位グループ	F値	1-2	1-3	2-3
能率性	3.875	3.333	2.667	5.307 **		*	
有効性	4.083	3.200	3.167	7.484 **	**	*	
コミュニケーション	4.625	3.400	3.667	11.929 **	**	*	
モチベーション	3.542	2.533	2.667	10.607 **	**	*	
顧客満足	3.913	2.467	3.000	15.720 **	**		
プロセス改革	3.958	2.400	3.000	13.261 **	**		
事業転換	3.522	1.800	2.500	20.412 **	**	*	
競争的優位	3.826	2.133	3.000	21.406 **	**		
知識創造	3.609	2.333	3.167	12.820 **	**		
情報化投資	2.727	3.933	2.667	4.115 *	*		
売上高	3.292	4.667	4.333	3.967 *	*		
家業利益	3.522	4.786	4.833	1.891			

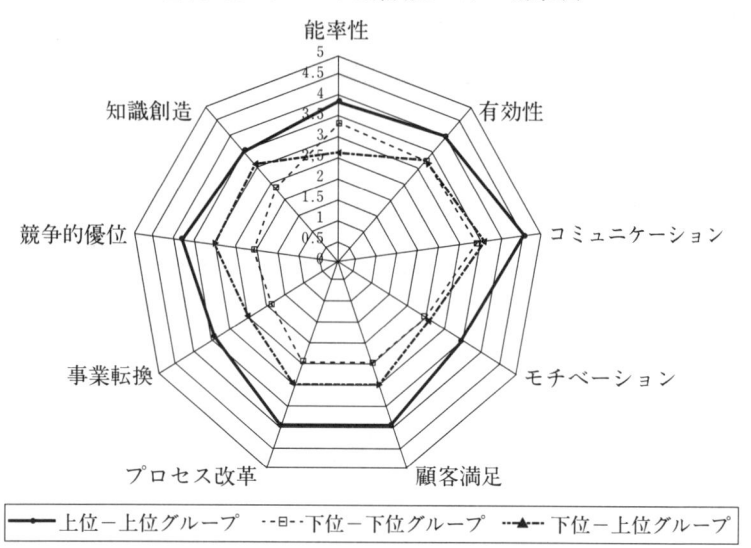

図表1.5　グループ別情報システム効果(2)

（レーダーチャート：能率性、有効性、コミュニケーション、モチベーション、顧客満足、プロセス改革、事業転換、競争的優位、知識創造の各項目について、上位―上位グループ、下位―下位グループ、下位―上位グループを比較）

度合いが下位40社以内に入る企業群（上位―下位グループ），人的・組織要因特性が下位40社以内であるが，情報化度合いが上位40社以内に入る企業群（下位―上位グループ），人的・組織要因特性が下位40社以内であり，情報化度合いが下位40社以内に入る企業群（下位―下位グループ）の4グループを構成して，情報システム効果，情報化投資，経営業績との関係を比較してみる．ただし，上位―下位グループに入る企業群には，1社しか存在しないためにその他の3グループによって比較分析をする．

　さて，上位―上位グループの情報化度合い（13.458）は，上位―下位グループの情報化度合い（12.667）と大差がない．しかし情報化効果については，売上高と営業利益以外のいずれの効果項目についても大きな差が生じ，上位―上位グループの方が効果度合いが高い（ただし有意差のあるのは，能率性，有効性，コミュニケーション，モチベーション，事業転換の項目である）．なお，上位―上位グループと上位―下位グループと情報システム効果項目との間において差の検定をすると，営業利益以外はすべてにおいて有意である．したがって，情報

図表1.6　グループ別の設計・開発アプローチ

	順次型	並行・補完型	自己完結型	(空白)
上位-上位グループ	20.8%	75.0%	4.2%	
下位-下位グループ		53.3%	40.0%	6.7%
下位-上位グループ		66.7%	33.3%	
全　　体	17.6%	67.3%	14.6%	

(X^2検定　5%有意)

化度合いが同じように高くとも，人的組織要因の変革度合いの高低によって，情報システム効果に影響を与えることが明らかになる．

なお，図表1.6は，3グループが，情報化と人的組織設計・開発において，どのようなアプローチを採用したかに関する結果である．「順次型」は，全社的業務改善や組織設計・開発をしてから情報システムの設計・開発をするアプローチ，「並行・補完型」は，全社的業務改善や組織設計・開発と情報システムの設計・開発を並行・補完的に進めるアプローチ，「自己完結型」は，情報システム化を全社的業務改善や組織設計・開発と連動させることなく自己完結的に行うアプローチである．

この結果（図表1.6）において，上位-上位グループでは，並行・補完型が75%を占め，その他，順次型20.8%，自己完結型4.2%の順である．順次型も見方を変えれば，同時的に人的組織変革と情報化を推進していないが，人的組織変革に時系列的に連動して情報化を推進している特性をもっている．したがって，殆どの企業が人的組織の変革と情報化を連動させていると推定できる．

図表1.4，5と図表1.6から，情報システム効果については，人的組織変革と情報化が高度に連動している上位-上位グループがすべての効果項目において，他グループよりも飛びぬけて高いスコアを示していることが明らかになった．また情報化が人的組織変革度合いと情報化度合いが低い下位-下位グループ，情報化だけを自己完結的に推進する下位-上位グループの間では，「自己完結型」アプローチを採用する企業の割合が上位グループに比べてかなり高く（差の検定では，すべてが5%で有意），情報システム効果もかなり低くなってい

る．明らかに，情報化推進は，人的組織変革と連動させなければ効果がないことが，設計・開発アプローチの点から示された．

なお下位―上位と下位―下位グループの間では，効果特性に顕著な差がある．下位―下位グループは，もともと情報化度合いが低いのであるから，情報システム効果のいずれの項目においてもかなり低くなるのは当然である．しかし，経費節減などによる能率性向上項目のみが下位―上位グループよりも高いことは注目できる．下位―下位グループでは，情報化を依然として伝統的な能率化・合理化の手段として認識して，短期的発想を重視した内容の情報化を推進していると推定できる．それに対して，下位―上位グループでは，情報化を伝統的な能率化・合理化レベルの手段として認識する短期的・伝統的発想に支配されていることが推定される．そして，下位・上位グループは，低い効果とはいえ，下位―下位グループと異なり，短期的に効果が現れる能率性向上以外の効果特性に関連する全項目においても一定の効果を上げている．したがって，下位―上位グループは，下位―下位グループと異なり，ITの戦略的意義，経営革新，ビジネス革新，コミュニケーション，知識創造等々への意義など長期的発想や目に見えない無形のインフラ整備の発想を重視していることが推定される．しかし，人的組織変革との連動レベルがやや低いために，その効果が上位―上位グループに比較して低くなっていると推定される．

また，情報システム効果の能率性効果項目を除く他の8項目は，すべてVenkatramanのビジネス転換ステージの「革命レベル」に密接に関連する項目として位置づけることができる．革命レベルのビジネス転換を推進するためには，必然的に人的組織要因の変革と連動した情報化の向上を図らなければ，効果的に推進することが不可能であることも容易に推定できる．

(3) 情報化と情報化投資・業績との関係

人的組織要因の変革と情報化の連動が，情報化投資や業績とどのような関係にあるか分析する．当該調査では，情報化投資，業績（売上高，営業利益）は，3年前と比較してどの程度増減しているかの度合いを1～7のスケールポイン

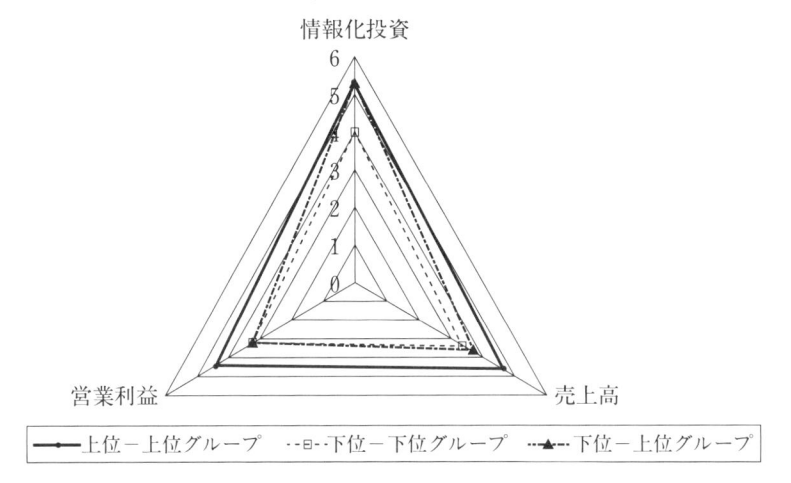

図表 1.7 情報化投資と業績との関係

（情報化投資／営業利益／売上高のレーダーチャート。凡例：上位－上位グループ、下位－下位グループ、下位－上位グループ）

トによって測定している．3年前との比較によって回答を求める意図は，情報化投資における生産性・収益性向上のタイムラグの存在を考慮したものである．（図表 1.7 参照）

上位－上位グループにおける情報化投資の平均スコア（5.273）は，平均12～13％の増大傾向であり，情報化を自己完結的に推進する傾向が強い下位－上位グループの平均スコア（5.333）は，上位－上位グループよりも若干高く，平均13～14％の増大化傾向と推定される．なお情報化を積極的に推進していない下位－下位グループでも，平均スコア（4.067）は，平均0～1％強の増大化を傾向と推定できる．この3年間におけるIT技術の高性能化と底廉化を考慮するならば，どのグループであろうと，この景気低迷期において，リストラと称して情報化投資までも削減させることはなく，むしろ情報化投資を増大させている傾向がある．この点は，まさに現在は，ITによる能力性向上といった短期的発想よりも，むしろ長期的視点にたった抜本的経営革新やビジネス転換の発想が影響を与えているものと推定でき，大いに注目に値する．

なお，前述の下位－上位グループの情報化投資が上位－上位グループよりも大きかった点（有意差はない）は，どのように解釈すべきであろうか．Strassmannは，すでにマネジメント生産性が高い企業は，コンピュータを巧みに駆使しているために情報化コストが相対的に低いという分析結果を導いている．したがって，人的組織要因の変革を連動させた情報化においては，人的組織要因の変革と連動することによって，ITの効果に直接的に影響する領域に焦点をおいて情報化投資すると解釈すべきであろうか．

次いで，業績との関係について若干述べておこう．この調査では，前述のように売上高と営業利益が3年前と比較して，どの程度変化したかを調べている．これらの指標による情報化投資の有効性は，すでに生産性パラドックス消滅に関する論議の中で，Strassmannの説得力ある論証によって否定されている．しかし，この調査における各情報化効果項目の多くは，まさにBrynjolfsson and Hittが指摘した無形のアウトプットや目に見えないアウトプットに相当する．それが3年という時間の経過の中でどの程度売上高あるいは営業利益として実現されたのかという解釈をするならば，まったく売上高，営業利益という指標の有効性が低いということはない．かなり，参考になるのでなかろうか．

上位－上位のグループにおける値がもっとも大きく（4.708，平均7～8％の増大化傾向と推定），下位－上位グループ，（3.667，6～7％の減少化傾向と推定），下位－下位グループ（3.333，平均4～5％の減少傾向と推定）となっている．また営業利益は，上位－上位グループのみが増大化傾向で（4.478，平均7から8％の増大化傾向と推定），上位－上位グループと下位－下位グループは，3年前の実績を維持しているレベルと推定される（各々，3.167，平均0.08～0.09％の増大化傾向，3.214，平均1％の増大化傾向）．情報化推進を図っているグループが情報化度合いの低い企業グループと殆ど同じ結果になっている（もちろんこの営業利益に関しては，優位差が生じていない）．しかしながら，ともかくも上位－上位グループにおいては，結果として売上高，営業利益の増大と密接に関連していることが推定できる．

4．総　　　括

　本章は，90年代以降の生産性パラドックス消滅論が妥当か否かに焦点をおいて検討したものではない．生産性パラドックス消滅における論争の過程を再検討することによって，たとえ両極の論陣を張る研究者でも，共通する分析結果が，各々の結論の一部として内包していることを明らかにした．それは，人的組織要因と連動して IT を駆使するか否かが，生産性・収益性など，企業パフォーマンスの向上の鍵を握っているという実証結果である．逆にいうならば，IT が人的組織要因と連動することなく，自己完結的にシステム化しても，情報化効果や企業パフォーマンスは，上がらないというものである．

　この結果は，ビジネス転換のレベルを上昇させようとすればするほど，IT との連動が必要になるという点を実証的に明らかにしたものとしても評価できる．この結果から，とくに IT を駆使してビジネス・組織転換という「革命的レベル」を志向する限り，人的組織的要因というどちらかというと目に見えない無形の補完的改革と補完的投資との連動が必要となる．またこの連動によって，やはり目に見えない無形の効果を含むパフォーマンスの向上が実現できるという発想は，ビジネス転換においてますます重要になることを明らかにした．

　そして米国での実証分析の成果をふまえて，わが国においても人的・組織要因の変革と情報化推進が連動するならば，情報化度合い，情報化効果やパフォーマンスに密接に関連してくることを実証した．もちろん最終的パフォーマンスや投資との関係の分析は，既存の実態調査を利用したために，あくまでも参考レベルの結果にとどまっている．

　しかし，人的組織要因の変革と情報化推進の連動が情報化度合い，情報化効果を大きく左右しているという結果は，単純な分析方法ではあるが，納得いく結果が導かれたといってよいだろう．

(当該稿は, 平成 9 年度科学研究費補助金－基盤研究 C － 2 の支援による研究の一環としての成果であり, 調査データの集計分析においては, 中央大学大学院博士後期課程 安積 淳君の尽力に負うところが大きいことを記して謝意を表す.)

1) たとえば, 次のような研究がある.
 Brynjolfsson, E. (1993) "The Productivity Paradox of Information Technology," *Communication of the ACM*, Vol. 36, No. 12, pp. 67-77.
2) Strassmann, 1997, pp. 105-106, 「……コンピュータは, より高度な生産性をもたらした. そして消費者にとって実質的価値を創造した. しかしこれらの利益は, ビジネスパフォーマンスにおける測定可能な改善をもたらさなかった」,「コンピュータ資本支出が 1 ％高い企業は, およそ0.03％の株主リターンの減少に関連する」,「IT が……企業パフォーマンスと相関があるという証拠は殆どない. もしあるとすれば, 負の効果である」,「……パフォーマンスにおける IT の効果は, 一貫してネガティブである. ……その結果は, 経済モデルの弱点を反映しているために, 統計的に意義あるものではないけれども, ……」等々の個所を引用している.
3) *Computerworld* は, 翌1995年からの「プレミア100社」の抽出においては, IPI 方程式の分母を (販売費及び一般化理費＋研究開発費) と修整している. (*Computerworld*, "The Premier 100", Section 2 of 2, 1995, October 9th.)

参 考 文 献

Allen, D. S. (1997) "Where's the Productivity Growth (from the Information Technology Revolution) ?", Federal Reserve Bank of St. Louis Review, March/April, pp. 15-25.
 http://www.stls.frb.org/publications/review
Attewell, P. (1994) "Information Technology and the Productivity Paradox," in *Organizational Linkages ? Understanding the Productivity Paradox* edited by Harris, D. H. National Academy Press, pp. 13-53.
Baily, M. N. and R. J. Gordon (1988) "The Productivity Slowdown, Measurements Issues and the Explosion of Computer Power," *Brookings Papers in Economic Activity*, (2) , pp. 347-431.
Baker, G. (1997) "Anatomy of a Miracle," *Financial Times*, June 20th, p. 17.
Brynjolfsson, E. and L. Hitt (1997a) "Computing Productivity : Are Computers Pulling Their Weight ?", *MIT and Wharton School Working Paper*, Septem-

ber. http://ccs.mit.edu/erik/cpg/
Brynjolfsson, E. and L. Hitt (1997b) "Information Technology and Organizational Design: Some Evidence from Micro Data," *MIT and Wharton School Working Paper*. http://ccs.mit.edu/erik/cpg/
Brynjolfsson, E. and L. Hitt (1996) "Paradox Lost? Firm-level Evidence on the Returns to Information Systems Spending," *Management Science*, Vol. 42, No. 4, April, pp. 541-558.
Brynjolfsson, E. and L. Hitt (1995) "Computers as a Factor of Production: The Role of Differences Among Firms," *Economics of Innovation and New Technology*, No. 3, (3-4, May), pp. 183-199.
Brynjolfsson, E. (1994) "Paradox Lost?" *CIO Magazine*, May First, p. 26.
Brynjolfsson, E. and L. Hitt (1993) "Is Information Systems Spending Productive? New Evidence and New Results," *Proceeding of 14th International Conference on Information Systems*, Orlando, FL..
Brynjolfsson, E., Malone, T. W., GurBaxani, V. and Kambil A. (1994), "Does Information Technology Lead to Smaller Firms?", *Management Science*, Vol. 40, No. 12, December, pp. 1628-1644.
Business Week (1993) "The Technology Payoff? Special Report," July 24th, pp. 37-46.
David, P. A. (1990), "The Dynamo and Dynamo: A Historical Perspective on the Modern Productivity Paradox," *American Economic Review Papers and Proceedings* Vol. 1, No. 2, pp. 355-361.
Gibbs, W. W. (1997), "Taking Computers to Task," *Scientific American*, July, Vol. 277, No. 1, pp. 64-71.
Gillin, P. (ed.)(1994), "Productivity Payoff: 100 Most Effective Users of Information Technology" *Computerworld*, September, 19th, Section 2, pp. 4-45.
Hitt, L. and E. Brynjolfsson (1998) "Beyond computation; Information Technology, Organizational Transformation and Business Performance," *MIT and Wharton School Working Paper*, Sept., http://ccs.mit.edu/erik/cpg/
Hu, Q. and Plant, R. (1998), "Does IT Spending Impact Firm Productivity and Performance?," Univ. of Miami Working Paper.
Lichtenberg, F. R. (1995), "The Output Contributions of Computer Equipment and Personal: A Firm-Level Analysis," *Economics of Innovation and New Technology*, Vol. 3, No. 3-4 (May), pp. 201-217.
Lucas, Jr., H. C. (1999) *Information Technology and the Productivity Paradox? Assessing the Value of Investing in IT*, Oxford Univ. Press.

Magnet, M. (1994) "The Productivity Payoff Arrives," *Fortune*, July 27th.
Mandel, M., Naughton, K. et al. (1997) "How Long Can This Last?" *Business Week*, May 19th, pp. 38-42.
Oliner, S. D. and D. E. Sichel, (1994) "Computer and Output Growth Revised," *Brookings Papers in Economic Activity*, (2), pp. 273-334.
Roach, S. (1997) "Freedom Fantasy" by Griffith, V. interviewed in *Financial Times*, August, 13th, p. 10.
Roach, S. (1984) "Productivity, investment and the information economy," *Economic Perspectives*, March 14th, pp. 1-14.
Solow, R. M. (1987), "We'd Better Watch Out," *New York Times Book Review*, (July 12th): 36.
Strassmann, P. A. (1997) *The Squandered Computer*, The Information Economics Press.
Strassmann, P. A. (1990) *The Business Value of Computers*, The Information Economics Press. (末松千尋訳 (1994) 「コンピュータの経営価値」日経BP出版センター.)
Strassmann, P. A. (1995) "Productivity is the measure of success," *Computerworld*, October 23th, p. 97.
The Economist (1994) "What Computer are For," January 22th.
The Economist (1996) "The Hichhiker's Guide to Cybernomics," September 28th.
Venkatraman, N. (1994), "IT-Enabled Business Transformation: From Automation to Business Scope Redefinition," *Sloan Management Review*, Winter, pp. 73-87.
Willcocks, L. P. and S. Lester (1999) "Information Technology: Transformer or Sink Hole?" in *Beyond the IT Productivity Paradox* edited by Willcocks and Lester, John Wiley & Sons, pp. 1-36.
遠山曉 (1998)『現代 経営情報システムの研究』日科技連.

第2章　経営戦略と組織の革新

1．はじめに

　バブル経済の崩壊以降，日本の企業各社は市場の大きな変化に直面し，その変化に対して従来とは異なる行動を採用せざるをえない状況に置かれるようになった．すでに国内市場の縮小・停滞，国際的な競争の激化，そして製品ニーズの高度化と変化スピードの上昇に対して従来のような企業行動パターンでの対応は通用しなくなってきており，大幅な企業行動の転換が日本企業に強く求められているとされている．この日本企業の行動の変化が「経営革新」と呼ばれるようになっている．この「経営革新」について全社レベルの経営戦略とトップマネジメント組織に焦点を当ててアンケート調査と訪問調査を行い，その実態を確認し，特徴点を明らかにすることが本章の課題である．

　アンケート調査は加工型産業（一般機械，電気機器，輸送用機器，精密機器）で東京，大阪，名古屋の証券取引所1部，2部上場企業，店頭上場企業の中から無作為抽出した300社を対象にして，1998年11月に実施している．調査方法は所定の調査票による郵送方式で行った．回答企業数は84社で回答率は28％であった．調査項目はⅠ．目標，ビジョン・方針，Ⅱ．経営戦略，Ⅲ．トップマネジメント組織，Ⅳ．新製品開発，Ⅴ．環境問題，Ⅵ．人事問題である．

　本章ではⅠからⅣまでの調査結果の集計を対象にして分析している．さらにアンケート調査回答企業の中から東京近郊に本社を置く8社を抽出し訪問調査を行い，アンケートの回答項目を補足する聞き取り調査を1999年7月から8月

まで実施している．なお訪問調査を実施した対象企業についてはアルファベット記号で示すに留めている[1]．

　加工型産業を調査対象として選択したのは，従来から日本の産業の中で最も国際競争力を持っており，日本経済の中でも大きな影響力を持っていることがその理由である．日本の加工型産業における経営革新は他の産業分野に対して大きな波及効果を持っており，日本経済全体の変化に大きく作用すると考えられるのである．

2．経営ビジョン・指針の変化状況

　経営ビジョン・指針の機能については様々な定義がされている．本章では当該企業の将来像をビジョン・指針と定義しておく．このビジョン・指針について多くの日本企業が様々な名称で呈示するようになってきている．企業を取り巻く環境が劇的に変化する中で，個々の企業が独自の競争力を確立し，企業成長してゆくためにはその方向性を示して努力する必要がある．長期的にビジョンを示すことは二つの意義を持っていると考えられる．一つはその方向性を示すことによってその実現のための指針としての機能である．環境の変化に対応してその社会の変化の動向を長期的視野と広範な世界的視野から分析することで従来の当該企業の対象とする事業領域を超えた視点から将来の姿を考え，方向性を示すことは独自の努力する目標を示し，独自の競争力を長期的に確立するためにその必要性は大きくなりつつある．ただし注意しなければならないのはこのビジョンを策定する段階ではあくまでもその将来像を描くことが必要な点である．当然にその将来像はその描いた人物の価値観・理念が基礎になっている．そのために詳細な点についてまでは明確性を欠いたものであり，多くの点で検討し，具体化しなければならない点を残していることが必要と考えられる．

　第2の意義は既述したように事業領域の将来像を描いた人物の価値観・理念が込められたものになっており，その将来像を実現することへ従業員を導くと

いう役割である．この機能を遂行するためにはビジョンを策定する段階と呈示する段階でどのような方法が採用されているかが大きな意味を持っている．換言すると価値観・理念に基づくビジョン作りの方法，そしてそのビジョンをどの程度まで社内外に浸透させるかによってこの第2の機能の遂行にどれだけ意識的に取り組んでいるかが理解できる．

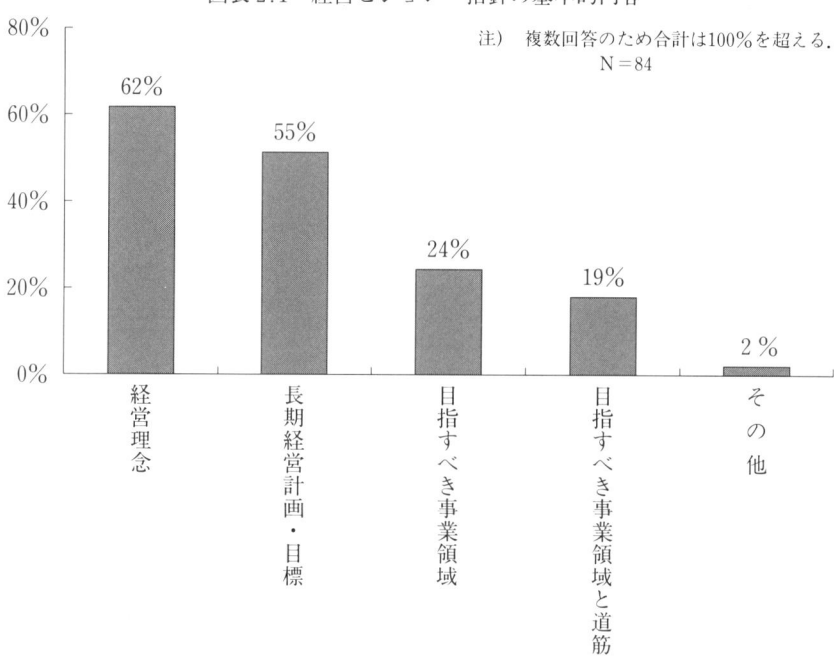

図表2.1 経営ビジョン・指針の基本的内容

注) 複数回答のため合計は100％を超える．
N=84

- 経営理念 62%
- 長期経営計画・目標 55%
- 目指すべき事業領域 24%
- 目指すべき事業領域と道筋 19%
- その他 2%

アンケート調査ではまず経営ビジョンの性格づけについて聞いている．複数回答可であるが，最も多いのが「経営理念」62％，第2位が「長期経営計画・目標」55％になっている．ビジョンが経営理念を表明したものとする回答が多いのは一般的な理解として理解できる．第2位の「長期経営計画・目標」はビジョンが具体的な計画・目標と同一のものとされていることであり，既述した第2のビジョンの機能についての意識的な取り組みがされていないことが理解できる．このような企業が55％と半分以上存在していることが分かる．さらに

「目指すべき事業領域」24％，「目指すべき事業領域とそれへの到達への道筋を表明したもの」19％となっている．この両者はビジョンの１と２の機能を果たすものとして考えられる．両者合計で43％となっており，第２位の「長期経営計画・目標」の55％よりも低くなっており，日本の加工型産業ではビジョンの機能についての既述のような認識をする企業が半数以下であることが理解できる．「目指すべき事業領域」と「目指すべき事業領域とそれへの到達道筋」というビジョンの位置づけは既述したビジョンの２の機能を持つものとして理解されていることを示している．特に道筋をも示すものとしている企業が19％存在している．これらの企業では長期的ではあるが段階的な事業領域の設定が行なわれており，単なる将来の企業の姿が夢ではなく，現実性を持ったものであり戦略の策定を意識したものと理解できるだろう．

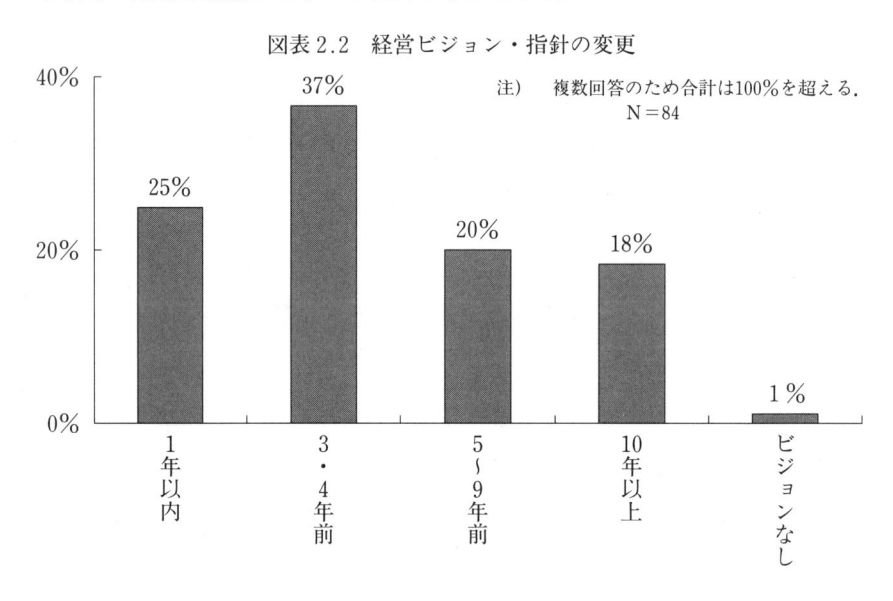

図表2.2　経営ビジョン・指針の変更

注）複数回答のため合計は100％を超える．
N＝84

- １年以内：25％
- ３・４年前：37％
- ５〜９年前：20％
- 10年以上：18％
- ビジョンなし：1％

次にこの経営ビジョン・指針の変更時期について質問がされている．この中で「３・４年前」37％，次いで「１年以内」25％になっている．10年以上前に変更している企業が18％となっており，多くの企業が近年に経営ビジョン・指針

を変更していることが理解できる．環境変化の激化に対応して日本の加工型企業の多くがビジョンの変更を行っていることが理解できる．

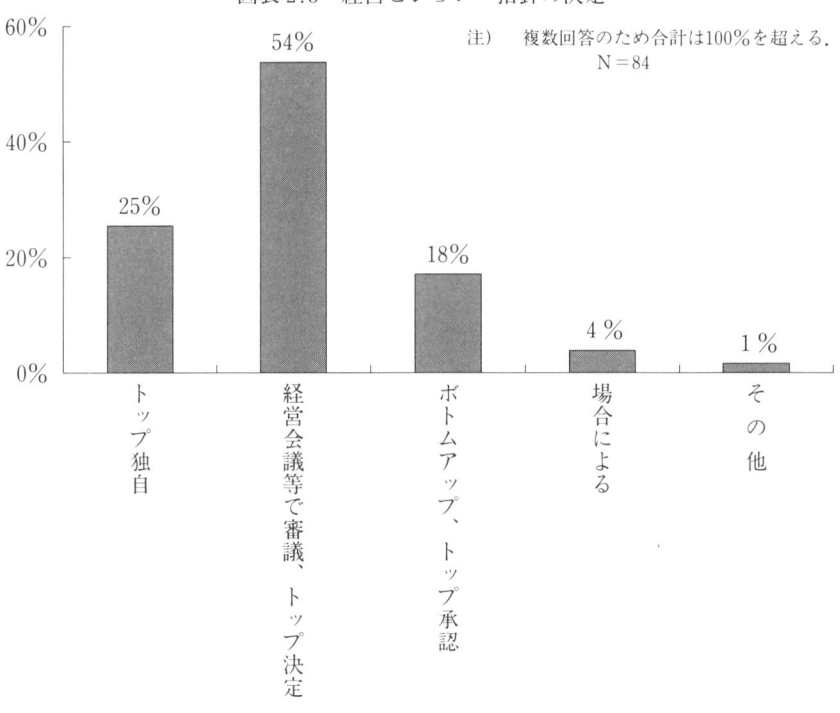

図表2.3　経営ビジョン・指針の決定

注）　複数回答のため合計は100％を超える．
N＝84

- トップ独自　25％
- 経営会議等で審議，トップ決定　54％
- ボトムアップ，トップ承認　18％
- 場合による　4％
- その他　1％

次にビジョン・指針の策定方法について質問している．回答結果は図表2.3の通りになっている．これによると経営会議・常務会で審議してトップによって決定されるケースが54％と企業数で半数以上を占めている．次にトップ独自に決定されるが25％と続いている．ビジョン・指針の策定・決定については，トップマネジメントが主導して行われることは従来から行われてきたことと考えられるが，トップ独自に決定されることは25％となっており，環境変化の激化に対応するためにはトップマネジメントが会議体で審議し，トップが決定するほうが多いと考えられる．さらに第3番目にボトムアップで全社的に審議が

行われ、それをトップが承認するという方法が18%になっている。訪問調査を行ったT社はこのボトムアップの決定方式を採用している。具体的には全社的に「ビジョン・プロジェクト」を若手課長、係長クラスによって組織して、そこで将来ビジョンについて策定が行われている。変化の激しいときには若い感性を生かしてビジョンを策定することが必要だという理由からとされている。環境変化の様々な動向についての知識を持ち寄り共有化し、新しいビジョンを創出している。その中心が若い中間管理職を主体としていた。このような方法は既述したビジョンの1の機能を活性化することを特に目的とした動きとして理解できるだろう。しかし第2の機能の側面をも持っていることは推測できる。ビジョンの策定に参加することによってその実現へのコミットメントを促進することができると考えられる。このコミットメントを促進するのに重要な意義を持つのが経営ビジョン・指針の公表方法である。図表2.4から分かるよ

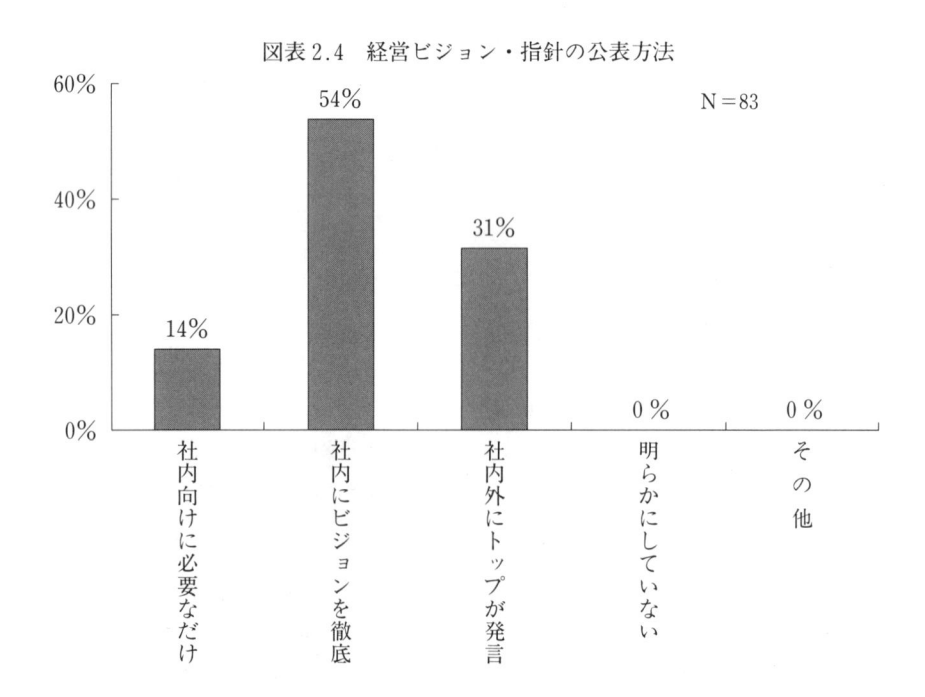

図表2.4 経営ビジョン・指針の公表方法

区分	割合
社内向けに必要なだけ	14%
社内にビジョンを徹底	54%
社内外にトップが発言	31%
明らかにしていない	0%
その他	0%

N=83

うにビジョンを必要なかぎりで公表している企業は14％に留まっている．このことはビジョンを公表することの重要性が強く認識されていることを裏付けるものと考えられる．特に社内外に公表している企業が31％ある．このことは当該企業の従業員だけでなく利害関係者全体に対してビジョン実現に向けた様々な協力を求めることを意図しているものと考えられる．

3．目標の変化状況

ビジョンに基づいて次に決められなければならないのは企業目標である．企業がビジョンを策定し，その事業領域についての将来像を示すことになるが，次にはそれを実現するための具体的な目標数値が明確にされなければならない．この目標数値として具体的にどのような目標を重視するのか5項目を選択して順位づけしてもらう質問項目を設けている．この回答結果は図表2.5の通りになっている．加工型産業を対象としていることから第1位になっているの

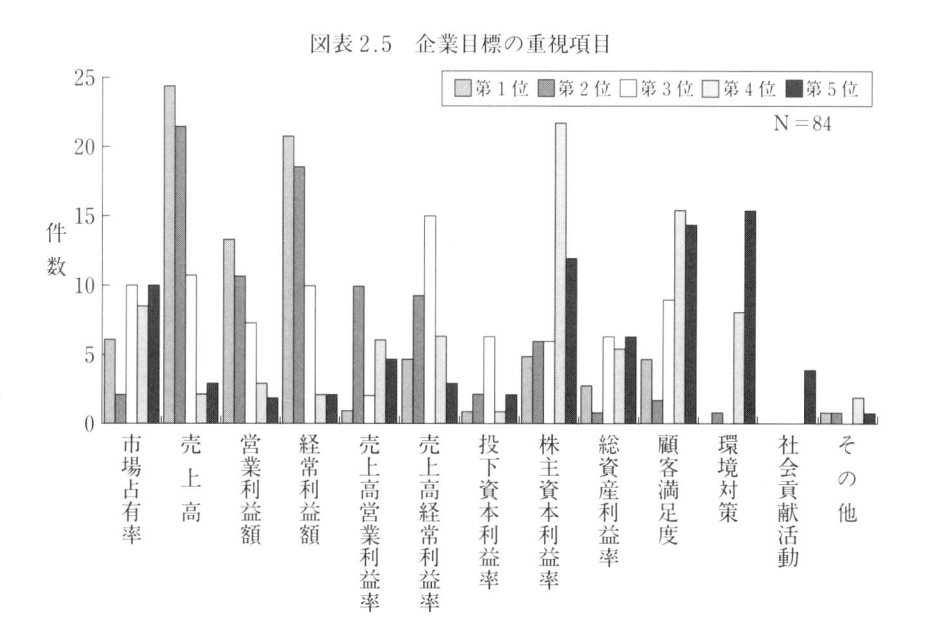

図表2.5　企業目標の重視項目

が売上高で24社，次いで経常利益額が21社になっている．この対象とする産業分野は今後まだ大きく成長する可能性を持っていることが理由と考えられるが，売上高の重視を第1順位にあげる企業数が最も多くなっている．第1位から5位までの合計でも73%の企業がこの項目を重視するとしている．加工型産業でも情報関連の製品・部品の製造を行う企業では依然として売上高を重視する企業が多いことは分かる．しかし営業利益額と経常利益額を第1順位にあげる企業は合計で34社あり売上額を重視する動きが顕著になっている．この点については1996年に行われた関西生産性本部でのアンケート結果と似た結果になっている．市場占有率については6社となっている[2]．

　全体としてみると利益額と利益率を重視する傾向は明確になっている．それにもかかわらず投下資本利益率は低くなっている．この点も関西生産性本部の調査結果と一致している．日本企業の長期的な視点からするとこの指標は十分に重視されていないことが分かる．訪問調査を行ったN社でも投下資本利益率は指標としては使いづらいとされていた．理由としては企業全体の長期的な活動を測定することが困難であることとされていた．株主資本利益率については重視されてきている．1位から5位までの合計では61%の企業が重要項目としてあげている．これは項目としては3番目に位置している．株主重視の傾向は日本の加工型産業でも明らかに存在している．

　環境対策，社会貢献活動については上位順位にあげている企業はないが4位，5位にあげている企業が多く，百分比ではそれぞれ30%，5%となっている．特に環境対策については上位ではないが重視せざるをえない項目になってきていることが理解できる．

　顧客満足度については重視する項目としては4番目で54%の企業が重視する項目としてあげており顧客満足度を配慮する行動をする傾向が理解できる．

　企業目標の重視項目ではバブル経済の崩壊以降，売上高や市場占有率を重視する方向からの転換が他の調査報告書でも明らかにされてきたが，本調査結果でも同様の変化を裏付けていた．企業の売上額が伸びないか，減少する状況が進展しているためにその対応策として利益率，利益額を目標とした行動へと転

換してきているのである．その行動はまた顧客満足度と環境対策をも重視して行われなければならないことが明らかになった[3]．

4．経営戦略の変化状況

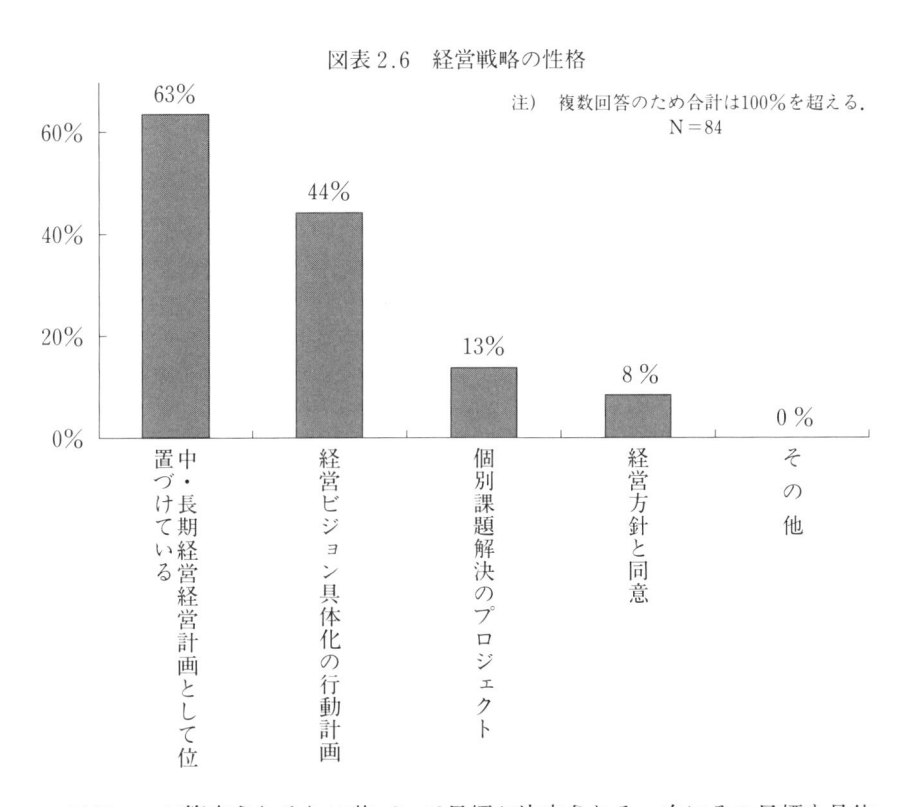

図表 2.6　経営戦略の性格

注）　複数回答のため合計は100％を超える．
N＝84

- 中・長期経営計画として位置づけている：63％
- 経営ビジョン具体化の行動計画：44％
- 個別課題解決のプロジェクト：13％
- 経営方針と同意：8％
- その他：0％

　ビジョンが策定されそれに基づいて目標が決定される．次にその目標を具体化するために経営戦略が策定されることになる．各企業の戦略についての認識として一番多かったのが中・長期計画としての位置づけであった．図表2.6の通りで63％の企業がこのように理解していることが分かる．訪問調査でも大体３年から５年の計画として位置づけている企業が多く存在していた．次に「経営ビジョン具体化の行動計画」が44％となっている．この二つの位置づけが加

工型産業の特徴といえるだろう．ビジョンを実現するために3年から5年の計画を策定することが戦略として考えられているケースが支配的と理解できるだろう．中・長期の計画として戦略を位置づけている企業についてはその計画更新に毎年ローリング方式を採用する企業が多く存在している．ビジョンについては変更はないがそれを実現する戦略については企業環境の変化に対応して毎年見直し作業が行われている．その一方で目標とする数値については3年間固定されている．毎年の数値目標については変更がされることはあるが，3年後の数値目標は固定されている．固定することによって安易な変更を排除し，戦略の実行を確実なものにすることを企図したものと理解できるだろう．このような考え方がある一方で同じく訪問調査をしたY社では5年計画が策定されて

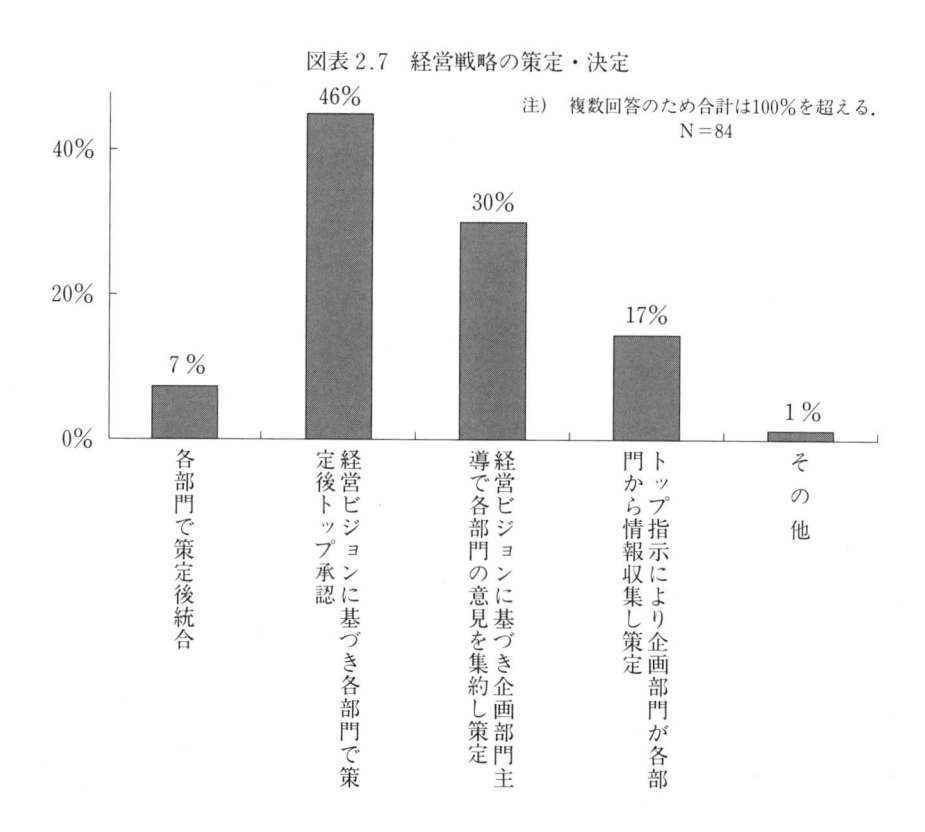

図表2.7　経営戦略の策定・決定

注）　複数回答のため合計は100％を超える．
N＝84

- 各部門で策定後統合　7％
- 経営ビジョンに基づき各部門で策定後トップ承認　46％
- 経営ビジョンに基づき企画部門主導で各部門の意見を集約し策定　30％
- トップ指示により企画部門が各部門から情報収集し策定　17％
- その他　1％

おり，ローリング方式での変更が行われている．環境変化の激しい業界なのでどうしても変更する必要があり，合わせて数値目標も変更せざるをえないとしている．しかし数値目標の変更でビジョン実現のための努力目標としての側面が果たせなくなることが問題になるとしていた．

　次にこの経営戦略はどのように策定，決定がされているのかを質問している．その回答は図表2.7の通りになっている．最も多いのが「各部門で策定後にトップが承認する」で46％になっている．しかも経営ビジョンに基づいて行われている．そのために各部門で策定される戦略案はビジョン・目標実現を前提にして策定されることになる．訪問調査をしたF社では各事業本部毎にビジョン・目標に基づいて戦略が纏められ，次にそれを本社の総務部門が全社戦略へと集約化する作業を行っていた．同じく訪問調査を行ったN社もトップがビジョンと目標を示しそれに基づいて各部門が策定し，それを集約して全社レベルの戦略を策定することになるとされている．訪問調査をしたH社では中期経営計画（全社戦略）策定に際して，企画部門が骨子を作り，経営会議，取締役会での承認を受けた後で各部門で具体的な計画案が策定される．次にその案を全体として本社の企画部門が集約化して全社レベルの経営戦略が策定されていた．ビジョンと目標，そしてそれを実現するための経営戦略との橋渡しをするために戦略の骨子を本社の企画部門が策定して，それに基づいた戦略づくりが各部門で行われている．このような事例から分かることは全社レベルの戦略については各部門に存在する情報，知識をできるだけ活用してそれを経営戦略化しようとしている事実である．活用するうえで本社部門の企画部門により多くの権限が与えられる場合もあれば，各部門により多くの自由裁量権が与えられる場合も存在するものと考えられる．図表2.7から分かることは本社の企画部門が中心になって行うとする二つの回答項目「経営ビジョンに基づき企画部門主導で各部門の意見を集約」30％，「トップ指示により企画部門が各部門から情報収集し策定」17％，合計で47％になっている．一方各部門が主導しているとする2項目，「各部門で策定後統合」7％，「経営ビジョンに基づき各部門で策定後トップ承認」46％と近い比率になっている．最も多い46％の項目も経営

ビジョンに基づくものであり，策定自体は各部門が行ってもトップマネジメントの考えに基づく点からするとトップマネジメントが経営戦略の策定について主導的役割を果たしているものといえるだろう．

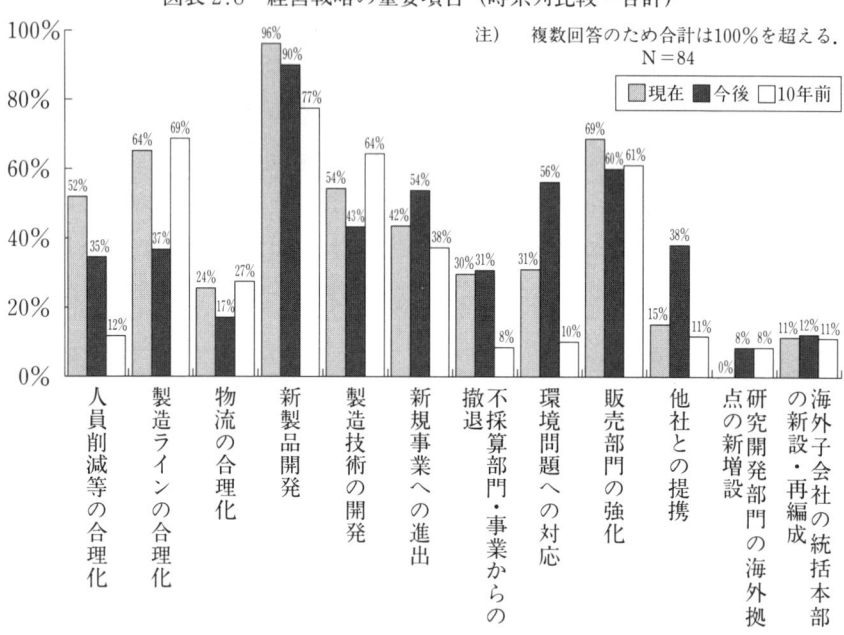

図表2.8　経営戦略の重要項目（時系列比較・合計）

注）複数回答のため合計は100％を超える．
N＝84

凡例：現在　今後　10年前

項目	現在	今後	10年前
人員削減等の合理化	52%	35%	12%
製造ラインの合理化	64%	37%	69%
物流の合理化	24%	17%	27%
新製品開発	96%	90%	77%
製造技術の開発	54%	43%	64%
新規事業への進出	42%	54%	38%
不採算部門・事業からの撤退	30%	31%	8%
環境問題への対応	31%	56%	10%
販売部門の強化	69%	60%	61%
他社との提携	15%	38%	11%
研究開発部門の海外拠点の新増設	0%	8%	8%
海外子会社の統括本部の新設・再編成	11%	12%	11%

次にこのようにして策定される経営戦略の重要項目についてみていくことにしよう．アンケート調査では現在，10年前，今後についてそれぞれ重要項目を順番に5項目選択することを求めている．この質問の意図は日本の加工型産業の戦略の特徴を時系列で明らかにすることである．その回答結果は図表2.8に示されている．この図表は順位は無視して選択した5項目の合計を集計して時系列での比較を行ったものである．この図表からまず第1に明らかな点は新製品開発を重視する企業がいずれの時点においても最も多かった点である．日本企業のイノベーションはプロセスイノベーションからプロダクトイノベーションへと比重を移していることが分かる．10年前にも新製品開発は最も重要な戦

略事項とされている．製造ラインの合理化も10年前と現在とその重視される比率の差は小さい．また製造技術の開発についても10年前には64％の比率であった．このような回答結果から言えることはプロダクトイノベーションを重要視してきていることは確かであるが，製造技術の開発についても依然として重要視する企業が多い点である．新製品開発はそれを生産する製造技術の効率性が前提となって商品化可能である．どんなに優れた新製品開発が行われてもそれを効率的に生産できる製造技術開発が併せて実現されなければ商品として市場で販売することは不可能である．したがって製造技術の開発もそれほど大きく比率が低下していないものと理解できるだろう．

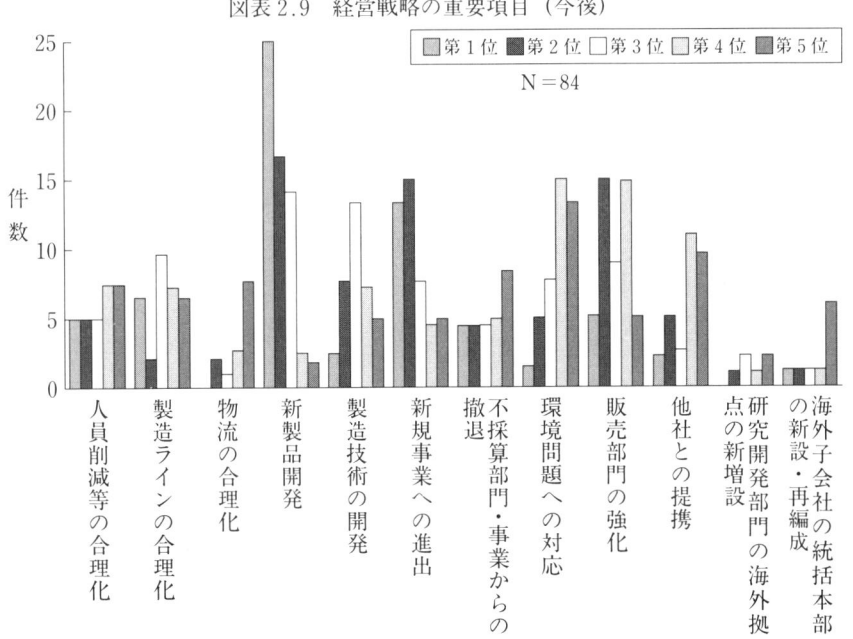

図表 2.9 経営戦略の重要項目（今後）

N＝84

時系列で3時点を比較して「今後」の時点で重要視する比率が高くなっている項目は「新規事業への進出」，「環境問題への対応」，「不採算部門・事業からの撤退」，「他社との提携」，「海外子会社の統括本部の新設・再編成」であっ

た。この中でも環境問題への対応を重視する企業が最も多く比率は56％である。しかしこの項目の選択された順位についてみると第1順位はわずかしかなく4位，5位に重視する企業が多いことが図表2.9から理解できる。新規事業への進出の項目については逆に第1位，第2位に選択する企業が多いことが理解できる。第1順位のものに限定すると新製品開発に次いで多いことが分かる。しかも他の項目を大きく引き離している。このことは日本の加工型産業の企業の多くが既存の事業領域だけでは成長は不可能になってきており，必死で新しい事業領域への進出を考えざるをえなくなっていることを裏付けている。訪問調査を行った多くの企業でこの点について話を聞くことができた。K社は産業用の電子部品メーカーであるが民生用の電子部品の市場への参入を検討していることを明らかにしている。F社では問題解決型のビジネスを今後の事業領域として検討中であることを明らかにしている。N社は将来の事業領域についてビジョンでその大枠を明らかにしているが，それに基づいた事業領域の構想が明らかにされており，徐々にその事業領域を実現化してゆくことが行われている。Y社もソリューション事業への展開を検討中であり一部それを具体化していることを明らかにしている。

5．トップマネジメント組織の変化状況

ビジョン・指針の策定，目標の決定，そして経営戦略の策定と決定が行われる。このプロセスでトップマネジメントが果たす機能に対応してトップマネジメント組織の形態の変化も行われているのではないだろうか。このような仮説に基づいてアンケート調査ではまず過去5年以内にトップマネジメント組織の変更をしているかどうかを質問している。その結果変更した企業が39社，約45％になっている（図表2.10）。半数近くの企業で変更が行われていることになる。この変更の中身は図表2.11の通りになっている。変更で最も多いのが取締役の人員削減である。57％と過半数を占めている。

訪問調査を行った企業の中でもこの変更が最も多かった。T社でも13人いた

図表2.10 トップマネジメント組織の変更
N＝84

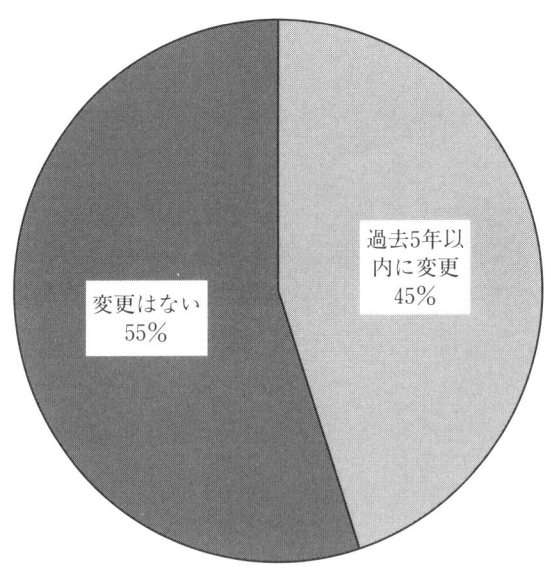

過去5年以内に変更 45%
変更はない 55%

取締役を5人まで削減していた．その理由としては変化の激しい企業環境に直面して，素早い対応をするために審議・決定のスピードを速くする必要があることが第1の理由とされていた．第2の理由は企業全体の合理化に伴う人員削減の一環としての削減である．

訪問調査を行ったM社も1995年に9人の取締役を7人に削減している．その理由は上記の二つの理由があげられていた．また同じく訪問調査をしたY社では19人の取締役を15人に削減している．その理由としては人員の合理化を全社規模で行っており，その削減した人数規模に対応した取締役人数にすることが理由の第1にあげられていた．理由の第2は従来，本社の事業部であった組織単位を子会社化してグループ経営化へと移行するのに伴い取締役のうち4人をその子会社の代表取締役にしたことによるその分の取締役の減少である．

このように取締役人数の減少は第1に企業の人員削減合理化の一環として行われていたことがあげられる．第2に意思決定のスピード化があげられる．そ

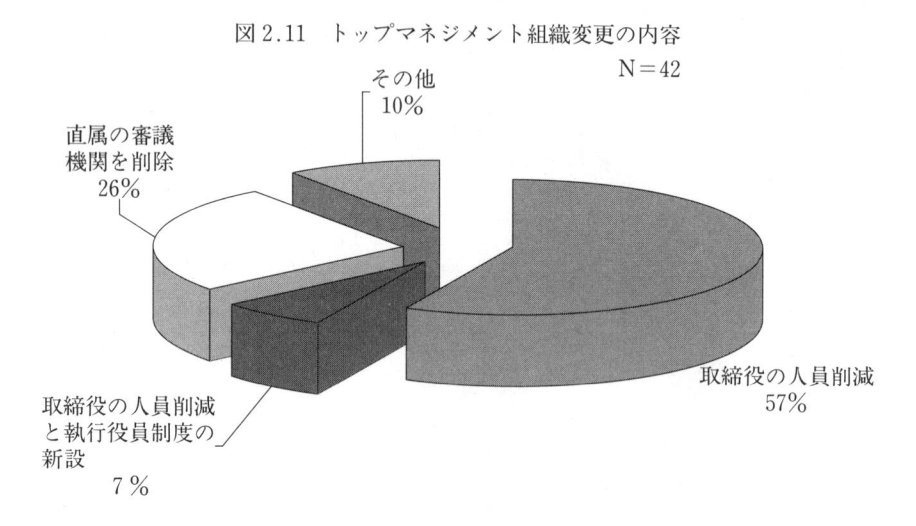

図 2.11　トップマネジメント組織変更の内容
N＝42

その他　10%
直属の審議機関を削除　26%
取締役の人員削減と執行役員制度の新設　7%
取締役の人員削減　57%

して第3に企業全体組織の変更によるものがあげられる．組織変更の中身については様々なものがあると考えられるが，統廃合によるもの，分社化によるもの等が考えられる．以上が主要な理由であった．

　トップマネジメント組織変更で取締役人数の削減の次に多かったのがトップ直属の審議機関の削減で26%であった．訪問調査を行ったK社でもこの審議機関の削減を行っていた．従来，販売と製品企画について別々に審議機関が設置されていたが，これらを合併した販売企画会議が設けられることになっている．販売と製品企画は密接に関係しており，さらに審議のスピード化の必要から，統合して行う必要があるとの判断がその理由とされている．その審議機関には営業部門，技術部門の管理職者と社長が参加して約12～13人で主に有望な市場と製品開発のテーマについて検討が行われるとしている．審議機関の削減については企業全体レベルでの組織変更にも対応していると考えられるが，企業全体の有機的なバリューチェーンという視点からの諸活動の見直しに伴うトップマネジメントの審議機関の見直しが行われているものと理解できる．また審議の実質化のために参加する人数を絞る企業も存在している．

　トップマネジメント組織変更で第3番目で最も少ないのが取締役の削減と執

行役員制度の新設で7％である．執行役員制度についてはアンケート調査時点で導入している企業は7％であり少数に留まっている．日本経済新聞社が99年に実施したアンケートでも導入済みの企業は7.1％となっておりほぼ同様の比率になっている[4]．

　執行役員制度については訪問調査でも導入を検討中の企業と必要ないとする企業，そしてすでに導入済みの企業が存在していた．まず導入を検討しているN社が執行役員制度を必要としている理由としてあげているのは企業全体の組織をカンパニー制へと移行することとされていた．カンパニー制への移行に伴って本社部門がグループとしての戦略の策定と決定に特殊化してゆく必要がある．その結果として業務の執行については別の管理者をあてる必要が生まれることになるとしている．そのためN社では2000年度には仕組みとして執行役員制度を導入してゆく必要があるとしている．N社は企業規模も大きく，対象とする事業領域も多い．また環境の変化も激しく成長性の高い分野を多く持っている．そのために企業全体としての戦略の策定と決定に特化した本社と業務の執行を分ける必要性が高いものと考えられる．また訪問調査を行ったH社は'99年7月から導入しているが，常務以下の取締役が執行役員になっている．その導入の理由については第1に意思決定の迅速化があげられている．企業環境の激変が世界的規模で生じており，この変化に素早く対応しなければならないのである．第2に企業全体の合理化の一環として行われているとされている．取締役の人数を削減し，取締役が率先垂範することで企業全体の合理化への理解を促すことが目的とされている．

　逆に執行役員制度を必要としていない企業も多く存在した．訪問調査を行ったF社では特に執行役員制度の必要はないとしていた．その理由として元々取締役の人数も少なく，さらに執行役員制度を導入しなくても意思決定は迅速であり，十分に審議もされているとしていた．ちなみにF社では常務取締役が5名，常勤監査役が1名，非常勤取締役1名，非常勤監査役1名であり規模としては適度なものであり，執行役員制度の必要はないとされていた．同じく訪問調査を行ったK社も取締役人数が元々少なく執行役員制度導入の必要性はない

としている．しかし，訪問調査を行ったY社は状況が若干異なっていた．Y社でも執行役員制度の必要性はないとされていたが，その理由は前二者のケースとは異なっていた．Y社では従来の機能分社を変更して顧客からの受注に組織的に対応してゆくために事業分社化することになり，それに対応して事業分社の社長へ本社の取締役が4人転出し，取締役の人数が19人から15人へと減少している．業務の執行は子会社へ移転するので規模的には妥当であり，あえて執行役員制度を採用する必要はないとしていた．

　訪問調査のケースを若干述べてきたが，まず第1に今回のアンケート調査で分かることは執行役員制度を導入している企業の多くが従業員数も多く，元々取締役人数も多い企業であった点である．そのために取締役人数を削減して審議の実質化・迅速化を行う必要があり，業務の執行については別の人間が担当する必要があるために執行役員制度を採用しているものと理解することができた点である．第2に分かった点はN社のケースにあったようにカンパニー制を導入して分権化を推進するのに対応して各カンパニーの経営を担当する執行役員を設ける必要がある点である．その場合執行役員制度を導入することの意義は本社への全体レベルの戦略の策定機能の集中と各カンパニーレベルでの知識や情報を活用し，また情報や知識の共有化を行い戦略策定とその執行に特化するためと考えられる．

　本調査とは別にさらに審議だけでなく決定にも執行役員が参加している企業もあることが明らかにされている．武田薬品工業では，98年秋から社長を含む4人の代表取締役だけで経営戦略の策定を行う経営会議が週2回開催されている．その後で取締役会でさらに議論を深めることになっているが，執行役員が加わらないと実務の責任者でありながら全社的な経営の方向についての情報について疎くなってしまうことと，将来の取締役候補として執行役員を鍛える場がなくなるという問題が生まれている．企業で持っている経営情報の共有化が行えなくなり，現場の士気低下と情報・知識の企業全体での創出プロセスが不完全なものになってしまうとしている．取締役と執行役員を分ける最大の目的は各部門の代表としての視点ではなく全社的な視点で戦略を十分に審議するこ

とであった．日本の加工型産業の場合その審議を行うためには企業の現場についての情報とさらに現場から生まれてくる知識を有効に活用する必要があるものと考えられる．現場が知識を生み出すためには企業全体として情報・知識の共有化を行い全体レベルの戦略の検討を行うことが必要であり，この点で執行役員制度の導入はそれ程多くはなっていないのではないかと推論できる[5]．

トップマネジメントの意思決定メカニズムの基本的な変化については取締役の削減による審議の実質化であり，さらに全社規模での人員削減に対応した動きとして理解するのが妥当と考えられる．

6．新製品開発とトップマネジメント

既にみてきたように日本の加工型産業における経営戦略の重要項目として新製品開発が最も重要視されていた．しかも現在だけでなく10年前と今後についても最も重視されている項目であった．この新製品開発がどのように行われているのかを今回の調査では質問している．調査の意図は従来はプロセスイノベーションが中心であったが，プロダクトイノベーションへの重点の移行が先にみたアンケート結果から理解することができた．この新製品開発の活性化についてトップマネジメントはどのような役割を果たしているのかを明らかにすることである．

まずアンケート調査では新製品開発の体制がどのようなものかを質問している．回答結果は図表2.12の通りになっている．半数近くの48％の企業が「本社の研究開発部門で部門長が担当」する体制になっている．本社レベルでの新製品開発が主流になっていることが分かる．新製品開発について生産部門，販売部門，さらには企画部門等の全社的規模での情報や知識の活用をはかる必要が生まれている．どのようにしてそれを効率的に行うかが新製品開発の効率化の決め手になってきている．「各事業部での新製品開発を行っている」のが23％，「全社的なプロジェクトで開発の全権を責任者に委譲」13％となっており，本社部門が主導して新製品開発が行われるのが主流になっておりそれに一

定の変更を加えている全社的プロジェクトによる新製品開発も13％の企業で採用されており，全社横断的な開発体制を採用する企業が多く存在していることが分かる．

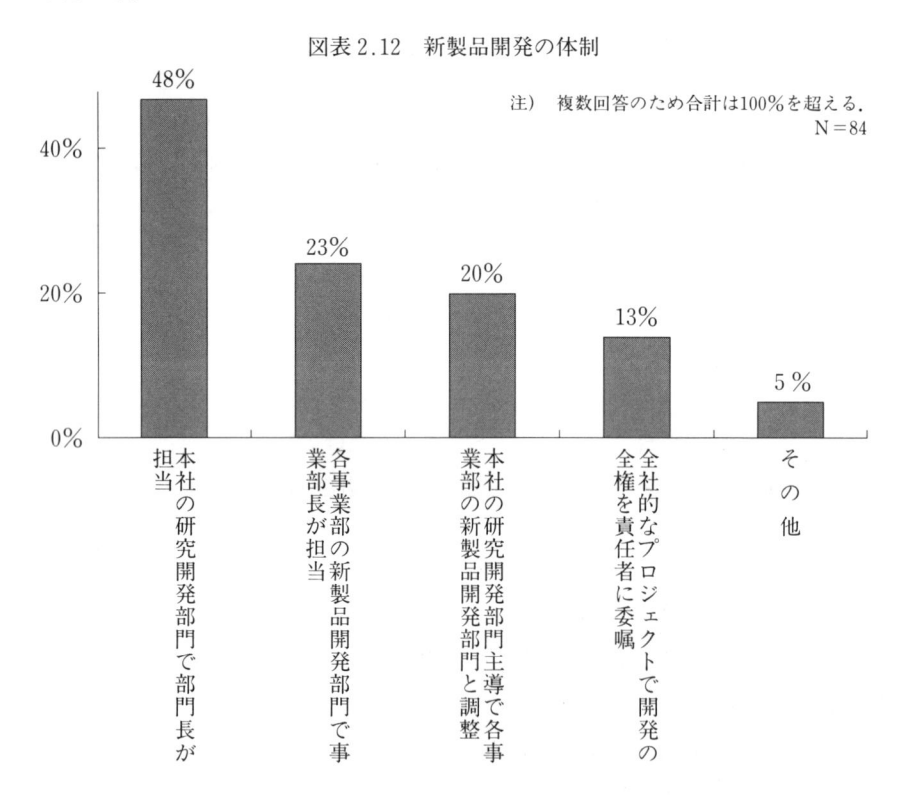

図表2.12 新製品開発の体制

注）複数回答のため合計は100％を超える．
N＝84

- 本社の研究開発部門で部門長が担当: 48％
- 各事業部の新製品開発部門で事業部長が担当: 23％
- 本社の研究開発部門主導で各事業部の新製品開発部門と調整: 20％
- 全社的なプロジェクトで開発の全権を責任者に委嘱: 13％
- その他: 5％

　訪問調査を行ったＴ社では新製品開発は本社の技術部門が担当していた．Ｆ社は各事業部レベルで新製品開発が行われる体制になっており，上位の事業本部長レベルで調整が行われる体制が採用されていた．必要に応じて全社横断的にプロジェクトが形成されることがあるとしている．Ｎ社は基礎研究については本社の研究所が担当し，製品化については各事業部の研究所が担当する体制が採用されている．またプロジェクトも横断的に形成され，本社の技術開発部門が担当している．重要な新製品の開発については各事業部ではなく本社レベ

ルでプロジェクトが形成され効率化をはかり，コストを削減し，開発期間を短縮することを推進している．

H社では開発部門は本社に技術研究所が設置され，そこに一本化されている．また少数のプロジェクトが設置されている．K社も本社の技術部門が担当している．この技術部門の部長が新製品開発の責任者になっており，特にプロジェクトの形成は行わないとしている．Y社では新製品開発については本社に研究本部を置き，技術の蓄積を本社に集中することが必要であるとしている．そして全社的に情報ネットワークを活用して各従業員が持っている技術情報や知識を本社に集中することが行われているとしている．

新製品開発体制の多くは本社に属するのが主流になっているが，開発のプロセス全体についてトップマネジメントの果たす機能がどのようなものかアンケートでの調査を行っている（図表2.13）．新製品開発のプロセスを5つに区分

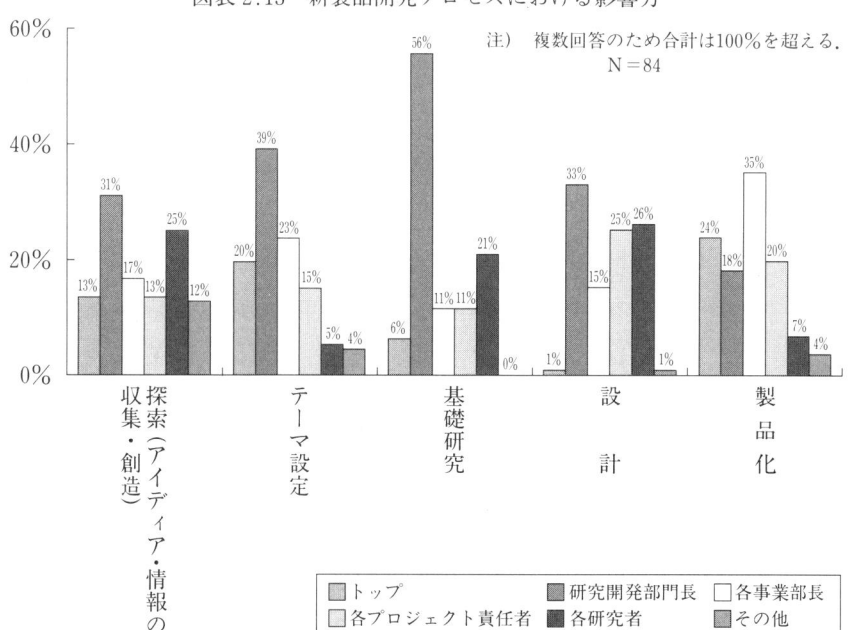

図表2.13　新製品開発プロセスにおける影響力

注）複数回答のため合計は100%を超える．
N＝84

プロセス	トップ	研究開発部門長	各事業部長	各プロジェクト責任者	各研究者	その他
探索（アイディア・情報の収集・創造）	13%	31%	17%	13%	25%	12%
テーマ設定	20%	39%	23%	15%	5%	4%
基礎研究	6%	56%	11%	11%	21%	0%
設計	1%	33%	15%	25%	26%	1%
製品化	24%	18%	35%	20%	7%	4%

し，それぞれのプロセスにおける最も影響力が大きい担当者について質問している．このプロセス毎の調査では製品化を除いて全プロセスにわたって研究開発部門長の影響力が大きいとする企業が多くなっている．この点が第1の大きな特徴になっている．第2に製品化のプロセスについては各事業部長，そして次にトップの影響力になっている．トップの影響力は製品化については大きいことは理解できるが，他のプロセスでは特に大きな影響力を持つまでには至っていない．これは既述したように執行役員制度を導入する企業が少なく，研究開発部門長と事業部長も多くの場合，取締役を兼任する場合が多く存在することによるものと考えられる．そのために社長クラスのトップが影響力を行使するのは重要なプロジェクトであり，また「探索」と「テーマの設定」でトップの影響力が大きくなる点は理解できるだろう．

この点については訪問調査を行ったN社のケースからも理解できる．N社では新製品開発のプロジェクトを実施するのに際して戦略会議で審議・決定されるが，そこでは社長が決定権を持っている．同じく訪問調査を行ったF社では将来の新製品開発のテーマについては開発会議を設置しその場で社長が承認して各事業部の研究機関での研究が認められる制度が導入されている．

7．おわりに

企業を取り巻く環境の激変する時代に，日本の加工型企業はどのように対処しているのか．その具体的な実態を明らかにし，現代の経営革新の特徴点を分析してきた．本章では全社レベルにおけるビジョン，目標，戦略，トップマネジメント組織，そして新製品開発におけるトップマネジメントの役割についてアンケート調査と訪問調査結果に基づいて分析を行ってきた．

まず企業の全社レベルでの変革をみるためにはその企業の全社レベルの戦略の変化を分析する必要がある．全社レベルの変革はビジョンとそれを数値上具体化した目標とそれを実現するための戦略によって行われるものとして捉えることができる．このような考え方に基づいて本章ではまずビジョン・指針の捉

え方，企業目標の重視項目，そして戦略について分析を行っている．

　ビジョン・指針については目指すべき事業領域，そしてさらにはそれへの道筋を示すものが多く存在していた．将来の事業領域へ到達するためには経営資源の蓄積を積極的に行う必要がある．そのためにはビジョンでその到達点を絶えず従業員に示し，経営資源の独自の構築を行わなければならないものと理解できる．さらにこのようなビジョンの変更を80％以上の企業が9年前までに行っている．ビジョン・指針の変更が大規模に行われていることが理解できた．このようなビジョン・指針の決定については経営会議等の審議機関で取締役を中心に決定される方法が過半数を占めていた．その公表の方法は社内に徹底が過半数を占めていた．さらに社内外にトップが機会あるごとに発言するケースも31％になっており，従業員にビジョンを示し，理解を求めることを行うことでビジョン実現への動機づけを行うという役割を果たしているものと推論できる．ビジョンは具体的な数値化されたものではなく，あいまいな点も多く残した内容になっているために，従業員がそのビジョンについて自ら考え，知識を出し，より充実した内容のプランを考えだしビジョン実現のための戦略へと具体化することが多くの企業で行われているものと考えられる．

　経営戦略については経営ビジョン具体化の行動計画としての位置づけをしている企業が44％存在しており，ビジョン実現のためのものという位置づけを行うようになっている．この戦略の策定についても経営ビジョンに基づいた策定と決定がされている企業が多くなっていた．その経営戦略の重視項目については，新製品開発が最も多く，プロダクトイノベーションを重視する経営戦略になってきていることが理解できた．今後の重視する項目としては新製品開発の次に新規事業への進出が重視されていた．今後，新製品開発と新規事業への進出を中心とした経営戦略が日本の加工型産業においては中心的な戦略になっていくものと考えられる．

　経営戦略の重点項目が大きく変化する中でトップマネジメント組織も大きく変化している．過去5年以内に組織の変更をした企業は39社，45％あった．変更を行った企業の訪問調査でその目的について共通する理由が存在していた．

それは人員削減への対応と意思決定のスピード化であった．変更内容については取締役の削減が最も多かった．しかし執行役員制度を導入している企業は7％であり，訪問調査からもその採用・不採用は一様ではなかった．

最後に新製品開発におけるトップマネジメントの機能については研究開発部門長が製品化のプロセスを除いて一様に強力な影響力を持っていた．これは多くの企業で研究開発部門長も取締役を兼任しており，トップマネジメントの基本的な考えが部門長を通じて行使されていることによるものと考えられる．

日本加工型産業においては環境の激変に対応して各企業における取り組みが行われている．本章では全社レベルの戦略とトップマネジメント組織に焦点を絞り調査に基づく分析を行ってきた．経営戦略はプロダクトイノベーションを重視するようになっているが，そのことがプロセスイノベーションを軽視するものではないことは言うまでもない．特にビジョン・指針を明確に示し，独自の事業領域の選択を行ってそのための経営資源の蓄積を行う企業が多く存在するようになっているものと考えられる．これは既存の市場の成長が望めない企業が新規の事業への進出を行うという経営戦略を重視する企業が多く存在していたという事実からも理解できる．経営資源，特に情報的経営資源と呼ばれる技術，ノウハウ，市場情報，ブランド等の蓄積を積極的に行うことが求められているものと考えられる．換言すれば，全社レベルの戦略における事業領域の選択と集中の強化とその策定と決定に適したトップマネジメント組織への変更が進展していると結論できるだろう．

1) 今回のアンケート調査票は資料として付編に別掲してある．参考にされたい．
2) 関西生産性本部 (1996)「第7回『経営実態調査』報告書」関西生産性本部．
3) 例えば以下のような報告書を参照にされたい．通産省企業行動課編 (1990)『総合経営力指標　製造業編』26-27ページ参照．
4) 日本経済新聞1999年6月13日．
5) 日経BP社 (1999)『日経ビジネス』1999, 2, 8日号「検証　取締役会は変わったか」32-36ページ参照．

参考文献

岩間 仁 (1996)『プロダクトイノベーション』ダイヤモンド社.
Gouillart, F. T., and J. K. Kelly (1995) *Transforming the Organization*, Mcgraw-Hill, ジェミニ・コンサルティング・ジャパン監訳 (1996)『ビジネス・トランスフォーメーション-大競争時代の企業成長と組織再生-』ダイヤモンド社.
Knight, D., Craig, L. Pearce Ken, G. Smith Judy, D. Olian, Henry, P. Sims, Ken A. Smith and P. Flood (1999) "Top Management Team Diversity, Group process, and Strategic Consensus" *Strategic Management Journal*, 20, pp. 445-456.
Powell, T. (1992a) "Organizational alignment as competitive advantage", *Strategic Management Journal*, 13, pp. 119-134.
Powell, T. (1992b) "Strategic planning as competitive advantage", *Strategic Management Journal*, 13, pp. 375-405.
Powell, T. and A. D. Micallef (1997) "Information technology as competitive advantage : The role of human, business, and technology resources", *Strategic Management Journal*, 18, pp. 375-405.
十川 他 (1999)「『変革期の経営』に関するアンケート調査」『三田商学研究』42巻1号, 97-115ページ.

第3章　環境経営の実践と課題

1．問題の設定

　地球環境の保全に向けての国際的な意識が高まりを見せる中, 企業の環境問題に対する取り組みも本格化している. 当初は企業 PR 的な側面が強かった企業の環境対策も, 1990年代の半ば以降, 中身がより具体化, 体系化され, 新しい局面に入った印象を受ける[1]. 企業が環境問題への対応に本腰を入れざるを得ない背景には, 行政により環境保全のための法的規制が強化されたこと及び市場動向の変化の2つの要因があるものと思われる. たとえばわが国の場合, 90年代の半ば以降, 容器包装リサイクル法, 家電リサイクル法, 改正省エネルギー法, PRTR 法等, 企業経営に直接大きな影響を与える法律が次々に制定されている. また, 1997年には京都で気候変動枠組条約第3回締結国会議 (COP3) が開催され, ここで採択された議定書によりわが国は, 地球温暖化の原因とされる二酸化炭素の排出量を, 2008年から2012年の5年間の平均で1990年比6％削減することを義務づけられることになった. (ちなみにアメリカは7％, EU は8％の削減が義務づけられている). こうした法的規制の強化は, 企業が否応なしに環境対策をとらざるを得ない状況をもたらしている. また, もう1つの要因である市場動向の変化についても, 企業が環境経営を志向するためのドライビングフォースとなっている. この点に関する最近の顕著な傾向としては, エコ・ファンドの開設が挙げられる. エコ・ファンドとは, 大手銀行や生命保険・損害保険会社等の投資機関が環境対策に熱心な企業の株

式に集中投資する投資信託のことで，欧米ではすでにエコ・ファンド市場は3兆円の市場規模であるといわれる[2]．わが国でも99年に4社がエコ・ファンドを開設し，企業選別の尺度として環境対策が組み入れられることになった[3]．今後，こうしたファンドがさらに普及すれば環境問題への取り組みに熱心な企業ほど，市場からの資金調達が容易になるという社会的フレームワークが形成されることになる．

さらに，国際的な環境規格であるISO14001の認証取得は，今やビジネスを展開する上でのパスポートとなりつつある．ISO14001の特徴は，一度取得すれば永久資格になるのではなく，継続した取り組みが要求される所にある．すなわち，環境政策の立案（Environmental policy）―計画（Planning）―実行（Implementation and Operation）―チェック・修正（Checking and Corrective Action）―再検討（Management Review）という一連のプロセスを継続しながら，絶えず状況の改善に取り組まなければならない[4]．わが国企業による最近のISO14001取得ラッシュは，取得による企業イメージの向上と欧米企業が取得を取引の条件としていることの2点によるものと思われるが，環境対策がビジネスの要件となりつつある市場の状況を端的に表した現象といえよう[5]．

このように現在のわが国企業を取り巻く状況は，企業が環境経営を志向せざるを得ない状況を確実に生み出しつつあるわけであるが，現実の企業活動の場においては，この問題はどの程度認識され，また具体的な形となって現れているのであろうか．環境問題と企業経営の関係を時系列的に見てみると，1980年代の後半から1990年代の前半にかけての時期は，いわば「導入期」にあたる．地球環境の悪化を示す科学的なデータが次々と公表され，この問題に対する国際的な関心が高まる中で企業としても経営活動において環境を意識するようになった時期である．しかし，その中身は環境憲章の制定や環境部の設置等，初歩的，抽象的な域を出ず，企業PR的な側面が強かったといえる．これに対して，1990年代の中頃から現在に至る時期は「成長期」にあたる．前記したように，環境保全のための法的規制の強化や企業の環境対策を市場が評価するといった市場動向の変化を受けて，企業の環境対策もより具体的，体系的になって

きている．本章では，実態調査により得られたデータの分析を通じて，「成長期」における企業の環境対策の実態を明らかにすることを課題としたい．

2．アンケート調査の概要と結果の分析

中央大学企業研究所「現代の経営革新」チームのトップ・マネジメントグループは，1998年の10月から11月にかけて機械工業4業種－機械，電気機械，輸送用機械，精密機械－300社のトップ・マネジメントに対して郵送によるアンケート調査を実施し88社から回答を得た．回収率は29.3％であった．アンケートの質問内容は，経営ビジョン，経営戦略，トップ・マネジメント組織，新製品開発，環境問題，給与システム等多岐にわたり，経営革新の実態を多面的かつ包括的に捉えることを狙ったものであったが本章ではその中から環境問題に関わる項目をピック・アップし，企業のこの問題に対する取り組み状況を分析してみたい．

まず最初にわれわれは，経営戦略の中で重要と思われる項目を「10年前」，「現在」，「今後」の3つの時期に分けて，それぞれ上位5項目を回答してもらった．図表3.1はその結果を示したものである．

これによると，いずれのケースにおいても「新製品開発」がトップを占めており，機械メーカーにとって「新製品開発」こそが経営戦略の要であることがみてとれる．本章の関心事である「環境問題への対応」については，「10年前」に同項目を挙げた企業は全体のわずか10％に過ぎず，この時点での経営戦略上の位置づけは極めて低かったといえる．しかしながら，この数値は「現在」においては31％，「今後」では56％と増大しており，「環境問題への対応」が経営戦略上重要になってきていることがわかる．とりわけ，「今後」の56％という数値は，「新製品開発」の90％，「販売部門の強化」の60％に次いで3番目に高い数値であり，「環境問題への対応」が今後，企業の競争力を左右するKey Factorになるとの認識を企業が持っているといえよう．

次に，企業経営において地球環境問題をどう捉えるかという質問に対して

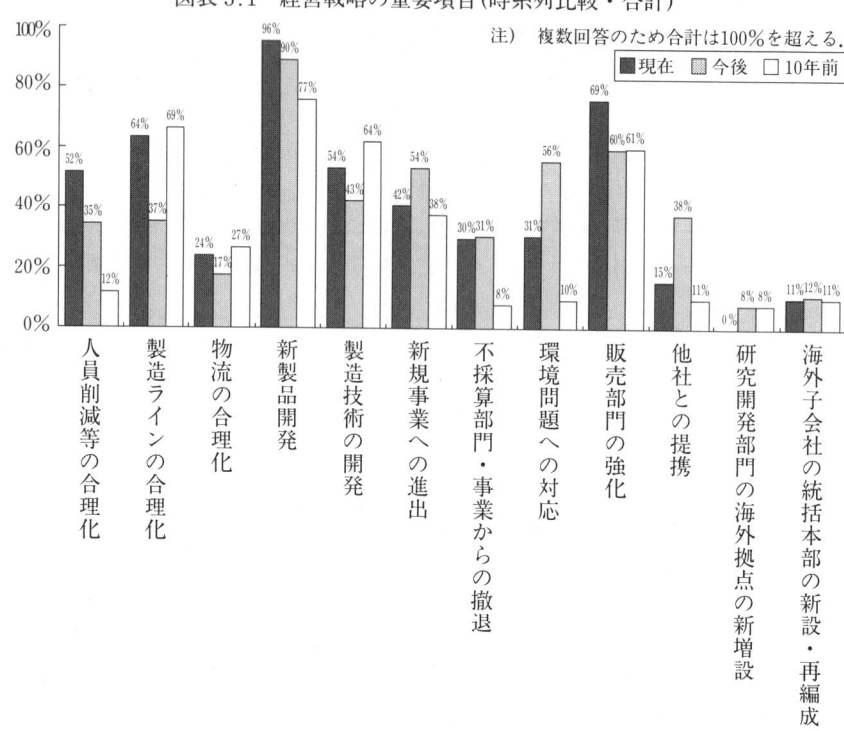

図表 3.1 経営戦略の重要項目(時系列比較・合計)

注) 複数回答のため合計は100%を超える．

■ 現在　▨ 今後　□ 10年前

項目	現在	今後	10年前
人員削減等の合理化	52%	35%	12%
製造ラインの合理化	64%	37%	69%
物流の合理化	24%	17%	27%
新製品開発	96%	90%	77%
製造技術の開発	54%	43%	64%
新規事業への進出	42%	54%	38%
不採算部門・事業からの撤退	30%	31%	8%
環境問題への対応	31%	56%	10%
販売部門の強化	69%	60%	61%
他社との提携	15%	38%	11%
研究開発部門の海外拠点の新増設	0%	8%	8%
海外子会社の統括本部の新設・再編成	11%	12%	11%

は，「ビジネスチャンスとして見る」，「道義的責任である」が各々44％を占めた（図表3.2）．

　この結果をどう見るかであるが，地球環境問題の解決にあたっては，単に企業に対して社会性，倫理性といった道徳的価値観を求めるだけではなく，経済的インセンティブにより自発的な企業行動を誘発し，市場経済の原理に基づいた対策がとられるべきとの主張が識者により繰り返しなされている．しかし一方で，今日の地球環境の悪化を招いた原因の多くは企業活動に帰することも確かであり，環境問題への対応を「ビジネスチャンス」としてのみ捉え，社会性や倫理性を欠いた行動をとることは許されない．そうした視点からすると，「ビジネスチャンスとして見る」，「道義的責任である」の2項目が拮抗してい

図表3.2 企業経営における地球環境問題の捉え方

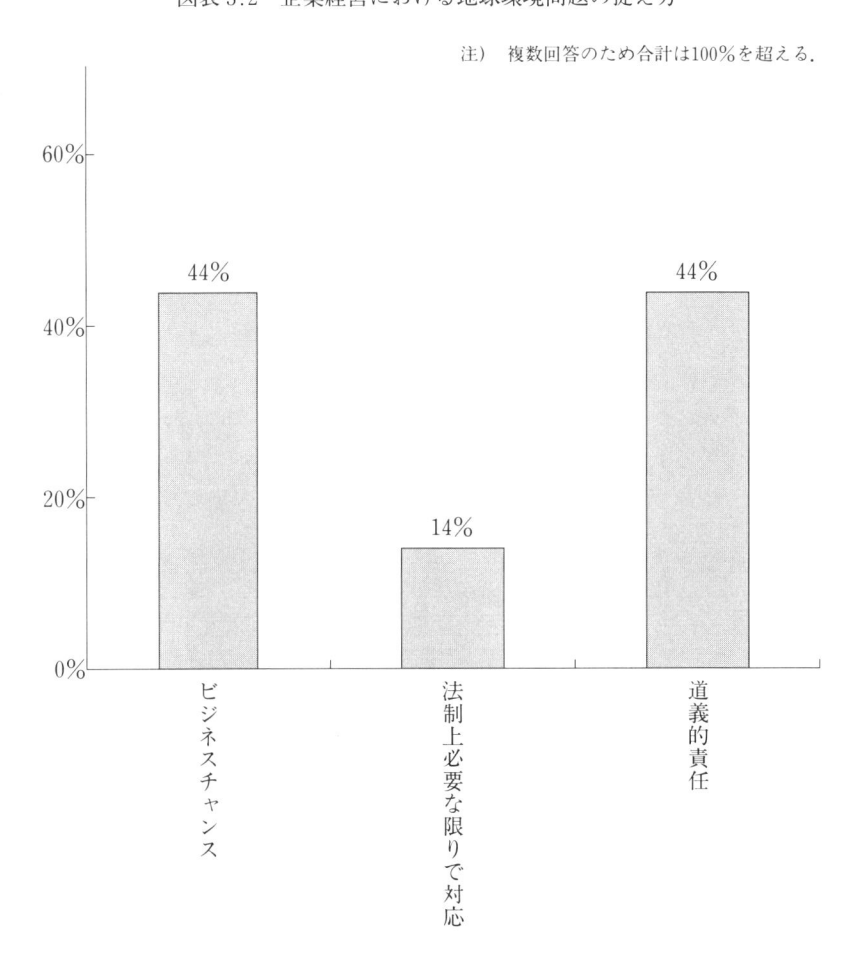

注) 複数回答のため合計は100%を超える.

- ビジネスチャンス 44%
- 法制上必要な限りで対応 14%
- 道義的責任 44%

ることは，極めて健全な認識として評価してもよいのではないか．そして，もう1つの項目である「法規制上，必要な限りで対応するもの」に対する回答が14%で一番低かったのも企業がこの問題に対する対応を消極的，受動的にではなく，積極的，主体的に取り組もうとしている姿勢の表れと受け取れ，評価できる．

続いて，リサイクルに関する質問を3問行った．地球環境問題と企業活動の関わりを分析するキーワードの1つがリサイクルである．すなわち，現在の大量生産－大量消費－大量廃棄の一方通行型の社会経済システムから循環型のシステムへ転換していくためには，企業が使用済み製品の回収，リサイクルに責任を持たなければならない[6]．そこでまず，リサイクルを想定した製品設計の有無について尋ねたところ，「している」24％，「していない」28％，「現在検討中」48％という回答結果が得られた（図表3.3）．

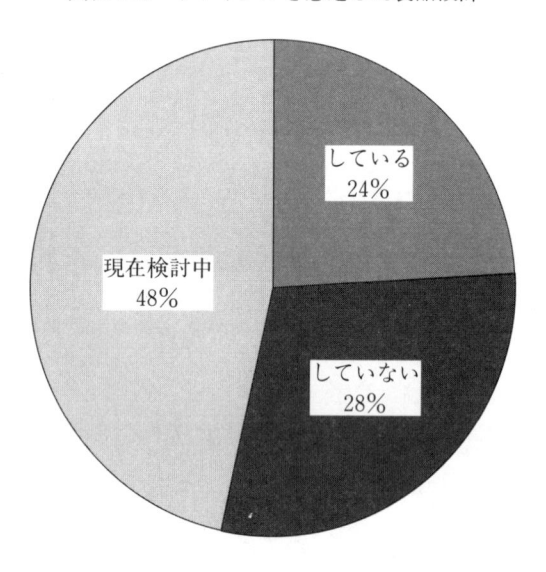

図表3.3　リサイクルを想定した製品設計

「している」「現在検討中」を合わせると72％の企業がリサイクルを想定した製品設計に前向きの回答をしている．リサイクル率を上げるためには，製品の設計段階からリサイクルを想定して，リサイクルしやすい素材の選定や製品構造を考える必要がある．しかし一方で，企業は当然のことながらコストの問題を考えざるを得ない．素材の選定や製品構造を変えたためにコストが上昇してしまったのでは，せっかくの努力も長続きしない．また，こうした取り組みは取引企業（たとえば部品納入業者）との関係にも影響を与える．リサイクルを

想定した製品設計をする企業は，今後確実に増えることが予想されるが，現時点で約半数の企業が「現在検討中」と回答しているのは，コストとのバランスを考えて慎重に思慮していることによるものと思われる．次いで，リサイクルを想定した製品の回収率を尋ねてみたところ，図表3.4のような結果になった．

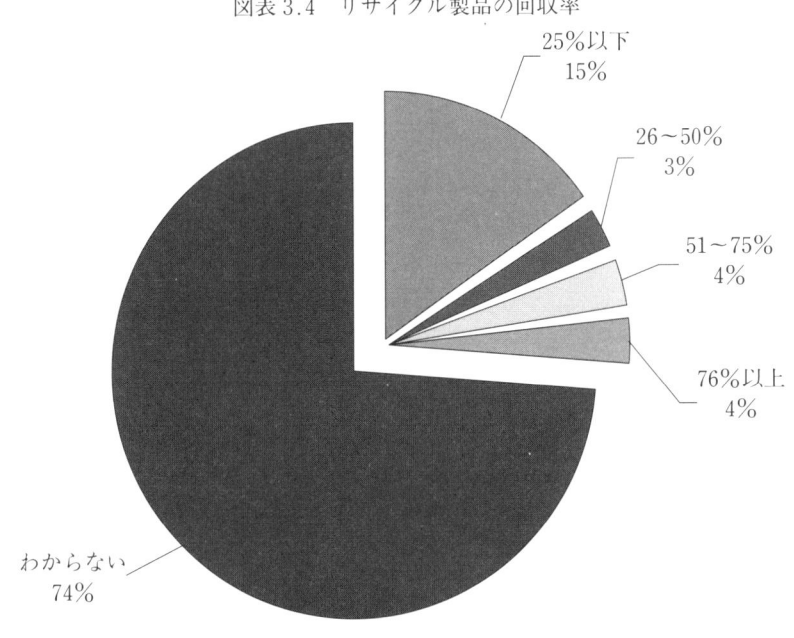

図表3.4　リサイクル製品の回収率

- 25%以下　15%
- 26〜50%　3%
- 51〜75%　4%
- 76%以上　4%
- わからない　74%

リサイクル製品の回収率に関しては，74%の企業が「わからない」と回答している．アンケート調査を実施した1998年10月の時点で，企業に製品の回収，リサイクルを義務づける法律は「容器包装リサイクル法」(1996年施行) 以外，わが国では存在しておらず，本調査ではこの法律が対象とする企業は存在しない．また，1998年に制定された「家電リサイクル法」については，一部対象となる企業が存在するが，同法の施行は2001年の4月からであり，調査時点では法的拘束力を持たない．したがって，ここでの製品回収は法的規制による義務

化されたものではなく,あくまでも企業の自主的努力によるものである.そうした事実を踏まえて,この調査結果を分析するとここに示された数値も納得できるものと思われる.つまり,法的規制がなく,かつコスト負担が重く経済的利益が見込めない場合においては,企業の対応は極めて消極的にならざるを得ないことをこの結果は示しているといえる.使用済み製品の回収には,消費者,販売店,製造メーカー,廃棄物処理業者,自治体等の経済主体が関わることになり,個別企業の努力だけでは限界がある.やはり,行政が音頭をとり法

図表3.5 使用済み製品の回収・リサイクル費用の負担

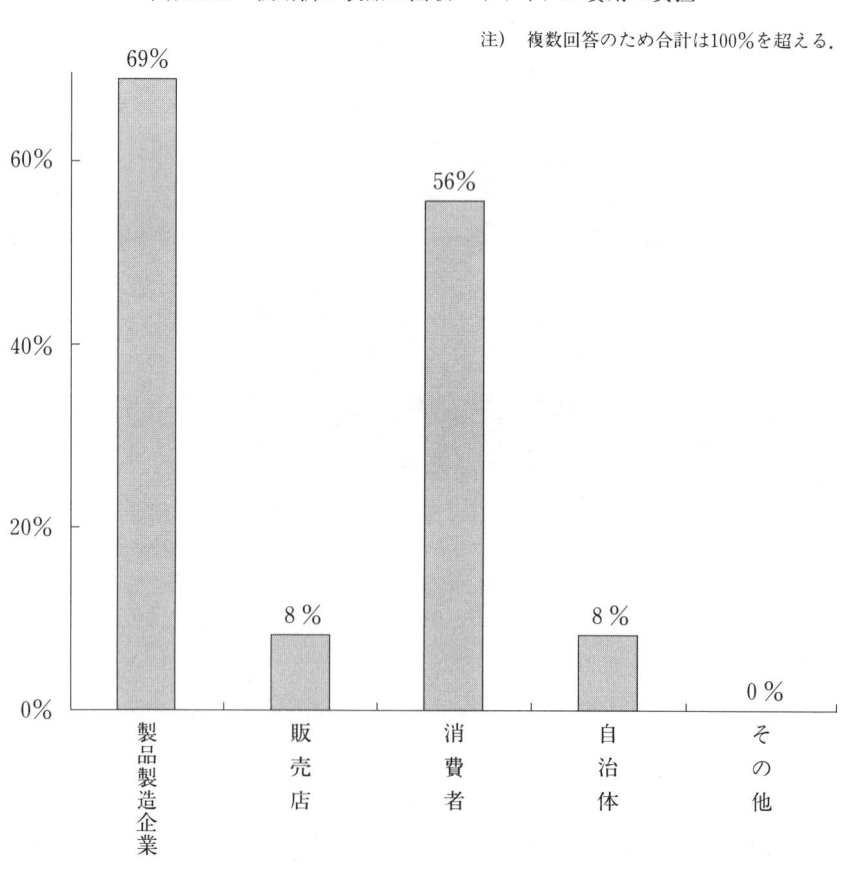

注) 複数回答のため合計は100%を超える.

製品製造企業	販売店	消費者	自治体	その他
69%	8%	56%	8%	0%

的強制力を伴ったリサイクル法を制定することが必要であろう．最後に，使用済み製品の回収，リサイクル費用は誰が負担すべきかを質問したが，これについては「製品製造企業」が69％で最も多く，次いで「消費者」56％の順であった（図表3.5）．

　循環型の社会経済システムを構築する上で，使用済み製品の回収，リサイクルに要するコストを誰がどのように負担するかという問題は，最も重要なテーマである．社会的公平性の観点から見て，製品を製造した企業とその製品を使用した消費者が回収，リサイクル費用を負担するという考え方は妥当であろう．OECDのレポートでも循環型社会においては，企業は使用済み製品の処理に関して責任を有するが，その責任は分担されなければならないとしている[7]．すなわち，拡大生産者責任（Extended Producer Responsibility）の本質は，拡大され分担された生産者責任（Extended and Shared Producer Responsibility）であると述べている．問題は，コスト分担の方法である．この点に関しては，家電リサイクル法制定の際になされた議論に問題点が集約されている．すなわち，製品製造企業と消費者との間でのコスト分担の方法は2種類ある．1つは，製品製造企業が回収，リサイクルに要するコストを内部化し，コスト上昇分を製品価格に転嫁することで間接的に消費者にコスト分担を求める方法である．いま1つは，使用済み製品の回収時に消費者から直接，費用を徴収する方法である．家電リサイクル法では，家電製品（対象品目：冷蔵庫，TV，洗濯機，エアコン）の場合，製品寿命が長く，将来発生する費用を現時点で算定することは困難との理由から後者の方法が採用されたが，この決定に関しては多くの異論があることは周知の通りである．製品製造企業に廃棄段階を見据えた製品づくりをさせるためには前者の方法の方が望ましいとの意見も多く，国際的な流れもその方向にあることは確かである．

3．ヒアリング調査——音響機器メーカーA社のケース

　アンケート調査の結果分析を踏まえて，われわれはさらに追跡調査の必要性

のある企業を7社選定し，1999年の夏にヒアリング調査を行った．本章ではその中から，環境経営が最も先進的に進められているA社の事例を取り上げて，環境経営の実態をさらに分析することにしたい．

まずA社の概要について簡単に触れておく．A社は神奈川県横浜市に本社を置く大手の音響機器メーカーである．設立は1927年で，すでに70余年の歴史を有している．資本金は341億円，従業員数は約12,000名，国内に14工場，海外11ヵ国に計25の生産拠点を持っている．主要製品は，ビデオデッキ，ビデオムービー，カラーテレビ，ステレオ等の音響機器製品であるが，他にコンパクトディスク，ビデオディスク等の音楽映像ソフトや電子デバイスなども手掛けている．

A社は，自動車業界とともに日本企業の環境対策の牽引車となってきた電機業界に属する企業だけあって，環境経営のレベルは比較的高い．その取り組みを個別に見ていくことにしよう．まず，環境問題への取り組みについてのA社のビジョン，理念を内外に示したものとしては，1992年4月に制定された「環境基本憲章」がある（1996年に「環境基本方針」に改訂）．前年の1991年には経団連が「地球環境憲章」を制定しており，1992年には「地球サミット」が開催されたこともあって，この時期に多くの日本企業が同様の憲章を制定している．次に，A社の環境問題に対応する組織体制についてであるが，A社の場合，社長を議長とする「環境会議」がトップ機関として存在し，ここで基本方針が決定される．この会議には社長以外に常務会のメンバー8人が参加することになっており，トップ・マネジメントによる最高レベルの意思決定がなされる．「環境会議」は1991年に発足し，当初は年1回の開催であったが，1998年より年2回開催されることとなった．この「環境会議」の下に，「商品リサイクルプロジェクト」（家電リサイクル法施行後の使用済みテレビの回収，リサイクルシステムの構築を審議），「製品アセスメント委員会」（環境調和型製品開発のための全社の指針を審議），「国際標準化委員会」（ISO14001取得のための指針，共通施策を審議），省エネルギー推進委員会（全社の省エネルギー活動の指針，共通施策を審議），「環境改善委員会」（上記以外のすべての環境改善活動の指針などを審

議）の5つの専門委員会が置かれている．さらに，全社的な環境保全活動を統括，指揮する役職として環境担当役員が設置されている．環境担当役員は，98年に発足した「環境本部」の本部長も兼ねており，「環境会議」の決定を受けて実践されるA社の環境経営活動の実質的な最高責任者としての役割を負っている．また，各事業所や研究所にも環境保全の専門家が配置されている．図表

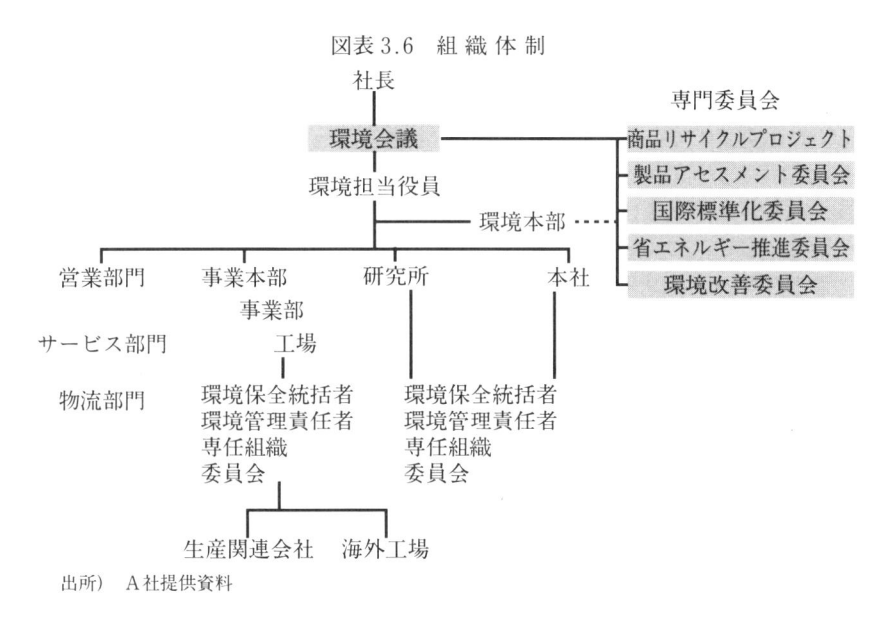

図表3.6　組織体制

```
                            社長
                             │
                        ┌─環境会議──────┬─商品リサイクルプロジェクト
                        │                │─製品アセスメント委員会
                     環境担当役員          │─国際標準化委員会
                        │──────環境本部‥‥│─省エネルギー推進委員会
        ┌───────┬──────┼──────┬───────┐ │─環境改善委員会
      営業部門  事業本部  研究所      本社     専門委員会
              事業部
  サービス部門  工場
              環境保全統括者  環境保全統括者
  物流部門     環境管理責任者  環境管理責任者
              専任組織        専任組織
              委員会          委員会

              生産関連会社  海外工場
```

出所）A社提供資料

3.6は，A社の環境対応組織を示したものである．

次に，国際的な環境マネジメント規格であるISO14001に関しては，国内の14工場全てが認証取得済みであり，海外でも9事業所において取得している．A社の場合，輸出比率が55％強と高いため，環境経営の国際的なパスポートと言われるISO14001の認証取得には非常に熱心である．2000年度中には，国内，海外の全ての事業所で取得する予定であるという．また，取引先の下請け企業に対しては認証取得のための支援を行っている．また，環境監査も積極的に実施しており，「内部監査」「社内監査」「第三者監査」と3通りの方法で監査を行っている．「内部監査」は，各事業所，関連会社の内部で行う監査のこ

とで，年1回以上の割合で実施することを義務づけている．これに対して，「社内監査」は各事業所，関連会社に対し他事業所及び本社環境本部の監査人が行う監査のことで，3年に1度の割合で実施することが取り決められている．「第三者監査」は外部の審査機関による監査のことで，この監査はISO14001認証取得時，サーベランス時（1年に1回），認証更新時（3年に1回）に実施される．

A社では，環境保全活動は「ボランタリープラン（環境自主行動計画）」に基づいて推進されており，現在は1996年に作成された「第2期ボランタリープラン」（図表3.7）の実行期間にあたる．期限は2000年までであり，この期間に達成すべき各種の目標値が示されている．

図表3.7　第2期ボランタリープラン

テーマ	推進項目	具体的目標
1. 環境管理体制の整備	・ISO14001認証取得	・国内外38事業所で2000年度までに取得
2. 地球温暖化防止（省エネルギー）	・使用エネルギーの削減（重油換算・CO_2換算）	・90年基準 2000年までに10％削減（売上高原単位）
3. 廃棄物の削減	・外部排出量の削減(リサイクル率向上)	・95年基準 2000年までに40％削減
4. オゾン層の保護	・特定フロン，エタンの使用全廃	・94年3月全廃…維持
5. 有害化学物質対策	・塩化メチレン（ジクロロメタン） ・鉛 ・PRTR	・社内使用全廃——97年度 ・鉛レスハンダの早期導入 ・経団連調査への参加
6. 製品アセスメント	・LCAの導入 ・EPSの削減 ・包装材の削減	・2000年導入 ・95年比　20％削減（1台当り） ・95年比　20％削減（1台当り）
7. 公害対策	・「水濁法改正」(97.4施行)への対応 ・「大防法改正」(97.4施行)　〃	・土壌汚染，地下水汚染の調査早期完了 ・特定物質のモニタリング，削減計画（塩化メチレン，ホルムアルデヒド，硫酸ニッケル等）

出所）　A社提供資料．

担当者の話によれば，使用エネルギーの削減については，1998年度実績で1990年比12％の削減であり，廃棄物についても同じく1998年度実績で1995年比

35％の削減となっている．さらに，1999年5月に開催された「環境会議」において，省エネルギーについては2010年の目標値として2000年度比10％以上削減，同じくCO_2排出量については，2010年の目標値を1990年比で25％以上削減，産業廃棄物については，2002年に全社「ゼロエミッション工場」を達成すること等が決定された．

有害化学物資に対する対策としては，発ガン性の恐れがあるジクロロメタンの使用を1997年に全廃，またA社の製品の大部分に使用されている鉛ハンダについても，埋め立て処分後の環境への影響を考慮して，鉛フリーハンダの導入を検討しており，2002年以降本格的に導入する予定となっている．有害物質の排出量については，A社のホームページで公開されている．

環境への負荷が少ない部品や材料を優先的に選択し，購買する，いわゆるグリーン調達については，1998年にガイドラインを作成している．このガイドラインは，基準1，基準2の2つから成り，基準1は購買先企業の環境保全への取り組み状況（ISO14001の認証取得の有無等）を基準とし，基準2は環境負荷化学物資の使用禁止を基準としている．基準2はさらに以下のような3段階のレベルに分けられる．A：使用及び含有を禁止する物資（PCB，PCT等11種類），B：使用規制物資（鉛，カドミウム等5種類），C：削減・全廃すべく監視する物資（ヒ素，セレン等38種類）．A社の取引企業は500社程度であるが，現在のところ，このガイドラインの実施による取引への影響は生じていない．A社では，購買先企業がガイドラインの基準を満たせるよう技術的，物質的支援を行っている．

A社の場合，2001年に施行される家電リサイクル法の対象品目の1つであるテレビを生産しているため，使用済みテレビの回収，リサイクルシステムを早急に構築しなければならない状況下にある．このためA社では，1998年5月に全社的な「商品リサイクルプロジェクト」を発足させ，どのような回収，リサイクルシステムを構築すべきかについて検討を行っている．同法の場合，回収時に消費者からリサイクル費用を徴収する方法を採っているため，費用の徴収を嫌う消費者が不法投棄に走り，結果的に回収量が伸びないのではないかとい

ったことが懸念されている．とりわけテレビの場合，現状では中古テレビの7割がフィリピンや中国などの海外に輸出されており，果たしてどれだけの量のテレビが集まるのか未知数の状況にある．巨額の費用を投じてリサイクル工場を建設しても，使用済み製品が集まらず，工場の稼働率が上がらなければメーカーは採算をとることが出来ない．家電リサイクル法への対応については，家電メーカー各社がリサイクル工場の使用や物流などにおいて相互に協力し合う動きが出てきており，A社としても他社の動向を見ながら慎重に対応しているのが現状のようである．

一方，A社の環境問題への取り組みや関連情報を開示した「環境報告書」はまだ発行されていない．但し，1999年度中には発行する予定である．今回，A社をヒアリング調査して一番問題だと感じたのは，環境対策に要した費用と効果の関係がきちんと把握されていないということである．たとえば，廃棄物削減への取り組みの一環として廃液（廃油，廃酸，廃アルカリ）のリサイクルが実践されているが，担当者の話によるとそのために要した費用は，1997年度が2億6千万円，1998年度が3億円に上るという．しかし，このことによる効果については具体的な数字で把握されていないのが現状である．費用対効果の関係を把握するための技法として，環境会計の導入の必要性が叫ばれており，一部の先進的な企業ではすでに導入に踏み切っているが，環境会計に関する統一された基準がない現状ではその有効性は低いというのがA社の現在の考え方のようである．しかし，環境問題への対応を経営戦略上の重点項目として位置づけるのであれば，費用対効果の把握は必要不可欠であり，最終的にペイしなければ環境経営の存続は難しくなる．早晩，環境会計の導入に踏み切らざるを得ないのではないかと思われる．

4．取り組むべき課題

以上，本章では実態調査に基づいて企業の環境問題への取り組み状況を分析してきたがここでいま一度，分析結果を整理するとともに今後に向けての課題

を明らかにしてみたい．

　まずアンケート調査においては，①地球環境問題への対応を企業経営上どのように捉えるか　②循環型社会を構築する上で必要な製品のリサイクルへの取り組みはどうなっているのかの2点に絞って質問を行った．その結果，地球環境問題への対応を経営戦略上の重要事項として捉えている企業が確実に増えている状況が明らかになった．「10年前」「現在」「今後」を比較した時系列分析では，地球環境問題への対応の伸び率が最も大きく，経営者の基本的認識となりつつある「環境問題への対応が今後の企業の競争力を左右する」という考え方が裏付けられた結果となった．さらに，地球環境問題への対応を「ビジネスチャンスとして捉える」，「道義的責任として見る」とする捉え方が拮抗しているのも好ましい結果として評価できる．これに関しては時系列比較は行わなかったが，おそらく10年前に地球環境問題への対応を「ビジネスチャンスとして捉える」と考えていた企業はほとんど存在しなかったのではないか．「ビジネスチャンスとして捉える」が増えてきている背景には，グリーンコンシューマの増加や環境保全規定の整備強化による環境市場の規模拡大があり，今後この市場はさらに拡大することが予想されるため「ビジネスチャンスとして捉える」企業の割合も増えるものと思われる．しかし一方で，地球環境問題は企業の倫理性や社会的，道義的責任を抜きにしては語れない性質の問題であり，いたずらに経営上の利益のみを追い求め，倫理や社会的，道義的責任の欠如した行動を企業がとることは許されないことである．その意味で今回の結果は，この問題に対する企業の認識が健全であることを示すものであり，今後も両者のバランスがとれていることが重要であると思われる．また，「法規制上必要な限りで対応するもの」という回答が低かったのも，企業のこの問題に対する積極的な姿勢，裏を返せば受け身的な対応では21世紀の競争に勝ち残れないという危機意識の表れと受け取れよう．

　次に，リサイクルへの取り組み状況についてであるが，製品の設計段階からリサイクルを想定した製品設計を行っている企業は現状では全体の24％にとどまっており，必ずしも多くはない．しかし，設計段階からコンセプトを変える

ということはそう容易に出来ることではなく，部品や素材の変更は取引企業との関係に影響を与えるばかりでなく，技術的な困難性やコストの上昇を伴う場合もある．したがって，企業としても慎重に対応せざるを得ないのは理解できる．しかしながら，全体の約半数にあたる48％の企業が「現在検討中」としていることからして，今後この数値は上がっていくことが予想される．また，リサイクルを想定した製品の使用済み後の回収率については，全体の3/4にあたる74％の企業が「わからない」と回答しており，使用済み製品の回収，リサイクルを義務づける法的規制の適用を受けない現状では，企業の対応も緻密性に欠けるものとなっている．こうした結果を見ると，やはり企業活動に一定の強制を課す法的規制は必要不可欠なものと思われる．最後に，使用済み製品の回収，リサイクル費用の負担者については，「製品製造企業」と「消費者」と回答した企業が最も多く順当な結果といえよう．問題は，この両者の間でどのような形で費用を分担し合うかということである．この点に関しては，2001年4月より施行される家電リサイクル法のケースが参考になると思われるが，今後コスト分担のあり方が大きな焦点になることは間違いない．

　続いて，ヒアリング調査を行った音響機器メーカーA社の事例分析から得られた結果についてであるが，A社の環境経営のレベルは，わが国における大企業の平均的な水準にあり，特に先進的な企業ではない．しかしながら，中小企業も含めた全体のレベルからするとかなり高い水準にあることは確かである．たとえば，組織体制にしても社長を議長とし常務以上の役員が参加する「環境会議」が，同社の環境対策の最高意思決定機関として存在し，トップが率先して環境対策を進める体制が整っている[8]．またISO14001の認証取得についても，すでに国内の事業所は全て取得済みであり，海外の事業所についても2000年度中に全て取得する予定となっている．今回，A社をヒアリングしてみて改めて感じたことは，情報公開のめざましい進展である．確かにA社の場合，環境報告書の発行や環境会計の導入はまだ実施されてはいないが，化学物資の使用状況や有害化学物資の排出量などのデータはA社のホームページで公開されている．その他，エネルギーの使用状況や省エネ対策，製品アセスメントの手

法など具体的なデータが，A社のホームページにアクセスすることで入手可能となっている．日本企業の環境問題への取り組みを欧米の先進企業と比較した場合，情報公開の遅れが日本企業の最大の問題点とされてきたが，この問題も現在の動きから見て早晩解決されるのではないかと思われる．A社の環境経営の事例分析を通じて言えることは，わが国企業（とりわけ大企業）の環境経営のレベルは，欧米先進企業のそれと遜色ないレベルに達しつつあるのではないかということである．

さて，以上のような分析結果を踏まえた上で，導入期から成長期に入ったと見られる日本企業の環境経営が，今後さらなる展開を遂げるためにはいかなる課題が克服されなければならないかという点について考えてみたい．地球環境に与える影響の大きさから見て，企業の環境経営の動向が来世紀以降の地球環境の鍵を握っているといっても過言ではない．この問題を考える場合，2つの視点を持つことが重要である．1つは，営利原則に基づいて活動している企業にとって，環境経営も最終的にペイしなければ持続していくことは難しいということである．いま1つは，環境経営の持つもう1つの側面である社会的，道義的責任の遂行を企業が怠ってはならないということである．この一見相反する2つの命題を同時並行的に達成してこそ，環境経営は維持発展させることが可能となる．こうした視点から，今後取り組むべき課題について5つほど挙げてみたい．

まず第1は，企業自身が環境対策に要する費用とそれに対する効果の関係を定量的に把握する仕組みを作ることである．これに関しては，環境庁が1999年3月に「環境保全コストに関するガイドライン」（環境保全コストを6分類47項目に分けて提示）を発表したのを受けて，環境会計を導入する企業が増えている[9]．また，ISOも国際的な統一基準を検討中といわれ，統一されたフォーマットが確立されれば企業は環境対策に要した費用対効果の定量分析が可能となり，利益を念頭に置いた環境経営を実践していくことが出来よう．

第2は，市場が環境を基準に企業を選別するというシステムを作り出すことである．これに関しては現在，エコ・ファンドの活動に注目が集まっている．

欧米ではすでに1980年代からエコ・ファンドが設立され，企業の環境経営に大きな影響を与えてきたが，わが国でも1999年に4つのエコ・ファンドが相次いで設立され，当初の予想を上回る資金を集めていることからその役割に期待が集まっている．エコ・ファンドには，①環境経営度の高い企業ほど資金調達が容易になる　②エコ・ファンドに組み入れられることで企業のイメージアップにつながるの2点において効果があるといわれ，今後こうした活動が広がりを見せれば企業にとって環境経営を加速させるための強力なインセンティブとなろう．

　第3は，情報公開の徹底により環境経営の透明度を高めることである．わが国においても，環境報告書を発行したり環境会計を導入する企業がここ1,2年の間に急速に増えており，これまで日本企業の最大の問題点といわれてきた情報公開の遅れは解消されつつある．これまで非公開とされてきた有害化学物資の排出量などを公開することで，消費者の企業に対する信頼感は高まり，グリーン・インベスターによる投資が促進されることにつながる．情報公開に関して重要なことは，情報内容の客観性，信頼性を保つために第三者による評価を付け加えることである．図表3.8は，大手会計監査・コンサルティングファームのKPMGとアムステルダム大学の環境マネジメント研究所が共同で実施した調査で，1998年7月から1999年3月の期間に世界各国で出された環境報告書に第三者意見書がどの程度つけられているかを示したものである．

　これによると，日本では第三者意見書のついた環境報告書は現在のところ，1件しか出されていない．公開した情報が客観的であり，信ぴょう性が高いものであると判断してもらうためにはやはり，独立した機関による第三者意見書が掲載されることが必要であり，また審査基準に関する国際的なルールの確立も必要になるものと思われる．

　第4は，環境経営に対する行政の支援を拡大することである．環境問題に関する行政の役割というと，環境保全のために政令や法律で企業活動に規制を加えるということにのみ目が向きがちであるが，環境経営を積極的に推進しようとしている企業に対して支援するということも公共機関としての行政の重要な

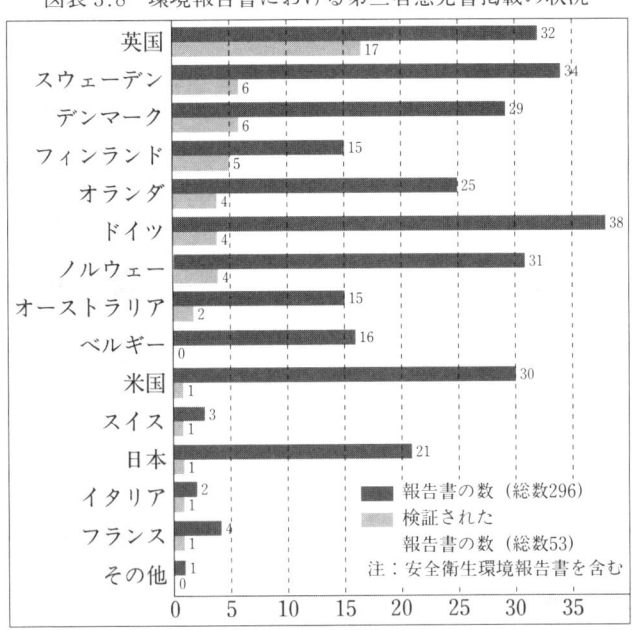

図表3.8　環境報告書における第三者意見書掲載の状況

国	報告書の数（総数296）	検証された報告書の数（総数53）
英国	32	17
スウェーデン	34	6
デンマーク	29	6
フィンランド	15	5
オランダ	25	4
ドイツ	38	4
ノルウェー	31	4
オーストラリア	15	2
ベルギー	16	0
米国	30	1
スイス	3	1
日本	21	1
イタリア	2	1
フランス	4	1
その他	1	—

注：安全衛生環境報告書を含む

出所）日経エコロジー　1999年12月号.

役割である．補助金の支給や優遇税制の実施などの施策は現在でも実施されているが，今後は通産省が先に発表した「リサイクルしやすい電機製品の設計を支援する技術データベースの整備」[10]のような，より具体的，実践的な内容の支援が求められることになろう．

　第5は，市民による環境経営の監視を強化することである．企業が環境経営を加速させていくことは望ましいことであるが，その活動が倫理性や社会的，道義的責任を伴ったものであるように市民が絶えず監視を続けることが必要である．その場合，個々の市民がバラバラに活動するよりも，市民の力を結集した組織，すなわちNPOを通じて活動を展開する方がより効果的に企業に圧力をかけられる．欧米のNPOに比べて，わが国のNPOは数，資金，専門的能力などの点でまだまだ見劣りするが，1998年のNPO法の施行により，その活動気運は高まっている．ドイツのBUNDのような，企業の環境対策に大きな

影響力を行使できる NPO を日本でも育成することが急務であろう．

1) 環境問題に対する社会的な関心が高まるなかで，法律，経済，経営などの社会科学の分野でもこの問題を扱った研究書が多数，出版されている．以下に，最近出版された主な英語文献を挙げておく．
   ① Michael Taylor (1997) *Environmental Change : Industry, Power and Policy*, AVEBURY.
   ② Francois Le Veque (1996) *"Environmental Policy in Europe Industry"*, Edward Elgar (ed.) *Competition and the Policy Process.*
   ③ B. Nath, L. Hens, P. Compton and D. Devuyst *Environmental Management in Practice*
      Volume 1 : *Instruments for environmental management*, 1998.
      Volume 2 : *Compartments, Stressors and Sectors*, 1999.
      Volume 3 : *Managing the Ecosystem*, 1999.
      Routledge.
   ④ D. Owen Harrop and J. Ashley Nixon (1999) *Environmental Assessment in Practice*, Routledge.
   ⑤ Vasanthakumar N. Bhat (1998) *Total Quality Environmental Management : An ISO14000 Approach*, Quorum Books.
   ⑥ Willem Vermeend and Jacob van der Vaart (1998) *Green Taxes : The Dutch Model,*. Kluwer Law International.
   ⑦ Bruce W. Piasecki, Kevin A. Fletcher and Frank and J. Mendelson (1999) *Environmental Management and Business Strategy : Leadership Skills for the 21st Century* John Wiley & Sons.
2) 欧米でエコ・ファンドが普及している背景には，SRI (Social Responsibility Investment：社会的責任投資) の考え方が一般投資家の間に普及していることがあるものと思われる．
3) たとえば，住友銀行とスイスの大手銀行 UBS が共同で開発する「UBS 日本株式エコファンド」では，企業選別の基準として ①環境管理システムの構築 ②環境負荷低減の数値目標の設定 ③取り組み成果の公表 の3点が挙げられている．(日本経済新聞1999年7月13日記事)
4) Vasanthakumar N. Bhat (1998) *Total Quality Environmental Management : An ISO14000 Approach*, Quorum Books, p. 87.
5) もっとも，ISO14001の効果を疑問視する声もある．日経ビジネスは1999年11月8日号の記事で，審査基準のバラツキや審査員の資質の問題を取り上げ，現

在のISO14001の認証取得のあり方に疑問を投げかけている.
6) 企業が使用済み製品の回収,リサイクルに責任を持つという考え方は「拡大生産者責任(Extended Producer Responsibility)」と呼ばれ,先進諸国の間で急速に普及しつつある.OECDは,1994年より「拡大生産者責任」に関する研究プロジェクトを発足させており,これまでにいくつかの研究成果を発表している.以下に主なものを列挙しておく.
① OECD (1996) *Pollution Prevention and Control Extended Producer Responsibility in the OECD Area, Phase 1 Report.*
② OECD (1997) *Extended and Shared Producer Responsibility, Phase 2, Executive Summary.*
③ OECD (1997) *Extended and Shared Producer Responsibility. Phase 2, Framework Report.*
7) OECD (1997) *Extended and Shared Producer Responsibility. Phase 2, Framework Report*, p. 10.
8) 日本経済新聞社が国内の主要企業2000社に対して実施したアンケート調査(1999年10月実施,478社回答)においても,常務以上の役員が環境対策の責任者となるケースが増えているという調査結果が出ている.詳細については,日本経済新聞1999年11月26日記事(第二部)を参照されたい.
9) 同じく上記の調査によると,10.9%の企業がすでに環境会計を導入しているという.
10) 2000年度から官民共同で取り組む「ミレニアム・プロジェクト」の一環として実施されるもので,データベース上に主として特許が公開された技術を集め,設計者がインターネットで自由に情報を収集,交換できるようにするもの.

第4章　現代企業革新の検証

1．はじめに——調査の仮説と対象

　日本企業の経営革新ないし企業革新が進んでいる．従来の経営革新との違いは，経営組織や経営制度の革新だけではなく経営理念や経営目標および経営戦略の革新を含む全社レベルの経営革新＝企業革新というところにある．その背景には，日本経済のバブル崩壊とその後の長期的経済不況，経済のグローバル化と情報通信システムの急速な進歩によるメガ・コンペティションの展開，さらには日本経済の構造的転換がある．つまり，経済のグローバル化と情報のネットワーク化によって日本経済の構造転換が否応なく進むので，それに対応して企業＝経営システムの革新もまた避けられないというわけである．その革新によってどのような事態が生じると事前に予測し検討されているのか，その新しい事態に対する準備をどのように構築するのかということはほとんど検討されることなく，まさに否応なく展開されているのではないか．すなわち，現在の企業＝経営革新なるものが個々の日本企業とその存立基盤である日本社会にとっていかなる意味をもつものなのか，長期的に見てプラスになるものなのかどうか，ほとんど検証されることなく進行しているのではないか．

　そこで，現在進展している企業革新の実態を把握し，その特徴を明らかにする目的で，郵送による「機械工業4業種」アンケート調査を行った．日本経済の構造転換が企業経営のレベルではどのように展開されているのか，見てみようというものである．

調査対象業種は，機械工業（機械，電気機械，輸送用機械，精密機械の4業種）を選んだ．その理由は，日米の産業競争力が1980年代に「逆転」した主役が機械工業の4業種だからであり，1990年代に日本経済が「バブル経済」の後遺症で不良債権処理に手間取るなか，金融制度改革で先行した米国経済の情報産業が牽引する形で日米の産業競争力が「再逆転」したので，日本の情報産業の発達と電子商取引など「e－ビジネス」の急速な成長が「（日本にとって）失われた10年」を取り戻すために期待されているが，情報産業や「e－ビジネス」などディジタル経済の技術的基礎は機械工業であるから，日本の機械工業の企業革新が進まなければディジタル経済の発展は見込めないからである．それゆえ，機械工業の企業＝経営革新はいかなるものなのか，1990年代にどこまで進んだのか，その実態が解明される必要があると考えるのである．

次に，このアンケート調査の基本的考え方について，説明しておこう．

1) 日本企業は，一方では，社会主義経済体制の崩壊，EUの成立，北米・南米市場協定の成立，日本経済のバブル崩壊など市場のグローバル化が進み，世界と日本の経済構造が大転換する真っ直中におかれているが，不良債権処理などバブル後遺症から脱出できていない．他方では，コンピュータ情報システムのインターネット化がアメリカの主導の下にグローバル・スタンダードとして急速に進んでいるが，日本企業の多くは技術レベルの問題だけではなく言語や文化および法制度などの問題とも関連してこの面での変化に十分対応できていない．

2) 現在の日本企業が求められている改革は，市場のグローバル化と情報システムのグローバル・ネットワーク化に対応することである．しかし，そのためには，個々別々の組織や各種の管理制度の変更では対応できない．経営システムは，a) 経営ビジョン・方針，経営目標と，b) 経営目標を達成するための経営戦略，c) 経営戦略を遂行するための経営組織（職能別部門組織，事業部制組織，プロジェクト組織など）と給与・雇用制度などの経営制度とに大別することができると同時に，システムの有効性は経営ビジョン・方針，経営目標と各個別の経営戦略や経営制度との整合性に依存するからである．要する

に，日本企業は，現在，企業の組織形態や各種の職能戦略・管理制度の改革だけではなく，むしろそれらを根底から規定する経営ビジョン・指針・経営目標の変更という全社レベルの経営革新＝企業革新に迫られている．したがって，たとえば組織革新や人事・雇用革新などの個別経営戦略の革新に成功するためには，「経営ビジョン・方針，経営目標」の革新が不可欠である．

3) 現在の「経営革新」において，はたして，a) 経営ビジョン・方針，経営目標と，b) 経営目標を達成するための経営戦略，c) 経営戦略を遂行するための経営組織や経営制度とが整合性をもって改革されているのか．特に，1980年代に強い競争力を発揮した経営システムが1990年代にはその強さを失い，改革を必要としているという指摘が妥当するような産業・企業において，「経営革新」に取り組んでいるが，必ずしも期待するような成果が出てこない企業が多いのではないだろうか．80年代の成功体験が90年代の革新を遅らせていることも指摘できよう．しかし，それ以上に，経営システムは体系的なものであるから，その改革も体系的に整合性をもって行われていなければ，失うものが多く，得るものが少ないということである．このような視点から現在の「経営革新」を検証してみようというのが本章の趣旨である．

アンケート調査の項目は，1) 経営ビジョン・方針，経営目標，2) 経営戦略，3) 組織革新，4) 製品開発戦略，5) 地球環境戦略，6) 給与・雇用戦略，の6項目であり，それぞれについていくつかの小項目の設問がなされている．なお，情報化戦略については，同じく「現代の経営革新」プロジェクト・チームの情報システム・グループが担当しているので，本書の第1章（遠山論文）および第6章（安積・遠山論文）を参照されたい．また，第2章（芦澤論文）は本アンケートの集計結果とその後のヒヤリング調査に基づく分析を行っており，アンケート項目の「5) 地球環境戦略」については，本書の第3章（所論文）が扱っている．これらの論文を是非参照されたい．

調査企業は，上記4業種の中から，東京，大阪，名古屋の各証券取引所の1・2部上場企業，店頭上場企業より300社を無作為で抽出した．1998年10月21日にアンケート用紙を郵送して，回収締切は同年11月30日とした．その結果，

期限内に回答があった企業数は88社であった．そのうち，回答社名および記入者名の無記入が4社あり，有効回収社数は84社，有効回収率は28パーセントである．

1) 回答企業の内訳は，資本金規模で区分すると，a) 10億未満＝5社 (6%)，b) 10～50億未満＝38社 (45%)，c) 50～100億未満＝18社 (21%)，d) 100億以上＝23社 (27%)，という構成である．この区分と構成比率は，経済企画庁調査局が毎年行っている「企業行動に関するアンケート調査」[1]に対応するものである．

2) しかし，本章では，企業＝経営革新の中身をその経営成果との関連で分析するために，アンケートの回答を，資本金規模ではなく，売上高経常利益率とのクロス分析を試みた．回答された84社を売上高経常利益率で区分すると，a) 2%未満＝20社，b) 2%～3%未満＝21社，c) 3～6%未満＝21社，d) 6%以上＝22社となり，ほぼ均等に4区分されるので，構成比率のばらつきによる影響はほとんどなくなる[2]．

2．企業革新の実態調査

先に見たように，経営システムは，a) 経営ビジョン・方針，経営目標と，b) 経営目標を達成するための経営戦略，c) 経営戦略を遂行するための経営組織や経営制度とに，大別することができると同時に，これら3つの整合性が重要であるというのが本章の仮説の1つである．それゆえ，まず，「経営ビジョン・方針，経営目標」のアンケート結果から見ていく．

(1) 経営ビジョン・方針，経営目標

(a) **経営ビジョン・経営方針**

まず，経営ビジョンや経営方針の決定プロセスの違いを，①「トップが独自に決定する」，②「経営会議や常務会等で審議の上，トップが決定する」，③「ボトムアップによる全社的な審議で策定した案をトップが承認する」，④「場

合によって異なる」，⑤「その他」に分けて単純集計してみると，①から順に25％，54％，18％，4％，1％となっている．この決定プロセスの違いと経営成果（＝売上高経常利益率）との相関関係を見たものが図表4.1である．それによると，「トップが独自に決定する」は，利益率2％未満の企業では9.5％と少ないが，利益率の高い企業ほど増加し，利益率6％以上の企業では39.1％である．「常務会や経営会議などで審議の上，トップが決定する」は，逆に，利益率の低い2％未満の企業で71.4％と最も多いが，利益率の高い企業ほど減少し，利益率6％以上の企業では26.1％と最も少なくなる．「ボトムアップによる全社的な審議で策定した案をトップが承認し決定する」は，利益率2〜3未満の企業が最も少なくて10.0％，3〜6％未満の企業が14.3％，6％以上の企業が26.1％であり，利益率の高い企業に比較的多いが，利益率2％未満の企業も19.0％となっており，やや二極化の現象を呈している．以上から見る限りでは，経営ビジョンや経営方針の決定プロセスにおけるトップのイニシアチブが利益率の高さにある程度相関していると言える．

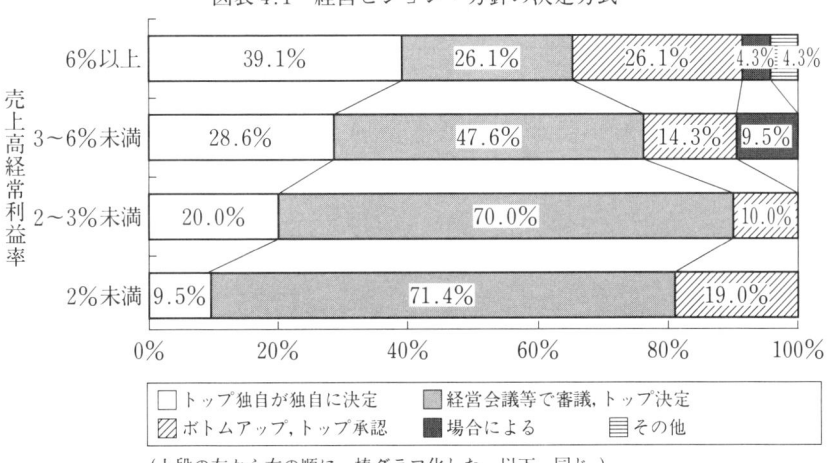

図表4.1 経営ビジョン・方針の決定方式

売上高経常利益率	トップ独自が独自に決定	経営会議等で審議,トップ決定	ボトムアップ,トップ承認	場合による	その他
6％以上	39.1％	26.1％	26.1％	4.3％	4.3％
3〜6％未満	28.6％	47.6％	14.3％	9.5％	
2〜3％未満	20.0％	70.0％	10.0％		
2％未満	9.5％	71.4％	19.0％		

（上段の左から右の順に，棒グラフ化した．以下，同じ．）

次に，図表4.2は，経営ビジョン・方針が変更された時期を問うたものである．これによると，売上高経常利益率が低い企業では経営ビジョン・方針が

「1年以内に変更」された比率が最も高く,「3・4年前に変更」を加えると70％に達する．これに対して，売上高経常利益率の高い企業（6％以上）では「5～9年前に変更」と「10年以上前に変更」の合計が50％以上で，これに「3・4年前に変更」を加えると86％に達する．また，「1年以内」と「3・4年前」の変更を合計した比率が高い企業ほど売上高経常利益率が低く，その逆に最近の変更比率が低い企業グループほど利益率が高い企業が多いのである．これは，一面では，利益率の高い企業の方が利益率の低い企業よりも経営ビジョン・方針の変更の時期が早かったという解釈が可能である．

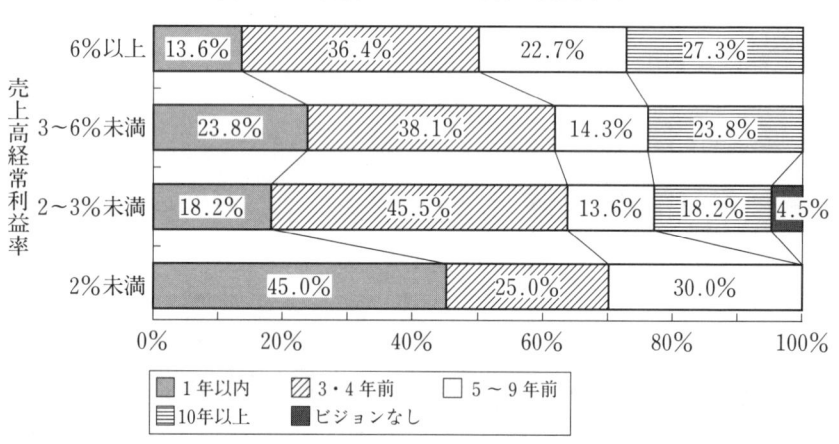

図表4.2 経営ビジョン・方針の変更時期

売上高経常利益率	1年以内	3・4年前	5～9年前	10年以上	ビジョンなし
6％以上	13.6%	36.4%	22.7%	27.3%	
3～6％未満	23.8%	38.1%	14.3%	23.8%	
2～3％未満	18.2%	45.5%	13.6%	18.2%	4.5%
2％未満	45.0%	25.0%	30.0%		

しかし，他面では，「10年以上前に変更」された経営ビジョン・方針が現在もそのままという企業の比率が高利益率の企業ほど高い．これは，10年前のビジョンや方針がこれまでの競争力の構築にとっては優れたものであったことを示しているのかも知れない．また，経営ビジョンは10年を越えるようなスパンで構築されるべきものであるということを示唆しているのかも知れない．しかし，その反面，利益率が高いという理由だけで従来の経営ビジョン・方針の再検討を怠っているのであれば，この変化の激しい時代に通用するのか，時代遅れになっていくのではないかという疑問も残る．

(b) **経営目標**

　経営ビジョン・経営方針が確定すると，次は経営ビジョンの達成や経営方針の遂行のために，企業（経営）目標を決定する必要がある．調査企業全体で見ると，最も重要視する経営目標の第1位は「売上高」（73％），第2位は「経常利益額」（63％）である（第2章参照）．これを利益率で4区分した企業グループごとにクロスしてその関係を見ると次のようになる（図表4.3）．

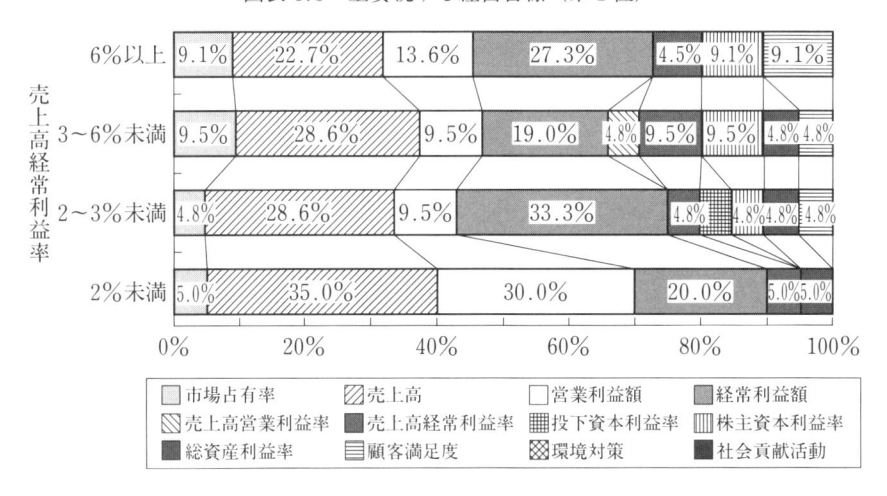

図表4.3　重要視する経営目標（第1位）

売上高経常利益率	市場占有率	売上高	営業利益額	経常利益額	売上高営業利益率	売上高経常利益率	投下資本利益率	株主資本利益率	総資産利益率	顧客満足度	環境対策	社会貢献活動
6％以上	9.1％	22.7％	13.6％	27.3％		4.5％	9.1％			9.1％		
3〜6％未満	9.5％	28.6％	9.5％	19.0％	4.8％	9.5％	9.5％			4.8％	4.8％	
2〜3％未満	4.8％	28.6％	9.5％	33.3％		4.8％			4.8％	4.8％	4.8％	
2％未満	5.0％	35.0％	30.0％	20.0％							5.0％	5.0％

　すなわち，売上高経常利益率2％未満の企業グループでは，最も重要視する経営目標の第1位は「売上高」（35％）で，「営業利益額」（30％），「経常利益額」（20％）と続くが，「株主資本利益率」や「顧客満足度」を最も重要視する企業はゼロとなっている．これに対して，利益率6％以上の企業グループでは，最も重要視する経営目標の第1位は「経常利益額」（27.3％）で，「売上高」（22.7％），「営業利益額」（13.6％）と続き，第4位に，「市場占有率」（9.1％）とならんで，「株主資本利益率」（9.1％）と「顧客満足度」（9.1％）がくる．また，図表4.4によれば「環境対策」については，調査企業全体で，重要視する経営目標の第2位に位置づける企業が1社（1.2％），同じく第4位に位置づける企業が8社（9.5％），同じく第5位に位置づける会社が16社（19.

0％）あり，合計で25社（30％）が重要視する経営目標の上位5項目の中に位置づけている（図表4.4）．

図表4.4 環境対策を経営目標の上位5項目に入れている企業

売上高経常利益率＼順位	第1位	第2位	第3位	第4位	第5位	小　計	合　計
6％以上	0	1	0	0	5	6	22
3〜6％未満	0	0	0	4	4	8	21
2〜3％未満	0	0	0	1	5	6	21
2％未満	0	0	0	3	2	5	20
計	0	1 (1.2％)	0	8 (9.5％)	16 (19％)	25 (30.0％)	84

　日本企業の経営目標に関する従来の調査（加護野他[3]，経済企画庁[4]，経済同友会[5]）では，企業の経営成果（売上高経常利益率など）との相関関係という分析視点は欠落していた．そのために，売上高やマーケット・シェアを重視するか利益額や利益率を重視するかの違いを日本企業（＝長期的視点の経営）かアメリカ企業（＝短期的視点の経営）かの違いと短絡的に解釈するにとどまっている．しかし，日本企業のなかにも，売上高やマーケット・シェアを最も重要視する企業もあれば，利益額や利益率を最も重要視する企業もある．その違いはどこからくるのか．日本企業のなかにおいても最も重要視する経営目標が異なるならば，その違いを日本人や日本社会の特性だけでは説明できない．すなわち，企業の経営目標を決定する要因は，個々の企業のなかにある，特に，その企業の経営状況にある．本調査が明らかにしているのは，どの経営目標を重視するかはその企業の利益率を反映する，同じことであるが，利益率が異なる企業では重視する経営目標が違ってくるということである．さらに，「環境対策」を「重要視する経営目標の上位5位」に入れていると答えた企業25社のうち16社が第5位に集中していることは，現在の「環境経営」論が上滑りしているという危惧を抱かせる．

(2) 経　営　戦　略

経営戦略は，事業領域の決定など全社レベルの戦略（＝企業戦略）と事業部ごとないし職能部門ごとの戦略に分類できる．しかし，重要なことは，全社的な経営戦略を各部門や事業部にどこまで浸透させることができているかである．その意味で，本章では経営戦略として一括して扱う．

(a) **経営戦略の策定プロセス**

経営戦略の策定・決定プロセスは，(i)各部門や事業部で策定ものを統合する，(ii)（トップの経営ビジョンに基づいて）各部門・事業部で策定したものをトップが承認する，(iii)（トップの経営ビジョンに基づいて）経営企画部などのスタッフ部門が主導して策定する，(iv)トップの指示・意向の下にスタッフ部門が策定する，(v)その他，に分けていずれかを訊ねた（図表4.5）．

その結果は，売上高経常利益率が高い企業ほど「（トップの経営ビジョンに基づいて）各部門・事業部で策定したものをトップが承認する」(54.5%)が多く，逆に，売上高経常利益率が低い企業ほど「（トップの経営ビジョンに基づいて）経営企画部などのスタッフ部門が主導して策定する」(50.0%)が増える．利益率の高い企業グループと低い企業グループとで経営戦略(案)の策定の仕方

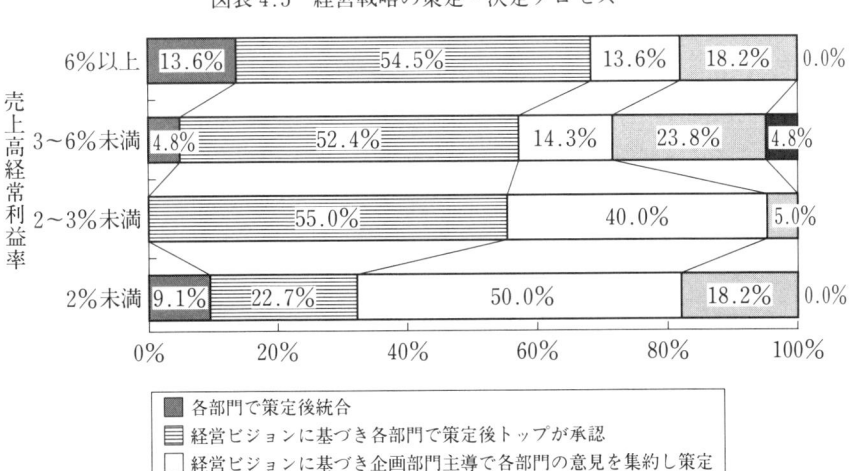

図表4.5 経営戦略の策定・決定プロセス

売上高経常利益率	各部門で策定後統合	経営ビジョンに基づき各部門で策定後トップが承認	経営ビジョンに基づき企画部門主導で各部門の意見を集約し策定	トップ指示により企画部門が各部門から情報収集し策定	その他
6%以上	13.6%	54.5%	13.6%	18.2%	0.0%
3～6%未満	4.8%	52.4%	14.3%	23.8%	4.8%
2～3%未満		55.0%	40.0%	5.0%	
2%未満	9.1%	22.7%	50.0%	18.2%	0.0%

に違いがあるということ，すなわち，特定の部門（＝経営企画部など経営トップのスタッフ部門）の主導によって経営戦略を策定する方が低利益率企業グループに多く，「（経営ビジョンに基づいて）各部門・事業部で策定した後に，トップが承認する」方が高利益率企業グループに多いという事実をどのように理解すべきであろう．

この点については，自主性や責任感という基準に照らすならば次のように考えることができよう．(i)①「（高利益率企業では）各部門や事業部で策定するので各部門や事業部の自主性や責任感が高くなるために，高い経営成果に結びついている」が，②「（低利益率企業では）特定の部門（＝経営企画室など）が主導するので各部門の自主性が損なわれるために，経営成果に結びつかない」のか，あるいは，(ii)①「（高利益率企業では）経営が順調だから各部門にある程度任せることができ，自主責任の考え方から好循環になっている」が，②「（低利益率企業では）経営企画部主導で経営戦略を策定するというやり方自体は正しいにもかかわらず，経営方針・経営目標との整合性がとれていない（さらには，経営方針・目標が市場・文化・社会システムに適合していない）など，他の理由ために経営成果の向上には結びついていない」ということなのか，いずれかであると考えられる．

また，経営戦略の策定・決定プロセスは，戦略の種類（M&A，財務，企業組織，研究開発，調達，製造，マーケティング，等々）の違いによって，トップで決定するものと部門や事業部に権限委譲するものとに分かれる．今後の調査課題である．

(b) **経営戦略と利益率との相関関係**

次の設問は，現在の経営戦略のなかで重要視するものは何か，第1位から第5位までを訊ねたものである．そのうち，最も重要視する第1番目の戦略項目を示すものが図表4.6である．全体としては，「新製品開発」を第1とする企業が最も多いが，売上高経常利益率で4区分してみると，3％未満の企業と3％以上の企業とでは大きな違いがあることが分かる．また，売上高経常利益率が2％以下の企業では「人員削減等の合理化」（25％）と「製造ラインの合

理化」(30%) の比率が最も多く，売上高経常利益率が3～6％未満と6％以上の企業では「人員削減」を第1番に重要視する企業の割合が各14.3％と0％，「製造ラインの合理化」は同じく4.8％と13.6％と低い反面，「新製品開発」を最も重要視する割合がそれぞれ57.1％と68.2％と高い．この結果も極めて示唆的である．

すなわち，利益率の高い企業は，「人員削減」や「製造ラインの合理化」よりも「新製品開発」を最も重要視する企業が圧倒的に多く，新製品開発の成功がさらなる高利益率につながる好循環パターンに入っていると解釈することができる．これに対して，利益率が2％未満の企業と2％～3％未満の企業で「新製品開発」を最も重要視する企業の割合はそれぞれ25％と14.3％にすぎないし，後者には「不採算部門・事業からの撤退」(23.8％) や「新規事業への進出」(19％) などの経営目標も一定の割合を占めており，利益率の低い企業ほど最も重要視する戦略項目にばらつきが見られるということである．

次に，現在の経営戦略のうち，第2番目に重要な項目は何かを見たものが図

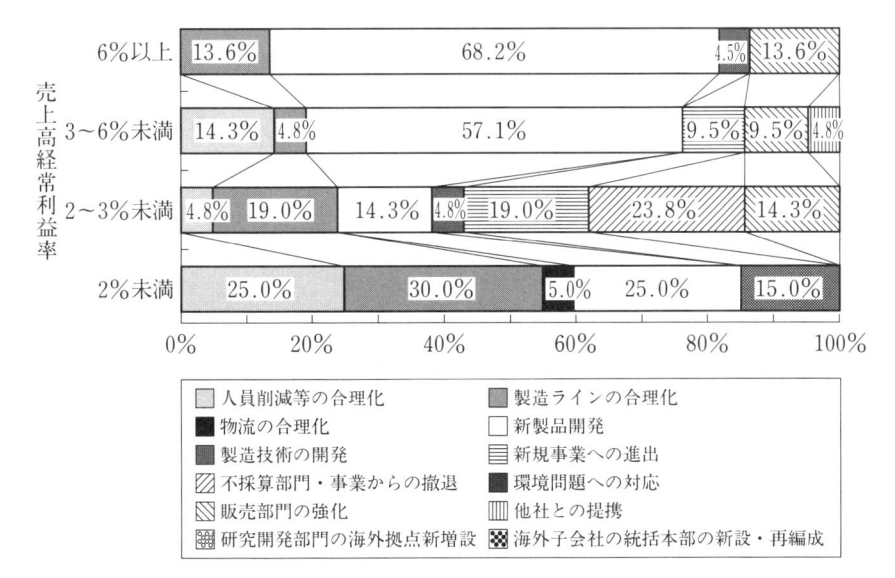

図表4.6　重視する経営戦略の重要項目（現在・第1位）

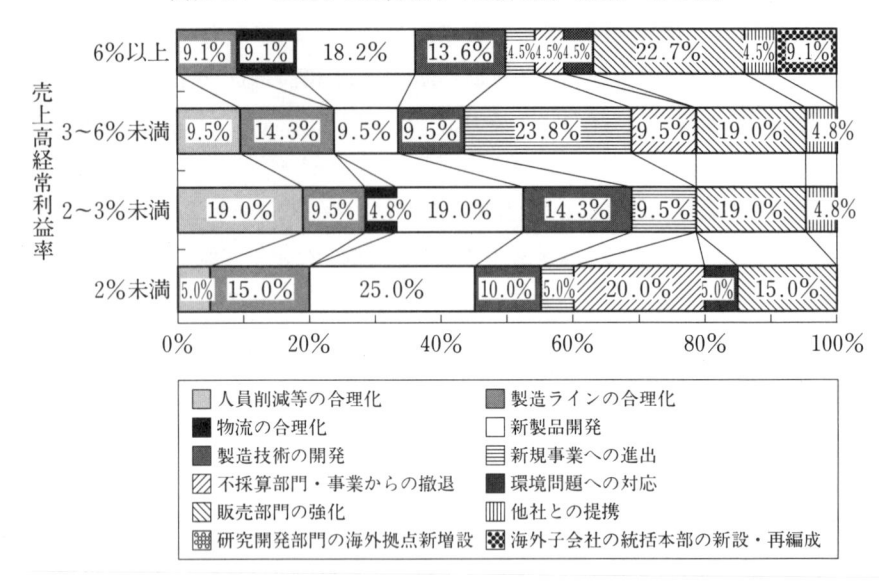

図表4.7 重視する経営戦略の重要項目（現在・第2位）

売上高経常利益率

売上高経常利益率	人員削減等の合理化	物流の合理化	新製品開発	製造技術の開発	製造ラインの合理化	新規事業への進出	不採算部門・事業からの撤退	販売部門の強化	環境問題への対応	他社との提携
6%以上	9.1%	9.1%	18.2%	13.6%	4.5% 4.5% 4.5%			22.7%	4.5%	9.1%
3～6%未満	9.5%	14.3%	9.5%	9.5%	23.8%		9.5%	19.0%		4.8%
2～3%未満	19.0%	9.5%	4.8%	19.0%	14.3%		9.5%	19.0%		4.8%
2%未満	5.0% 15.0%		25.0%	10.0% 5.0%	20.0%		5.0%	15.0%		

凡例：人員削減等の合理化／製造ラインの合理化／物流の合理化／新製品開発／製造技術の開発／新規事業への進出／不採算部門・事業からの撤退／環境問題への対応／販売部門の強化／他社との提携／研究開発部門の海外拠点新増設／海外子会社の統括本部の新設・再編成

表4.7である．これによると，高利益率企業では，最も多いのが「販売部門の強化」(22.7%)，次に多いのが「新製品開発」(18.2%)，第3位は「製造技術の開発」(13.6%) となっている．これに対して，低利益率企業では，最も多いのが「新製品開発」(25.0%)，次に多いのが「製造ラインの合理化」(15.0%) と「販売部門の強化」(15.0%) である．

そこで，重要視する経営戦略項目の内，第1位と第2位とを合計してみると，利益率6％以上の高利益率企業グループでは，最も多いのが「新製品開発」(86.4%)，次いで「販売部門の強化」(36.3%)，第3位が「製造ラインの合理化」(22.7%)，「人員削減等の合理化」は0％である．これに対して，2％未満の低利益率企業グループでは，最も多いのが「新製品開発」(50.0%)，次いで「製造ラインの合理化」(45.0%)，第3位が「人員削減等の合理化」(30.0%)，第4位が「新規事業への進出」(20.0%) と「不採算部門からの撤退」(同じく20.0%)，第6位が「販売部門の強化」(15.0%) となっている．つまり，高利益率企業グループは「新製品開発」に集中しているが，低利益率

企業グループは第1位と2位の項目が接近しているなど重要視する項目が分散しているると同時に，人員削減が大きな比率を占めている．

次に，これを10年前と比較してみよう（図表4.8）．高利益率企業グループでは，最重要（第1位）項目は「新製品開発」（72.2%）に集中している．これに対して，低利益率企業グループでは，「新製品開発」（35.3%），「製造ラインの合理化」（17.6%），「人員削減」（11.8%），「製造技術の開発」（同じく11.8%），「新規事業への進出」（同じく11.8%）となっている．第2番目に重要視する項目で大きな比率を占めるものは，高利益率企業グループでは，「製造ラインの合理化」（27.8%），「製造技術の開発」（同じく27.8%），「販売部門の強化」（同じく27.8%）となっており，低利益率企業グループでは，「製造ラインの合理化」（17.6%），「新製品開発」（同じく17.6%），「製造技術の開発」（同じく17.6%），「新規事業への進出」（同じく17.6%），「販売部門の強化」（同じく17.6%）と，いずれの企業グループも分散している．

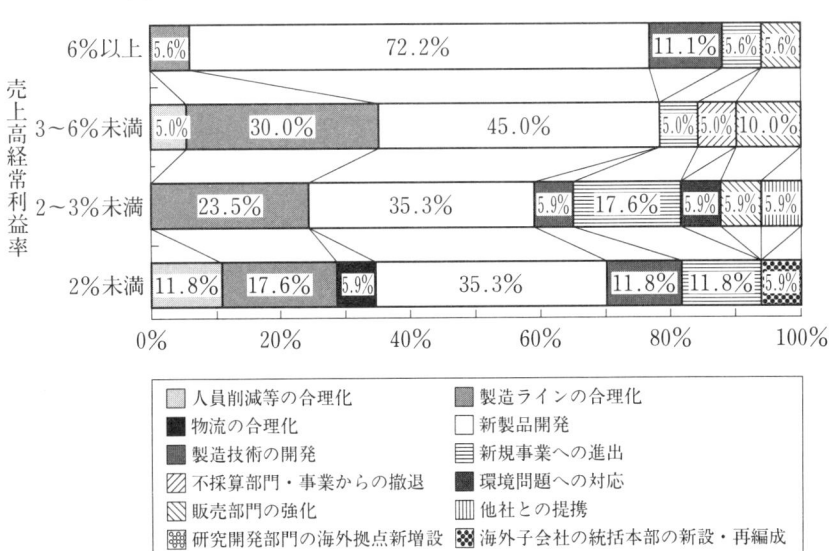

図表4.8　重視する経営戦略の重要項目（10年前・第1位）

売上高経常利益率

6%以上	5.6%／72.2%／11.1%／5.6%／5.6%
3～6%未満	5.0%／30.0%／45.0%／5.0%／5.0%／10.0%
2～3%未満	23.5%／35.3%／5.9%／17.6%／5.9%／5.9%／5.9%
2%未満	11.8%／17.6%／5.9%／35.3%／11.8%／11.8%／5.9%

凡例：
- 人員削減等の合理化
- 製造ラインの合理化
- 物流の合理化
- 新製品開発
- 製造技術の開発
- 新規事業への進出
- 不採算部門・事業からの撤退
- 環境問題への対応
- 販売部門の強化
- 他社との提携
- 研究開発部門の海外拠点新増設
- 海外子会社の統括本部の新設・再編成

以上から言えることは，第1に，利益率の高い企業グループには最も重要視

する特定の経営戦略項目（＝「新製品開発」）が存在するが，利益率の低い企業グループには重要視する経営戦略は各社各様であり，各社が共通して重要視する項目というものはない．しかし，第2番目に重要視する戦略項目については，利益率の高・低企業グループ間で大きな差はない．第2に，高利益率グループは，10年前から一貫して「新製品開発」を経営戦略の重要項目の第1位に位置づけているということである．「製造ラインの合理化」や「人員削減」という「効率化」重視の経営よりも，「新製品開発」という「価値の創造」を重視する経営に取り組んできたと言えよう．

(3) 経営組織と経営制度

以下では，トップマネジメントの組織革新，新製品開発戦略，地球環境問題対策，給与・雇用戦略などの個別経営戦略に対するアンケート結果を，売上高経常利益率の4区分でクロスさせてみる．

(a) **トップマネジメントの組織革新**

図表4.9は，トップ・マネジメントの組織が最近5年以内に変更されたかどうかを聞いたものである．全体平均は，5年以内に変更した企業が45.2％で，変更しない企業が54.8％となっている．ここでも，「経営ビジョン・方針の変更」（図表4.2）と同様に利益率の高い企業ほど「変更していない」割合が高くなっている．この結果は，単純に見れば，利益率が低い企業ほど組織革新に取り組んでいる企業が多く，利益率が高い企業ほど組織革新に取り組んでいる企業が少ないという内容となっている．先に示したように，経営ビジョン・方針

図表4.9 トップ・マネジメント組織の変更

売上高経常利益率	過去5年以内に変更	変更はない	計
6％以上	7(31.8%)	15(68.2%)	22(100%)
3～6％未満	9(42.9%)	12(57.1%)	21(100%)
2～3％未満	12(57.1%)	9(42.9%)	21(100%)
2％未満	10(50.0%)	10(50.0%)	20(100%)
計	38(45.2%)	46(54.8%)	84(100%)

の変更時期も利益率が低い企業ほど「最近1年以内」と「3・4年前」に変更した企業の割合が多かったが，「トップ・マネジメントの組織革新」においても，同じ傾向の回答結果であり，同様の分析ができるものと解釈される．

次は，トップ・マネジメント組織の改革の内容である．利益率が6％以上の企業グループでは，「取締役の人員削減」は「トップ直属の審議」と同率の37.5％であるのに対して，その他の企業グループでは「取締役の削減」が過半数を超えている（図表4.10）．

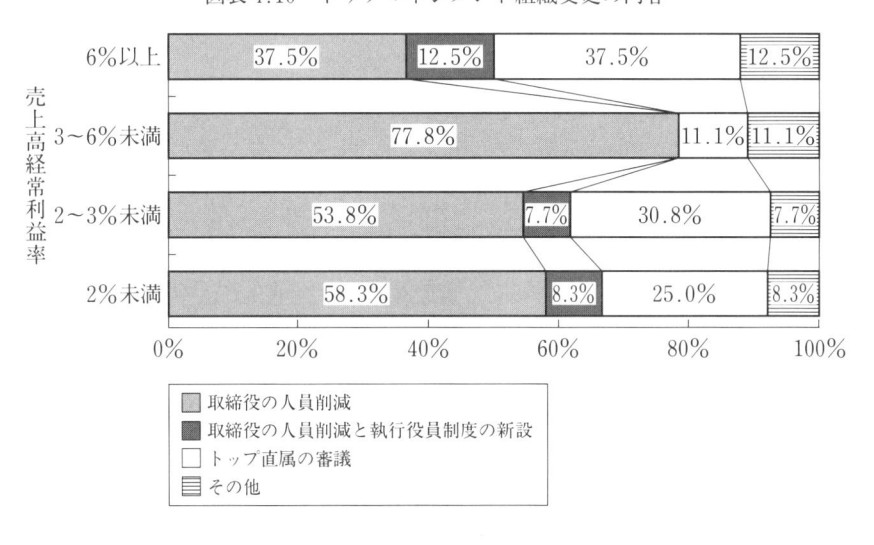

図表4.10 トップマネジメント組織変更の内容

売上高経常利益率	取締役の人員削減	取締役の人員削減と執行役員制度の新設	トップ直属の審議	その他
6％以上	37.5％	12.5％	37.5％	12.5％
3〜6％未満	77.8％		11.1％	11.1％
2〜3％未満	53.8％	7.7％	30.8％	7.7％
2％未満	58.3％	8.3％	25.0％	8.3％

日本企業の取締役の削減と執行役員制度の導入に先鞭を付けたのは，ソニーである（1997年5月22日発表，6月27日より実施）．それまでは38人いた取締役のうち，社内カンパニー（1994年導入）のプレジデントら事業部門の責任者18人が取締役をはずれて執行役員になり，新任9人と取締役兼任の7人を含めて，執行役員が合計34人，取締役は社外取締役の3人を加えて10人体制となった．また，多くの企業が不良債権処理の遅れなど株主軽視のコーポレート・ガバナンスが批判され，また，メガ・コンペティション時代の「アジャイル経営」にふさわしい迅速な経営意志決定機構の構築を迫られている．たとえば，日産自

動車㈱の常務会の廃止と経営戦略会議の新設（1997年7月）に見られるようにトップ直属の審議会体制を構築する企業が増えており，トップ・マネジメント組織の改革が巨大企業の「常識」となっている．東芝は取締役を33人から12人に削減し執行役員制を採用した（98年6月）．日野自動車㈱は執行役員制を導入（97年7月）することによって，従来の取締役会が意思決定・監督機能と業務執行機能の両方の機能を担っていたのを，取締役会は経営方針と経営戦略の決定とその実行状況を監督する機能を担い（議長は会長で月に1回開催），執行役員会は経営方針と経営戦略を立案し実行する機能を担う（議長は社長で毎週1回開催，執行役員の任期は1年）というように役割分担を明確にした．

(b) **新製品開発の体制**

最初に「新製品開発」戦略の重要視度についてみると，経営戦略の重要項目第1位から第5位までを合計して，「10年前」「現在」「今後」の3つの時期に分けて時系列比較で，「新製品開発」はそれぞれ77.0%，90.0%，96.0%で，いずれの時期も重要項目の第1位を占める．第1位から5位までの合計で「新製品開発」に続くのは「(10年前の) 製造ラインの合理化」(69.0%) と「(現在

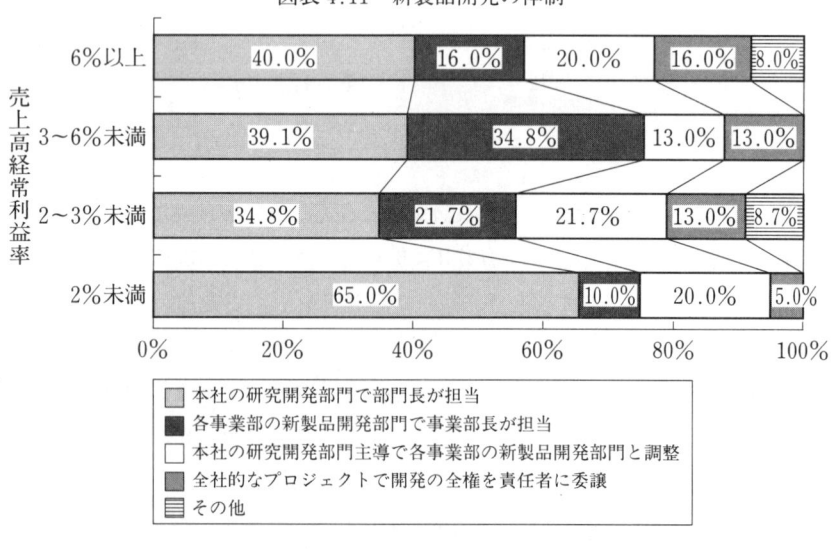

図表4.11　新製品開発の体制

売上高経常利益率	本社の研究開発部門で部門長が担当	各事業部の新製品開発部門で事業部長が担当	本社の研究開発部門主導で各事業部の新製品開発部門と調整	全社的なプロジェクトで開発の全権を責任者に委譲	その他
6%以上	40.0%	16.0%	20.0%	16.0%	8.0%
3〜6%未満	39.1%	34.8%	13.0%	13.0%	
2〜3%未満	34.8%	21.7%	21.7%	13.0%	8.7%
2%未満	65.0%	10.0%	20.0%	5.0%	

の）販売部門の強化」(同69.0%) である（第3章参照）．

　図表4.11は，「新製品開発」管理の権限と責任はどこにあるのかを尋ねるものである．

　この表で最も際だつのは，利益率2％未満の企業グループの「本社の研究開発部長が担当」(65.0%) である．調査企業全体の統計を見ると，「本社の研究開発部長が担当」(48.0%) が「各事業部の事業部長が担当」(23.0%) を上回っている．「新製品開発」を最も重要視する利益率6％以上の企業グループでは，「本社の研究開発部長」(40.0%)，「本社の研究開発部主導で各事業部の開発部門とで調整」(20.0%)，「各事業部の事業部長」(16.0%)，「全社的なプロジェクトの責任者」(同16.0%) という順になっており，特定の管理体制に集約される傾向は見られない．「全社横断的なプロジェクトを作り，開発の全権をその責任者に委譲する方式」を採用している企業が16.0%というのは，新製品開発の先進企業で採用され，実績のある方式だけに，やや少ないという感じがする．

　次の2つの表は，新製品開発プロセスの「基礎研究」と「製品化」において，誰が最も大きな影響力をもっているかを尋ねるものである．

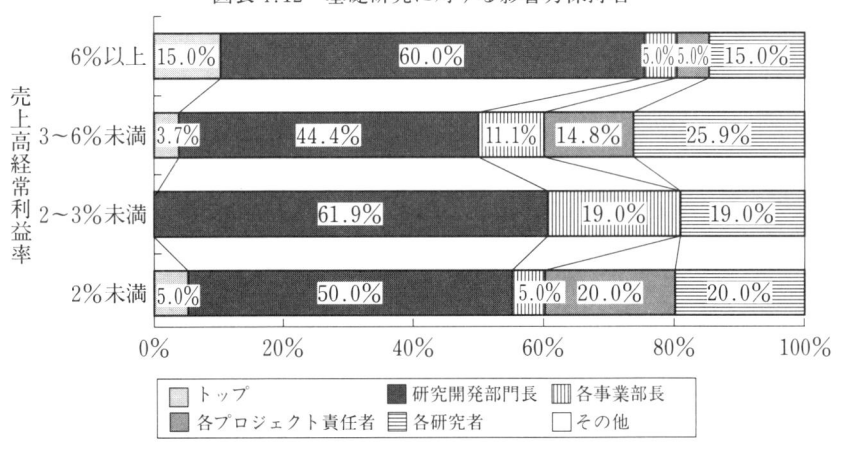

図表4.12　基礎研究に対する影響力保持者

売上高経常利益率	トップ	研究開発部門長	各事業部長	各プロジェクト責任者	各研究者	その他
6％以上	15.0%	60.0%		5.0%	5.0%	15.0%
3～6％未満	3.7%	44.4%	11.1%	14.8%		25.9%
2～3％未満		61.9%		19.0%		19.0%
2％未満	5.0%	50.0%	5.0%	20.0%		20.0%

　まず，図表4.12の「基礎研究に対する影響力保持者」であるが，利益率の

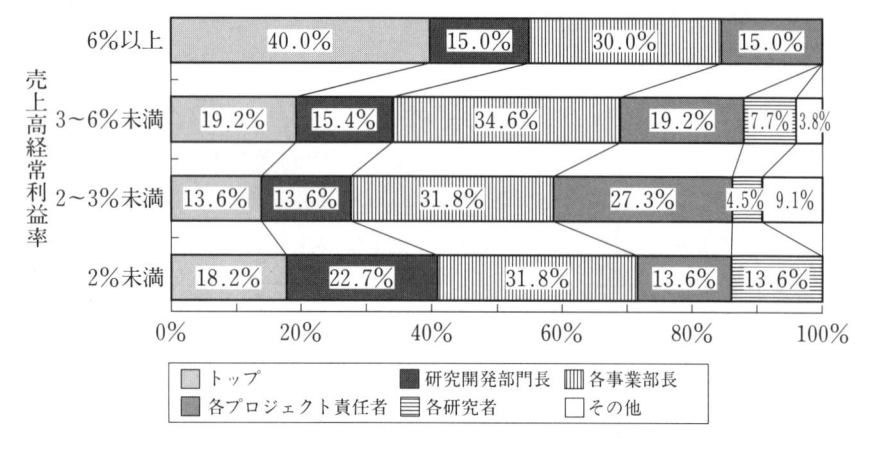

図表 4.13 製品化に対する影響力保持者

売上高経常利益率

利益率	トップ	研究開発部門長	各事業部長	各プロジェクト責任者	各研究者	その他
6%以上	40.0%	15.0%	30.0%	15.0%		
3~6%未満	19.2%	15.4%	34.6%	19.2%	7.7%	3.8%
2~3%未満	13.6%	13.6%	31.8%	27.3%	4.5%	9.1%
2%未満	18.2%	22.7%	31.8%	13.6%	13.6%	

高低に関係なく，研究開発部長が圧倒的な影響力をもっている．これに対して，図表4.13の「製品化に対する影響力保持者」については，利益率6%以上の企業グループは「トップ」(40.0%) という回答が第1位で，「事業部長」(30.0%) が第2位 (「プロジェクト責任者」15.0%が第3位) であるが，利益率2~3%未満の企業グループでは「事業部長」(31.8%) が「研究開発部長」(13.6%) や「プロジェクト責任者」(27.3%) を上回っている．

「新製品開発」に関して，「製品開発の管理体制」，「基礎研究に対する影響力」および「製品化に対する影響力保持者」という3つのアンケート結果を総合すると，「製品開発の管理体制」については「事業部長の担当」と「本社と事業部の調整」の合計が「本社の研究開発部長」に匹敵するかやや上回るところから，権限委譲が進んでいるように見えるが，まだまだ集権的傾向が強いことが分かる．また，その中身を具体的に見ると，「基礎研究」については本社の研究開発部長の影響力が強く，「製品化」についてはトップ経営者と各事業部長の影響力が強いことが確認できる．

(c) **賃金・雇用制度**

現在の人事・雇用革新の柱は，年俸制の採用と雇用者数の削減である．順次見ていこう．

まず，年俸制の採用がどの程度進んでいるかを管理職を対象に聞いてみた．一般従業員に年俸制を採用する企業もないではないが，統計処理をして特徴がつかめるほどには普及していないと判断したからである．

今回の調査で，管理職に年俸制を採用している企業は20社（24.0％）である．また，管理職の年俸が給与（年額）に占める割合が5割以上という企業が47.0％，5割以下という企業が53.0％である．年俸制の実施企業比率と売上高経常利益率との相関関係を見ると，次のようになっている（図表4.14）．

図表4.14　年俸制の実施企業比率

売上高経常利益率	実施している	実施していない	計
6％以上	6(27.3％)	16(72.7％)	22(100.0％)
3～6％未満	5(23.8％)	16(76.2％)	21(100.0％)
2％～3％未満	6(28.6％)	15(71.4％)	21(100.0％)
2％未満	3(15.0％)	17(85.0％)	20(100.0％)
計	20(24.0％)	64(76.0％)	84(100.0％)

売上高経常利益率が2％未満の企業グループでは，「実施している」企業の割合は15.0％にすぎないが，同じく6％以上の企業グループでは，「実施している」企業の割合は27.3％であり，ほぼ倍増する．

一般社員については，業績給が賃金・給与（年額）に占める割合を尋ねた．まず，間接部門社員の業績給の割合は，給与（年額）の5割以上という企業は79社中4社（5.0％）にすぎない．また，現業部門社員の業績給の割合も，賃金（年額）の5割以上という企業は同じく6社（8.0％）にすぎない．日本の賃金は「年功主義」的性格から「能力主義」的性格のものに修正されつつあるといわれている[6]が，「生活保障給」的性格をもっているという全体としての特徴があらためて確認された形である．

次に，雇用者数の変化についてみる．まず，管理職の数が5年前と比較して，「微増」(33.0％)，「1割以上増加」(29.0％) に対して，「微減」(18.0％)，「1割以上減少」(20.0％) となっている．減少している企業よりも増加している企業の割合の方が多いのである．

そこで，管理職の数の増減と売上高経常利益率との相関関係を見たのが次の表である．この図表から明らかなことは，売上高経常利益率が「6％以上」と「3〜6％未満」の企業グループでは，「微増」と「1割以上増加」の合計がそれぞれ77.3％と66.7％の企業が管理職の数を増やしている（図表4.15）．

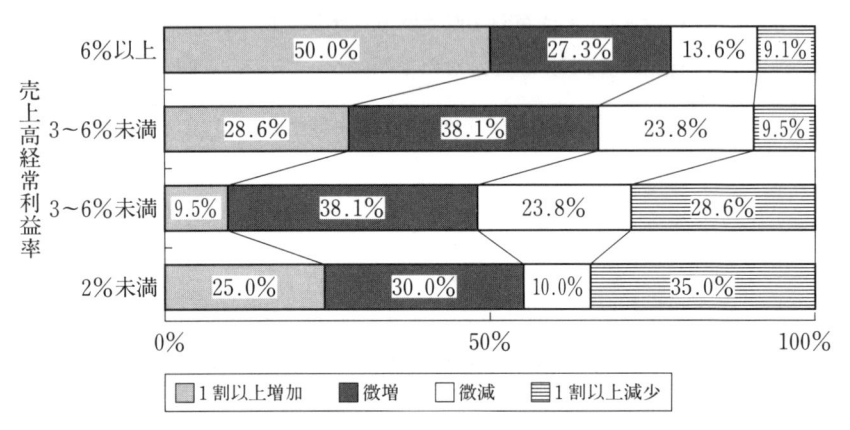

図表4.15　管理職の増減——5年前(1993年3月)比——

売上高経常利益率	1割以上増加	微増	微減	1割以上減少
6％以上	50.0％	27.3％	13.6％	9.1％
3〜6％未満	28.6％	38.1％	23.8％	9.5％
3〜6％未満	9.5％	38.1％	23.8％	28.6％
2％未満	25.0％	30.0％	10.0％	35.0％

次に，間接部門社員の数を見ると，売上高経常利益率「6％以上」のグループとその他のグループとの間にはっきりとした違いが見られる．すなわち，利益率6％以上の企業では，「微増」と「1割以上増加」の合計が「微減」と「1割以上減少」の合計を18.2ポイント上回るのに対して，他のグループは利益率2％未満の企業の15ポイントを先頭に8〜12ポイント「減少」の方が「増加」の企業を上回る（図表4.16）．

次は，現業部門社員の雇用者数のこの5年間における変化である．現業部門社員数の変化は，高利益率（6％以上）企業グループとその他の企業グループとの間に際だった相違が見られる．すなわち，利益率「6％以上」の企業グループでは，「微増」(50.0％)と「1割以上増加」(18.2％)の合計が「微減」(22.7％)と「1割以上減少」(9.1％)の合計を18ポイントも上回っているのに対して，利益率「2％未満」と「2％〜3％未満」の企業グループではそれぞれ25ポイントも下回っているのである（図表4.17）．

図表 4.16　間接部門社員の増減――5年前(1993年3月)比――

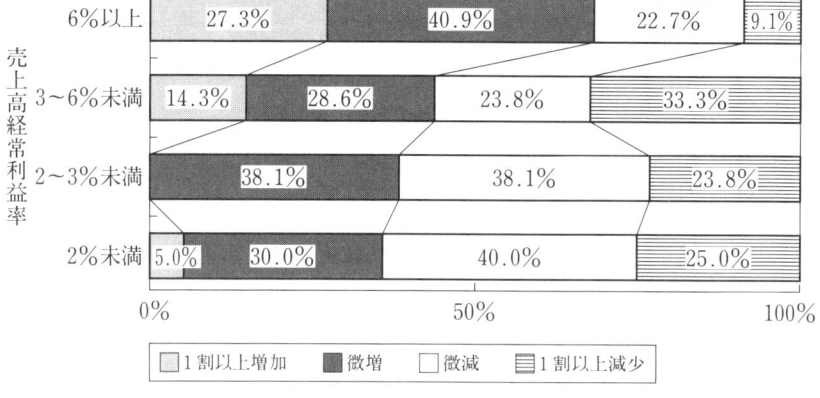

売上高経常利益率	1割以上増加	微増	微減	1割以上減少
6%以上	27.3%	40.9%	22.7%	9.1%
3〜6%未満	14.3%	28.6%	23.8%	33.3%
2〜3%未満		38.1%	38.1%	23.8%
2%未満	5.0%	30.0%	40.0%	25.0%

図表 4.17　現業部門社員の増減――5年前(1993年3月)比――

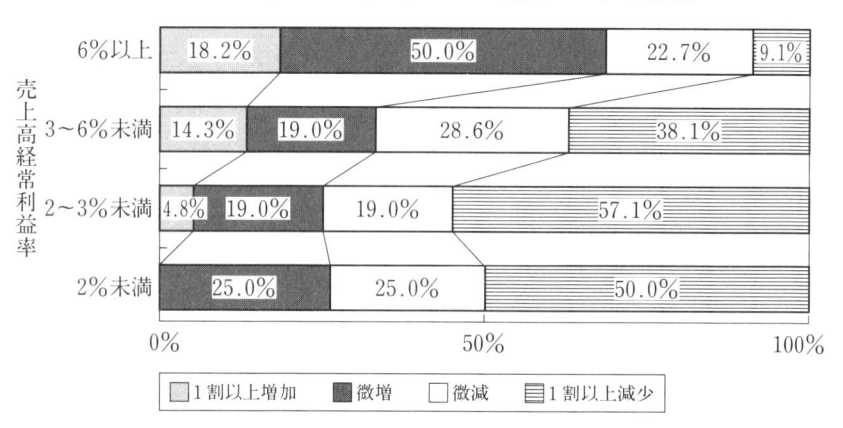

売上高経常利益率	1割以上増加	微増	微減	1割以上減少
6%以上	18.2%	50.0%	22.7%	9.1%
3〜6%未満	14.3%	19.0%	28.6%	38.1%
2〜3%未満	4.8%	19.0%	19.0%	57.1%
2%未満		25.0%	25.0%	50.0%

　以上，間接部門と現業部門の社員数を削減しているという企業が，利益率6％以上の企業グループを除いて，多いということが今回の調査で裏付けられた．

　派遣社員についてはどうなっているかを見たのが図表 4.18 である．

　「派遣社員の受け入れ」については，売上高経常利益率との相関関係がはっきりしている．すなわち，「微増」と「1割以上増加」の合計ポイントと「微減」と「1割以上減少」の合計ポイントの差を見ると，利益率「6％以上」の

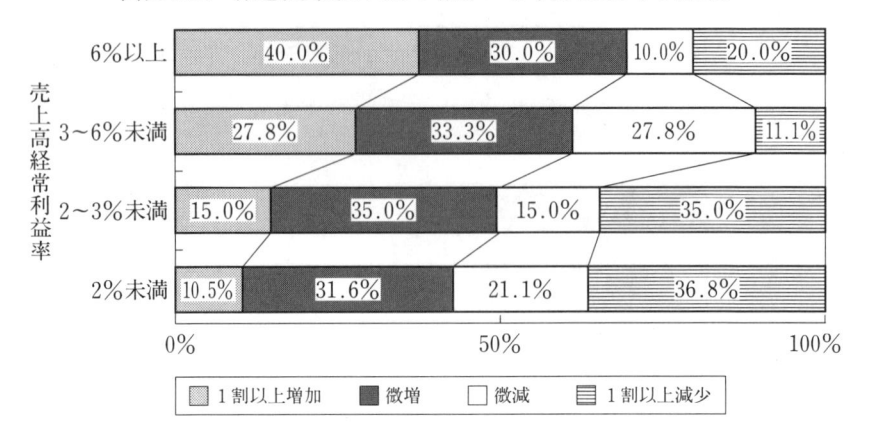

図表 4.18 派遣社員受け入れの増減——5年前(1993年3月)比——

売上高経常利益率

	1割以上増加	微増	微減	1割以上減少
6％以上	40.0％	30.0％	10.0％	20.0％
3～6％未満	27.8％	33.3％	27.8％	11.1％
2～3％未満	15.0％	35.0％	15.0％	35.0％
2％未満	10.5％	31.6％	21.1％	36.8％

企業グループは20ポイント上回り，利益率「3～6％未満」のグループは11ポイント上回っているのに対して，利益率「2％～3％未満」の企業グループは差し引きゼロのイーブン，「2％未満」グループは8ポイント下回っているのである（図表4.18）．

以上，この厳しいメガ・コンペティションといわれる5年間において，売上高経常利益率6％以上という高利益率企業グループにおいては，管理職の数，間接部門社員の数，現業部門社員の数，および派遣社員の受入数のすべてにおいて，「微増」と「1割以上の増加」の合計が「微減」と「1割以上減少」の合計を上回っている．

その意味するところは何か．単純に「儲かっているから，人減らしの必要がない」と考えるのは皮相な考え方である．同時に行った調査で「社員の出向・派遣・転籍の増減」についても，同じく1993年3月比で，高利益率グループでは「微増」（間接・現業ともに40.9％）「1割以上増加」（間接・現業ともに4.5％）となっており，低利益率企業グループの「微増」（間接30.0％；現業23.8％）「1割以上増加」（間接20.0％；現業19.0％）と比べると「微増」に集中しているが，単純に「儲かっているから，人減らしの必要がない」と考えているとは思われないからである（図表4.19，20）．

図表 4.19　間接部門社員の出向・派遣・転籍
——5 年前(1993 年 3 月)比——

売上高経常利益率

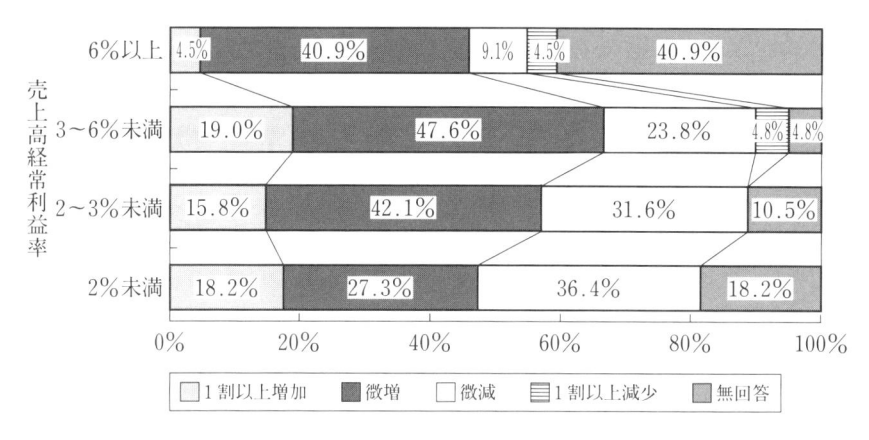

売上高経常利益率	1割以上増加	微増	微減	1割以上減少	無回答
6％以上	4.5％	40.9％	9.1％	4.5％	40.9％
3～6％未満	19.0％	47.6％	23.8％	4.8％	4.8％
2～3％未満	15.8％	42.1％	31.6％		10.5％
2％未満	18.2％	27.3％	36.4％		18.2％

図表 4.20　現業部門社員の出向・派遣・転籍
——5 年前(1993 年 3 月)比——

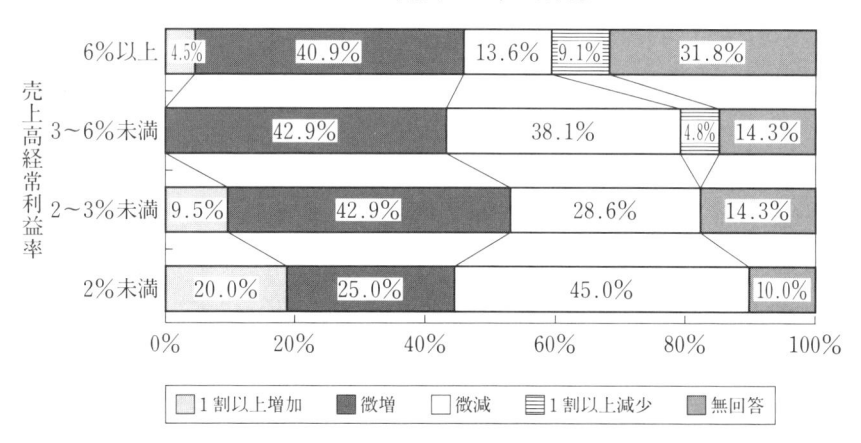

売上高経常利益率	1割以上増加	微増	微減	1割以上減少	無回答
6％以上	4.5％	40.9％	13.6％	9.1％	31.8％
3～6％未満		42.9％	38.1％	4.8％	14.3％
2～3％未満	9.5％	42.9％	28.6％		14.3％
2％未満	20.0％	25.0％	45.0％		10.0％

　直近の過去 5 年間，本章の冒頭に述べたように，企業はきわめて厳しい競争市場のまっただなかにおかれてきた．そういう状況のなかでは，「余裕があるから」という理由で人を増やすことはない．こういう状況のなかで「1 割以上」も人を増やしながら「6 ％以上」の売上高経常利益率を上げる企業というのは，「人の増加が利益を増加させる」とか「人を増やさなければ，利益が増

えない」という企業構造（マネジメント・システム）を構築していると考えざるを得ないのである．そのような企業構造を構築することが可能なのだと考えざるを得ないのである．今回の調査結果はそのことを示している．この可能性を現実のものするためには，まず，「競争力を高めるためには人員削減をせざるを得ない」という「常識」をうち破る経営者の意識改革が不可欠である．

3．結びに代えて

　日本経済のグローバル化と情報通信システムの急速な進歩によるメガ・コンペティションの展開が，単なる経営合理化以上の企業＝経営革新を迫っている．つまり，グローバルな構造転換が企業経営に新しい対応を求めている．「現代の経営革新」とは，企業経営のこのような新しい対応のことである．しかし，現在の企業＝経営革新は十分な検討と準備の上に展開されているという感じがしない．それゆえ，現在の企業＝経営革新なるものが個々の日本企業にとっていかなる意味をもつものなのか，長期的に見てプラスになるものなのかどうか，点検することを目的として，このような調査を行い，若干の分析を試みた．

　本章の分析からなにを汲み取るか，参考にするものがあるか，それは読者の判断を待つのみである．「現代の経営革新」は現在進行形であり，ある意味では，まだ始まったばかりであるから，あまり結論を急ぐべきではないとも言えるのである．

　さて，企業は利益なくしては存続し得ないという基本原則の他は，多様な理念やビジョンをもち，多様な分野で多様な行動をする，本来きわめて個性的な存在である．相互に競争関係にある以上，相手と同じ行動を模倣したのでは勝ち目はないばかりか，存続すら危うい．したがって，企業が競争優位を確立するべく行動する，その行動スタイルの合理化が企業＝経営革新だとすれば，経営革新のあり方は企業の数ほど多様なものであらねばならない．そのことを承知しつつも，本章では売上高経常利益率の4区分による個々の企業＝経営革新

項目とのクロス分析を行ってみた．その結果，利益率と個別の経営革新との間に一定の相関関係があることが明らかになったと言えよう．しかし，昨日成功した戦略が明日も通用するとは限らない．たとえば「新規事業への進出」を「経営戦略の重要項目（第1位）」にあげている企業は「6％以上」の利益率グループにはゼロで「2％未満」の利益率グループに15％あるからといって，「新規事業への進出」を軽視するのは長期的に見れば間違いである．その意味では，この相関関係は一つの解釈にすぎない．したがって，本調査は，現代の経営革新に何か唯一最善の「魔法の経営」を追い求めるものではないことを確認しておきたい．

　むしろ，アンケート調査を行い，集計し，分析する目的は，次の点にある．現在の企業＝経営革新は単に一企業の合理化ではない．企業を取り巻く自然的・社会（経済・文化）的環境が，体系として，まさに構造的な変化をきたしているので，一企業の経営革新と言えども，その構造的な変化に対応するのでなくては現在の革新たり得ない．企業の合理化がこれほど体系的＝構造的な転換を必要としたことがかつてあったであろうか．現在の構造的転換の時代に，企業経営が環境に自らも働きかけつつ適応していく，その有様とその特徴を事実に即して解明すること，それが本章の目的である．

　本研究は，中央大学企業研究所の総合研究プロジェクト「現代の経営革新」（主査；池上一志教授）チームの共同研究の成果の一部である．アンケート項目は，芦澤成光客員研究員，所伸之客員研究員および林正樹が共同で作成した．アンケート結果の集計作業は，林の監修のもとに大学院後期課程在籍の笹倉隆利君，田中史人君，堀内恵君，松田昌人君の4人が協力してくれた．特に，クロス統計処理と図表作成は田中史人君の協力がなければ不可能であった．記して感謝する．

1) 経済企画庁調査局編『期待成長率低下のなかでの企業行動―平成11年企業行動に関するアンケート調査報告書―』大蔵省印刷局，1999年6月，74ページ参照．

2) 総資産で区分すれば，a）100億円未満＝5社，b）100～250億円＝29社，c）250～500億円未満＝13社，d）500～1,000億円未満＝13社，e）1,000～5,000億円＝14社，f）5,000億円以上＝5社となっている．
また，営業利益率では，a）1％未満＝11社，b）1％台＝15社，c）2～3％台＝19社，d）4～5％台＝16社，e）6～9％台＝13社，f）10％以上＝10社となっている．
3) 加護野忠男，野中郁次郎他著『日米企業の経営比較』日本経済新聞社，1983年．
4) 経済企画庁調査局編『企業行動に関するアンケート調査報告書（各年版）』大蔵省印刷局．
5) 経済同友会編『企業白書（各年版）』経済同友会．
6) 経済企画庁調査局編『日本的経営システムの再考―平成10年企業行動に関するアンケート調査報告書―』大蔵省印刷局，1998年6月，13ページ参照．今後5年間の方向性は，「年功主義」的処遇が9％で，「能力主義」的処遇が91％となっている．

第2部 事業革新, 職能革新

第5章　現代の経営革新と人事労務計画・組織・監査の新動向

1. 現代の経営革新の意味——本章の分析視角

　現代の経営革新と関連して，人事労務管理（Personnel Management and Industrial Relations）が人的資源管理（Human Resource Management）へと変貌するなかで，人事労務計画・組織・監査がどう変わってきているかを検討するのが本章の課題である．その場合，現代の経営革新の分析方法と技法については，経営変革（Organizational Transformation）などに関するアメリカの文献と企業の実態とを参考にしながら，日本企業の実態を分析することにしたい．

　(1)　ビジネス・トランスフォーメーション
　人事労務管理の生成発展の基本的要因としては，①生産力・技術の発展，②労働組合運動の発展および，③資本の寄生化（「資本の所有と経営の分離」）の発展の3点をあげることができる[1]．こうした一般的な傾向としては昔も今も変わりはない．だがそこには，現段階における経営環境の急激な変化が特殊的に作用する．国際化からグローバリゼーションの時代へと移り，「大競争時代」(mega competition) ともいわれるような新時代を迎えて，企業はそれに対応するための競争上の優位性を保つために，より有効で，効率的な生産性の向上をはかるための変革を必要とする．この場合の経営変革とは何か．
　それは，一つには，システマティックなプロセス・イノベーション（systematic business-process innovation）であり，経営戦略・技術・人的資源・組

織（内部）構造にくわえて，製品開発から製造，流通までを一つの体系的な経営システムとして秩序づけ，環境変化に対応する改革を行うことである．

二つには，システミックな経営変革（systemic organizational transfomation）であり，「伝統的組織論」（traditional conception of organization）が「株主（shareholder）の利益を最大にする」ことを企業の主要目的としているのに対して，ここでは，それとは対照的に，「株主，従業員，顧客，地域社会をふくむ利害関係者（stakeholder）の要求に応え」られなければならない．「これらの利害関係者の関心は多様であり，この要求に応えるという多様性をもちながら全体としての整合性をとらなければならない」．このような「変革論」(transformed concept) がシステミックな経営変革であり，しかもそこでは各要素が連鎖的に「全体としてまとまったときに現れる特性（創発性）」が問題とされるのである[2]．

とはいえ，個別のプロセスの改革が不要となるのではない．リストラのための人材・組織変革は，大企業にとって常に重要な課題である．だが現代の経営変革の背景には，従来の大量生産体制の反省・変容があることを見逃してはならない．それはこれまでのあまりにも過剰な「オペレーション（業務遂行）中心」の効率型経営から「プロダクト中心のイノベーション」を追求する戦略型経営への移行を意味するものであった．それはまたプロセス・イノベーション（Process, or performance innovation）からコンセプト・イノベーション（concept, or product innovation）の時代への変化を意味している．創造性が要求される理由もまたそこにある[3]．

だから大企業のトランスフォーメーションにおいては，将来にむけてどう生きるかが問題であり，そのために「基礎研究」の必要性が問われることになる．同時に「戦略，リエンジニアリング，情報技術，行動科学など，従来ばらばらに扱われてきたこと」を，「部分にこだわらず」に「全体」として，「広い視野から統合しよう」という試みが必要なのである[4]．そして現代の経営革新のもとでは，人事労務管理も人的資源管理として，労働者（労働力）をたんに「人的資源」として見直すだけでなく，「他の経営資源とともに管理されるべき

資源」として重要視するということになる．したがって人的資源管理は，従来の人事労務管理をもはや「独立したもの」とは見なさない．「従業員」をふくむ企業のさまざまなステークホルダーたちの利害関係を均衡させていくという広い観点からとらえ直されることになる．いいかえれば，経営戦略のあらゆる面との関連でそれを包含し，連動的・統合的に考え直すことである．「従業員」も長期的な観点から「将来のための資産」「創造的な人的資源」（負債ではなくて資産）としてとらえ直される．それは消耗品（expenses）としての人的資産ではなく，経営資産（organizational assets）としての人的資源を意味する．さらにそれはアメリカ産業が伝統的に守ってきた「コントロール・モデル」から「コミットメント・モデル」への転換を意味するものであるとともに，「人事管理の手法や方法に重点を置くのではなく，むしろ重要な戦略的な問い（strategic questions）に重点を置くこと」になる[5]．

くわえて「大競争時代」ともいわれるような国際的かつグローバルな競争の激化に対応して，経営「従業員」は「競争の優位性」（competitive advantage）を達成するための「戦略的資源」（strategic resources）と考えられ，人的資源管理をともなう経営戦略の統合こそ組織の競争優位性を保つための必要条件となる．人的資源管理も，いまや戦略的人的資源管理（Strategic Human Resource Management）となる．

(2) アジャイル生産システム

それとともに，アメリカ産業の衰退，生産性向上の停滞の「救世主」として喧伝されたリストラクチャリングやリエンジニアリングが「業績向上」のための人減らしの道具と化していくなかで，それに代わって生まれた新概念こそアジャイル生産方式（Agile Production System, Agile Manufacturing）であった．

このアジャイル生産方式というコンセプトがアメリカで提案されたのは，1991年末のことであった．その直接のきっかけになったのは91年1月に起こった「湾岸戦争」であったといわれている．「湾岸戦争」は，砂漠の地上戦に必要な新しい敵味方識別装置を至急に必要とした．これを受注した企業は，「国

防総省の発注から地上戦での採用までわずか二週間というスピード生産」でそれを成しとげたのである．この経験をふまえて，アメリカの製造業が「21世紀に起こる予期せぬ変化にいかに素早く対応できる能力をもっているか」という「俊敏性」が，国をあげての最大のポイントとなった[6]．そして国防総省の委託をうけたリーハイ大学のアイアコッカ研究所による調査・研究（報告書『21世紀の製造企業戦略：産業からの視点』）[7]の結果，アメリカ産業が日本企業に対抗してふたたび世界市場でリーダーシップを確立するためには，日本的生産システム[8]，とりわけ「リーン生産システム（Lean Production System）」に学んで日本化（Japanization）をはかりながらも，ドラスチックな経営環境の変化のもとでは「長期的視野に立って漸進主義により物事をすすめ，伝統や習慣を重視する日本的経営は不利」[9]であり，いわば「変化やスピードに弱い」という日本的経営の「欠点」を克服する必要があった．それがアジャイル経営（Agile Management, Agile Competition, Agile Company, Agile Corporation）などと呼ばれるアメリカ的新方式であった．

「アジャイル＝俊敏とは臨機応変で機敏であることを意味し，アジャイルコーポレーション＝俊敏な企業とは，常に変化し不確定であるマーケットに機敏に対応して，自ら利益をあげていく企業をいう」[10]．

また野口恒氏はのべている．「アジル・マニュファクチャリングは，これまでの規格大量生産でなく，個々の顧客の多様なニーズに応えて一品・特注品を『俊敏に』生産し，顧客満足を高めようとする次世代生産システムである．このアジル・マニュファクチャリングを実現するためには，企業内だけでなく，企業間でも『情報を共有し，やりとりする』ことが必須になる．そのためにはオープンな情報通信基盤と企業間提携が非常に重要になる」[11]．

要するに，製品のライフサイクルが短命化し，市場が急激に変化するなかで，多様な能力開発によって「従業員」の動機づけの育成をはかるなどの利点をもつ日本的経営に学びながら，企業間の情報をも取り入れ，コンカレント・エンジニアリングなども活用することによって，速やかに顧客機会をとらえ，個々の顧客満足に対応しようとする「創造経営」がアジャイル経営方式だとい

うことである．

　そこから，「人材と情報は俊敏な企業にとって真に貴重な資産」だということになる．そのために，ここでは「社員に，生産，通信，情報に関する技術，そして常に変化している情報や知識資源へのアクセスを与えること」が欠かせない．実際に，アメリカの企業では，「顧客満足についての問題を全員の仕事として共有させる」ためにも，「企業経営に関する情報を社員と共有するという前例のないプログラムを導入」したり，「一時解雇を行わない」という方針のもとで，労働時間の一部を「継続的な訓練プログラム」に割いたり，「従業員が生産プロセスの継続的改善に関して責任」をもったり，またある企業では「935人の従業員すべてが販売部門のメンバーになっており，いかなる顧客の要求にも応えられる権限を与えられている」[12]，という．

　したがって，「『アジル』のカギは技術ではなく，実は人間・組織的側面にある」，ということになる．「変化への柔軟な対応」「俊敏な意思決定」「個人の創造性発揮」「部門間の壁のない柔軟で，フラットな組織」「大胆な権限委譲」「異質な社員とのパートナーシップ」などが「アジル・コンペティションの決め手」[13]となる．そして，市場機会を逃さずに製品を投入するためには「コストより俊敏性」が要求され，とくに「知の俊敏性」を高めるために求められる中核能力は，「特許などのような静的な成果」ではなくて，「資源をダイナミックに開発・深化させる動的な能力（ダイナミック・ケイパビリティ）」なのである[14]．

　それはまた，どこの企業にいっても使えるような能力ないしは人材を求めることでもある．そこには，人的資源を「資産」としてとらえつつも，その資産の流動化，いわば「動産」化を求める経営者イデオロギーが貫徹する．

(3) 産業競争力の再構築

　アメリカだけでなく，日本の経営環境もまた大きく変わろうとしている．いわゆる「護送船団方式」から新しい「競争型社会」への転換である．

　首相の諮問機関である経済審議会（会長＝豊田章一郎トヨタ自動車名誉会長）

は，2010年を目標年次とする新経済10カ年計画「経済社会のあるべき姿と経済新生の政策方針」を小渕首相に答申（1999年7月5日）したが，これはグローバリゼーション（世界化）が今後の経済のあり方を決める条件だとし，そのもとで「市場メカニズムの活用が最優先の原則とされ，あらゆる制度，システムがこの原則に反しない方向で組み立てられる」などと，「競争型社会」への転換を掲げている．

それは，「グローバリゼーション」や「自由」をうたい文句に，規制緩和と市場経済万能の立場で「競争」をあおり，「生産性の向上」を推進すると同時に，他方では「自己責任」を強調し，「成功者と失敗者の間で所得格差が拡大する可能性があるが，挑戦とそれにともなうリスクに相応する報酬は正当な評価であり，それによる格差は是認される」としている．それはまさに大企業の「国際競争力」強化の論理にほかならない[15]．

そして，こうした「産業競争力」＝大企業グループの国際競争力ををを高めるために，リストラ・人減らしを国家的支援で促進しようとするものが産業活力再生特別措置法（産業再生法）（99年8月6日成立，10月施行）である．それは，法律の基本理念として「生産性の低い分野から高い分野への経営資源のシフトの促進」を掲げながら，設備，雇用，債務の「三つの過剰」の解消を後押しして大企業の収益力を向上させるのが狙いだといわれたり，あるいはまた「政府が分社化や合併，不採算部門の売却など，事業再構築（リストラ）がやりやすい環境を整備し，雰囲気を醸成することによって，世界市場で生き残れる強い体質の企業を生み出すのが狙い」だといわれている[16]．

要するに，一言でいえば，大企業の「大量人減らしに国がお墨付き」を与える仕組みである．この点と関連して，小渕恵三首相ら閣僚と財界・大企業の首脳らでつくる「産業競争力会議」や「経済戦略会議」という二つの首相直属機関の動きも注目される．もちろんこうした大量の人減らしを「国のお墨付き」で推進する以上，雇用情勢が悪化し，とくに非自発的失業が増大することは明らかである．したがって，政府は同時に補正予算を組んで「緊急地域雇用特別交付金」を配分するなどの緊急雇用対策もうちだしている．だが政府の「雇用

対策」は，企業のリストラ・人減らしが前提となっていることを注意しておかなければならない．

たとえば，労働者派遣法と職業安定法の一部改正（99年6月30日成立，7月7日公布から6ヵ月以内に施行）によって，これまで26の業務に限定されていた人材派遣業の対象を，港湾運送，警備，建設の3職種を除いて，どんな職業でも原則自由化されるし，また民間の有料職業紹介事業が港湾運送と建設業を除いて全面的に解禁される．人材派遣業も有料職業紹介事業も原則自由化ともなれば，おそらく長期安定雇用はないがしろにされるとともに，常用労働者のパート化，派遣労働者化も促進され，不安定雇用がさらに拡大するであろうことはうたがいない．

『労働白書（平成11年版）』もこれまでの長期雇用慣行の欠点を指摘し，大企業が押し進めているリストラ・人減らしを支援・促進する方向を示している．白書はのべている．「長期雇用慣行の仕組みは，……産業構造の迅速な転換を阻害するおそれがある．また，……迅速な経営判断や事業転換を困難にすること，高齢化の下で賃金コストが増大しやすいことといった欠点を持っている」．さらには，「転職が困難」で，「会社中心の生き方」になったり，「女性や高年齢者にとって不利」にもなる，と指摘している．しかも長期雇用慣行の場合には，「基本的には企業が雇用維持のコストを負担している」などの理由から，「円滑な労働移動」＝雇用の流動化の支援・促進を強調する．そこで白書は，まず何よりも，どこの企業でも機能を発揮できるような「エンプロイアビリティ」（employ ability，転職能力・職業能力）の向上が必要であり，「労働市場の整備」＝民間の職業紹介システムの整備，などの重要性を指摘している[17]．

それにくわえて，以上のような国家的支援によるリストラ・人減らしの促進が「グローバル・スタンダード」（国際標準），とりわけ企業会計基準の国際化（アメリカ化）を背景にした大企業グループの生き残り策としての性格をもっているものであることを注意しておきたい．具体的には，それは持ち株会社を視野に入れた「企業の分離・分社化」，経営の健全性を示すための，一般企業向けの不良債権・「貸し倒れリスクにさらされた資産（リスクアセット）」の分母

への算入を求めた「新自己資本比率の導入」、親会社、子会社を合わせた「連結開示制度」への移行など、連結経営の強化や持ち株会社化などによって「高収益体質づくり」「スピード経営」「高付加価値化」をすすめなければ、企業は現在のグローバル化に対応できないということである．

図表5.1　最近3年ほどのうちに経営改革をすでに「実施した」あるいは「検討中」の企業の割合　　（MA：％）

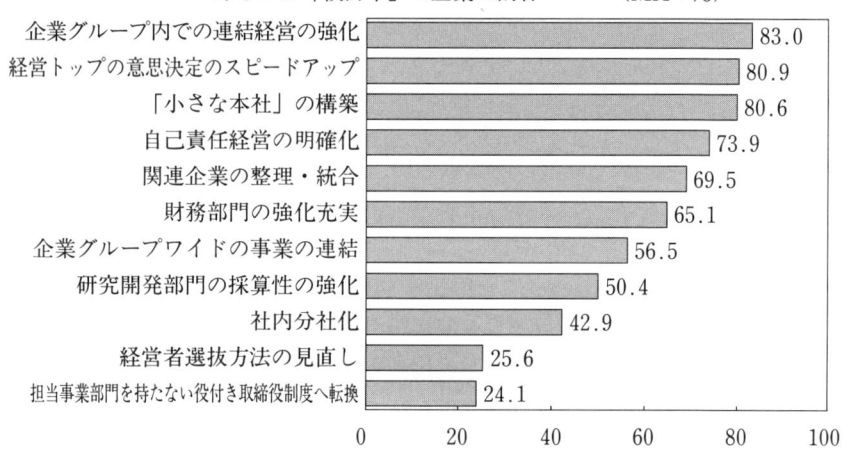

項目	％
企業グループ内での連結経営の強化	83.0
経営トップの意思決定のスピードアップ	80.9
「小さな本社」の構築	80.6
自己責任経営の明確化	73.9
関連企業の整理・統合	69.5
財務部門の強化充実	65.1
企業グループワイドの事業の連結	56.5
研究開発部門の採算性の強化	50.4
社内分社化	42.9
経営者選抜方法の見直し	25.6
担当事業部門を持たない役付き取締役制度へ転換	24.1

出所）　労働省『人事・労務管理研究会，企業経営・雇用慣行専門委員会中間報告書』労働大臣官房政策調査部，99年6月，2ページ．

労働省の「人事・労務管理研究会，企業経営・雇用慣行専門委員会」の調査によると，多くの企業が現在推し進めている経営改革で，最近3年ほどのうちに「実施した」あるいは「検討中」のものは，図表5.1にみられるように，一方では，「社内分社化」や分権的な「自己責任経営」の明確化，他方では，「企業グループとしての連結経営」が目立っている[18]．日下公人たちはいう．「気がつけばアメリカの思惑のなかにある．――これが国際化の現実といってもいい過ぎではない」[19]．

そうしたなかで，「雇用関係の個別化」と「企業グループ人事管理の成熟」化が進行する．

2．雇用慣行「無視」の人事労務計画と「雇用の流動化」

　人事労務管理から人的資源管理への変化のなかで，なぜ長期的視点や戦略的視点が必要になってきたのか，またそうしたなかで，日本企業は「終身雇用慣行を維持していく」のか，それとも「成果主義に徹する」のか，それらが「革新」のなかでもつ意味を分析する．

(1)　人事労務管理から人的資源管理への変化の意味

　まず第1に，人的資源管理は，F. W. テイラーの科学的管理法（Scientific Management, Taylor System）を始祖とした工学的アプローチや，その補足的発展としての人事管理が職務をできるだけ細分化し，その細分化された職務に合った労働者（労働力）のみを採用するやり方の反省の上に成立してきたものである．

　そこでは労働者の作業範囲と責任の度合いが狭まり，その仕事は反復的で単調なものであった．必然的に，労働者は仕事への興味を失い，生産性は停滞する．それは「生産性のジレンマ」であった．生産性を高めるためには，これまでのように何時でも取換えのできるパーツとしての労働者（労働力）としてではなく，職務の統合ともあいまって，それを広範な，もしくはいろいろな仕事ができるように，長い目で開発すべき「経営資産」としてとらえ直されることが必要であった．そしてさらには責任ある「自律的行動」のとれる「創造的な人的資産」として開発しなければならなかったのである．人的資源管理が長期的な人的資源開発戦略としてとらえられざるをえなかった理由もそこにあった．それはいわば「日本化」（japanization）であり，くわえて生産力・技術がより高度に発達し，生産と労働の社会化がこのうえなく高まった現段階でそうせざるをえなかった生産性の向上策にほかならなかったのである．

　第2に，人的資源管理は，労働組合とか団体交渉とかの「間接的」で集団的な労使関係（management-union relations）から，従業員を個人として取り扱

う「直接的」で個人的な「従業員関係」(employee relations) に重点をおくものである．それは労働組合や団体交渉を重視するいわゆる「ニューディール型労使関係」(New Deal Model of Industrial Relations) に代えて，「無組合化」(non-unionism) をめざすものである．「組合組織回避戦略」と「組合組織化回避戦略」がその具体化であった．その代わりに長期安定雇用の実施，内部昇進制の採用，管理者と従業員との差別の撤廃など，いわば日本的経営・雇用慣行に似た諸施策を取り入れることによって，従業員の間に労働組合の必要性を感じさせなくしようとしているのである．

　第3に，人的資源管理はその対象を管理者や従業員家族，さらには社会生活にまで拡大する．もちろんこれまでにもヒューマン・リレーションズ (human relations) の具体的施策においてみられたように，従業員家族や地域住民を対象にした人事労務管理もなかったわけではない．だが今度のそれは，職場の仕事 (Work) と家族や社会生活とを直接結びつけて生産能率を向上させようとする点で特徴的であった．

　すなわち，生産と労働の社会化の進展にくわえて，「資本の所有と経営の分離」の高度化が「管理の社会化」をもたらし，その必然的な結果として，企業は管理者を直接的な管理対象とせざるをえなくなる．人的資源管理の今日的特徴は，まさにあらゆる管理的人事 (all managerial personnel) を含んでいるという点にあるのである．

　そればかりではない．急激な技術革新とともに，企業がますます巨大化し，その社会的存在が大きくなるにつれて，職場における労働生活の在り方が，労働者の家庭生活や市民の社会生活において大きな地位を占めるようになってくる．同時に，労働者の家庭生活や市民としての社会生活とか，そこで起きる各種の家庭問題や社会問題がまた逆に職場における労働者の生産能率に大きな影響をあたえてくる．こうした新しい状況のもとでの生産能率の向上策が必要だったのである．そこに，企業内生活，家庭生活，地域生活さらには社会生活のバランスをとることの必要性が強く求められてくる理由がある．人的資源管理におけるファミリー・フレンドリー戦略 (family friendly strategy) とかワー

ク／ファミリー・プログラム　(work/family programs) といわれているものがそれである．こうして人的資源管理の対象は従業員の家庭生活にまで拡大する[20]．

(2) 人事労務計画の「科学性」よりも「人減らし競争」

　日本企業の人事労務計画の現段階的特徴は，極端にいえば，企業全体の経営戦略や長期経営計画との関連で，長期要員計画や長期賃金計画をテコとする長期人事計画をどういう手続きでどう立案するか[21]，というような問題よりも，いかにより多くの人を減らせるか，という「人減らし競争」の様相を呈しているという点にある．このことは，最近主な大企業が発表した人員削減計画をみれば明らかである．そのために「今後の失業率はじりじりと上がるとみられ，日本でもかつての米国のような『雇用なき景気回復』となる可能性もでてきた」とさえいわれている[22]．

　政府自らが「前向きのリストラ」を主張し，「法的整備」など各種の優遇措置をあたえられるなかで，大企業は，国際競争力の強化を口実に，「雇用過剰感」をあおり，それをテコとしたリストラ・人減らしに狂奔する．日銀短観（企業短期経済観測調査）などによる雇用人員「過剰」調査がそれを支える．たとえば，朝日生命の調査によると，「98年7－9月現在，産業合計では労働投入量の6.5%，就業者数換算で446万人の余剰が生じている」．これが仮にすべて失業者として顕在化すると，失業率は4.3%から10.7%へと上昇することになり，企業が現在抱えている余剰労働力の大きさがうかがえる，という[23]．

　こうして，大企業のほとんどがリストラを実施するとともに，2000年春の採用計画では，大卒新規採用数を減らしたり，業種を問わず定期採用を停止したり，抑制する風潮が広まっている．

　しかも大事なことは，こうしたリストラ・人減らしなどの「雇用調整」が，団体交渉の対象となっていない，という点である．連合・雇用対策局の調査によれば，「雇用調整全般」でまったく「交渉していない」労働組合がなんと16.3%に及んでいる．「人員削減」に関するものについては，労使交渉はさら

に少なく，団体交渉は8.2%,「労使協議」24.0%,「説明・通告」10.2%となっている．そして,「交渉していない」組合は22.6%にも及んでいる[24]．そこには，前述の人的資源管理の第2の特徴との奇妙な一致が見いだされる．

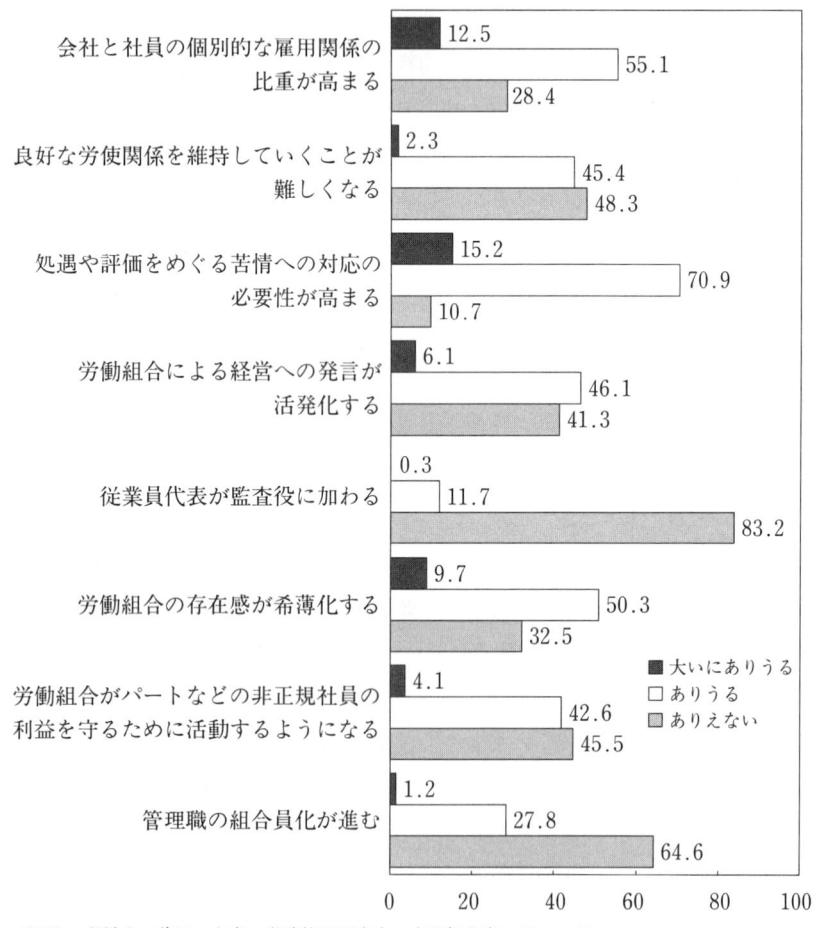

図表5.2 これからの企業内労使関係について（%）

項目	大いにありうる	ありうる	ありえない
会社と社員の個別的な雇用関係の比重が高まる	12.5	55.1	28.4
良好な労使関係を維持していくことが難しくなる	2.3	45.4	48.3
処遇や評価をめぐる苦情への対応の必要性が高まる	15.2	70.9	10.7
労働組合による経営への発言が活発化する	6.1	46.1	41.3
従業員代表が監査役に加わる	0.3	11.7	83.2
労働組合の存在感が希薄化する	9.7	50.3	32.5
労働組合がパートなどの非正規社員の利益を守るために活動するようになる	4.1	42.6	45.5
管理職の組合員化が進む	1.2	27.8	64.6

出所) 労働省，前掲，人事・労務管理研究会，中間報告書，26ページ．

実際に,「これからの企業内労使関係」に関する労働省の調査をみても,「会社と社員の個別的な雇用関係の比重が高まる」(「大いにありうる」12.5%,「あ

りうる」55.1％）と「労働組合の存在感が稀薄化する」（「大いにありうる」9.7％，「ありうる」50.3％）という回答が非常に多く，「組合の存在感が稀薄化する」のと並行して「雇用関係の個別化」がすすみ，それだけ「個別苦情処理」の必要性が高まってくるという一つの趨勢をみてとることができる（図表5.2参照）[25]．

　また，こうした「雇用調整」に関する労使関係の動向が，「肥大化」した事務や間接部門のリストラをたすけ，希望退職や外部委託（アウトソーシング）によるホワイトカラーの「放出」という大企業の人事計画の遂行をたやすくしていることも見逃せない．その結果，非自発的離職が大幅に増加し，とくに男性失業率は最悪という事態をむかえる．そして正社員がパートや派遣労働者に置き換えられ，いわゆる不安定雇用がそれを補うかたちで，雇用の質が一段と悪化している．

　さらに管理者や役員の削減・流動化もその例外ではない．「経営者こそ流動化を」という意見すらあるほどである[26]．当研究プロジェクトのトップ・マネジメントグループによるアンケート調査でも，5年前（93年3月）との対比で管理職の数については約4割の企業で減少（1割以上減20％，微減18％）している．取締役の人員削減については57％，取締役の人員削減と執行役員制度の新設7％となっている[27]．ちなみに労働省の調査では，最近3年ほどのうちに取締役の人数削減を「実施した」が29.7％，「検討中」が24.6％であった．とくに金融保険業では実施率5割（57.9％）にのぼっている[28]．

　こうしたなかで，人事戦略の動向としては，「雇用関係の個別化」と「企業グループ人事管理の成熟」化という新しい特徴がみられてくる．

　まず，「雇用関係の個別化」にあたっては，終身雇用慣行をどうするかが問題となってくる．社会経済生産性本部の調査では，「終身雇用慣行はできるだけ維持していきたい」と考えている企業が半分以上（54.8％）で，「終身雇用慣行には特にこだわらない」とする企業の31.1％を上回っている．また労働省の調査では，「原則としてこれからも終身雇用を維持していく」が33.8％，「部分的な修正はやむをえない」が44.3％となっている．こうした結果からみるか

ぎり,「近い将来,終身雇用慣行が崩壊するとはかんがえられない」. だが終身雇用慣行を維持していくとしても,そのためには「実力主義に徹して,思い切った抜擢人事や降格人事が行えるようにする」ことが必要だと考えられている[29]．

したがって「実力主義」人事や「能力主義・成果主義」を中心とする賃金制度[30]といったかたちで,年功制度の「後退」とか「脱年功制」が改革の方向となる．その結果「定期昇給制廃止」,「退職金の前払い制」・「退職金のなくなる日」などとともに,福利厚生の統廃合・「カフェテリアプラン」[31]・「メニュー方式」が進行し,「総額人件費抑制」が企業方針としてかなり強まる傾向にある．

しかし「雇用関係の個別化」と関連して,それ以上に重視されているのは,人事考課の評価結果の本人への開示や,それにともなう個々人の処遇と評価をめぐる苦情処理への対応だと考えられている[32]．社内分社化,子会社化の進展とともに,「一定の自主的権限」を与えられ,分権的な「自己責任経営の明確化」が求められているなかでは,個人個人の能力をきちんと評価していくことが重要なことはいうまでもない．そして従業員のモラールを減退させないためにも,「個々人の評価をできるだけ客観的に行うこと,その評価を本人が知っていること」（公開性）,「その評価に対して異議ある場合に声を発する仕組みがあることが肝要」（苦情処理への対応）となる．

同時に,苛烈なメガコンペティションと急速なグローバリゼーションの進展のなかで,これまでの日本型人事制度ではすまされないような状況も生まれてくる．そしてこうした新時代に対応するために,「社員には環境の変化に自らを柔軟に対応させる職務能力を自らが築き,自立するエンプロイアビリティの向上が期待される」[33]．

このように,「雇用関係の個別化」の進展するなかで,「分権的な自己責任経営」が強調される一方,他方では企業グループとしての連結経営が強調されている．それが人事戦略上,「企業グループ人事管理」として現われる．

「企業グループ人事管理」としては,これまでも大企業が,ME化や分社化

などとの関連で，雇用コストの節約と労働者の抵抗緩和剤として提案した「準内部労働市場」ないしは「中間労働市場」（市場でもあり企業内部でもあるような中間的クッション）の形成とか，関連会社や他企業への異動・転籍，転職をふくめた広い概念で終身雇用制をとらえ直そうとする「広域終身雇用制」とか「アウト・プレースメント」というかたちで台頭していた[34]．今度はそれにくわえて，「企業グループあるいは連結子会社を含む総人員計画，採用・配置など一元的人事管理，企業年金制度さらには役員養成計画といったもの」を実施もしくは検討中の企業が増えている．

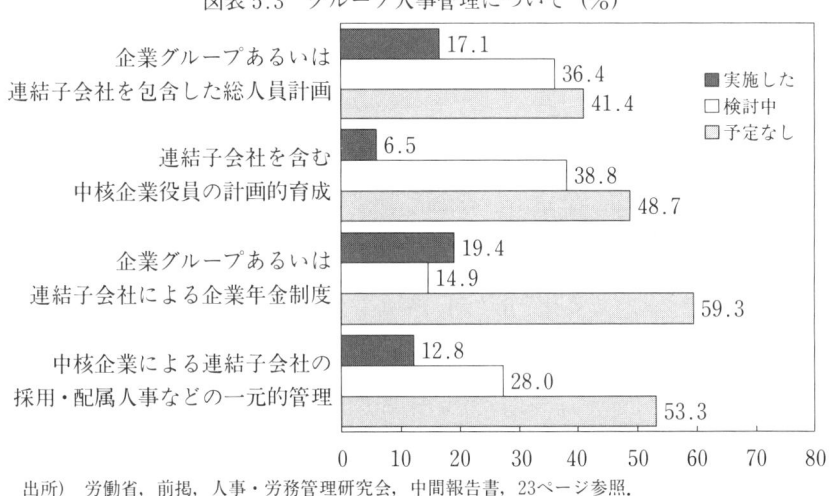

図表5.3 グループ人事管理について（％）

項目	実施した	検討中	予定なし
企業グループあるいは連結子会社を包含した総人員計画	17.1	36.4	41.4
連結子会社を含む中核企業役員の計画的育成	6.5	38.8	48.7
企業グループあるいは連結子会社による企業年金制度	19.4	14.9	59.3
中核企業による連結子会社の採用・配属人事などの一元的管理	12.8	28.0	53.3

出所）労働省，前掲，人事・労務管理研究会，中間報告書，23ページ参照．

労働省の調査によると，図表5.3でみられるように，「企業グループあるいは連結子会社を包含した総人員計画」が「ある」（17.1％）と「検討中」（36.4％）とを合わせると5割を超えている．「連結子会社をふくむ中核企業役員の計画的育成」を行っているものが6.5％，「検討中」が38.8％で，計45.3％になる．「企業グループあるいは連結子会社による企業年金制度」があるもの19.4％，「検討中」が14.9％，計34.3％となる．そして「中核企業による連結子会社の採用・配属人事などの一元的管理」が行われているところが12.8％，「検

討中」が28.0％で，計40.8％となっている[35]．

まさに「企業グループ人事管理の成熟」というほかない．

3．人事労務管理組織の再編と人事労務部門の「転換」

現代の経営革新のもとでの人事戦略をうけて，人事労務管理組織はどのような変化をとげてきているのか．とりわけ個人の「自己責任」が問われるとともに，「労働組合の存在感が希薄化する」なかで，人事労務管理組織はどうなるのか．また，かつてあれほど重要視された「労務部」はもはや無用の存在となっているのだろうか．「労務部」どころか「人事部はもういらない」とさえいわれはじめてきているのである．それはいったいなぜか．ここではこうした問題を分析したい．

(1) 人事労務管理組織の再編

今後の組織編成の方針を，労働省の調査によってみると，「従来通りピラミッド型の組織を維持する」企業も34.3％と少なくないが，最近では「部課の統合等，組織の簡素化」(34.1％) によって「組織のフラット化」を図りながら，「企業内部にプロジェクト・チーム，社内ベンチャーなどの横断的集団作り」を組織編成の方針とする企業が増えている．そして関西経営者協会の調査によると，対象とした150社のうち，「課制廃止」18,「部課の統合」28,「チーム・グループ制」24,「その他」1（マネージャー制）となっている[36]．

たとえば，三菱製鋼では，組織のフラット化を図る人事制度の改定を行い(97年2月1日)，本社部門で従来のグループ制を廃止し，組織単位を「部」のみとして，部長以外の中間管理職を全廃した．その結果，組織の簡素化による意思決定の迅速化，縦の情報の流れが円滑になり，その時々における課題や戦力構成に応じた適材適所の人材配置と活用も可能になった，という．なお工場などの事業所でも，「課」や「係」を廃止し，すべてグループ制に統一された．東燃でも本社と研究所を対象に組織のフラット化を図り，それまでの「部長－

課長-課員」の3段階が「部長-部員」の階層に圧縮された．この改正は，「ひと」という経営資源の有効活用がねらいで，部長の自由裁量で人員配置，業務配分ができ，環境変化に素早く対応できるようになった，といわれている[37]．

また，こうした組織の変化を「情報化」との関連でみると，「OA系情報システムの改革」の場合でも，「基幹業務系情報システムの改革」の場合でも，「組織のフラット化」「組織の統合」「プロジェクト型の部門横断的な組織の導入・拡大」などがみられている[38]．

しかもこうした組織リストラが，政府の産業競争力強化対策の柱の一つとして，国ぐるみで行われているものであることは前述のとおりである．たとえば「子会社の株を保有して経営を指揮する持ち株会社（完全親会社）と完全子会社の関係を円滑に創設できる」ようにしたり，不採算事業などを切り離す「会社分割」制度の法制化（商法改正，1999年10月施行予定）もそれである．それがグローバルな大競争に備えるために，不採算事業や過剰な不動産，設備などを切り離すことによって，大企業のリストラを進めやすくしたり，人件費の削減をしやすくしたりするものであることは明らかである．

NTTの分割・再編（1999年7月1日）も，また第一勧業銀行，富士銀行，日本興業銀行3社の統合（2000年秋に金融持ち株会社設立，2002年春に分社化実施）や東京三菱銀行の業務分野別分社化，金融持ち株会社への移行という組織再編案，東海銀行とあさひ銀行との統合（2000年10月をめどに共同持ち株会社方式で経営統合，2000年秋以降に3大都市圏別の地域子会社への再編案）などもそうした狙いをもっていたし，各社各様の動きを示している．たとえば，日立製作所は，1999年4月から社内を10の社内分社単位（ビジネスユニット）に分け，それぞれに現在の専務・常務クラスを最高経営責任者（OEC）として置き，各分社組織の実質的な「社長」として機能させる．そして役員の能力（貢献度）を収益改善度に応じて客観的に評価する制度を設け，個人の報酬にも大きな差がつくようにする．

日本IBMは，すでに早期定年退職者を中心に，他部門からの出向者，アル

バイト,計50名で㈱アワーズを設立し,一部分社化（93年）していた人事部門（労務部は本社に残存）に,人材育成や採用計画などを加えるとともに,新たに経理部門と総務部門をそれぞれ全額出資の子会社に完全分社化させることにした.

三菱電機は,恒常的な赤字部門を2000年度までに分社化や売却・撤退し,2001年度末ではグループ全体の従業員の約1割に当たる1万4,500人を削減する「経営改善策」を実施する.また東京海上は,営業拠点の大幅な統廃合をすすめ,99年7月に全国で96の支社を削減する.

日産自動車は,人事部の一部を99年4月1日付で分社化し,社内のコンピュータシステム構築を担当する部署も分社化する方針で,将来は,グループ企業の人事の一部やシステム業務を分社化組織に集約する.こうして同社は,間接部門の分社化によって人員削減やグループ全体での事務の効率化をすすめることを狙っている.三菱自動車も,トラック・バス部門の社内分社化（99年6月4日付）と経営情報システム部の完全分社化（99年6月1日付）という組織改革を行った.また住友金属工業は,製鉄所の分社化,高炉の縮小,数千人規模の大幅人員削減などを含めた抜本的な事業の再構築計画・「経営改革プラン」を明らかにしている[39].

そして,こうした分社化などがすすめば,「全社一律に網をかけて」という従来型の人事では早晩ゆきづまり,個々の能力をみていく方向に変わっていかざるをえないし[40],またグローバリゼーションのなかでの生き残りをかけた会社合併や企業内の「組織リストラ」は,一般従業員だけでなく,管理職や役員の削減という状況をつくりだしている.

たとえば,東京都は18の知事部局を半分以下の7部門に整理統合する組織再編案を決定（99年8月27日）したが,それによって管理職ポストも200以上削減されることになる.日本IBMでは,これまで8段階あった管理職を3段階に統合し,その結果,部下が40人いた課長もコンピュータ関係の一専門技術者となる.

また,ソニー,東芝,日産自動車などは,前に「雇用調整」のところで述べ

たような執行役員制を導入することによって，役員の削減をはかっている．

なお，固有の人事労務管理組織についても，かつての人事部，労務部（もしくは勤労部）という二部制が減り，それらを統括したり，人事部を総務部に吸収したり，または分社化や業務委託（アウトソーシング）する企業も現われたりしている．

(2) 人事労務部門の「転換」

かつて労務管理は，一つには，一般に人事管理とよばれる機能，もう一つは労使関係機能とよばれる，二つの異なった性格の機能を併せもったものとして理解されてきた．ところがその後の経営環境の大きな変化にともなって，そこに一つの「転換」がみられている．

労使関係の激動期には「労働組合対策」が労務管理の最大の課題であり，高度成長期のいわゆる労働力不足時代には「人集め」が大きな任務であった．さらに急速にすすむ新技術の導入および新しい需要や製品の開発といった要因の比重が高まるにつれて，人事業務の最大の課題は「企業活動に必要な人材の確保とその有効活用」となった．そしてこれらの問題はその時々の経営戦略のなかで大きな比重を占めていたが故に，経営内における人事労務部門も重きをなしていた[41]．たとえば昭和年代末（1985年），人事労務部門の地位が「昭和50年（1975年）頃と比較して」上昇しているのか，それとも低下しているのか，という日本生産性本部労使協議制常任委員会の調査によれば，「かわらない」が41.6％と多い．しかし「上がった」(15.0％)または「やや上がった」(27.6％)が「下がった」(7.0％)または「やや下がった」(6.0％)よりだいぶ多い．したがって全体としては人事労務部門の地位は，この時代までは上昇傾向にあったといえる[42]．

ところが，当時からすでに労働組合の組織は伸びなやみ，労使の関係は動揺を繰り返し，「安定した労使関係」が形成されるに及んで，人事管理の基本方針は能力主義管理へと傾斜し，「個人の能力差による選別管理」強化への方向をとりはじめる．そして，日本生産性本部の同調査でも，人事労務部門の業務

としては，今後，従業員教育などの人事管理分野の比重が増え，「対労働組合関係業務の比重は相対的に低下するであろうこと」が明らかにされている[43]．このことは，前述の人的資源管理の第2の特徴との関連でみた「労働組合の存在感の希薄化」とともに「雇用関係の個別化」がすすむという労働省の人事労務管理研究会の調査と考え合わせると大変興味深い．

現実の問題として，配置転換や出向の実施とその具体的人選とか所定外の労働時間が労使協定（いわゆる36協定）を超える可能性がある時についても，労使間で交渉や協議をしないで，「既存のルール」や「会社独自」で大部分処理されている[44]．

こうして，「労働組合との接触に従来ほど時間を取らなくなる」とともに，「労務部」の地位が「軽視」されることにもなる．実際に，現在の「すべての上場企業の組織体系」をみても，「人事部」という部門はどの企業にもあるといっていいが，逆に「労務部」という部門はあまり見当たらなくなっている．たとえばトヨタ自動車は，海外生産（現地生産）比率が52％（1998年）を占めるだけに，「人事部」や「人材開発部」の他に「国際人事部」を設けたり（1998年8月1日付）しているが，当社に「労務部」はない[45]．企業全体の経営戦略のなかで，急速にすすむ新技術の導入とか新しい需要や製品の開発といった要因の比重が高まるとともに，企業内労使関係の変化が，人事労務部門の占める地位を大きく変えつつあるのである．

そればかりではない．組織のリストラにくわえて，能力主義の導入にともなう「人事の公平性」を保つためにも権限の現場委譲が必要となり，人事権も徐々に現場へと移行し，「人事労務問題の処理がラインに委ねられる比重」がますます高まるものと予想されている[46]．そして，経営者やラインのリーダーが今後「人事業務の主役」になり，「人事部の人事」という枠にこだわらずに，経営トップと一体となって，激しい環境変化に適応したスピードと行動力のある企業をつくりあげることになると考えられるのである．いいかえれば，「人事部はもういらない」[47]のである．

だが，それは人事業務そのものが不要ということではけっしてない．「専門

能力の評価は人事部では無理」だし，むしろ「個人個人の特性，能力，生活環境を十分理解している現場の上司やリーダー」が，責任と権限をもって「最適な判断」をし，一人ひとりの能力を最大限に発揮できるように仕向けるということにほかならない[48]．

そうした意味で，最初から人事部をもたない企業も登場する．野村証券と日本興行銀行の合弁デリバティブ会社・アイビージェイ・ノムラ・フィナンシャル・プロダクツや採用広告のインテリジェンスがそれである．また人事部門の分社化（三菱商事，横河電機）や人事業務のアウトソーシング（クラレなど）が行われたりしている．アンダーセンコンサルティングの調査によると，人事部門のアウトソーシングは，1998年時点で調査対象中19%だが，2010年には34%まで伸びる分野だとされている[49]．しかもこうした人事部門の分社化あるいは機能の縮小がまた新しいアウトソーシング市場を生みだしている．採用，人事データ管理，給与計算，福利厚生などを代行するパソナ社がそれである．同社につづいて同市場に進出する動きも盛んだといわれている．

4．人事労務監査の新しい役割

管理プロセスの最後の過程が監査である．人事労務監査は，最近，人事労務評定もしくは評価といわれるようになってきている．いったいなぜ監査(audit) ではなくて，「評定」とか「評価」(appraisal) でなくてはならないのか（ちなみに人事考課も最近では「人事評価」と呼ばれることが多い）[50]．前者が「強く」，後者が「柔らかい」といった単なる語感だけの問題なのだろうか[51]．ここでは，その変化を分析するとともに，人事労務監査が今，どんな意味で必要とされるのかを考える．

(1) 人事労務監査から人事労務評定へ

人事労務監査（personnel audit, labor audit）は，人事労務管理の諸制度が従業員にどのように受け入れられ，またどのような成果をあげているかを検討

し，今後の人事労務管理計画とその運用に役立てようとするものである．

　この人事労務監査は，アメリカではすでに1920年代に形成されていたが，それが日本に導入されたのは第二次大戦後の1950年代からである．そして「NRK 労務監査方式」(54年4月〜58年2月) がまとめられ[52]，日本労務研究会編『労務監査ハンドブック』[53]も公刊されている．だが，それもこれまでの業務監査の一部であったり，「従業員態度測定調査」(attitude survey, morale survey, opinion survey) によって肩代わりされたりして，十分に活用されていたわけではない[54]．

　森五郎教授は，この労務監査のアメリカにおける発展を4期に分けられている．第1期は，近代的人事労務管理形成期の1920〜30年頃で，人事管理諸制度の整備状態を検討するチェックリスト法がとられた時期，第2期は，1940年頃から50年代にかけて，人事労務管理の制度や施策が有効に機能して所期の目的を達成しつつあるかどうかの効果測定を主とした時期である．第3期は，50年代以降の現代労務管理制度が整備され，企業規模の拡大とともに人事労務管理が重視されてきた時期で，「労務管理費の経済効果の監査」が加わる．第4期は，1960年代後半以降，とくに70年代に「職場の労務管理」が重要性を増した時期で，ラインの管理者・監督者の人事労務管理職能の効果測定に監査の重点がおかれるようになる．そのための方法としては，「組織の中の従業員との面接と，組織の記録の検討との結びつけ」が重要だといわれている[55]．

　だとすれば，人事労務「監査」が「評定」と変わった背景は，たんに語気が「強い」とか「柔らかい」とかの語感の問題だけではないようである．第4期になって「監査」に代わって「評定」という用語がアメリカで用いられるようになった理由としては，「監査」というと，日本のかつての国鉄にみられたように，「監察」(inspection) 的色彩がつよく，「業務命令が各事業場の末端にまで誤りなく徹底しているか」，「各種の規定が厳重に遵守されているか」，「施設や制度が正しく管理運用されているか」など，どこまでも現状の検察監督に主眼がおかれ，必ずしも将来にたいする人事労務政策の策定・調整に狙いがおかれない結果となる．

いいかえれば，人事労務監査の目的は，いうまでもなく管理のプロセスの最終段階として，企業の人事労務管理がどう実施されているかどうかだけでなく，それを有効に実施するために，諸施策が従業員にどう受けとめられ，どんな効果があったのか，またそれを次にどう生かすか，を知ることである．だが今では，ライン管理者・監督者に人事労務管理の責任・権限が委譲されるにしたがって，トップ・マネジメントの人事労務管理計画と施策がどうかというよりも，現場管理者の実施する人事労務管理職能の効果測定が必要となるとともに，かれらが企業の諸施策について「意思」を発表する機会が与えられることが必要とならざるをえない．そのための「組織の中の従業員との面接」なのである．いわば「もの」的な監査から「ひと」的な監査への変化をそこにみる．

(2) 制度よりも機能の重視 —— 人事労務監査の新しい役割

かつての人事労務監査は，人事労務管理制度がいかに整備されているかに力点をおいていた．そしてこの点で，日本の企業は教育訓練をはじめとして国外から高い評価をえていたといってよい．しかしながら，「最近の種々の調査から明らかになりつつあることは，人事部門が企画・設計した制度が，社内に導入されても，その制度が諸種の理由から，従業員に受け入れられず，結果として，導入した制度が所期の目的を達成していないということである」[56]．

たとえば「人事制度の有効性の認識」を人事担当者と一般社員に分けて調査した産能大学総合研究所・HRM研究プロジェクトチームの報告書によると，図表5.4でみられるように，人事制度の有効度は全般的に低く，「教育休暇制度」「介護休暇制度」「フレックスタイム制度」が65％を超えた程度である．また「社宅・独身寮制度」「ボランティア活動援助制度」「進路面接制度」「出向転籍制度」「自己啓発援助制度」「体系的能力開発プログラム」などにたいする一般社員の評価は，人事部門の評価の高さに比べて相当低く，再検討が必要と考えられざるをえない[57]．

そこで天谷正氏はいう．「制度が導入されても，その制度が有効に機能を発揮しているとはいい切れないということである．従って，現在の人事担当者が

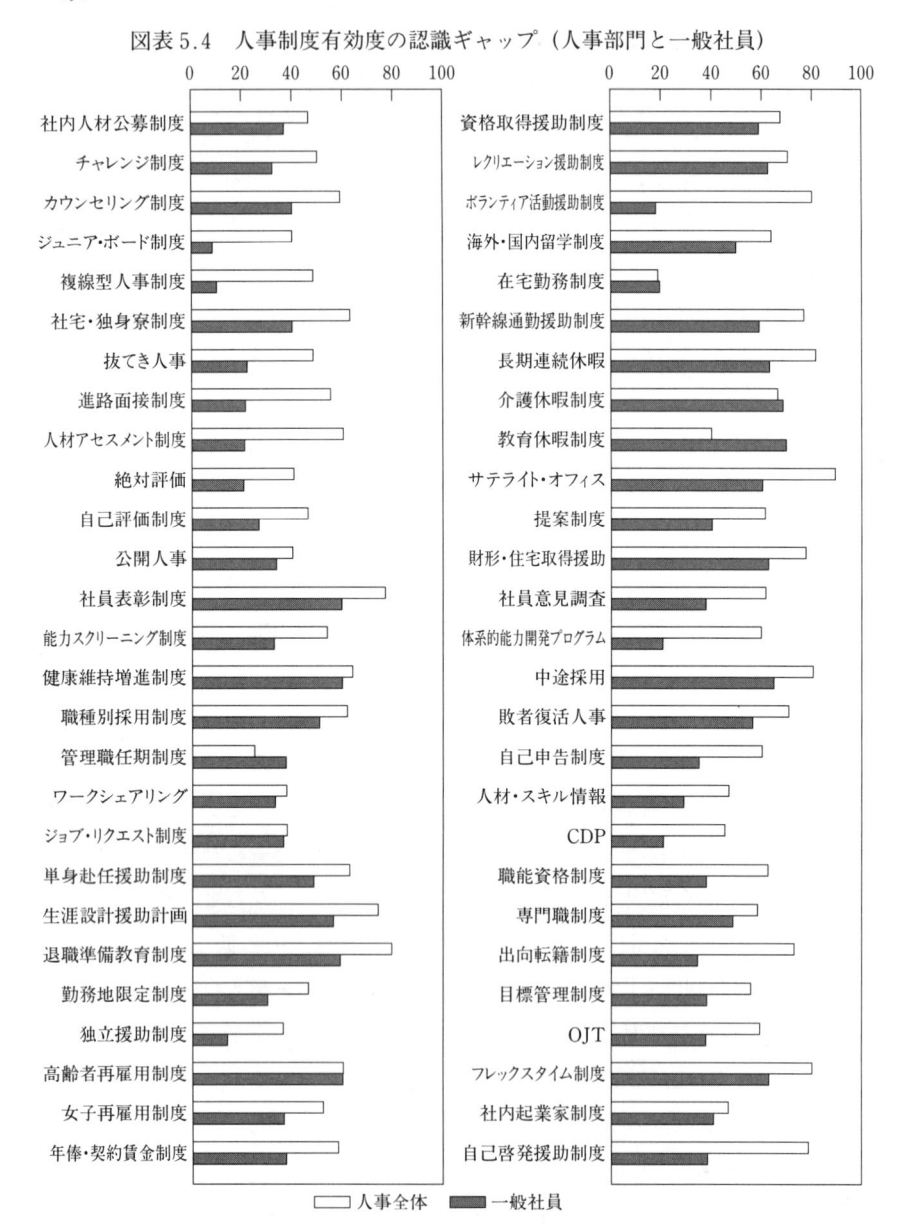

図表5.4　人事制度有効度の認識ギャップ（人事部門と一般社員）

社内人材公募制度	資格取得援助制度
チャレンジ制度	レクリエーション援助制度
カウンセリング制度	ボランティア活動援助制度
ジュニア・ボード制度	海外・国内留学制度
複線型人事制度	在宅勤務制度
社宅・独身寮制度	新幹線通勤援助制度
抜てき人事	長期連続休暇
進路面接制度	介護休暇制度
人材アセスメント制度	教育休暇制度
絶対評価	サテライト・オフィス
自己評価制度	提案制度
公開人事	財形・住宅取得援助
社員表彰制度	社員意見調査
能力スクリーニング制度	体系的能力開発プログラム
健康維持増進制度	中途採用
職種別採用制度	敗者復活人事
管理職任期制度	自己申告制度
ワークシェアリング	人材・スキル情報
ジョブ・リクエスト制度	CDP
単身赴任援助制度	職能資格制度
生涯設計援助計画	専門職制度
退職準備教育制度	出向転籍制度
勤務地限定制度	目標管理制度
独立援助制度	OJT
高齢者再雇用制度	フレックスタイム制度
女子再雇用制度	社内起業家制度
年俸・契約賃金制度	自己啓発援助制度

□ 人事全体　　■ 一般社員

出所）　産能大学総合研究所・HRMプロジェクトチーム『日本的ヒューマンリソース・マネージメントに関する調査報告書』産能大学総合研究所事務局，82年9月，第2部，50ページ．

手をつけなければならないことは，人事制度がどの程度社員に受容され，その機能を発揮しているか，その制度が有効性を発揮しているかを調査し，その制度が有効性を発揮し得ない原因を洗い出し，原因を取り除く方法を講じて，制度が有効に機能するようにすることである」[58]．そうしないで，「システムへの過剰適応」を求めることは逆に「モラールの低下をもたらし，企業を活性化するゆえんではない．従業員に対し，自分の仕事への認識をたかめさせ，企業のなかでのみずからの存在感を十分に意識せしめるには，人事・労務管理のあり方を企業の実情にてらして再検討することが求められている」のである[59]．

制度よりも機能を重視することの必要性と人事労務監査の新しい役割がそこにある．そしてそれは，「成果主義」の重視もしくは徹底と，評価のすべては成果にあるとみる経営者イデオロギーの新局面の表れにほかならない．

1) 長谷川廣 (1971)『現代労務管理制度論』青木書店，第3章第1節「労務管理生成発展の基本的要因」参照．
2) 池上一志 (1998)「文献にみる『組織改革』」『中央大学企業研究所年報』第19号，41ページ参照．Cf. Kochan, T. A., and W. Useem (ed.)(1992) *Transforming Organizations*, Oxford University Press, New York, pp. 4-5.
3) 長谷川廣 (1993)「『日本的労使関係』の再検討と『新日本的経営』」中央大学企業研究所編『「日本的経営」の再検討』中央大学出版部，318-322ページ参照．
4) Gouillart, F. J., and J. N. Kelly (1995) Transforming the Organization, McGraw Hill Inc., New York. フランシス・J・グイヤール，ジェームズ・N・ケリー著，ジェミニ・コンサルティング・ジャパン監訳 (1996)『ビジネス・トランスフォーメーション―大競争時代の企業成長と組織再生―』ダイヤモンド社，2-3ページ参照．
5) 長谷川廣 (1998)「人的資源管理の特質」『産業と経済』第12巻第3・4号，奈良産業大学，13ページ参照．Cf. Beer, M., B. Spector, P. R. Lawrens. D. Q. Mills, and R. E. Walton (1984) Managing Human Assets, The Groundbreaking Harvard Business School Program, The Free Press, A Division of Macmillan, Inc. New York, p.x, Preface and Introduction. M. ビアー，B. スペクター，P. R. ローレンス，D. Q. ミルズ，R. E. ウォルトン著，梅津祐良・水谷栄二訳 (1990)『ハーバードで教える人材戦略』日本生産性部，「はじめに」「訳者まえがき」，および第1章参照．

6) 野口恒 (1997)『アジル生産システム―速い経営・速い生産―』生産性出版, 12-14ページ参照.
7) Goldman S. L., R. N. Nagel, and K. Preiss (1995) Agile Competition and Virtual Organizations: Strategies for Enriching the Customer, Van Nostrand Reinhold, A Division of International Thomson Publishing Inc., S. L. ゴールドマン, R. N. ネーゲル, K. プライス著. 野中郁次郎監訳・紺野登 (1996)『アジル・コンペティション―「速い経営」が企業を変える―』日本経済新聞社, 25-27ページ参照.
8) 坂本清 (1998)「生産システムの日本的展開と現代企業」坂本清編著『日本企業の生産システム』中央経済社, 第1章所収, 参照.
9) 野口恒, 前掲書, 16ページ.
10) 野村総合研究所 (1997)『「超競争時代」の企業戦略―情報技術を活用した創造経営―』野村総合研究所・情報リソース部, 69ページ.
11) 野口恒, 前掲書, 15ページ.
12) Cf. S. L. Goldman, et al. 野中郁次郎監訳, 前掲訳書, 148-153ページ参照.
13) 野口恒, 前掲書, 16ページ.
14) 野中郁次郎「アジルカンパニーで活力」『日本経済新聞』1996年4月22日, および村田和彦 (1999)『市場創造の経営学』千倉書房, 第5章「企業の知識創造活動と環境創造」, 参照.
15) 『しんぶん赤旗』1999年7月6日参照.
16) 石英史郎・藤裕則「国がリストラをあおるな―産業再生法案―」『朝日新聞』1999年7月3日・7月21日・8月7日参照. とくに銀行業の「合理化」については渡辺峻「銀行業の経営合理化と労使関係」海道進・森川譯雄編著 (1989)『労使関係の経営学―日米欧労使関係の歴史と現状―』税務経理協会, 第4章所収, またアメリカをめぐる問題については, 大西勝明 (1999)「冷戦後の世界とグローバル企業」藤本光夫・大西勝明編著 (1999)『グローバル企業の経営戦略』参照.
17) 労働省編 (1999)『労働白書 (平成11年)―急速に変化する労働市場と新たな雇用の創造―』日本労働研究機構, 264-266ページ参照.
18) 労働省 (1999)『人事・労務管理研究会, 企業経営・雇用慣行専門委員会中間報告書』労働大臣官房政策調査部, 99年6月, 2および31ページなど参照.
19) 日下公人編 (1998)『人事革命 '99―大胆予測・これからどうなる―』PHP研究所, 第1章3「『国際化』は『アメリカ型』への移行か」参照.
20) 長谷川廣 (1999)「人的資源管理と『労働の人間化』」『産研論集』第21号, 札幌大学経営学部附属産業経営研究所, 99年3月, 参照. なお, 1970年代以降こうした新しい雇用慣行, とくにノン・ユニオン・モデルと1930年代のウェルフ

ェア・キャピタリズムとの「連結」についてのS. M. ジャコービィ教授の分析は大変興味深い（Stanford M. Jacoby (1997) Modern Manors: Welfare Capitalism since the New Deal, Princeton University Press. M. ジャコービィ著，内田一秀・中本和秀・鈴木良始・平尾武久・森呆訳（1999）『会社荘園制』北海道大学図書刊行会，とくに第2章「ウェルフェア・キャピタリズムの現代化」参照）．

21) たとえば，小柳勝二郎（1996）『人事部長マニュアル』PHP研究所，第7章「人事計画の立案」参照．
22) 『朝日新聞』1999年3月31日参照．
23) 朝日生命（1999）「高まる雇用調整圧力―現状とその対応―」『経済月報』第365号，朝日生命保険(相)総合企画部，99年3月，5ページ参照．
24) 長谷川廣（1998）「労働組合関係管理システムの構造と日本的特質」長谷川廣編著『日本型経営システムの構造転換』（中央大学企業研究所研究叢書13），中央大学出版部，460ページ．
25) 労働省，前掲，人事・労務管理研究会，中間報告書，25-26ページ，付属図表10参照．
26) 伊丹敬三（1999）「経営者こそ流動化を」，特集「危機の時代の役員人事」『朝日新聞』1999年6月26日夕刊，参照．
27) 「現代の経営革新」研究プロジェクト，トップ・マネジメントグループ「経営革新アンケート結果報告」中央大学企業研究所，1999年5月，Ⅲ-2，Ⅳ-2-1参照．
28) 労働省，前掲，人事・労務管理研究会，中間報告書，13ページ参照．
29) 社会経済生産性本部・生産性研究所編（1999）『日本的人事制度の現状と課題―第2回「日本的人事制度の変容に関する調査」結果―』社会経済生産性本部，99年3月，13-16ページ，および労働省，同上，15-17ページ参照．
30) 牧野富夫（1999）『大競争時代の賃金体系―「成果主義賃金」を斬る―』学習の友社，参照．
31) 吉田寿（1997）『未来型人事システム―21世紀への人事革新の構図―』同友館，第7章「福利厚生も自己選択の時代」，厚生省大臣官房政策課調査室監修・カフェテリアプラン研究会編集（1994）『多様化時代の企業厚生―日本型カフェテリアプランの研究―』ぎょうせい，新カフェテリアプラン研究会編集（1995）『実践カフェテリアプラン―少子高齢時代の企業厚生―』ぎょうせい，参照．
32) 木元進一郎（1998）『能力主義と人事考課』第1章「いまなぜ人事考課の『見直し』か」参照．
33) 三好俊夫・他（1997）「今，私が人事に期待すること」『経営者―特集・2001年の人事部―』第51巻第606号，日経連，97年7月，9，11ページ参照．

34) 長谷川廣（1989）『現代の労務管理』中央経済社，94，142-143ページ参照．
35) 労働省，前掲，人事・労務管理研究会，中間報告書，23ページ参照．
36) 労働省政策調査部編（1993）『雇用管理の実態（平成5年版）―採用後の諸管理／退職管理―』労務行政研究所，93年10月，18ページ，および関西経営者協会（1995）『人事管理制度実施状況―150社の実例―』（調査資料第553号），参照．
37) 『日経連タイムス』1997年11月20日，1998年1月1日，参照．
38) 労働大臣官房政策調査部編（1996）『企業の情報化と労働―情報化の労働面への影響と労働システムの課題―』大蔵省印刷局，1996年12月，21-25ページ参照．
39) 『朝日新聞』1999年2月1日，2月24日，4月1日，4月21日，4月24日，4月29日，8月20日，9月1日，9月3日，参照．
40) 『経営者』，前掲号，9ページ，および稲葉雅邦（1994）『職務に対応した組織と人事制度のリストラ』中央経済社，第7章「組織リストラ」，参照．
41) 日本生産性本部労使協議制常任委員会編（1986）『多様化時代の人事労務部門の役割―昭和61年版労使関係白書―』日本生産性本部，1986年3月，総論Ⅰ-Ⅳ参照．
42) 日本生産性本部労使協議制常任委員会編（1986）『「人事労務部門役割と労使関係の将来」調査報告』日本生産性本部，86年3月，20-21ページ参照．
43) 日本生産性本部，前掲・労使関係白書，38-39ページ参照．
44) 日本生産性本部，同上書，付属資料Ⅰ，256ページ参照．
45) みずき総合研究所編（1993）『会社人事組織図93』（1部上場編・下巻）みずき出版，147ページ参照．
46) 日本生産性本部，前掲・労使関係白書，39-40ページ，および「転換迫られる人事部」（「揺れる人事・変わる賃金」4）『日本経済新聞』1997年2月25日，参照．
47) 吉田寿，前掲書，第8章「もう『人事部』はいらない」，八代尚宏（1998）『人事部はもういらない』講談社，および「人事部はもういらない」『朝日新聞』1999年3月17日，などを参照．
48) 『経営者』，前掲号，13-14ページ参照．
49) 大上二三雄「企業変革を実現する戦略的アウトソーシング」『朝日新聞』1998年3月18日，参照．
50) 弥富賢之氏は，人事評価を人事考課より広い概念でとらえられ，「人事考課制度といわれているものは，この人事評価制度の中のきわめて限られた部分的な評価制度に過ぎない」と指摘されている（弥富賢之（1985）『人事評価（新訂版）』日本経営合理化協会出版局，2ページ他，参照）．

51) 森五郎編 (1989)『労務管理論 (新版)』有斐閣, 70ページ参照.
52) 日本労務研究会・労務監査委員会編 (1958)『労務監査実施要領書』[労務施策監査 (A監査) 実施要領書, 労務予算分析 (B監査) 実施要領書, 労務管理効果 (C監査) 実施要領] 日本労務研究会, 58年2月.
53) 淡路圓治郎監修・日本労務研究会編 (1970)『労務監査ハンドブック』ダイヤモンド社 (1960), 増補改訂版, 日本労務研究会.
54) 長谷川廣, 前掲, 制度論, 第6章第3節「労務監査と態度調査」参照.
55) 森五郎, 前掲書, 72-73ページ参照.
56) 天谷正 (1999)「現代日本企業の人事労務管理の課題—労務監査の必要性—」『経営実務』第524号, 企業経営協会, 3ページ.
57) 産能大学総合研究所・HRMプロジェクトチーム (1982)『日本的ヒューマンリソース・マネージメントに関する調査報告書』産能大学総合研究所事務局, 第2部, 48, 50ページ参照.
58) 天谷正, 前掲稿, 6-7ページ.
59) 檜田信男 (1987)「人事・労務監査の方法」『監査』第323号, 企業経営協会 (内部監査研究会), 87年3月, 27ページ.

第6章　情報技術と組織革新の実証研究

1．はじめに

　現在，バブル経済の崩壊に端を発する景気停滞の長期化のなかで，リストラクチャリング，リエンジニアリング，サプライ・チェーン・マネジメント，さらにはオープンネットワーク経営，バーチャル経営，コアコンピタンス経営，アジャイル経営等々の理念的ともいえる改革スローガンが次々に掲げられている．企業は，このスローガンのもとで，かつて経験したことのない抜本的改革・企業転換 (business transformation) を進めている．

　そして情報技術 (IT) は，その加速度的な機能的・技術的向上によって，まさにコア・イネーブラーとして，これらの改革・転換への貢献が期待されている．しかし，その可能性や限界，どのようにアプローチするかの研究は，殆どが事例研究に先導されている．

　本調査研究は，現在，企業が情報技術をイネーブラーとすることによって，どのように経営革新・企業転換に挑んでいるかという側面に焦点をおき，とくに何が情報技術による改革・転換の鍵になるかという点についても若干の検討を試みる．

　ここでは，まず今回のアンケート調査の概要報告，そして戦略・管理・組織特性と情報化（投資）およびその効果特性との関連について焦点を絞って分析検討を加える．なお，経営革新と情報化（投資）・効果との関係についての詳細な検討は，第1章において，また，組織学習と情報共有のメカニズムを中心

とする経営特性と情報化との関連性の検討は，別稿にて展開している(安積(2000))．

2．調査報告

今回のアンケート調査は，「経営革新と情報化に関する調査」として当中央大学企業研究所の「現代の経営革新」プロジェクト活動の一環として行われたものである．

調査票発送数は480社，回収締切1998年9月末日，有効回答社数は，205社(42.7％)である．回答者は，経営者，経営企画室，総務・情報関係の責任者である．調査票は，基本的に1（全く違う）から5（全くその通り）の5段階のスケールポイントによる回答形式であり，若干の選択形式の質問を盛り込んでいる．また，以下の報告と分析において，とくに説明のない限り，質問に対してスケールポイント4，5と回答した企業を「そうである程度の高い」企業，スケールポイント3と回答した企業を「どちらとも言えない」企業，スケールポイント1，2と回答した企業を「そうではない程度の高い（あるいは，そうである程度の低い）」企業として検討する．

なお，調査票は，東京の大手企業の情報システム部長やCIO（情報統括役員）と若干の研究者で構成される「経営情報技術研究会（M ＆ IT：Management and Information Technology Forum，代表者，専修大学竹村教授)」の4名のメンバーの2度にわたる質問形式・項目の妥当性のチェックを受けている．

(1) 調査企業の事業概要

(a) 業　種

図表6.1　業　種

| 製造業 55.1％ | 販売・商業 18.0％ | 流通・運輸業 10.2％ | サービス業 4.4％ | 金融・不動産業 3.4％ | その他 7.9％ | (空白) 1.0％ |

調査企業の業種は,製造業が55.1%と最も多く,次いで販売・商業,流通・運輸業となっている.

(b) **事業規模**

事業規模に関しては,売上高,資本金,従業員数について調査している.

とくに,資本金については,1億円以上のいわゆる大企業は190社と92.7%を占めた.

図表6.2 事業規模

売上高（単位:10億円）

以上	未満	企業数	割合
−	10	13	6.34%
10−	100	63	30.73%
100−	1,000	100	48.78%
1,000−	10,000	22	10.73%
10,000−		2	0.98%
（空白）		5	2.44%
計		205	

資本金（単位:100万円）

以上	未満	企業数	割合
−	100	11	5.37%
100−	1,000	23	11.22%
1,000−	10,000	58	28.29%
10,000−	100,000	88	42.93%
100,000−		21	10.24%
（空白）		4	1.95%
計		205	

従業員数（単位:人）

以上	未満	企業数	割合
−	10	3	1.46%
100−	500	22	10.73%
500−	1,000	29	14.15%
1,000−	5,000	85	41.46%
5,000−	10,000	28	13.66%
10,000−		33	16.10%
（空白）		5	2.44%
計		205	

(c) **業　　績**

業績に関しては,売上高と営業利益の3年前からの増減率について調査している.

売上高は,1〜10%増大している企業が31.7%と最も多かった.増大,減少を比べると,増大している企業が48.8%に対し,減少している企業は38.5%であった.この不況時においても,売上高は増大している企業のほうが多い.

営業利益も,1〜10%増大している企業が最も多かった（16.6%）.こちらも増大,減少を比べると,増大している企業が39.5%に対し,減少している企業は43.9%であった.やはり不況により,減少している企業のほうが多いことは事実だが,それでも約40%といえる企業では,営業利益が増大しているというのは,注目すべき点である.とくに,21%以上営業利益が増大している企業は33社,16.1%にも上る.

図表6.3 業　　　　績

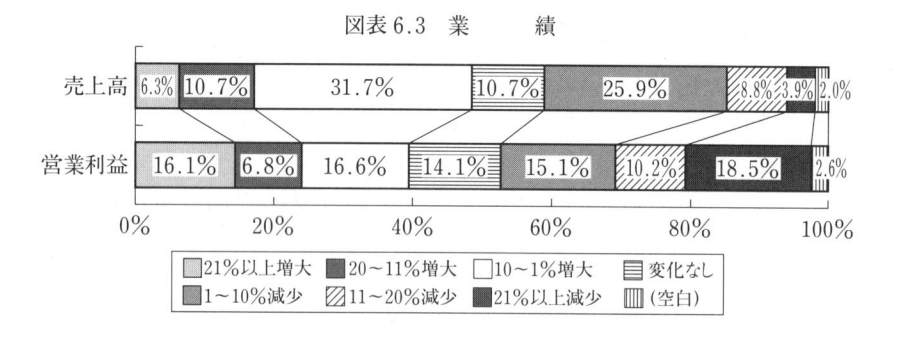

	21%以上増大	20~11%増大	10~1%増大	変化なし	1~10%減少	11~20%減少	21%以上減少	(空白)
売上高	6.3%	10.7%	31.7%	10.7%	25.9%	8.8%	3.9%	2.0%
営業利益	16.1%	6.8%	16.6%	14.1%	15.1%	10.2%	18.5%	2.6%

(2) 調査企業の経営特性

まず経営特性に関して，経営環境，経営理念・戦略，組織特性，管理特性，組織文化・風土，情報共有・組織学習，業務改善運動という7つの項目群を設定し，各群では4から7個程度の質問をしている．これらの項目群は，これまでの代表的な関連実証研究において，経営革新の特性を規定するものとして一般的に受容された特性項目を参考にして構成している．

(a) 経営環境

経営環境に関しては，競争環境の激化，技術発展のスピードアップ化，製品ライフサイクルの短命化，顧客の要求の多様化という4つの内容について質問

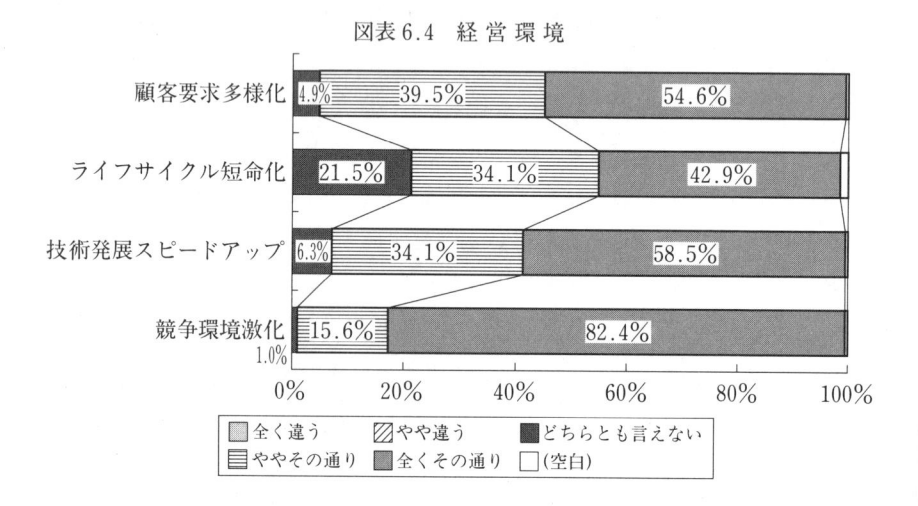

図表6.4 経営環境

	全く違う	やや違う	どちらとも言えない	ややその通り	全くその通り	(空白)
顧客要求多様化		4.9%		39.5%	54.6%	
ライフサイクル短命化		21.5%		34.1%	42.9%	
技術発展スピードアップ		6.3%		34.1%	58.5%	
競争環境激化	1.0%		15.6%		82.4%	

した．いずれの場合も，変化が激しいと回答した企業が圧倒的に多く，そうではないと回答した企業は，わずかに1社であった．とくに競争環境については，実に98.0％もの企業が激化していると認識している．

それぞれの質問のポイントを合算すると，平均18.0で，しかも20ポイント，つまりどの質問に対しても5（全くその通り）と回答した企業が62社と最も多かった．91年のバブル崩壊以降，いまだに景気回復の兆しが見えにくい状況を反映しているといえる．

(b) **経営理念・戦略**

経営理念に関しては，理念やビジョンの明確性および，理念やビジョンの現場への浸透度合について質問した．どちらも明確性が高い，あるいは現場までの浸透度合が高いと回答した企業が多い（明確性に関しては75.6％，現場の浸透度合に関しては56.6％）．この2つの質問に対してのクロス集計の結果から，理念やビジョンが現場に浸透している企業は，やはり理念やビジョンが明確になっている傾向があることを推測できた．理念・ビジョンが明確になっていれば，文書などの形式情報化によって，現場へ浸透させやすいのだろう．

また経営戦略に関しては，戦略が理念やビジョンに基づいて具体化されているか，および戦略が実行計画・予算のレベルまで具体化されているかについて質問した．こちらに関してもやはり具体化されている程度が高いと回答した企業が多い（理念・ビジョンに基づく具体化は60.5％，実行計画・予算までの具体化は57.1％）．

上記4つのいずれの質問に対しても，程度が高いと回答した企業は90社（43.9％）あった．つまり理念やビジョンを明確にすることで，現場までその理念・ビジョンを浸透させ，それを元に戦略を実行段階にまでブレークダウンさせている企業が多いことがわかる．いいかえれば，リストラ状況を反映して「明確な経営」あるいは「経営の透明性」を追求している企業が多いといえる．

さらに経営戦略や実行計画が，状況に応じて弾力的に再編成されるかどうかも質問した．こちらも弾力的である程度が高い企業が多かった（68.3％）．経営環境の動態化に対して，状況を考慮しながら，戦略や計画の修正などを通じ

て，柔軟に対応している姿勢が見られる．

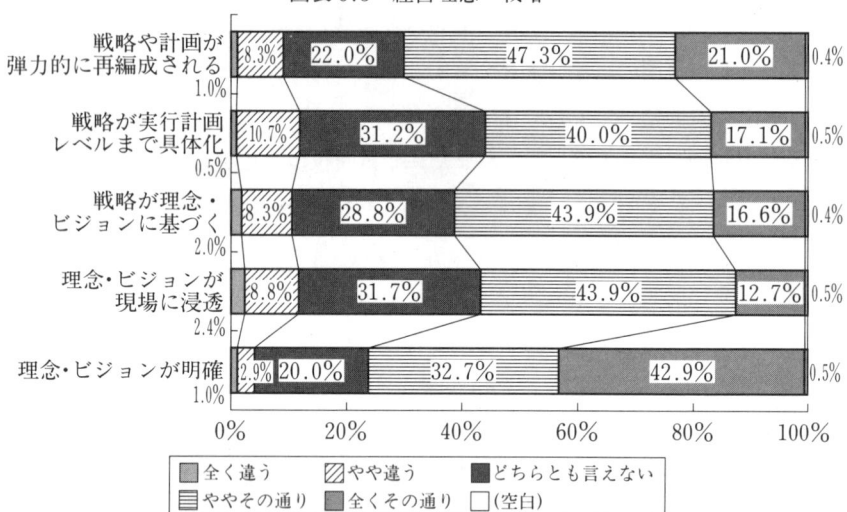

図表6.5 経営理念・戦略

項目	全く違う	やや違う	どちらとも言えない	ややその通り	全くその通り	(空白)
戦略や計画が弾力的に再編成される	1.0%	8.3%	22.0%	47.3%	21.0%	0.4%
戦略が実行計画レベルまで具体化	0.5%	10.7%	31.2%	40.0%	17.1%	0.5%
戦略が理念・ビジョンに基づく	2.0%	8.3%	28.8%	43.9%	16.6%	0.4%
理念・ビジョンが現場に浸透	2.4%	8.8%	31.7%	43.9%	12.7%	0.5%
理念・ビジョンが明確	1.0%	2.9%	20.0%	32.7%	42.9%	0.5%

(c) **組織特性**

　企業組織の特性に関しては，職務について（責任や権限の明確性，規則の明確性），権限委譲，組織構造を質問した．

　まず職務に関しては，職務に関する責任や権限が明確に規定されている程度が高いと回答する企業が多かった（61.5%）．同様に，職務に関する規則や分掌規定が整備されている程度が高い企業も多かった（60.5%）．これまでの実証研究では，あいまいな責任・権限体制や，不文的な規則というものが日本的経営の特性として明らかにされていた．その不明確な責任体制によって，昨今の大企業の不祥事が生じたことなどからか，理念・戦略項目同様，欧米的な責任・権限体制の明確性が求められていると推定できる．

　また権限委譲に関しては，34.6%が進んでいる程度が高いと回答して，進んでいない程度が高いと回答する企業を倍以上も上回っているが，どちらとも言えないと回答した企業が47.8%にも上る．エンパワーメント等により権限委譲を行い，柔軟に環境に適応する経営が提唱されているが，現段階ではまだ十分

図表6.6　組織特性

項目	全く違う	やや違う	どちらとも言えない	ややその通り	全くその通り	(空白)
部門横断的	2.0%	18.5%	30.7%	36.1%	12.2%	0.5%
機能別組織編成	1.0%	4.4%	22.9%	54.6%	16.6%	0.5%
権限委譲が進んでいる	2.9%	13.2%	47.8%	30.7%	3.9%	1.5%
規則や分掌規定が整備されている	1.5%	9.8%	27.8%	40.0%	20.5%	0.4%
責任・権限が明確	1.5%	8.8%	27.8%	41.0%	20.5%	0.4%

に達成されていないようである．

　組織構造に関しては，従来通りの，機能別（職能別）組織編成を採用している企業が圧倒的に多い（71.2%）．しかしながら，部門横断的なプロジェクト組織を重視する程度が高い企業も48.3%と半数近くに上る．この両質問をクロス集計すると，機能別組織編成になっている企業ほど，プロジェクト組織を重視している傾向が強いと推測される．あくまで従来型の，効率を重視した機能別組織編成を踏襲しながらも，環境に柔軟に適応するために，部門横断的なプ

図表6.7　職能部門別組織とプロジェクト組織・チームのクロス集計表

		(低)	プロジェクト組織・チーム重視			(高)	(空白)	全体
		1	2	3	4	5		
機能別組織編成	(低) 1		2 (1.0%)					2 (1.0%)
	2	1(0.5%)	5 (2.4%)	2 (1.0%)	1 (0.5%)			9 (4.4%)
	3	1(0.5%)	12 (5.9%)	20 (9.8%)	12 (5.9%)	2 (1.0%)		47 (22.9%)
	4	2(1.0%)	17 (8.3%)	37 (18.0%)	46 (22.4%)	10 (4.9%)		112 (54.6%)
	(高) 5		2 (1.0%)	4 (2.0%)	15 (7.3%)	13 (6.3%)		34 (16.6%)
	(空白)						1(0.5%)	1 (0.5%)
	全体	4(2.0%)	38(18.5%)	63(30.7%)	74(36.1%)	25(12.2%)	1(0.5%)	205(100.0%)

ロジェクト組織も重視しているというのが，現状のようである．

(d) **管理特性**

管理特性に関しては，民主的な意思決定や判断，業績評価，経営者の行動について質問した．

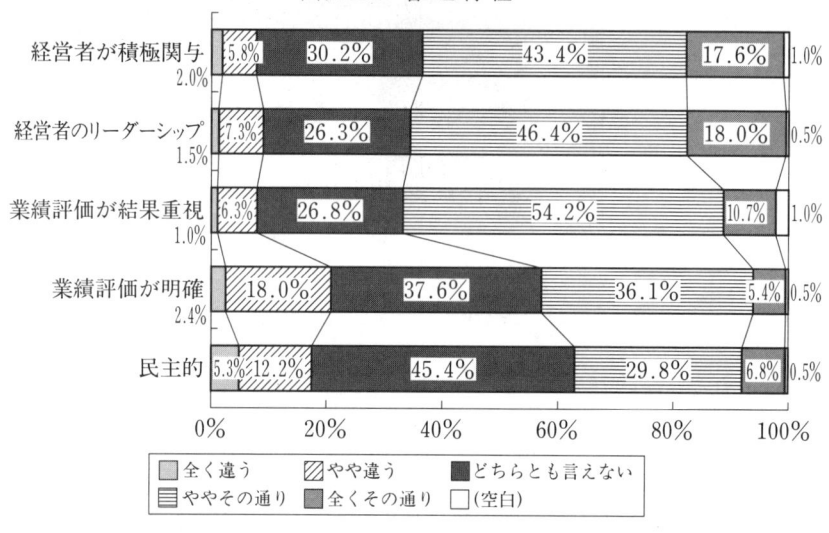

図表6.8　管 理 特 性

項目	全く違う	やや違う	どちらとも言えない	ややその通り	全くその通り	（空白）
経営者が積極関与	2.0%	5.8%	30.2%	43.4%	17.6%	1.0%
経営者のリーダーシップ	1.5%	7.3%	26.3%	46.4%	18.0%	0.5%
業績評価が結果重視	1.0%	6.3%	26.8%	54.2%	10.7%	1.0%
業績評価が明確	2.4%	18.0%	37.6%	36.1%	5.4%	0.5%
民主的	5.3%	12.2%	45.4%	29.8%	6.8%	0.5%

まず，重要な決定や判断は，集団により民主的に行われる程度が高いと回答した企業（36.6%）がそうではない程度が高いと回答した企業（17.6%）を大きく上回っている．しかしながら，どちらとも言えない企業も45.4%もあり，必ずしも集団による多数の意見を反映した民主的な意思決定がどの企業でも行われているとはいえないであろう．

業績評価に関しては，評価体系が明確で厳格な管理をしている程度が高い企業が若干多かった（41.5%）．しかしながら，注目すべき点は，業績評価がプロセスや潜在能力よりも，結果を重視する程度が高い企業がかなり多い（64.9%）ことである．従来の日本の企業は，「たとえ失敗してもやったことに意義がある」「結果は出なくても彼は一生懸命会社に尽くしている」といった，組織構成員の業務プロセスにおけるやる気や努力という側面も，業績を評価する

大きな要因であったと思われる．しかしこれも，昨今の厳しい不況や，欧米的な人材の流動化に伴う能力給制度の導入により，結果重視による業績評価の傾向が現れてきたのであろう．

経営者の行動に関しては，強力なリーダーシップを発揮する程度が高い企業（64.4％），経営者が積極的に問題発見や解決案を探って自ら提示・指示する程度が高い企業（61.0％）がそれぞれ傾向のない企業を大きく上回っている．この両者に関してもクロス集計をしたところ，リーダーシップを発揮している企業ほど，積極的に問題解決にあたっている傾向が強いことが推測できる．

図表6.9 経営者のリーダーシップと問題解決への積極性のクロス集計表

			(低)	積極的に問題解決			(高)	(空白)	全体
			1	2	3	4	5		
強力な	(低)	1	2(1.0%)	1(0.5%)					3 (1.5%)
リーダーシップ		2		7(3.4%)	7 (3.4%)	1 (0.5%)			15 (7.3%)
		3	1(0.5%)	4(2.0%)	32(15.6%)	16 (7.8%)		1(0.5%)	54 (26.3%)
		4			21(10.2%)	60(29.3%)	14 (6.8%)		95 (46.3%)
	(高)	5	1(0.5%)		2 (1.0%)	12 (5.9%)	22(10.7%)		37 (18.0%)
	(空白)							1(0.5%)	1 (0.5%)
	全体		4(2.0%)	12(5.9%)	62(30.2%)	89(43.4%)	36(17.6%)	2(1.0%)	205(100.0%)

また民主的な意思決定が行われているかという質問とのクロス集計をすると，リーダーシップを発揮していても民主的な程度が高い企業（49社，23.9％）と，民主的でない程度が高い企業（24社，11.7％）という2つのタイプが存在する．いいかえれば，前者は参画型リーダーシップにより自ら行動をとる強力なリーダーシップのもとに，組織構成員が，積極的に行動している企業であり，後者は指揮命令型のリーダーシップのもとにトップが陣頭にたつワンマン的な企業である．

(e) **組織文化・風土**

昨今の経営学研究で数多く議論されている，組織文化・風土についても項目を設定している．

まず会社特有の価値観や行動パターンが存在している程度が高い企業は，

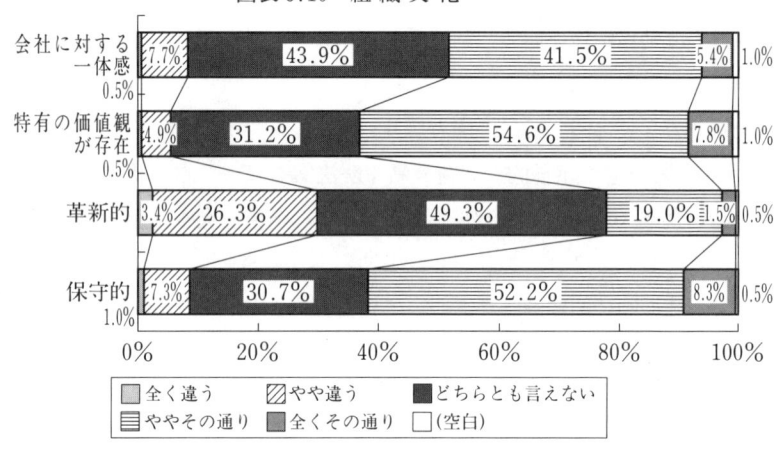

図表6.10　組織文化

	全く違う	やや違う	どちらとも言えない	ややその通り	全くその通り	(空白)
会社に対する一体感	0.5%	7.7%	43.9%	41.5%	5.4%	1.0%
特有の価値観が存在	0.5%	4.9%	31.2%	54.6%	7.8%	1.0%
革新的	3.4%	26.3%	49.3%	19.0%	1.5%	0.5%
保守的	1.0%	7.3%	30.7%	52.2%	8.3%	0.5%

62.4％と非常に高い．つまり会社特有の組織文化・風土が存在している企業が多いことがわかる．

次にその組織文化・風土に関して，保守的か，あるいは革新的か，という2つの特性によって調査した．

計画や規則を遵守し堅実に活動するような，保守的な組織風土の存在に関しては，60.5％が存在する程度が高いと回答した．さらに規則やルールにとらわれず革新を追求する組織風土の存在に関しては，どちらとも言えない企業が49.3％と半数近くあるが，保守的組織風土とは逆に存在していない程度が高いと回答した企業（29.8％）が，存在している傾向にあると回答した企業（20.5％）を上回った．この2つの質問のクロス集計では，保守的組織風土と革新的組織風土が両方存在している企業も26社，12.7％あった．しかしながら，保守的な組織風土は存在しているが，革新的な組織風土は存在していない傾向があると回答した企業は36社，17.6％と前者を上回り，相対的に保守的な組織風土である傾向が強いと推測される．

さらに，社員が会社に対して一体感や誇りを持っている程度が高いと回答した企業は46.9％あったが，どちらとも言えないと回答した企業も43.9％ある．「会社に骨を埋める」「会社のために尽くす」といった従来の社員の帰属意識へ

の傾向は，やや薄れてきているようである．今後，転職や再就職などの企業間での人材流動化という形態が浸透すれば，帰属意識の減少傾向はさらに進むことも予測できる．

(f) 情報共有・組織学習

情報共有・組織学習に関しても，昨今の経営革新の研究において数多く議論されている課題の1つである．とくにこれらは，人間同士のつながりのなかで，コンピュータ等の情報技術では扱えないような複雑であいまいな情報を共有したり，新しい知識やコンセプトを創造するために組織的に学習するという，いわば「人間による情報システム」として企業経営において重要な役割を果たすものとして位置づけられる[1]．

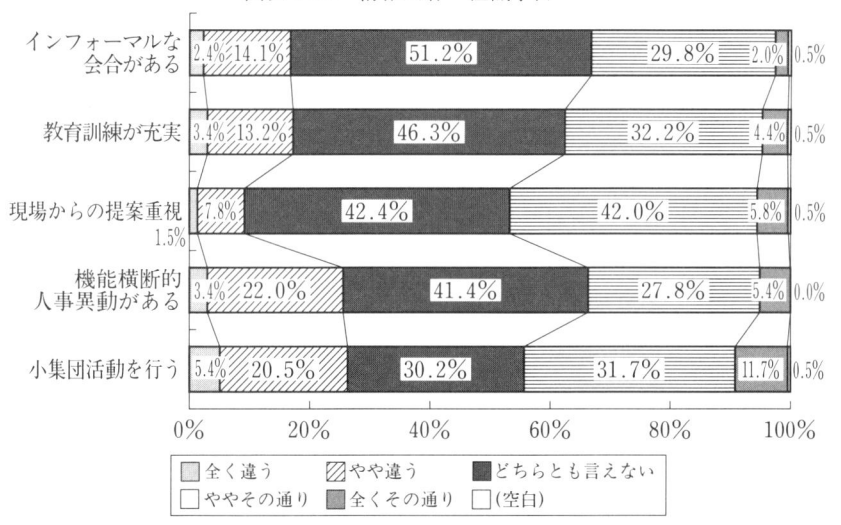

図表6.11　情報共有・組織学習

	全く違う	やや違う	どちらとも言えない	ややその通り	全くその通り	(空白)
インフォーマルな会合がある	2.4%	14.1%	51.2%	29.8%	2.0%	0.5%
教育訓練が充実	3.4%	13.2%	46.3%	32.2%	4.4%	0.5%
現場からの提案重視	1.5%	7.8%	42.4%	42.0%	5.8%	0.5%
機能横断的人事異動がある	3.4%	22.0%	41.4%	27.8%	5.4%	0.0%
小集団活動を行う	5.4%	20.5%	30.2%	31.7%	11.7%	0.5%

情報共有・組織学習のメカニズムとして典型的でかつ伝統的な日本的経営特性でもある小集団活動やQCサークルなどを絶えず行っている企業は43.4%と，行っていない企業の25.9%を大きく上回っている．

また職能横断的な人事異動・ローテーションを頻繁に行っている程度が高い企業は33.2%と，低い企業の25.4%を多少超えるにとどまっている．人事異

動・ローテーションも日本的経営の特徴の1つと捉えられるが，小集団活動ほどの差は現れなかったといえる．

　現場からの提案を重視，教育訓練が充実している，インフォーマルな会合が行われているという項目に関しては，それぞれしている程度が高い企業が，低い企業を大きく上回っているが，どちらとも言えないと回答した企業も目立つ．とくにインフォーマルな会合に関しては，51.2%と半数以上がどちらとも言えないと回答している．インフォーマルな会合に関しては，それ自体「とくに意識しないで」「暗黙的に」行われていて，とくに頻繁に行われているかどうかはあいまいである場合が多いので，このようなアンケート調査の結果には正確な数値が現れないとも考えられる．その傾向は，現場からの提案の重視や教育訓練に関しても当てはまるかもしれない．いずれも暗黙的，いいかえれば当たり前のように行われていて，とくに意識してそういえるかどうかわからないとも解釈できるであろう．

　いずれの質問に対しても，そうである程度が高いと回答した企業ほど，情報共有・組織学習を重視していると解釈できるので，これらの質問項目のスコアを合算すると，平均16.1，最大値24，最小値7，分散8.862であった．いずれにしても，情報共有・組織学習が行われている企業が若干ながら多いことは推測される．

(g) 業務改善活動

　リストラクチャリング，リエンジニアリングなどの抜本的な改革が提唱される前から，日本の企業は漸進的な全社的業務改善活動を行ってきているという認識は，おそらく周知といっていいであろう．

　それを反映するように，全社的業務改革を漸進的に行う程度が高い企業は，51.7%と半数以上を占めている．さらにTQCやTQMなどの全社的な業務改善活動を展開している程度が高い企業も58.0%と多い．まさに日本の企業の伝統的特性を生かした経営革新が推進されていることが推定される．

　これら全社的業務改善活動を行っている企業において，とくに全社的業務改善活動と同時に，情報システムの再構築や改善を行う程度が高い企業は，全社

第6章 情報技術と組織革新の実証研究 151

図表6.12 業務改善活動①

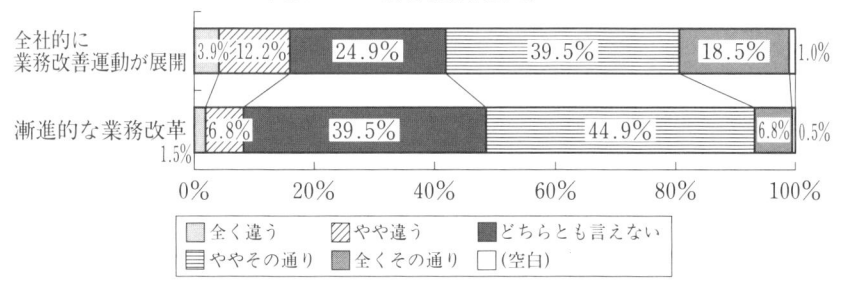

項目	全く違う	やや違う	どちらとも言えない	ややその通り	全くその通り	(空白)
全社的に業務改善運動が展開	3.9%	12.2%	24.9%	39.5%	18.5%	1.0%
漸進的な業務改革	1.5%	6.8%	39.5%	44.9%	6.8%	0.5%

的業務改善活動を行っている程度が高い企業のうちの64.1%と非常に多い．改善活動と情報システムは密接に連動させて推進している企業が多いと推測される．この点は，第2節第3小節(a)の情報化と組織設計の関係に関する質問においても殆どこれと同じ結果が得られている．

また，改善運動による自動化に関連して，担当者の「多能工」化に関しても質問した．これは，あまりにも複雑で自動化できない，あるいはコストとの関係でペイオフしないような自動化に関して，人間が多能工となり逆に機械を

図表6.13 業務改善運動②

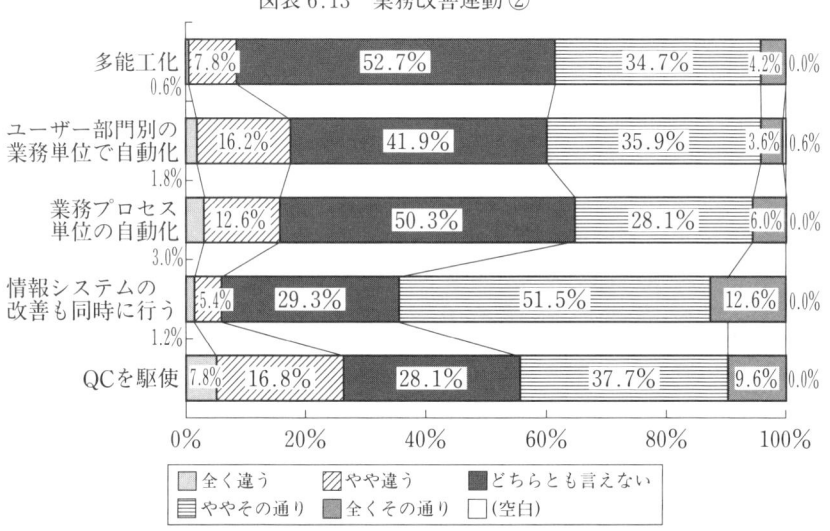

項目	全く違う	やや違う	どちらとも言えない	ややその通り	全くその通り	(空白)
多能工化	0.6%	7.8%	52.7%	34.7%	4.2%	0.0%
ユーザー部門別の業務単位で自動化	1.8%	16.2%	41.9%	35.9%	3.6%	0.6%
業務プロセス単位の自動化	3.0%	12.6%	50.3%	28.1%	6.0%	0.0%
情報システムの改善も同時に行う	1.2%	5.4%	29.3%	51.5%	12.6%	0.0%
QCを駆使	7.8%	16.8%	28.1%	37.7%	9.6%	0.0%

「支援」するといった，従来の機械が人間を支援するということに対する，逆転の発想によるものである[2]．この質問に対しては，業務改善活動を行っている程度が高い企業のうち，どちらとも言えないと回答した企業が52.7%ではあるが，38.9%は多能工化を進めている程度が高いという結果になった．

(3) 情報技術・情報システム

昨今では，殆どの企業が，コンピュータ等の情報技術を中心とした情報システムを構築し，活用しているといっても過言ではないであろう．ここでは，とくにそのような情報技術ベースの情報システムの特性や活用について検討する．具体的には，情報化と経営戦略および組織設計との関連，情報文化およびユーザー支援体制，情報システム化推進という企業内の情報技術活用体制，情報システム特性，外部ネットワークといった具体的情報技術特性，情報システム化推進目的および効果について質問した．

(a) **情報化と経営戦略および組織設計との関連**

まず情報化戦略策定と経営（事業・競争）戦略策定，および情報化と人的・組織的設計・開発について項目を設定している．

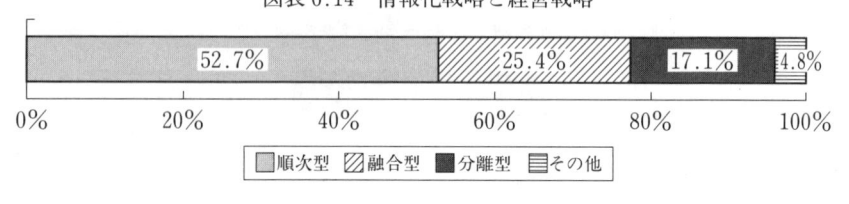

図表6.14 情報化戦略と経営戦略

順次型	融合型	分離型	その他
52.7%	25.4%	17.1%	4.8%

図表6.15 情報化と組織設計

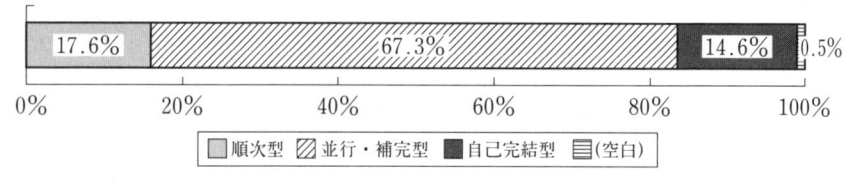

順次型	並行・補完型	自己完結型	(空白)
17.6%	67.3%	14.6%	0.5%

前者に関しては，経営戦略を策定してから情報化戦略を策定する企業（順次

型) が52.7%と最も多かった. リエンジニアリング以降の経営革新の方法論では, 経営戦略を策定する段階で「あくまで自社で利用可能なレベルの情報技術を前提にして」戦略内容を策定するということが唱導されるが, 必ずしもそのような実践は進んでいないことを示している. 情報技術活用を前提に経営戦略を策定する企業 (融合型) は, 25.4%に過ぎなかった. 企業の多くは, 従来通り経営戦略を策定した上で, それを如何に効率的・効果的に実現するという視点から情報化戦略を展開しているようである. なお, 経営戦略と関係なく自己完結的に情報化戦略を策定する企業 (分離型) も17.1%あった.

後者に関しては, 情報化と組織設計・開発は並行に補完しながら進める企業 (並行・補完型) が最も多かった (67.3%). 組織設計・開発を行ってから情報化が進められると回答した企業 (順次型) は17.6%と, 並行・補完型に比べてかなり少ない. 組織設計・開発の段階では, 情報技術が考慮される割合が高いといえる. また情報システム設計に与える組織特性の影響は強いことを十分に認識しているのであろう.

(b) 情報文化およびユーザー支援体制

情報文化とは, 社員がユーザーとして自社の情報システムを活用しようとする意識のことである. 情報文化が企業内に浸透していれば, 社員は積極的に情報技術を活用すると予想される. さらに, 情報技術に関するユーザー支援体制が整っていれば, 情報技術活用度合がさらに促進されることも予想できよう.

情報文化に関する質問項目については, ユーザーの情報技術に対するアレルギーの低さ, エンドユーザーとして情報技術を駆使しているか, 情報部門による情報技術支援体制をユーザーが積極的に活用しているか, 情報システムの構築・改善にユーザーも積極的に関与しているかの3項目である.

いずれの項目も, 35から40%程度の企業は「どちらとも言えない」と回答しているが, 基本的には情報システムを活用しようという意識の程度が高い, つまり情報文化が企業内に醸成されていると推定できる. これらの項目の数値が高いほど, 情報文化が存在する程度が高いといえるので, 各項目の数値を合算したところ, 平均13.4となり13から16ポイントの企業が51.2%にも上った.

図表 6.16　情　報　文　化

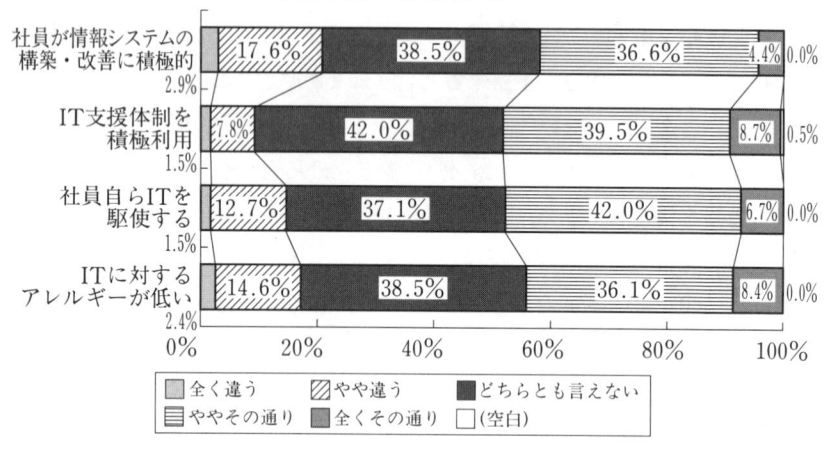

項目	全く違う	やや違う	どちらとも言えない	ややその通り	全くその通り	(空白)
社員が情報システムの構築・改善に積極的	2.9%	17.6%	38.5%	36.6%	4.4%	0.0%
IT支援体制を積極利用	1.5%	7.8%	42.0%	39.5%	8.7%	0.5%
社員自らITを駆使する	1.5%	12.7%	37.1%	42.0%	6.7%	0.0%
ITに対するアレルギーが低い	2.4%	14.6%	38.5%	36.1%	8.4%	0.0%

　また情報部門によるユーザー支援体制は，57.1%の企業が整備されている程度が高いと回答している．情報リテラシー教育プログラムに関しては，それより若干少ないが41.0%の企業が整備されている程度が高いと回答している．いずれも程度が低い企業をかなり上回っている．昨今のパーソナル・コンピュータの急速な発達により，エンドユーザーコンピューティングがより推進されることと思われるが，情報部門は単純に「レッセフェール型」の情報化推進をするのではなく，組織全体として情報処理能力の向上を図りつつ情報化推進を進めていることが推測できる．

図表 6.17　情報技術に関するユーザー支援・教育体制

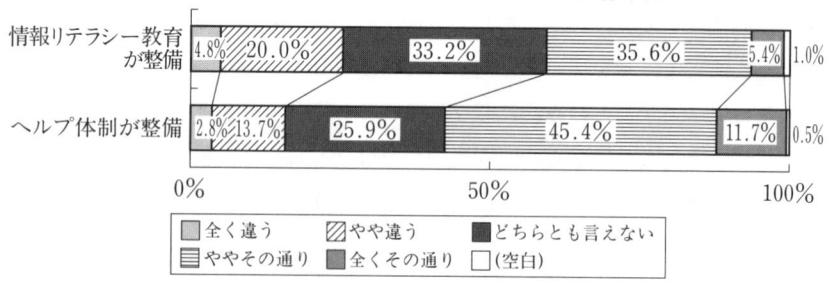

項目	全く違う	やや違う	どちらとも言えない	ややその通り	全くその通り	(空白)
情報リテラシー教育が整備	4.8%	20.0%	33.2%	35.6%	5.4%	1.0%
ヘルプ体制が整備	2.8%	13.7%	25.9%	45.4%	11.7%	0.5%

　情報文化項目の合算値と，ユーザー支援・教育体制の合算値でクロス集計し

た結果では，やはり情報文化の存在度合が高い企業ほど，ユーザー教育・支援体制が整っている傾向にあることが推測される．なお情報化の推進において重要な役割を果たす「情報共有と学習のメカニズム」は，単に整備・充実すればよいのではなく，組織文化・情報文化の醸成と整合性を持たねばならないことが推測できる．

図表6.18 情報文化存在度とユーザー教育・支援体制とのクロス集計表

		情報文化存在度（合算）					
		0−4	5−8	9−12	13−16	17−20	全体
ユーザー教育・支援体制(合算)	0−3	1(0.5%)	2(1.0%)	5 (2.4%)			8 (3.9%)
	4−5		1(0.5%)	23(11.2%)	13 (6.3%)	1 (0.5%)	38 (18.5%)
	6−7		2(1.0%)	29(14.1%)	40(19.5%)	8 (3.9%)	79 (38.5%)
	8−9			14 (6.8%)	47(22.9%)	12 (5.9%)	73 (35.6%)
	10				5 (2.4%)	1 (0.5%)	6 (2.9%)
	(空白)			1 (0.5%)			1
	全体	1(0.5%)	5(2.4%)	72(35.1%)	105(51.2%)	22(10.7%)	205(100.0%)

(c) 情報システム化推進

企業における情報技術ベースの情報システム化は，どの部門がイニシアチブを取って推進されるのだろうか．情報システム化推進のイニシアチブに関して，経営トップ，経営企画部門，情報システム部門，ユーザー部門，外部機関，その他，という項目を挙げた．結果は，実に65.9%の企業が情報システム部門と回答している．実際に情報技術特性をより良く理解し，情報システム構築の中心となる情報システム部門が，情報システム化推進に関してもイニシアチブを取る傾向がやはり強いようである．また，実際に利用しているユーザーが推進の中心となっている企業が，経営トップ（7.3%），経営企画部門（6.3%）を上回って，10.7%あった．トップからの推進ではなく，利用部門，つまり現場の社員からの推進度合が強いのである．しかしながら，外部機関に推進のイニシアチブを託している企業は，1社もなかった．情報システム構築・運用に関して，アウトソーシングをしている企業が最近多くなってきているようであるが，情報化イニシアチブに関しては，やはり自社内にとどめているこ

とが推測される．

図表6.19　情報システム化推進のイニシアチブ

| 7.3% | 6.3% | 65.9% | 10.7% | 2.4% | 7.4% |

凡例：経営トップ　経営企画部門　情報システム部門　ユーザー部門　外部機関　その他　(空白)

(d) 情報システム特性

　コンピュータや情報ネットワーク技術等の情報技術を中心とした情報システムに関して，まず基幹系，情報系というの2つの業務処理における情報化度合について検討する．次に中央集中型の処理形態か，あるいは分散処理が行われているかという，集中・分散という側面からも，情報システム特性を検討する．

　① 基幹系と情報系に関する検討

　定型的な基幹系業務処理の情報化は，情報技術ベースの情報システムが構築され始めたころから，情報化の目標としているところである．基幹系の情報化度合に関しては，59.5%の企業が，程度が高いと回答しており，高くないと回答している3.9%を大きく上回っている．定型的業務処理に関する情報化は，かなり進んでいるといえる．

　一方，コンピュータ等の情報技術は急速に発展し，従来のルーティン的な定型業務処理以外に，複雑な数値計算によるシミュレーション等，管理的な情報処理のサポートも行うことが可能となっている．そのような情報系の情報化度合に関しては，基幹系には及ばないものの，40.0%が，程度が高いと回答しており，高くないと回答している19.5%を倍以上上回っている．パーソナル・コンピュータの普及も重なって，情報系の情報化がかなり進んでいるといえるだろう．

　さらに基幹系と情報系の連携・統合度合についても調査した．これは，どちらとも言えない企業が48.8%と半数近くを占めたが，どちらかといえば統合度

合が高いと回答した企業のほうが33.7%と，低いと回答した企業より多い．どちらとも言えないと回答した企業が多い理由は，基幹系と情報系のシステムが別々に作られ，統合度合が実際にわからないということも予想される．これらの企業では，基幹系は基幹系システムで自己完結しており，情報系は基幹系とは別に，やはり各組織単位の情報処理能力に応じて自己完結的に構築されている段階ということであろうか．

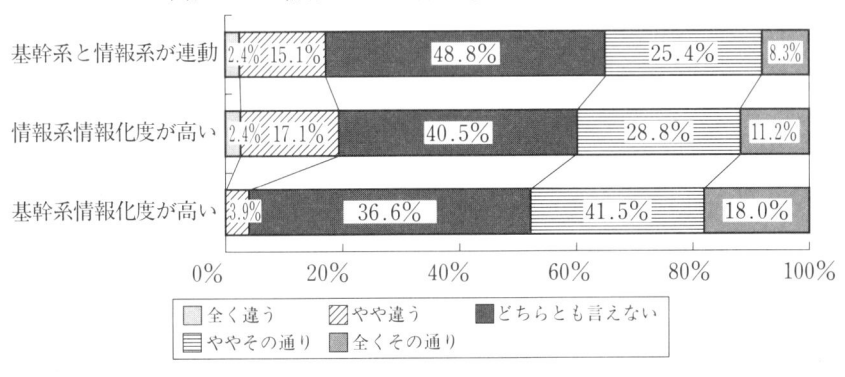

図表6.20 情報システム特性①：基幹系・情報系

	全く違う	やや違う	どちらとも言えない	ややその通り	全くその通り
基幹系と情報系が連動	2.4%	15.1%	48.8%	25.4%	8.3%
情報系情報化度が高い	2.4%	17.1%	40.5%	28.8%	11.2%
基幹系情報化度が高い		3.9%	36.6%	41.5%	18.0%

② 集中処理と分散処理に関する検討

まず基幹系システムに関して，中央の情報部門においての集中管理の度合を調査したところ，88.3%が集中管理している程度が高いと回答し，とくに5（全くその通り）と答えた企業が50.7%にも上った．基幹系情報システムに関しては，かなり中央において集中的に管理されている傾向が強いといえる．いかに分散的処理や貯蔵方式が進もうと，企業の情報システムとして整合性を持つためには，企業活動を組織全体として調整・コントロールする情報機能は，中央が管理する合理性からして当然の結果といえよう．

一方，その中央の情報部門と各ユーザーの情報技術環境はネットワークにより統合されているか，という質問に関しても，85.9%（そのうち49.3%が全くその通りと回答）が統合されている程度が高いと回答している．中央とエンドユーザーの情報技術環境の統合度合がかなり強いことが推測される．

さらに各ユーザー部門への情報処理機能の分散度合に関しても調査した．

各ユーザー部門における，基幹系アプリケーションの分散度合は，48.8%が分散的に機能している程度が高いと回答している．基幹系のアプリケーションがネットワークを通じて，エンドユーザーが利用したり，アプリケーションそのものが一部分散運用する環境にある企業が約半数にも上ることがわかる．

各ユーザー部門における，基幹系データベースの分散度合は，逆に分散管理されていない程度が高いと回答した企業（40.0%）が分散していると回答した企業（29.8%）を上回っている．つまり基幹系データベースは，中央の情報部門で集中的に管理されている傾向が強いことがわかる．基幹系データベースに蓄積される定型的情報は，組織全体の活動を全体として調整・コントロールする機能を持たねばならないので，一部の部門の論理により全体的汎用性を失なわないようにするという論理からしても妥当な結果ともいえよう．

各ユーザー部門における，情報系アプリケーションやデータベースの管理度合は，42.0%が管理されていると回答した．これは，主にエンドユーザー系の処理である情報系のアプリケーションやデータベースは，その各部門で管理さ

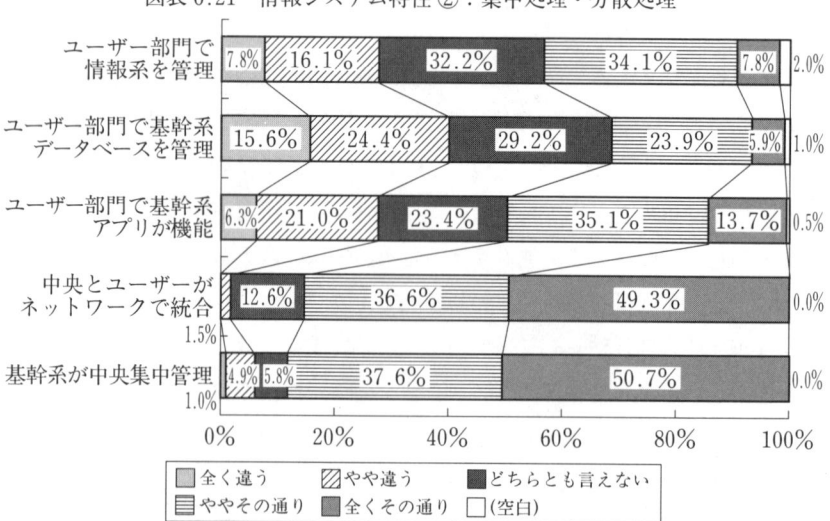

図表 6.21　情報システム特性 ②：集中処理・分散処理

項目	全く違う	やや違う	どちらとも言えない	ややその通り	全くその通り	(空白)
ユーザー部門で情報系を管理	7.8%	16.1%	32.2%	34.1%	7.8%	2.0%
ユーザー部門で基幹系データベースを管理	15.6%	24.4%	29.2%	23.9%	5.9%	1.0%
ユーザー部門で基幹系アプリが機能	6.3%	21.0%	23.4%	35.1%	13.7%	0.5%
中央とユーザーがネットワークで統合	1.5%	12.6%	36.6%	49.3%		0.0%
基幹系が中央集中管理	1.0%	4.9%	5.8%	37.6%	50.7%	0.0%

(e) **外部とのネットワークの活用**

　他企業・他機関・消費者などの，企業外部とのネットワーク活用レベルについても調査した．項目は，単純なデータや情報のやり取りレベルか，外部のデータ・ファイルやデータベースを利用できるレベルか，外部で構築されているアプリケーションまで利用できるレベルにあるか，である．やはり単純なデータや情報のやり取りをしているにとどまる企業が77.1%とかなりの数を占めた．相手側のデータ・ファイルやデータベースにアクセスできるレベルは12.7%，相手側のアプリケーションが利用できるレベルはわずか2.9%にとどまった．例えば，相手側の在庫状況はわかるが，その在庫状況によって，相手側の生産計画のアプリケーションにアクセスして，生産を増やすことができるレベルにまで入っていない，ということである．最近取り上げられる経営手法の1つであるサプライ・チェーン・マネジメントでは，企業を超えて，企業間で最適なサプライ・チェーンを構築することが重要であると考えられるが，これを成功させようとすれば，やはり相手側企業の情報処理までもコントロールするような，深い浸透度合が要求されるであり，まだまだ本格的な組織間サプライ・チェーン・マネジメント実践段階に入ってきていないと推定される．

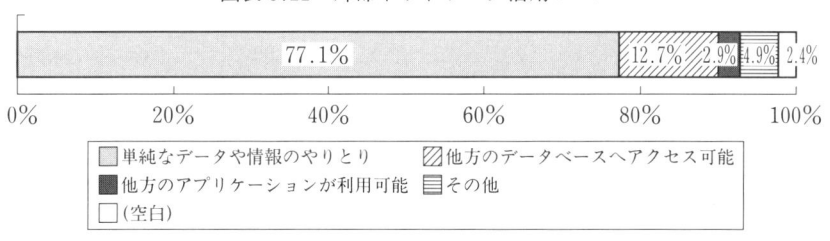

図表6.22　外部ネットワーク活用レベル

単純なデータや情報のやりとり	他方のデータベースへアクセス可能
他方のアプリケーションが利用可能	その他
(空白)	

77.1%　12.7%　2.9%　4.9%　2.4%

(f) **情報システム化推進目的およびその効果**

　情報システム化を推進する際の目的や，情報システムを利用することにより得られた効果について，最近3年間における状況について調査した．

① 情報システム化推進目的

情報システム化推進に際しての目的に関しては，9つの目的項目に対して，3つの複数回答形式を採用した．とくに多かったのが，情報共有・コミュニケーションの円滑・拡大化である（84.4%）．昨今のコラボレーション経営や企業提携などの第一歩として，電子メール等によるコミュニケーションの拡大が期待されていることを象徴しているようである．ついで管理の質的向上・有効性向上（52.7%）となっている．経費・仕損じの削減など能率性の向上を目的としている企業が38.0%となっていることも考えると，やはりこれからの情報システムに期待されていることは，従来の能率性の向上より，有効性の向上であることがわかる．しかしながら，社員のやる気やモチベーションの向上を目的としている企業は少ないようである（3.4%）．

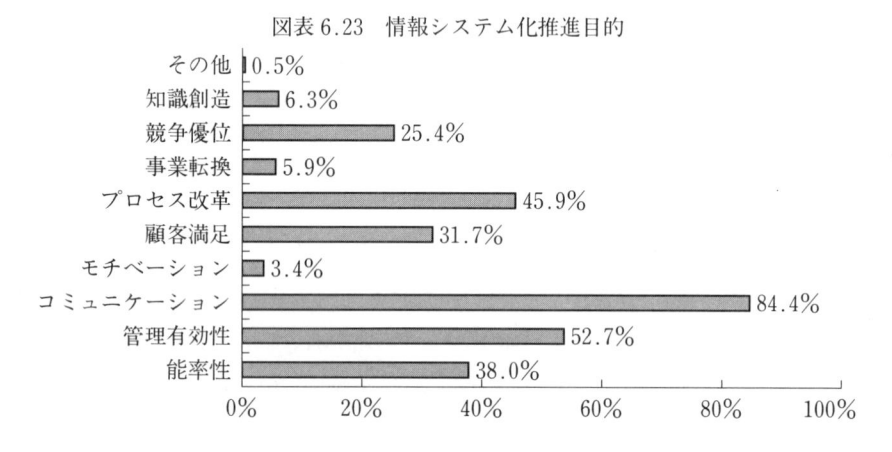

図表6.23　情報システム化推進目的

項目	割合
その他	0.5%
知識創造	6.3%
競争優位	25.4%
事業転換	5.9%
プロセス改革	45.9%
顧客満足	31.7%
モチベーション	3.4%
コミュニケーション	84.4%
管理有効性	52.7%
能率性	38.0%

一方，最近の経営手法における企業目的として取り上げられている顧客満足，業務プロセスの抜本的改革に関しては，情報システム化の目的としている企業が多い（それぞれ31.7%と45.9%）．SISブームにおいて取り上げられた競争的優位の実現は，25.4%と比較的少ない．また最近注目を浴びているノウハウ・知識の創造，ビジネス・トランスフォーメーション等の事業転換・組織転換を目的としている企業は6%前後とかなり少数である．昨今の構造不況を脱するために，このような知識の創造，事業転換そのものを目標とする企業は少

なくないであろう．しかしながらこのような結果になったのは，知識の創造や事業転換は，情報システム化推進の目的として適当ではない，つまり現状では情報システムによる知識創造，事業転換は困難であると判断した企業も少なくないとも予想できる．

② 情報システム効果

実際に情報システムによって得られた効果の項目については，前述の情報システム化推進目的と同様である．

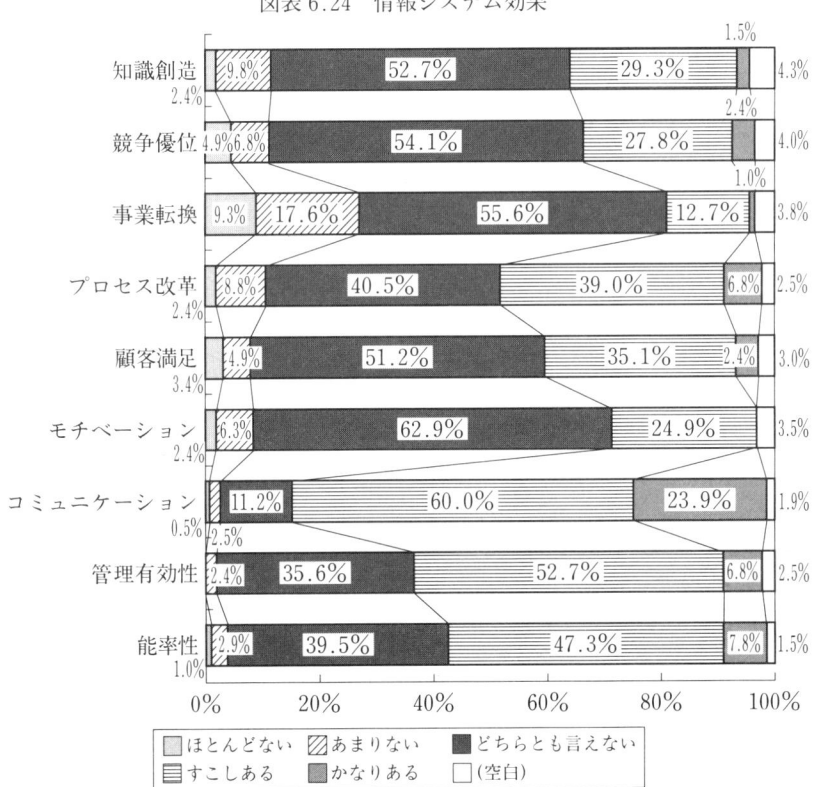

図表6.24　情報システム効果

項目	ほとんどない	あまりない	どちらとも言えない	すこしある	かなりある	(空白)
知識創造	2.4%	9.8%	52.7%	29.3%	1.5%	4.3%
競争優位	4.9%	6.8%	54.1%	27.8%	2.4%	4.0%
事業転換	9.3%	17.6%	55.6%	12.7%	1.0%	3.8%
プロセス改革	2.4%	8.8%	40.5%	39.0%	6.8%	2.5%
顧客満足	3.4%	4.9%	51.2%	35.1%	2.4%	3.0%
モチベーション	2.4%	6.3%	62.9%	24.9%	—	3.5%
コミュニケーション	0.5%	2.5%	11.2%	60.0%	23.9%	1.9%
管理有効性	2.4%	—	35.6%	52.7%	6.8%	2.5%
能率性	1.0%	2.9%	39.5%	47.3%	7.8%	1.5%

どの項目に関しても，基本的に情報システム化推進目的を反映している．つまり，最も情報システム化推進目的として多かった情報共有・コミュニケーシ

ョンの円滑・拡大化を，情報システム効果として実現している程度が高い企業が最も多く（83.9％），ついで管理の質的向上・有効性向上となっている（59.5％）．経費・仕損じの削減などの能率性が向上している程度が高いと回答した企業は，目的とした度合より多くなっている（55.1％）．これは，以前から進めてきた能率性向上という情報システム化の目的が最近3年で達成された，あるいは，別な目的を掲げたのだが実は結果として能率性の向上につながった等の理由が考えられる．

また業務プロセスの抜本的改革も，効果が現れた程度が高い企業（45.9％）は，その効果が現れなかったとする企業（11.2％）を大きく超えている．業務プロセスの抜本的改革は，当然，情報システム化を伴ったものが多いためと推測できる．逆に，事業転換・組織転換における効果の程度が低い企業(26.9％)が，高い企業（13.7％）をかなり超えている．事業転換・組織転換において，情報システムは重要なイネーブラーとなるという認識の低い企業が存在することを反映しているのであろうか．

その他の項目に関しては，効果が現れた程度が高いと回答した企業が，低いと回答した企業よりも倍以上多くなっているが，「どちらとも言えない」との回答が半数以上を占めた．これらは十分な効果が現れていないか，あるいは現在は推進段階で，効果についてはっきり現れるのはもう少し時間がかかる，などということも考えられる．

情報システム化推進の目的にあげられている効果に関して，実際に達成された度合を算出した．やはり情報共有・コミュニケーションの円滑・拡大化という目的の達成率が88.4％と最も高かった．ついで能率性の向上（75.6％），業務プロセスの抜本的改革（75.5％）となっている．事業転換やノウハウ・知識の創造など，かなり大規模で複雑な目的に関しては，達成率が低いことが予想されるが，それでも60％台であった．このような困難な目的でも，情報システム化推進目的として掲げた場合，6割強の企業が，その目的を達成しているということである．

(g) **情報化投資と情報技術環境の機能向上**

この大不況期において，企業では，最も効果の見えにくい投資の1つである，情報化投資を削減する動きが予想される．情報化投資の増減と，情報技術環境の機能向上について，3年前との比較から質問した．

図表6.25　情報化投資

21%以上増大	20～11%増大	10～1%増大	変化なし	1～10%減少	11～20%減少	21%以上減少	(空白)
15.6%	15.6%	29.3%	18.0%	8.8%	6.8%	3.9%	2.0%

図表6.26　情報技術環境

かなり向上	やや向上	変化なし	やや低下	かなり低下	(空白)
48.3%	47.3%	3.4%			

情報化投資に関しては，予想に反して，最も多かったのは，この3年間において1～10%増大である（29.3%）．さらに，60.5%もの企業が，情報化投資を3年前よりも増大させている．この構造不況の中，コスト削減の最たるものとして，情報化投資を減少させる企業が多いことが予想された．さらにメインフレーム等の大型コンピュータに代わって，パーソナルコンピュータベースのクライアント・サーバー型の情報システムによりコストの削減を期待する企業が多いことも考えられるのだが，全く逆の結果となった．コスト削減のためにクライアント・サーバー型の情報システムを導入しても，既存の情報システムとの擦り合わせや，アプリケーションやデータの「切り出し」や移行コストの発生，クライアント側の保守作業コストなどの増大により，結果としてコスト削減が図れなかったことも推測される．

3. 情報化とその効果との関連性の検討

　本節では，以上の調査結果を前提にして，経営特性と情報技術・情報システム特性との関連がどのように情報化推進を特性づけ，具体的効果として業績に反映することが可能であるか，その最大の鍵はどこにあるのかを分析検討する．

　端的にいえば，「業績を向上させるような情報化は，どのようにすれば成功するのか」についての検討を試みる．いくら巨額の情報化投資をして，最新の情報技術を用いた情報システムを構築したとしても，それが企業経営に効果を発揮できなかったら，本来の情報システム化の目的を達成したことにはならないからである．

　まず，情報化投資と情報システム効果の関連性について検討する．情報化投資が増大しても情報システム効果が現れなかった企業もあれば，逆に情報化投資が減少しても情報システム効果が現れた企業も存在する．情報システム効果が現れるための，キーとなる条件の抽出を試みる．

　次に，情報システム効果と企業の業績の関連性について検討する．実際に業績が向上した企業では，どのような情報システム効果が現れているのかを検討することによって，業績向上につながる情報システム化推進目的を探索する．

(1) 情報化投資と情報システム効果に関する検討

　実際に調査結果を見ると，情報化投資が増大していても情報システム効果が現れない企業と，逆に情報化投資は減少していながら，情報システム効果が現れている企業が存在していることが，明らかになっている．

　そこで，調査対象の企業の中から，情報化投資が増大して情報システム効果が現れている企業（第1グループ），情報化投資が増大しても情報システム効果が現れていない企業（第2グループ），情報化投資が減少していながら情報システム効果が現れている企業（第3グループ），情報化投資が減少して情報システ

ム効果が現れていない企業（第4グループ）という4つのグループを抽出し，各グループ間の特性の違いを検討してみる．

なお情報システム効果は，効果に関する9個の項目の合算値を採用している．その合算値の上位40社（効果が現れている企業），下位40社（効果が現れていない企業）を抽出し，それぞれの中でさらに情報化投資の増加した企業および減少した企業を抽出することにより，グループ化している．その4つのグループ間の特性比較は，分散分析を用いて，統計的な分析を行っている．

殆どの項目に関して，分散分析は有意な結果となっている．つまり，殆どの項目において，4つのグループいずれかのグループ間の差が，統計的に認められるということである．しかしながら，多重比較による第1グループと第3グループの有意な差は，認められなかった．つまり，この2つのグループは，情報化投資の増大，減少という違いはあるが，経営特性や情報システム特性には大きな差が認められないということである．

この検討でとくに注目すべき事項は，第2グループと第3グループの比較であろう．情報化投資を増大させながらも，情報システム効果が現れていない企業と，逆に，情報化投資を減少させても，情報システム効果が現れている企業はどのような特性の差があるのだろうか．さらには同じように情報化投資を減少させながらも，情報システム効果が現れている企業と現れていない企業の差についても考察すべきであろう．

そこで多重比較によって有意となった，第3グループと，第2グループおよび第4グループの特性の相違を中心に検討する．

まず経営戦略特性では，第3グループは他の2グループに比べて，理念やビジョンに基づいて，戦略が具体化されている傾向が強いといえる．理念やビジョンによって共有された企業の目的や価値観に基づいて戦略が展開されているということである．

組織特性では，第3グループは，部門横断的なプロジェクト組織やチームを重視している傾向が強いことがわかる．部門横断的なプロジェクト組織やチームを編成することによって，部門内でのみ共有されていた知識や情報を，部門

figure 6.27　分散分析：IS投資・IS効果グループ別経営特性・情報システム特性

	グループ平均値 1	2	3	4	分散分析 F値	多重比較(シェフェ) 1-2 1-3 1-4 2-3 2-4 3-4
経営理念・戦略						
理念・ビジョンが明確	4.543	3.778	4.600	3.583	6.592**	* 　　*
理念・ビジョンが現場に浸透	4.057	3.185	4.000	3.083	6.105** **	*
戦略が理念・ビジョンに基づく	4.200	3.148	4.200	3.000	11.532** **	** * 　　*
戦略が実行計画レベルまで具体化	4.114	3.111	4.000	3.167	9.607** **	* 　*
戦略や計画が弾力的に再編成	4.343	3.111	4.100	3.167	13.367** **	** *
組織特性						
責任・権限が明確	4.029	3.259	4.200	3.083	6.595** *	*
規則や分掌規定が整備されている	4.086	3.259	4.200	3.083	7.245** **	* 　*
権限委譲が進んでいる	3.543	2.808	3.600	2.333	10.180** *	** 　**
機能別組織編成	4.114	3.481	4.100	3.417	5.353** *	
部門横断的	4.000	2.741	3.800	2.583	13.336** **	** ** *
管理特性						
民主的	3.686	3.148	3.100	2.583	5.814**	**
業績評価が明確	3.600	2.704	3.600	2.750	8.914** **	* 　*
業績評価が結果重視	3.800	3.481	4.100	3.417	2.129	
経営者のリーダーシップ	4.057	3.333	3.600	2.833	6.208** **	**
経営者が積極関与	4.086	3.370	3.556	2.833	8.023** *	**
組織文化						
保守的	3.829	3.037	4.000	3.583	5.980** **	*
革新的	3.143	2.556	2.900	2.083	7.440** **	**
特有の価値観が存在	3.657	3.593	3.600	3.333	0.531	
会社に対する一体感	3.543	3.037	3.900	2.667	7.617**	** 　　**
情報共有・組織学習						
小集団活動を行う	3.486	3.074	3.700	2.583	3.313*	
機能横断的人事異動がある	3.371	2.519	4.100	2.250	13.271** **	** ** 　　**
現場からの提案重視	3.686	2.889	4.000	2.750	10.921** **	** ** 　　**
教育訓練が充実	3.629	2.778	3.800	2.417	13.055** **	** ** 　　**
インフォーマルな会合がある	3.514	2.926	3.700	3.083	4.605** *	
業務改善運動						
漸新的な業務改革	3.429	3.407	3.300	3.583	0.238	
全社的に業務改善運動が展開	3.771	3.462	4.100	3.333	1.572	
情報文化						
ITに対するアレルギーが低い	3.829	2.926	4.000	2.667	11.676** **	** ** 　　**
社員自らITを駆使する	3.914	3.000	3.700	2.750	14.802** **	** 　*
IT支援体制を積極利用	3.857	3.037	3.800	3.000	7.667** **	*
社員がIS構築・改善に積極的	3.829	2.704	3.600	2.583	14.061** **	** * 　　*
情報文化度（合算値）	15.429	11.667	15.100	11.000	20.927** **	** **
情報システム特性						
基幹系情報化度が高い	4.057	3.556	3.800	3.500	2.413	
情報系情報化度が高い	3.800	3.037	3.900	2.333	11.540** **	** 　　**
基幹系と情報系が連動	3.743	2.778	3.600	2.500	12.299** **	** 　*
基幹系が中央集中管理	4.486	4.111	4.600	4.417	1.489	
中央とユーザーがネットワークで統合	4.600	3.889	4.500	3.917	5.848** **	
ユーザー部門で基幹系アプリが機能	3.286	3.222	3.000	3.000	0.268	
ユーザー部門で基幹系DBを管理	3.057	2.481	2.700	2.833	1.271	
ユーザー部門で情報系を管理	3.571	2.741	3.200	2.417	4.257**	*
情報化度（合算値）	11.600	9.370	11.300	8.333	10.741** **	** 　　*
分散度（合算値）	9.914	8.444	8.900	8.250	1.928	
業績						
売上高	3.171	4.308	3.900	5.667	10.794** *	** 　* *
営業利益	3.206	4.667	4.000	5.417	5.181** *	*

＊＊1％有意　　＊5％有意

グループ1：情報化投資増大・情報システム効果上位
グループ2：情報化投資増大・情報システム効果下位
グループ3：情報化投資減少・情報システム効果上位
グループ4：情報化投資減少・情報システム効果下位

を越えて共有でき，さらに部門を越えての学習を行う体制が整うのである．

　組織文化特性においては，社員が会社に対して一体感や誇りを感じている傾向が，第3グループは強いという結果になっている．1次集計の結果からは薄れている傾向にあるが，「この会社に骨を埋める」「この会社の一員だ」という帰属意識が共有されているから，具体的な戦略展開やプロジェクト組織やチームによる協働もスムーズに行うことができると判断できる．

　情報共有・組織学習特性に関しては，部門横断的な人事ローテーション，現場からの提案・アイディアの重視，教育・訓練プログラムの充実という3つの項目に関して，第3グループは，より強いという結果となった．さらに有意とはなっていないが，小集団活動，インフォーマルな会合を含めた情報共有・組織学習項目は，すべて第3グループが第1グループよりも高い数値となっている．前述のように，これらの項目は「人間による情報システム」として企業経営において，重要な役割をしている．情報技術ベースの情報システムを効果的に利用する際の重要なファクターとしても，これらの項目を指摘できるだろう．

　情報文化特性に関しては，情報技術に対するアレルギーの低さ，社員の情報システム構築に対する参加度という2つの項目に関して，第3グループが強い傾向があるという結果となっている．さらにユーザーにおける情報技術利用度合，情報技術支援体制の利用度合という項目を含めた情報文化項目の合算値においても，第3グループは他の2グループに比べて高い値となっている．つまり，情報化投資の増減とはあまり関係なく，情報文化の存在する程度が高い企業ほど，やはり情報システム効果が現れていることがわかる．これらの項目も，情報技術を利用するという意識や，具体的な情報技術利用のノウハウがユーザー間で共有され，さらに体制が整っていると推測できる．

　以上の分析からもわかるように，情報システム効果が現れる企業は，情報化投資と密接に関連するというよりも，むしろ，情報共有・組織学習を高度に行っている企業であるといえる．情報技術が効果的に利用されない，あるいは構築された情報システムが活用されない原因の1つとして，本来の情報システム

推進の目的や意図とは異なった利用をしてしまい，予期せぬ組織的な変化が起こってしまうことが挙げられる[3]．しかしこのような情報共有・組織学習を通じて，具体的に情報技術ベースの情報システム推進の目的を共有できるので，当初の目的とは異なった利用目的により情報システムが利用されることが少なくなり，さらに予期せぬ組織的な変化も減少できるだろう．

さらにこのような情報共有・組織学習を通じて，情報技術では扱うことが困難な，暗黙的で，曖昧な情報も扱うことができる．言葉や図表で形式化できないような知識やノウハウを扱うことによって，新たな知識を創造し，それが情報システム効果として現れることも考えられる．

いいかえれば，部門を超えた対面的な相互作用を通じて，情報技術ベースの情報システムだけでは共有できないような意識や価値観，目的，ノウハウなどを共有し，さらには組織学習を通じて，新たな知識や情報を創造するというプロセスが存在することによって，そのプロセスの中で情報技術ベースの情報システムは効果的に活用される．つまり情報共有・組織学習が，情報システム効果達成における重要なファクターとなっているのである．

(2) 情報システム効果と業績の関連性

情報システム効果を達成する重要なファクターとして，情報共有・組織学習が認識できたが，どのような情報システム効果が，企業の業績と関連性があるのだろうか．いいかえれば，業績の優れている企業は，どのような情報システム効果が現れているだろうか．調査企業を11%以上増益企業（増益グループ），10%増益〜10%減益企業（中間グループ），11%以上減益企業（減益グループ）の3つのグループに分けて，グループ間の情報システム効果の相違について検討する．

分散分析の結果，有意となった情報システム効果は，まず「競争的優位の実現」である．1985年以降のSISブームにより，競争優位実現のために様々な情報システム構築が行われてきている．現段階においても，競争優位実現のための強力なツール，あるいはイネーブラーとして情報システムを活用している

図表6.28　分散分析：業績グループ別情報システム効果

	グループ平均値			分散分析	多重比較（シェフェ）		
	増益(1)	中間(2)	減益(3)	F値	1-2	1-3	2-3
能率性	3.652	3.593	3.517	0.448			
有効性	3.826	3.637	3.552	2.392			
コミュニケーション	4.283	3.956	4.034	3.196 *	*		
モチベーション	3.267	3.089	3.103	1.262			
顧客満足	3.522	3.247	3.155	3.250 *			
プロセス改革	3.717	3.344	3.207	5.064 **		**	
事業転換	3.043	2.756	2.571	4.112 *		*	
競争優位	3.478	3.236	2.807	10.313 **		**	**
知識創造	3.378	3.124	3.123	2.046			

**1％有意
*5％有意

企業は，業績に関しても高い水準になっている．

また，「顧客満足の向上」「業務プロセスの抜本的改革」「事業転換・組織転換」という効果においても有意な結果を得ている．これらは，昨今の企業経営の目指す目標・目的として，しばしば採用されている事項である．とくにリエンジニアリング以降，戦略策定や，組織設計において，自社の構築できる情報システム活用を前提にしている企業が多くなってきている．

逆に，「経費・仕損じ削減などの能率性の向上」「管理の質的向上・有効性向上」といった，従来情報システムが目指してきた効果に関しては，どのグループ間も有意な差は見られなかった．つまり，MIS が提唱されてから今日まで情報システムが目指してきた目標，いいかえれば情報システム固有の伝統的目標は，現時点ではあまり重要視されなくなり，むしろ，経営戦略的意義や環境適応能力の向上，目に見えないインフラ的効果を達成するための強力なツールとして認識して情報システム推進目的を設定し，実際にその効果が現れるような企業が，やはり業績的にも優れているという結果となっている．

「ノウハウ・知識の創造」という効果に対して有意な結果とならなかった理由は，「競争的優位の実現」という効果と比べて比較的新しい目標であり，現段階では，意識や技術的基盤が十分に確立されていないことが考えられる．こ

の結果から，最近「ナレッジマネジメント」など情報技術を用いて知識創造を試みる動きが活発に見られるが，現状ではまだ情報や知識・ノウハウを「共有」するレベルにとどまり，知識・ノウハウの「創造」に情報技術を活用するレベルには，まだ至っていないと推測される．

　優れた新しい情報・知識・ノウハウを「創造」することが，企業経営，より具体的にいえば利益等の業績につながると考えられる[4]．しかしながら本質的には，知識やノウハウを創造するためには，人間が重要な役割を果たすことは明らかである．文書や図表などの形式的な情報に限らず，それらの情報の本質的な意味を解釈し，再構成するノウハウをもとに，新たな知識を創造するという知識創造プロセスは，人間固有の情報処理機能により行われることである．この理由からも，暗黙的な情報を扱うことが困難な情報技術ベースの情報システムにおいて，「ノウハウ・知識の創造」を目的にして効果を現すことに限界を感じている企業が多いとも推測されよう．

(3) 経営特性，情報システム特性・効果と業績との関連性

　以上のように，情報化投資，情報システム効果，業績との関連性を検討してきた．そこで情報共有・組織学習という経営特性の重要性が認識できた．およそ次のようにまとめることができよう．

　情報共有・組織学習を通じて，意識や価値観，目的などが共有されて，情報システム効果は達成される．さらにそれらの情報システム推進目的および効果が，効率性，有効性にとどまらず顧客満足向上や業務プロセスの抜本的改革といった経営上の重要な目的と連動することによって，営業利益などの業績が向上するのである．情報共有・組織学習が重要なファクターであることと同様に，知識創造プロセスにおける重要なファクターも，やはり情報共有・組織学習であろう．暗黙的な情報を扱い，組織的な学習を通じて，組織的な知識は共有にとどまらず，創造されるからである．情報共有・組織学習を通じて，情報技術ベースの情報システムと経営行動が相互作用を起こすことによって，高業績にむけての基盤が整うと推定される．

図表6.29 経営特性，情報システム効果，業績の関連性

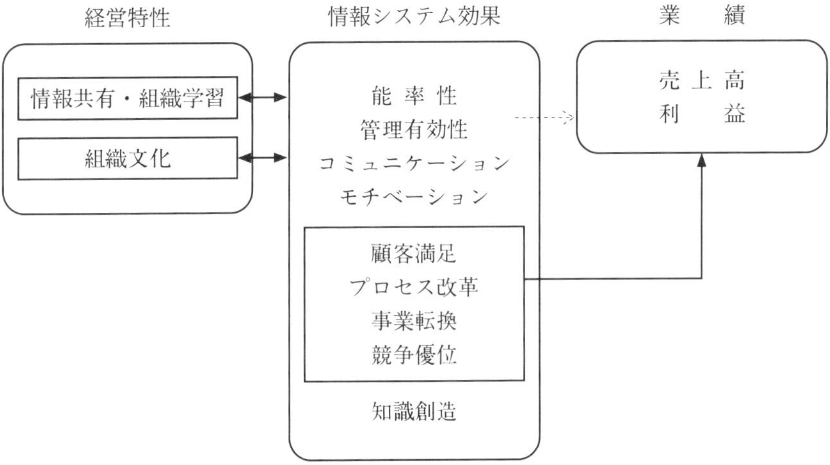

経営特性
- 情報共有・組織学習
- 組織文化

情報システム効果
- 能率性
- 管理有効性
- コミュニケーション
- モチベーション
- 顧客満足
- プロセス改革
- 事業転換
- 競争優位
- 知識創造

業績
- 売上高
- 利益

4. 総　　括

　本章では，調査結果の概要報告と，とくに戦略・管理・組織特性と情報化（投資）およびその効果との関連について，企業をグループ化して若干の分析を展開した．その結果，とくに注目すべき分析結果として若干重複気味ではあるが以下のようにまとめることができよう．

　企業は，バブル崩壊以降の長期経済停滞，リストラの嵐が吹き荒れているという経営環境の劇的変化に対応するために，戦略，組織，管理などにおいて，様々な策を施している．その1つとして，当然，情報技術等を利用した情報化も行われている．情報技術の高性能化・低廉化が加速しているにもかかわらず，情報化投資を削減することなく，むしろ積極的に増大をさせて，情報化を積極的に推進している傾向を認識することができる．しかも高収益性の要因として，情報化を重要な要因のひとつとして認識することができた．なお，高収益であるから「この際思い切って」情報化投資を進めているというようなバブル期の投資発想と同じようには解釈ができない．

もちろん，情報化投資をすれば，収益性が向上するという単純な図式ではない．米国でさえも，最近の研究によれば，情報化投資が生産性・収益性の向上に貢献している企業の共通特性として，意思決定権限の下位への分散化，自主管理チームの形成，教育訓練・評価システムの徹底，情報文化の形成など組織特性そのものを改革しつつ情報化投資をする場合には，生産性・収益性向上に貢献するという結果が導出されている[5]．

今回の調査では，情報化投資と収益性・業績を直接関連づけるのではなく，情報化投資と情報システム効果との関連性，さらに情報システム効果と収益性・業績との関連性という2段階で分析した．その結果，この米国の調査結果とほぼ同じ結果を得ることができたと考えられる．わが国の場合も，小集団活動，教育訓練プログラム，人事異動・ローテーション，インフォーマル会議等々の情報共有・組織学習メカニズムの存在と実践が，情報化投資を情報システム効果の上昇に結びつける主たる要因として認識できた．むしろ米国以上に重要な要因として評価することができる．

また収益性の高い企業では，その情報化の目的は，情報技術を即効性のある，また物理的にも容易に評価が可能である能率性向上の道具として見る伝統的発想ではない．むしろ目に見えない無形の効果，かつ長期的に徐々に効果が現われてくる顧客満足，情報共有・コミュニケーションの向上，競争優位，事業転換・組織転換，ノウハウ・知識の創造，業務プロセスの抜本的改革等々が，情報システム効果として現れている．いいかえれば，高収益を目指すためには，情報技術・情報システムを，顧客満足や競争優位，事業転換やプロセスの抜本的改革などを達成する強力なツールとして，また情報共有やコミュニケーションの円滑化やモチベーションの向上などのツールとして積極的に利用すべきである．

さらに，今回の調査を通じて，情報化を進め，情報化投資を意義あるものしようとすればするほど，業務や管理活動の改革と連動を取るだけでなく，情報共有・組織学習のメカニズムや組織文化・情報文化を情報技術による情報システム化の補完的システムとして連動させなければならないことが実証的に明ら

かになったといえる．

(当該稿は，平成9年度科学研究費補助金－基盤研究C-2の支援による研究の一環としての成果であることを記して謝意を表す．)

1) 遠山 (1998)，105-116ページでは，企業情報システムを，「情報技術による情報システム」と「人間による情報システム」，さらに後者は「情報共有と組織学習のシステム」と「マニュアル（手作業）ベースの情報システム」，「組織文化」に大別している．
2) 遠山 (1998)，121-127ページにおいて，従来の「情報技術が人間を支援する」という思考から，「人間が情報システムを支援する」という逆転の思考・現象が新たに発生していることを明らかにしている．
3) Walton (1989) では，情報技術の組織への効果をモニタリングや調整などの「従属の効果」と，情報を分散させて社員のやる気を促進させるなどの「参画の効果」という2つの側面があり，両者の混同により予期しない組織上の影響が発生するとしている．
4) たとえば，野中・竹内 (1996) を参照．
5) 次の論文を参照されたい．また本書別稿，「第1章 情報技術による企業革新」を参照されたい．
    Brynjolfsson, E. and L. Hitt (1997) "Computing Productivity : Are Computers Pulling Their Weight?", *MIT and Wharton School Working Paper*, September. http://ccs.mit.edu/erik/cpg/
    Brynjolfsson, E. and L. Hitt (1997b) "Information Technology and Organizational Design : Some Evidence from Micro Data," *MIT and Wharton School Working Paper*, http://ccs.mit.edu/erik/cpg/
    Hitt, L. and E. Brynjolfsson (1998) "Beyond computation ; Information Technology, Organizational Transformation and Business Performance," *MIT and Wharton School Working Paper*, Sept.. http://ccs.mit.edu/erik/cpg/

参 考 文 献

安積淳 (2000)「企業における情報化に関する実証研究－情報共有・組織学習メカニズムを中心とした因果モデル構築－」『商学論纂』第42巻第1号，中央大学商学研究会 (2000年11月下旬刊行予定)．
野中郁次郎・竹内弘高 (1996)『知識創造企業』東洋経済新報社．

遠山曉 (1998)『現代　経営情報システムの研究』日科技連.

Walton, R. E. (1989) *Up and Running : Integrated Information Technology and the Organization*, Harvard Business School Press. (髙木晴夫訳 (1993)『システム構築と組織整合』ダイヤモンド社.)

第7章 NC工作機械の発達と工作機械メーカーの生産技術
——「現代化」の過程としての1970年代——

1. 分析手法

(1) 工作機械産業にとっての「現代」

 本章では，今日における日本工作機械産業の価格と納期の両面における国際競争力の源泉が形成される過程として，日本工作機械メーカーにおける生産技術の高度化プロセスについて分析する．対象とする時期は，1960年代と1970年代を中心とするほぼ20年間である．「現代の経営革新」を明らかにしようとする本書にあって，本章があえてこの時期を対象とするのは，工作機械産業における「現代」という時期を，どのような特徴において把握するのかという方法的立場に関わっている．本章の立場は，工作機械産業の分析を行う上での「現代」という時期の特徴を，製品と設備という2つの要素における工作機械のNC化という技術的変化によってとらえようとするものである．

 1970年になって初めて統計上に現れたNC工作機械（Numerical Controlled Machine Tool）が，日本の工作機械生産総額の過半を占めるようになったのは，1980年から81年にかけてである．また，1979年にNC工作機械生産額で世界トップとなった日本は，1982年には工作機械生産額の全体でもアメリカを抜いて最大となった．さらにまた，1960年代までは輸出産業とはいえなかった日本の工作機械産業が，NC工作機械輸出に牽引され，1973年を境に圧倒的な輸出産業へと転化している．2000年の今日，日本の工作機械生産に占めるNC工作機械の比率は80％を超え，他の輸出産業とは異なり生産額で依然として世

界最大であり，工作機械貿易における出超構造はさらにその傾向を強くしている．これら諸指標は，いずれも工作機械産業の分析を行う上での「現代」という時期を，NC工作機械という新しい技術の発達と普及によって特徴づけられる時期として把握することの有意性を示すものである．

したがって，本章においては，上記の意味における工作機械産業の「現代化」の起点を，1970年代に求め，その特徴を明らかにするために必要な限りにおいて，1960年代と1980年代の一定期間についても分析対象とするものである．

(2) 工作機械生産における「現代」

今日の日本における工作機械メーカーの生産を特徴づける技術は，工場全体の生産管理を統括するコンピュータと，加工対象や加工済みの部品を搬送する自動搬送車，数千のパレットをもつ大規模な自動倉庫，そして大小さまざまなNC工作機械をワーク・フィーダーやパレット・チェンジャーと結合したFMS (Flexible Manufacturing System) と呼ばれる機械加工ユニットである．たとえば，ヤマザキマザックの美濃加茂工場を訪れる見学者は，まず初めにマシニングセンタ8台と材料パレット・ストッカーによって構成される比較的大がかりなFMSによる出迎えを受け，続いてNC旋盤2台とガントリー・タイプのロボット1台から構成されるFMS，自動工具交換機 (Automatic Tool Changer; ATC) 付きNC旋盤6台によって構成されるFMS，5台のマシニングセンタと自動倉庫，無人搬送車 (AGT) から構成されるFMS，4台のレーザー加工機と材料供給用の部品パレット，およびレーザー加工機に外付けされた切粉処理コンベアからなる板金加工用FMSなど，さまざまな種類のFMSによって構成された機械加工工程をみることになる[1]．これらFMSは，工場全体を統括するコンピュータによって直接管理されているものとそうでないものとがあり，ヤマザキマザックのアメリカ現地会社であるマザック・コーポレーション (Mazak Corporation) のFMSは，工場の中央付近に設置されたシステム制御用ブースに常駐するコンピュータに精通したエンジニアによって管

理されている．このブースはパノラマ式で中二階の高さに位置し，現場の作業者からエンジニアの様子が直接みえる構造になっているが，これは現場の作業者から出される工程変更やプログラムの不具合などに関する注文に対してコンピュータ・エンジニアが直ちに対応できるようにするためである[2]．

　これらFMSの本格的な展開は，1981年10月に稼働した山崎鉄工所（現在のヤマザキマザック）の大口工場や，1982年9月に完成した森精機製作所の伊賀工場によって開始され，機械加工工程における新たな自動化の進展を示すものとして，社会的にも広く注目された．山崎鉄工所のFMS工場が稼働を始めた翌日の『朝日新聞』は，この「深夜は無人操業」される「全自動化工場」を写真入りで掲載し[3]，1981年12月の『ニューヨーク・タイムズ』は，右手に日本刀を振りかざして鎧を着た巨大な「サムライ・ロボット」のイラストをほぼ1面の半分をさいて掲載し，「最新の日本」を象徴する「無人化された工場」の稼働を2面にわたる長文の記事によって紹介している[4]．

　しかし，1979年にNC工作機械の生産額でアメリカをしのいだ日本工作機械産業の生産技術は，これらFMSの本格的展開をみる以前の段階にあった．1977年の山崎鉄工所における工作機械設備は358台であったが，このうちNC工作機械は42台であり，機械設備全体の11.8％を占めるに過ぎなかったし，森精機製作所における工作機械設備は367台であったが，そのうちNC機の占める比率は16.8％で，台数にして63台というものであった（図表7.1）[5]．同じ1977年の日本におけるNC旋盤の市場占有率では，森精機が第1位で25.8％をしめ，山崎鉄工所は第3位で13.6％であったから[6]，これらメーカーの機械加工設備は，当時の日本におけるNC工作機械の生産技術を代表するものといえるが，その機械設備のうち80％から90％がNC工作機械ではなく在来型工作機械によって占められていたのである[7]．したがって，機械加工設備の80％から90％がNC機によって構成されている今日のFMS工場をもって，1970年代の日本におけるNC機生産の技術をイメージするとすればそれは誤りであり，毎年数億円単位で導入されるNC機による生産の自動化と，1960年代から蓄積されてきた在来機によるさまざまな合理化技術とが，互いに切結

びながら総体として日本工作機械産業の生産技術を形づくっていたのである．

図表7.1　1977年の日本工作機械メーカーにおけるNC工作機械設置状況

NC化率順位	企業名	全設備	NC機（MC）	自社製	他社製	NC化率(%)	DNC採用状況
第1位	牧野フライス	182	39　（17）	29	10	21.4	なし
第2位	森精機製作所	376	63　（12）	35	28	16.8	なし
第3位	新日本工機	290	41　（15）	32	9	14.1	信太山工場に1セット
第4位	山崎鉄工所	358	42　（25）	39	3	11.8	本社工場に1セット
第5位	浜井産業	130	13　（2）	6	7	10.0	なし
第6位	東芝機械	1045	69　（14）	35	34	6.6	沼津工場に1セット
第7位	大阪機工	860	47　（8）	47	0	5.8	本社工場に1セット
第8位	池貝鉄工	600	29　（8）	26	3	4.8	溝ノ口工場に1セット
第9位	ツガミ	893	40　（18）	10	30	4.5	なし
第10位	岡本工作機械	216	6　（2）	2	4	2.8	なし
第11位	豊田工機	1764	41　（11）	18	23	2.3	岡崎工場に1セット
	日立精機	716	61　（20）	55	6		習志野工場に1セット
	大隈鐵工所	760					本社工場に3セット

注1）　数値は工作機械設置台数．
　2）　NC化率とは生産設備として設置している工作機械に占めるNC工作機の比率．
　3）　大隈鉄工所はNC工作機械の設置台数を公表せず．
　4）　日立精機は一部関連メーカーのものも含む．
　5）　MCはNC機のうちマシニングセンタの台数．

出所）　田中・小嶋「工作機械実力時代がきた⑤」（『日経産業新聞』1977年9月3日付）．

そこで以下では，1970年代の日本工作機械産業にとって，NC工作機械製品の価格と納期における競争優位の基礎となった生産技術の内容について，NC工作機械導入以前における生産の合理化と，とりわけ1970年代後半になって急速に導入されたNC工作機械による生産の合理化とを区別して，具体的に記述することにする．

2．NC工作機械導入以前における量産技術の蓄積

1960年代を中心とする日本の高度経済成長は，中小零細企業を含むあらゆるレベルの機械加工メーカーにおいて，新規の設備投資を活発化した．このため

日本の工作機械産業は，期間が限定されていたとはいえ，国内において広範な工作機械需要を見いだしたのであり，これに対応するための手段として，各社は，工作機械の量産体制を形成していった．とりわけ，中小型の普通旋盤を生産するメーカーは量産によるコスト削減を通じた価格競争に勝利するために，従来の工作機械産業においては一般に採用されることのなかった大量生産の手法を導入することになる．すなわち，第一に，専用機の導入であり，第二に，ベルトコンベアの設置を含む流れ作業ラインの確立であり，第三に，各種ジグの多用である．これらの量産技術に加えて，多種少量生産において量産メリットを生むための工程管理法として，グループ・テクノロジーが適用されるとともに，景気後退局面の減産を考慮にいれた中小下請企業の利用も進められた．

(1) 専用工作機械の導入

日本工作機械工業会の調査によれば，1960年代前半，従来の汎用工作機械 (Multi Purpose Machine Tool) の機能の一部を著しく進化させた専用工作機械 (Special Purpose Machine Tool) が工作機械工場にも導入され始めている[8]．専用機の大部分はユーザーである個々の工作機械メーカーが設計・製作を行い，在来型工作機械の量産に使用したものである．当時新設された専用機には，多軸ボーリング専用機，多軸ドリリング専用機，タッピング専用機，横形精密中ぐりフライス盤，フライス盤テーブル加工用専用機等があった．このうち第一の多軸ボーリング専用機は，ギヤボックス，ベッド，コラム等の各軸孔を1度に加工することが可能な穴あけ専用機であり，第四の横形精密中ぐり盤は，大型部品の取付け取外しによる機械の休止時間を極力なくすため，全長12メートルのベッドに2つの回転テーブルを乗せ，1つのテーブル上で加工を行っている最中に，他のテーブル上で部品の取付け取外しを行うことができた．しかも90度の割出しができるので，1回の取付けで4面加工が可能という機械であった．また，第五のフライス盤テーブル加工用専用機は，一種のトランスファーマシンであり，10ステーションを有する中仕上用の機械設備2台によって，ダブテール，ネッキング，T溝，上下面，面取り等の全加工を行うことができ

た．総じてこれらの専用工作機械は，機械加工工程において金属切削に要する加工時間そのものを短縮するための技術であった．

これに対し1960年代中頃には，工作機械の組立工程における作業時間の短縮をはかる目的で，部品加工段階における機械加工精度の向上に焦点を絞った専用機の新設が多くみられた[9]．工作機械の組立工程では，他の製造業の場合とは違って，摺合わせという作業が行われる．すなわち，工作機械の摺動部や接合部における平面度，直角度，嵌合のクリアランス，個々の当り面の均一度などを，検査および修正する仕上げ作業である．熟練工の行うこれらの仕上げ作業の質によって，機械動作時における駆動の円滑性，加工精度寿命，操作性等が大きく左右される．摺合わせ作業は自動化が困難でほぼ全面的に熟練工の労働に依存しており，各種組立工程の中でも重労働で工数も多い．したがって，工作機械の生産性向上をはかるためには，この作業が最大の隘路となるわけである[10]．作業自体の自動化が困難である以上，摺合わせの回数を減らし，作業ができるだけ速やかに行われるようにすること，すなわち修正要因をつくらないことが課題となる．こうして，部品摺動面の真直度，直角度，表面粗さ等について，高精度の面加工を行う必要が生ずるのである．例えば，H社のフライス盤のニーの場合，コラム摺動面とサドル摺動面の直角度は，組立てた場合の撓みおよび熱変異を考慮に入れると，完全に直角に仕上げたのでは総組立後の精度検査で問題が生ずる．また，面粗さも相当高い程度を要求される．これらの必要を満足させるために，面削り専用大型精密フライス盤が設置された．この機械では，組立完成後48時間連続運転をして熱変異による機械精度の変化を時間の経過でとらえて一旦分解し，熱変異等による精度の変化分に応じて摺動面，基準面等を修正し，再度組立てるといった細心の配慮が払われていた．本機の開発と自動スクレパーの併用により，摺合わせ作業は大幅に工数を削減することができた．

また，このころ新興の普通旋盤メーカーだった森精機製作所のような企業の場合には，他社の製作する各種新鋭機を多数導入し，生産の合理化に努めた．当時の状況について現在社長である森幸夫氏は次のように語っている[11]．

「工作機械メーカー各社の技術陣の皆さんとは，私どもが工作機械の生産に着手した昭和33(1958)年頃から交流を重ねて参りました．つまり，当社が汎用機種の量産化を目指して製造設備の拡充に乗り出した頃，諸先輩メーカーの最新鋭工作機械を購入設置することができました．具体的に申しますと，歯車加工設備の増設が必要となれば，当時京都のカシフジさんが試作中だった新鋭機を購入し，やがてボールスクリューの量産化が緊要の課題となれば三井精機工業さんで開発途上にあったネジ研削盤を，さらに横中ぐり盤では東芝機械，5面加工ですとオークマさんや新日本工機さんなどで試作中の最新鋭機械を購入設置させて頂いてきました．時には，試作機の開発過程で当社が希望する機能とか仕様を盛り込んで頂いた事例も少なくありません．そのようにして私どもは，NC化時代の幕開けとともに一流メーカー各社の最高の技術者が，最新技術を駆使して試作されたばかりのマザーマシンを相次いで導入することができた訳です．」

(2) コンベア・システムの導入

1960年代も終わりに近づく頃，価格競争に汲々とする工作機械メーカー各社における量産技術の追求は，フォードの大量生産を特徴づけたのと同じ，流れ作業方式の導入にまで行き着いた．その典型は，組立工程におけるコンベア・システムの導入である．コンベア・システムが導入されたのは，摺合わせライン，部分組立ライン，全体組立ライン等によって構成される工作機械の組立加工部門のうち，全体組立ラインにおいてであった．また，導入されたコンベア・システムには2つの方式があり，1つは労働者が自らのポジションを固定したまま，コンベアに乗せられて移動してくるベッドなどの各種部品ユニットを工程別に組立てる方式で，他の1つは各ユニットを1列に並べた上で，労働者の方が移動して組立てる方式であった[12]．1962年の『日本機械学会誌』に掲載された豊田工機の円筒研削盤組立ラインにおけるコンベア・システムは，このうち前者の方式によるもので，1960年代末以降における工作機械メーカー各社によるコンベア導入の先駆的事例であった．

それまでの工作機械の組立ラインには，日本のみならず欧米においてもコンベア・システムが採用されることはほとんどなかった．これはマザーマシンとしての工作機械の組立には，組立てられる機械ユニットの水平位置の維持，つまり水準精度の維持が厳しく要求されたからである．この水準精度を維持するためには機械を乗せた土台がしっかりと固定されていなければならず，機械ユニットを乗せて移動するパレットにおける水平位置の不安定性は，この水準精度の維持の障害になると考えられたからである[13]．豊田工機におけるコンベア・システムは，次のような4つの基本原理にもとづいて，工作機械組立てにおけるコンベア採用の技術的困難を乗りこえようとするものであった．すなわち，第一に，移動パレットとその上に設置された機械ユニットとの相対的位置関係を，ただ1回の据付によって決定し，パレットの移動とは無関係に不変であるようにする．第二に，各工程への移動ごとに行われる機械ユニットの水準精度の再現は，パレットぐるみのレベリング方式で行う．第三に，水準精度の再現に要する時間を短縮するため，パレットぐるみのレベリングを遠隔集中操作方式によって行う．第四に，移動パレットのレベリングおよびレベリング解除を，トランスファー装置との連動性をもって行い，これに電気式の装置を用いる[14]．このうちとくに重要なのは，パレットぐるみのレベリング方式による水準精度の再現である．機械ユニットを据え付けられたパレットは，1メートルあたり30キログラムのレールの上を油圧機構によって移動し，作業員の待つ組立の各工程の前で停止する．停止したパレットは機械ユニットを乗せたまま，3つの支点と2つの補助支点において合計5本のジャッキによって持ち上げらる．これらのジャッキはボルト状になっており，作業者がハンドルを1回転することに0.56ミリだけパレットを持ち上げたが，すべてのジャッキは機械的に連結されていたので，ハンドルの操作は1人の作業者によって1カ所で行うことができた．この遠隔集中操作によって，作業者は各ジャッキの位置へ移動する必要がなくなり，しかも，パレットの水準精度をはかる水準器を見ながら，同時にすべてのジャッキを調整することができたので，水準精度の維持に必要な時間は3分以内におさえられ，再現された水準精度はコンクリートの床面

に固定した場合に比較しても遜色のないものになった[15]。このコンベア・システムの採用によって，当時豊田工機によって生産されていた4機種の組立て時間は平均34.5%短縮され，組立工程の製造原価は23.5%削減された（図表7.2, 7.3）[16]。

図表7.2 コンベア・ライン導入による時間短縮率（機種別，単位%）

対象機種	全仕上げ組立て時間の短縮
RSP 15-50	33
RSP 15-100	44
RU 28-50	31
RU 28-100	42
全機種平均	37.5

図表7.3 コンベア・ライン導入による原価低減率（機種別，単位%）

対象機種	全仕上げ組立て原価の低減
RSP 15-50	16
RSP 15-100	19
RU 28-50	30
RU 28-100	37
全機種平均	25.5

出所）富田環「精密な工作機械組立ての新コンベアシステム」（『日本機械学会誌』第65巻第526号，1962年，1531ページ）．

こうした先行メーカーにおけるコンベア・システムの成果を受けて，1960年代後半には，それまでコンベアを採用してもメリットが生じないと考えられてきた工作機械の最終組立工程において，コンベア・システムが広く導入されるようになった．1968年9月の時点で，いずれかの方式によるコンベア・システムを採用していた工作機械メーカーは，総合工作機械メーカーの豊田工機，普通旋盤メーカー大手の大隈鐵工所（現オークマ），瀧澤鐵工所，山崎鉄工所，汎用フライス盤の遠州製作，直立ボール盤の吉田鉄工，卓上ボール盤の吉良鉄工等の各メーカーであり，さらに計画中のメーカーも数社あったと報じられている[17]．後にNC旋盤とマシニングセンタの生産において森精機とともに上位を争う大隈鐵工所や山崎鉄工所が，この時までにコンベア・ラインを導入してい

たことが確認できる．このうち山崎鉄工所のコンベア・ラインは次のようなものであった[18]．工場には幅7メートルと2.5メートルの2本のコンベア・ラインが並び，機械本体に対する部品組付けはすべてコンベア上で行われた．幅の狭いコンベアが普通旋盤，幅の広いコンベアがNC旋盤や各種自動盤の組立に用いられた．部品はクレーンで36から40の各工程に運ばれ，従業員がヘッドストック組付やテールストック組付など自らの担当する作業を完了した後，普通旋盤は30分から40分，NC旋盤は1時間毎にコンベア移動する．これらの新しい設備は，構成要素のユニット化，部品の標準化等と相乗して生産性の向上に寄与し，時間短縮と原価低減においてかなりの成果をあげた．

(3) ジグの多用

また，森精機のように，単一機種・量産・コスト安をモットーに，流れ作業方式によって量産メリットの追求をはかりながらも，コンベア・システムについては採用しなかった事例もある．ここでは，むしろ多様なジグと取付具の製作によって，機械設備をほぼ専用機化して用いるとともに，機械加工を行う労働者が現場で設計図をみる必要を生じないという程までに，各種工程自体を細分化および標準化することで，熟練に依存しない工作機械生産を実現した[19]．

同社の工場には，自社製のNC旋盤のほか，各種の研削盤やマシニングセンタなど，当時としては新鋭の機械が数多く設置されていたが，加工精度の向上と安定化をはかるために，これらの機械は特定の加工に限定して使用された．たとえば，牧野フライス製作所のマシニングセンタはテールストックの加工専用であり，東芝機械の研削盤はベッドの加工専用であった．この方法は従業員にも適用された．品質と精度を維持しつつ効率のよい生産を行うためには，分業化・専門化の推進が必要であるとの判断から，個々の従業員が担当する部品の数は，1個から3個に限定されていたのである．

こうした工程の細分化・標準化を前提として，なおかつ工作機械に要求される一定の加工精度を確保するための最大の条件が各種ジグの開発である．ジグ(Jig：治具，治工具)とは，加工対象を機械のテーブルやチャックなどに取り

付ける際，あるいは工具の加工位置を設定する際に，その位置を正確に特定するための道具である．加工する部品の1つ1つについて，また個々の部品加工に要する各種の切削工程について，それに対応したジグがあらかじめ整備されていれば，熟練工の技能に依存しない高精度の加工が可能であるとともに，品質の安定が確保され，段取と加工後の検査に要する時間も大幅に短縮される．これらのジグを多用する森精機の工場では，さまざまな種類のジグが各加工機械の周囲に「びっしりと並べられ」，さながら「治工具の山」といった様相を呈しており，そのための専用棚が必要とされるほどであった[20]．

　これらジグが生産性の向上に果たした役割について森幸男氏は，「これが検査専従員を一掃できるほどの効率生産を可能にした最大の貢献者」であり，「取付治工具にこそ森精機のノウハウの結晶がある」と述べている[21]．そこに指摘されるように，ジグの多用によって，機械加工段階における不良品が大幅に減少したため，主軸，歯車，ボールネジなどの重要部品といえども，加工担当者がチェックした後に再度全量検査する必要がなくなり，品質と精度を最も重んじる工作機械の工場から，検査専従員が一掃されたのである．実際，同社の社内組織には検査部も検査課も設置されていなかった[22]．

(4) グループ・テクノロジーの導入

　以上のような本来の意味での大量生産技術の蓄積に加えて，1970年前後の時期に，日本工作機械産業によって積極的に導入されたのが，工程管理の手法としてのグループ・テクノロジー（Group Technology：GT）であった．グループ・テクノロジーとは，類似加工品の集約加工をするために，設計，準備作業，および加工の全般にわたって，系統的に適用される技術的，あるいは管理技術的な手法である[23]．この手法は，ソ連のミトロファーノフ（S. P. Mitrofanov）によってレニングラードの工場に適用されて非常に大きな成果を収めたため，当初はソ連，東欧を中心とする社会主義諸国において急速に普及し，その後資本主義各国にも広がった．たとえば西ドイツでは，アーヘン工科大学におけるオーピッツ教授の研究に基づきドイツ国内のさまざまな工場でこの手

法が適用されているし，イギリスのブリッシュの方式によるGTの手法はフランスのジューモンという工場へ導入されている．さらにアメリカでも工作機械メーカーのジョンズ・アンド・ラムソンがGTを用いて成果をあげたといわれている[24]．

　機械加工を担う産業では，日本に限らずどこの国においても，全体の75%程度で多種少量生産が行われているといわれるが[25]，とりわけ工作機械の生産は，典型的な多品種少量生産を余儀なくされ，労働集約型の悩みをかかえている．部品の種類によって加工手順が異なるので，ワークの流れはそれぞれの部品に対応して別々の流れを形成する．しかも，一般に部品加工は多段階の加工を必要とする．例えば，旋削，穴あけ，フライス削り，研削であり，部品によってその加工順序は異なる．また，加工に要する時間は工作機械によって異なり，それを平準化するために加工順序が定められるので，ワークの流れは部分的に輻輳する．すなわち，多様な種類の部品が，同一の機械加工現場において一斉に製造されるとき，多種類の部品の工程が複雑に入り乱れて工場内を流れるので，生産性は著しく阻害されることになる．また，多種少量生産であるため，加工する品物がたびたび変わり，そのたびに作業の段取替えをしなければならない．しかも通常は加工時間に比べて段取替え時間が相当に大きい．生産性を高めるためにまず段取替え時間の短縮がはかられるが，それには限界がある．

　GTはこのような問題点を打開して大量生産に近い生産性をあげることを目的として開発された生産管理の方法である．GTの考え方の基本的な特徴は，これまで種類の異なる部品については，それらの間にある相違点にだけ注目していたために，それぞれ別の工程によって加工していたのに対して，部品の間にある類似性に注目した点にある．すなわち，種類は異なるが形状的・寸法的・技術的に類似した部品何種類かを選び出してグループを作れば，少なくとも1工程を，うまくいけばいくつかの工程の全部を，同一の工程の流れにのせて段取替え無しに「まとめ加工」することが可能であろうという着想である．ここでいう技術的類似性とは，生産工程におけるワークの取付方法，加工方法，測定方法が類似していることである．

したがって，GT 導入のメリットは，第一に，部品の形状や寸法の多様性にかかわりなくワークの流れが一定化し，部品の搬送に要する時間と労力を節約できることであり，第二に，いくつかの工程を結合させて段取替えに要した時間を低減できることである．その結果として，多種少量生産の機械加工工場においてもいわゆる量産メリットを追求することが可能になる．これは GT の導入時における直接的効果であるが，今度はこうしたライン構成の確立を前提として，それに適した製品設計を追求することによって，さらなる合理化がはかられることになる．すなわち，個々の工作機械の特殊仕様を，同一あるいは類似の部品形状，部品要素，寸法領域，材料の部品で代替し，設計の効率化，標準化がはかられるとともに，機械加工工程における切削加工と組立工程における部品の組付けとを容易にし，作業時間の短縮が可能になる．さらにまた重要なことは，このような工程管理の手法が，多様な部品の複雑に入り組んだ流れを一定化し，部品の種類や寸法を中心とした工作機械の配置を実現したということが，結果として工作機械の生産現場における NC 工作機械の導入および NC ソフトの開発の準備作業となったことである[26]．

(5) 工作機械産業内部の下請構造

日本の製造業における重層的な企業間分業構造の典型は，Ⅲにおいて自動車産業にみられる[27]．工作機械産業においても同様の構造が形成された[28]．

1960年代から1970年代の前半に至るまで，とりわけ大手の工作機械メーカーにおいては，高精度の要求される主要部品のみを内製し，一般部品については極力下請メーカーに発注する方針が貫かれ，工作機械部品の外注依存が進んだ．しかも，従来の単一工程加工外注方式を，複合工程ないしはユニット外注方式に改めることにより，工作機械メーカー内部の直接作業時間の短縮がはかられた．たとえば，鋳物の納入については，鋳物部品メーカーに対して荒挽き加工まで行わせる方法がとられるようになった[29]．『機械技術』誌に掲載された「工作機械メーカー下請実態調査」の結果（図表7.4）によれば[30]，「親企業43社に対し，第一次下請企業として，完成品ユニットメーカー・機械加工業

図表7.4 1974年における工作機械メーカー43社の下請企業利用状況

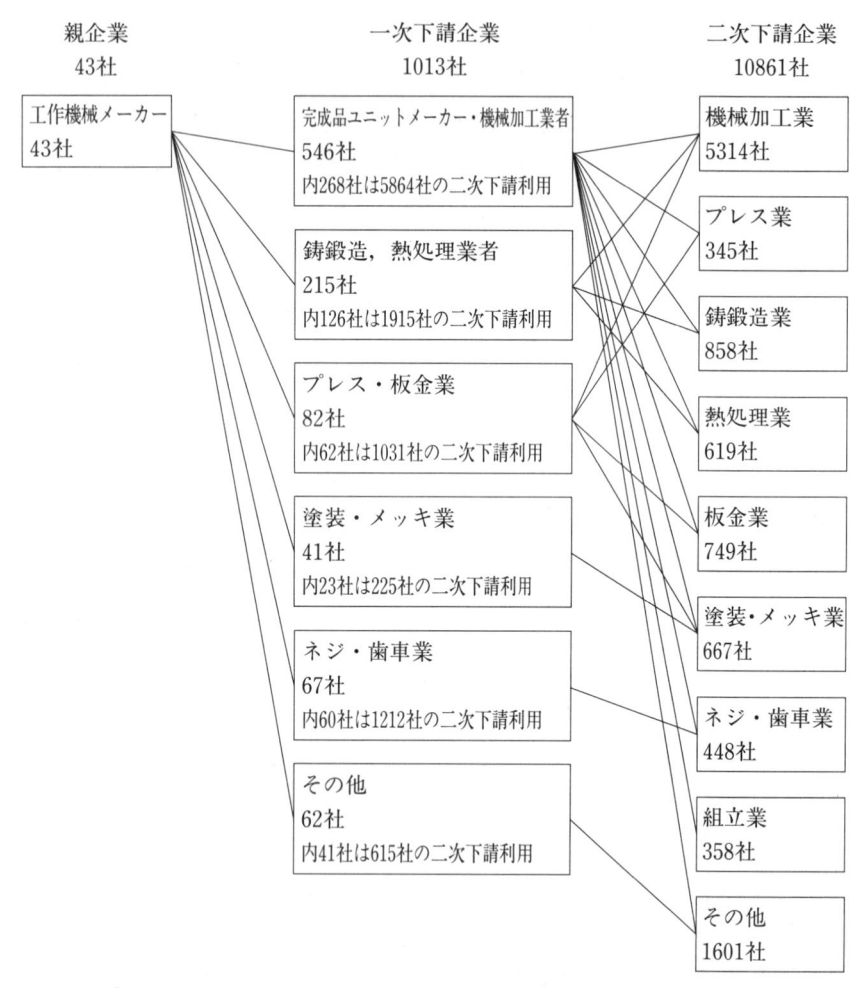

親企業 43社	一次下請企業 1013社	二次下請企業 10861社
工作機械メーカー 43社	完成品ユニットメーカー・機械加工業者 546社 内268社は5864社の二次下請利用	機械加工業 5314社
	鋳鍛造，熱処理業者 215社 内126社は1915社の二次下請利用	プレス業 345社
	プレス・板金業 82社 内62社は1031社の二次下請利用	鋳鍛造業 858社
	塗装・メッキ業 41社 内23社は225社の二次下請利用	熱処理業 619社
	ネジ・歯車業 67社 内60社は1212社の二次下請利用	板金業 749社
	その他 62社 内41社は615社の二次下請利用	塗装・メッキ業 667社
		ネジ・歯車業 448社
		組立業 358社
		その他 1601社

出所) 『機械技術』第22巻第7号，1974年7月，日刊工業新聞社，10ページより作成．

546社，鋳鍛造・熱処理業215社，プレス・板金業82社，塗装・メッキ業41社，ネジ・歯車業67社，その他62社，合計1,013社が存在している．さらに，この下に第二次下請企業があり，第一次下請企業の完成品ユニットメーカー・機械加工業546社で5,864社に及ぶ第二次下請企業を利用しており，第二次下請企業

全体で10,861社にも達し,外注加工形態も複雑になっている」[31].

これら工作機械メーカーにおける外注依存の実態については,以下の表に示すとおりである(図表7.5~7.7).

図表7.5 生産工程別にみた工作機械メーカーの外注依存度
＜大手5社の平均値＞

生産工程	企業数	依存度
鍛造品	13	100%
メッキ	5	100%
板金	13	90%
塗装	8	75%
鋳造品	20	50%
プレス加工	1	50%
機械加工	52	40%
ユニット	20	40%
ネジ歯車	7	30%
熱処理	5	10%
完成品	2	10%
その他	18	30%

出所)『機械技術』第22巻第7号,1974年7月,日刊工業新聞社,9ページより.

図表7.6 工作機械の製造原価構成にしめる外注加工費の割合

費用項目		比率
原材料費		10.5%
加工費		19.9%
機械加工費	10.3%	
組立費	5.1%	
歯切費・熱処理費・その他	4.5%	
外注部品費		20.6%
完成品購入費	1.1%	
外注鋳鍛造・製缶費	5.0%	
ユニット購入費	10.2%	
その他	4.3%	
汎用部品費		29.0%
経費		20.0%
合計		100.0%

出所)『機械技術』第22巻第7号,1974年7月,日刊工業新聞社,15ページより作成.

こうした外注化の結果,工作機械産業の製造費用に占める外注加工費の割合は16.5%と他産業と比較して高いものになっている.また,材料費と外注加工費を合わせた比率では,自動車の82.6%,精密機械器具の76.3%に次いで第3位であり,76.0%となっている(図表7.8).

図表7.7 一次下請企業の内訳

外注内容	企業数	比率
鋳　造	615	11%
機械加工	2589	46%
組立て	495	9%
ユニット	441	8%
製品一括外注	184	3%
板　金	588	10%
その他	704	13%
合計（延べ）	5616	100%

出所）　日本工作機械工業会『工作機械産業の生産能力と下請け構造』，1989年2月，機械振興協会経済研究所，8ページ．

図表7.8　業種別の外注加工と材料費の比率（単位：％）

業種	対象企業数	外注加工率	材料費率	外注加工率＋材料費率
自動車	10	1.1	81.5	82.6
精密機械器具	28	13.9	62.4	76.3
工作機械	11	16.5	59.5	76.0
一般機械	148	13.3	57.0	70.3
化学工業	135	1.4	68.8	70.2
電気機械機具	138	4.2	65.0	69.2
紙・パルプ	30	0.9	68.0	68.9
鉄　鋼	54	10.1	53.1	63.2

注1）　外注加工比率＝外注加工費／製造総費用，83-87年度平均，単位：％．
　　　材料費率＝材料費／製造総費用，83-87年度平均，単位：％．
注2）　対象企業は東京・大阪・名古屋の3大証券市場の1部・2部上場企業全社．但し，工作機械についてのみ，工作機械売上が全売上の50％以上をしめる企業のうち次の11社（日立精機，大隈鐵工所，牧野フライス製作所，森精機製作所，大阪機工，ツガミ，岡本工作機械製作所，倉敷機械，昌運工作所，瀧澤鐵工所，大隈豊和機械）とした．
注3）　データは有価証券報告書ベース．
資料）　日本開発銀行財務データバンク．
出所）　日本工作機械工業会『工作機械産業の生産能力と下請け構造』，1989年2月，機械振興協会経済研究所，40ページ．

3．NC 工作機械の導入による機械加工工程の自動化

　以上に述べてきたように，中小企業の低価格に対する要求に対応した日本のNC 工作機械の生産技術は，アメリカにおける大量生産方式と同様の技術的基礎，すなわち，専用機の使用，ジグの多用，ライン生産の採用を前提としており，それらをグループ・テクノロジーという工程管理法によって編成したものである．したがって，そこでは何か技術的に新しい発明や開発が行われたわけではないが，本来は多種少量生産を余儀なくされる工作機械生産において，こうした大量生産に特有の技術が導入された点に，日本工作機械産業の特殊性があり，低価格のNC 工作機械を実現した根拠があるといえる．
　しかも，こうした大量生産の技術はNC 工作機械の導入によって一層強化された．とりわけ，山崎鉄工所や森精機製作所といった新興の工作機械メーカーは，老舗メーカー各社が熟練工の技能に依拠した工作機械ブランドを確立していたのに対して，熟練工の代わりに専用機やジグを多用して高い自動化率を達成していたために，NC 工作機械の導入によって自らの仕事を代替される労働者の勢力が相対的に小さかった．別稿において述べたとおり，1970年代を通じて，汎用工作機械市場における主力製品がNC 工作機械へと移行していくにつれて，汎用工作機械市場において工作機械メーカー各社によって展開される競争の重点もまた変化し，同じ機械機能を前提として精度や耐久性を追求する品質をめぐる競争から，一定の品質を前提として新しい製品開発を追求する機械機能をめぐる競争へとシフトしていった．こうした汎用機市場における競争の重点の変化は，在来機製品が主流であったときには老舗メーカーの優位性として機能した多数の熟練工の存在を，むしろNC 工作機械の導入による自動化の追求を妨げるものへと転化させ，新興メーカーの劣位性として機能した優秀な熟練工の不足を，NC 工作機械の導入による自動化の急速な展開の積極的条件へと転化させた[32]．

(1) NC工作機械の導入

日本工作機械産業による工作機械生産全体においてNC工作機械のしめる比率は，1970年には7.8％に過ぎなかったが，1975年に17.3％，1980年に49.8％，1985年には66.6％となっており，とりわけ1975年以降急速に上昇している[33]．こうした1970年代における日本工作機械産業のNC化を牽引したのが，山崎鉄工所や森精機製作所といったNC旋盤の主要メーカーであり，これらメーカーにおけるNC化率は，産業全体のNC化率を大きく上回る速度で上昇した．たとえば山崎鉄工所の製品における金額ベースのNC化率は，1971年9月期に10％程度であったものが，1972年9月期には31％，1973年9月期で40％台，1975年3月期には初めて50％を超え，1977年3月期以降は70％から80％，1979年9月期には90％台になっている[34]．

これに対して工作機械メーカー自らが所有する工場の生産設備におけるNC化は，製品と同様のテンポでは進まなかった．たとえば山崎鉄工所の所有する生産設備におけるNC化率は，1977年で11.8％であり，同じ年の森精機製作所における生産設備のNC化率は16.8％に過ぎなかった（前掲図表7.1）[35]．それから20年後の1997年においては，これらメーカーにおける生産設備のNC化率は，80％から90％程度に達しており，研削盤を使用した精密部品の仕上げ加工工程などを除いて，機械加工工程のほとんどがNC化されているから[36]，この20年間で工作機械メーカーの生産設備における在来機とNC機の比率は，ほぼ逆転したことになる．したがって，生産設備のNC化自体は，これら工作機械メーカーにおける生産技術にとっても不可逆的な発展方向であったが，FMS工場の本格的展開をみる以前の1970年代にあっては，少なくとも機械保有台数に占めるNC機の比率は1割から2割の低水準にとどまっていたのである．

それでも新たに設備されるNC工作機械の絶対数自体は，とりわけ1970年代後半になって急速に増え続け，その夜間自動運転機能によって，NC機製品の機械加工工程における主力設備として活躍した．たとえば山崎鉄工所の1977年におけるNC工作機械設備の保有台数は，NC旋盤9台とマシニングセンタ

12台で双方合わせて21台であったが、2年後の1979年におけるNC工作機械設備の保有台数は、NC旋盤が27台、マシニングセンタが22台で合計49台となり、その絶対数はNC旋盤で3倍、マシニングセンタで1.8倍、合計で2.3倍に増えている[37]。また1979年から1980年にかけて森精機が導入した機械設備の主なものをみると、NC機では平均4,500万円前後のマシニングセンタが11台で4億9,000万円と台数・金額ともに最も多く、在来機では5,800万円のカービックカップリング研削盤1台、5,500万円の平面研削盤1台、5,000万円のネジ研削盤1台、3,000万円のプラノミラー1台などとなっており、在来型工作機械の用途が仕上げ加工工程における研削加工等に集中しつつあるのがわかる。また、これら工作機械設備のほかに4,000万円のラック倉庫（立体自動倉庫）が1台導入されており、NC機の導入とともにNC機を中心とした部品管理システムが構築されつつあったことがわかる[38]。

　これら新たに導入されたNC工作機械は、在来機に比較すれば依然として少数だったにもかかわらず、その工場を見るものに対して強い印象を与えた。たとえば、1977年5月に発行された『機械と工具』誌には、完成したばかりの森精機伊賀第3工場についてのレポートが掲載されており、この工場には「NC機、マシニングセンタがいたるところに導入されて」いる。すなわち、「わが国の代表的なマシニングセンタがずらりと並んで」いるとのべている[39]。実際、同工場におけるNC機の活躍ぶりは目覚ましかった。たとえば、NC旋盤用の往復台の加工に小型マシニングセンタが用いられ、NC旋盤用の主軸、心押台、ミッションの加工にもマシニングセンタが多用された[40]。また、NC旋盤用ボールネジに用いるナットのフライス加工にはNCフライス盤が用いられたが、この機械は同時に4個のワークを加工していた[41]。さらにまた、高周波焼入機によって部品1個当たり40分の焼入が施されたNCタレット刃物台に対しては、マシニングセンタによる切削加工が行われたし、スピンドルをはじめとする軸類の旋削工程においては、自社製のNC旋盤が多数設置されてフル稼働していた[42]。このうち、たとえばNC旋盤用往復台の加工においては、従業員1名が6台の小型マシニングセンタを担当していた[43]。

これら新たに導入されたNC工作機械のうち,メーカーが自ら生産する機種については自社製品が用いられ,自ら生産していない機種については他社製品が用いられた.したがって,たとえば1968年にNC旋盤を開発した森精機と山崎鉄工所の両社とも,NC旋盤については自社製品が用いられていたが,1970年に初めてタレット・タイプのマシニングセンタを開発した山崎鉄工所の場合,自社工場のマシニングセンタ設備についても自社製品が用いられていたのに対して[44],1981年に初めて立形マシニングセンタの生産を開始する森精機の場合,1970年代におけるマシニングセンタの増設は,大隈鐵工所,新日本工機,豊田工機などといった他社製品の購入によってまかなわれた[45].生産設備としての自社製品の導入は,製品開発の完了とほぼ同時に行われたが,これは生産性の向上という目的のためばかりではなく,新たな製品開発のための実際的な製品データの収集や,ユーザーに対して自社製品の能力を実演してみせるモデル・プラントとしての工場利用という目的を兼ねていた.たとえば山崎鉄工所が1968年に開発したNC旋盤マザック・ターニング・センター800R形および150R形の第1号機は,開発後ただちに同社の歯車加工工場へと導入され,1日16時間の長時間稼働が行われた.また,1971年に開発されたマザック・ターニング・センターM2形の1号機も,開発後ただちに同社工場内部のシャフト加工工程に設置された.これら自社製品については,生産現場での稼働状況が厳重にチェックされ,新製品開発における技術的改良のためのデータが蓄積されるとともに,加工現場に密着した効率的なソフトウエアの開発が日常的に進められた.こうして蓄積されたデータにもとづいて新たな製品が開発されると,データを提供した機械設備はこれをベースとして改良された後継機によって代替された.たとえば1971年に山崎鉄工所によって開発されたマザック・ターニング・センターM2形1号機は,これを改良して1975年に開発されたM4形1号機によって代替されている.したがって,これら工作機械メーカーの生産設備には,つねに開発されたばかりの最新鋭のNC工作機械が用いられてきたのである[46].

　こうしたNC機の増設によって保有設備の更新が進んだため,これらメー

カーの工場においては10年を超えて使用され続けている古い設備は相対的に少なくなっていった．たとえば，1979年3月において，森精機製作所が保有する機械設備は464台であったが，このうち過去10年以内に設置された機械が344台で全体の74％を占め，さらにこのうち過去5年以内に設置されたものは275台で全体の45％を占めていた．これが翌1980年の3月になると，保有機械設備全体では65台が拡充されて529台となったが，これによって過去10年以内に設置された機械は409台で全体の77％を占めることになり，過去5年以内に設置された機械が275台で全体の52％となって保有機械設備の過半数を占めるにいたった[47]．

(2) NC工作機械を中心とした無人加工システム

1970年代に工作機械メーカー各社の機械加工工場に導入されたNC機は，1980年代におけるFMS工場の確立を前に，一定時間の自動運転が可能な小規模な無人機械加工システムを構成する基本単位としても用いられるようになっていった．これら無人機械加工システムは，APC（Automatic Palette Changer）やAWC（Automatic Work Changer），などといったワークの自動交換機と，ATC（Automatic Tool Changer）と呼ばれる自動工具交換機を備えたNC工作機械である．山崎鉄工所の無人加工システムには，マシニングセンタを中心として構成した角物加工用無人システムと，NC旋盤を中心に構成した丸物用加工システムがあった．このうち角物加工用無人システムの構成には，たとえば1台の横形マシニングセンタH-15やH-20に，6つのパレットチェンジャーと2つのツールドラムチェンジャーを組合わせたものがあり，同社工場において次のように使用された．まず6枚のパレットの上に1台のNC旋盤を組立てるのに必要な角物部品をすべて並べ，それらを順次加工していく．そうすることで6枚のパレットのすべての加工が終了すると，部品を1セットにして組立工程へ渡すことができた．これによって山崎鉄工所製NC旋盤M4型機の組立における待ち時間が減少し，仕掛期間が大幅に短縮された．またこの6枚のパレットに据付けたすべての部品の加工に要する時間は約8時間であ

り，夜間には無人運転が行われた[48]．

このほかに山崎鉄工所の角物無人化システムを特徴づけたのは，1977年に日本機械学会賞を受賞したヤマザキ・マシニング・システム YMS-30 である．これは欧州の大手ユーザーからの要請にこたえて構想が固められたもので，具体的に研究開発がスタートしたのは1975年8月であり，翌1976年11月には完成した．開発は8名のプロジェクト・チームによって担当され，試作機完成までに要した開発費用は総額3億円にのぼった．この YMS-30 はワーク・セクション，マシン・セクション，ツール・セクションと呼ばれる3つのセクションから構成されていた．ワーク・セクションには，より複雑な加工を可能とするためのワーク設置台として，NC ロータリーテーブル，チルティングテーブル，ターニングテーブルなどの各種移動テーブルが装備され，またワークのプリセットや自動搬送を行ってアイドル・タイム削減を可能にするものとして，シャトル・テーブルが付設された．マシン・セクションは，コラム移動形マシニングセンタを中心に構成されたが，加工の効率化・多様化をはかるために，各種ツーリングおよびアタッチメントが付加された．ツール・セクションは，ツーリングの効率利用と段取替時のアイドル・タイムを大幅に削減するために，複数のツール・ドラム（自動工具交換用の工具収納ドラム）と，ツール・ドラムの交換を行うツール・ドラム・シフタ装置が施された．システム全体は大型コンピュータによって制御されたので，作業段取から切削条件の選定など1週間分程度の作業手順をコンピュータのメモリーに格納させることで，無人化運転をすることが可能となった．また，YMS-30 を構成する3つのセクションは，それぞれモジュラー設計を採用したモジュール構造になっており，必要に応じた各ユニットの追加や変更によるシステム全体の拡張がきわめて容易であるという特徴を備えていた[49]．

この YMS-30 は山崎鉄工所の大物ワーク加工工場に設置され，同社製 NC 旋盤であるダイナターン2Lおよび3Lのベッド，同社製マシニングセンタであるマイクロセンタ V-15 および H-15 のコラム，サドル，ベースなどといった，比較的大きなサイズの角物部品の切削加工に用いられた．これらの部品は

比較的複雑な形状をもち，ロット数も小さいため，在来型の大型フライス盤であるプラノミラーによる加工では，位置決めなどに長い時間を要し加工効率が悪かった．これに対して YMS-30 においては，大きなワーク・ホールディング・セクションとスライディング・ロータリーテーブルなどを用いて異なる数種のワークを数個並べることができ，それぞれのワークに応じたツールドラムを自動交換して使用し，一度のセットアップですべてを連続加工することが可能となった．また，加工中でも安全な場所でワークの着脱作業ができ，さらにツールドラムに収納しきれない特大ツールや上面を加工するアングルカッタ，多軸ドリルなど特殊ツールヘッドをテープ指令で自動交換することも可能となった．このため YMS-30 の導入によりアイドル・タイムが大幅に短縮され，在来機を使用した従来の加工方法に比べて3分の1から4分の1以下の加工時間となった[50]．

これら角物無人化システムのほかに，丸物無人加工システムとしては，1台の NC 旋盤スラントターン15に，ワーク着脱ロボットであるフレックスを1台と専用のワークコンベアを組合わせたものや，2台のスラントターン15に，専用 L 型ローダを組合わせたものなどがあった[51]．

(3) DNC システム

こうした NC 工作機械を中心に構成された無人加工システムのより大規模なものとして，DNC（Direct Numerical Control）と呼ばれる制御システムが，一部の工作機械メーカーの機械加工工程に導入された．これは1台のコンピュータによって数台の NC 工作機械を直接制御する機械加工システムであった．この DNC システムとして日立精機が開発したセイキプロダクションマスター・システム106は，同社の習志野工場と我孫子工場が統合された1978年，我孫子本社工場に設置された．日立精機のシステム106は，1972年に統合前の習志野工場に設置されたシステム102をベースとして開発されたものであった．102がグループ・テクノロジー志向で，汎用フライス盤の類似形状部品を加工する目的で試験的に開発されたのに対し，106はより多様な部品に対応できる

「実用システム」として組直されていた[52]．

102の機械構成が，8台のNC機と5台の在来機をあわせた合計13台の工作機械を基本としたものであったのに対し，106の機械構成は5台のマシニングセンタを基本としたもので，3台のMG-500，1台のMG-630，1台のMG-500V，およびチェーン・コンベア，プール・ライン，スタッカー・クレーンを有する格納棚，およびシステム全体を管理するミニコンピュータからなっていた．システムの基本構成を成す5台のマシニングセンタのうち，1台を除くすべてのマシニングセンタにはAWCと呼ばれる自動ワーク交換機が設置され，そのうちの1台にはパレット・プール・ラインが付設されていた．また，システムを構成する付属装置としては，切削状態監視装置，自動プログラミング装置，加工後の検査のための三次元測定機が設置され，さらにこれに関連する機能として，DNCの至近距離でジグの共通管理や機外セッティングを行うツールセンタが設置されていた[53]．

当時，日立精機電子計算部システム課の課長であった赤羽慶一氏によれば，これら構成要素から成るシステム106の技術的特徴は，次の6つであるとされた．第一に，パレット・プール・ラインによる多品種混合ワークの自動加工，第二に，ジグの標準化・統一化と集中管理，第三に，切削状態監視装置，第四に，テープ作成，NCデータ作成の合理化，第五に，検査作業の合理化，第六に，自己診断機能，以上の6つである．このうち第三の特徴である切削状態の監視は，パレット・プール・ラインをもつマシニングセンタMG-500にセットされた切削状態監視装置によって行われた．この装置によって，工具寿命，主軸負荷，加工時間などが把握され，加工中に異常が発生した場合には，機械を自動停止するとともに警報を発するようになっていた．また第五の検査作業の合理化は，三次元座標測定機によって行われた．これによって最初のワークの加工結果の記録，加工中の精度検査作業，通常作業における仕掛など，忘れがちな作業の確実な実行が可能となるとともに，繰返し部品の検査作業の標準化，検査作業の省技能化などもはかられた．さらに第六の自己診断機能については，システム106を構成する5台のマシニングセンタのうち，1台を除く4

台の機械にマイクロコンピュータを用いたシーケンス・コントローラが採用された．このシーケンス・コントローラの制御対象となったのは，ATC，パレット・プール・ライン，NC装置を除く機械制御全般であって，これによって制御装置の小型化，および外部に表れた故障の迅速な診断が可能となった[54]．

これらの技術的特徴をもつシステム106の加工対象となった工作機械部品は，ギヤボックス，ツールポスト，各種カバー，ブラケット類などであり，日立精機のワークサイズ区分からいえば中型に分類される寸法の角物部品であった．なお，同社の分類で大型の部品とされるのは，ベッド，テーブルなどのように1辺800ミリ程度以上の加工対象を指し，また小型に分類される部品の一部もシステム106によって加工されたが，その多くは外注先へ回された．これら加工対象となる部品の種類については，目標値として120種類が設定されていたが，1980年5月までの時点では72種類から73種類の部品を加工するにとどまっていた．部品1個当たりに必要な加工時間は15分から90分であり，加工される部品のロット・サイズは5個から60個で，ロットはほぼ1カ月単位で加工された．ただし，ロット数が二桁にみたないような少量部品の加工は相対的に少なく，中小型NC旋盤用部品のように50個から60個と比較的ロット数の大きい部品の加工が中心的に行われていた．なお，加工される部品の材質は限定されており，その95％以上が鋳鉄製部品であった[55]．

106はワークの完全自動搬送方式による無人運転システムへのステップとして開発されたが，実際には，多岐にわたるワークに対してパレット，格納棚，コンベアを対応させることはコスト的に不可能だったので，直接作業者2名，間接作業者1.5名を目標として，1日2直の6名の作業者によって運転された．このうち直接作業者とは，素材，部品の取付け，取外し，切粉の処理，部品の清掃，段取替時の補助作業，異常時の安全処理などを行う作業者であり，間接作業者とは，段取，ツール・セッティング，プログラムの理解，コンピュータ操作などを行う作業者であった．これら作業者によって行われる段取作業については，新しいワークで平均3時間，繰返しワークで平均1時間という段取時間が設定された．新しいワークの場合には，取付具と工具の装着，テープ確

認,加工部品のチェックなどの諸作業が,繰返しワークの場合には,取付け具と工具の装着,工具補正値の設定,加工部品のチェックなどの諸作業が,それぞれの作業者によって,設定された時間内に完了するよう指導された。システム106の稼働は1日2直制を原則とし,さらに深夜,早朝などの作業者不在の時間帯には1台のパレット・プール・ライン付マシニングセンタによって部分的に無人運転が行われた[56]。

日立精機我孫子工場におけるシステム106の稼働状況が公開されたのは1979年6月であり,1978年の導入からほぼ1年を経過していたが,1979年秋頃までには日立精機が設定したシステム106導入による合理化目標,すなわち従来の加工法に対して200%の生産性向上が果たされていた。ただし,生産性向上の比率は加工対象によってまちまちであり,1.5倍にとどまっているワークもあれば,3倍へ飛躍したものもあった。2倍となったワークの代表的事例としては4NE形NC旋盤用のツールポストがあり,上下面および周囲12角を2工程で加工し,加工時間は部品1個当たり1時間30分となった。この部品の加工には,他の部品との異種混合による無人加工が行われた。社内でこうした成果をあげたシステム106は,もちろん外部のユーザーにも販売され,1980年までに8セットの106が日立精機以外のユーザーに使用されていた[57]。

4. 製品のNC化による量産技術の展開条件の獲得

1960年代の日本の高度成長期における各種機械工業の旺盛な工作機械需要への対応を通じて,多種少量生産を特徴とする工作機械産業としては異例ともいえる量産技術を,機械加工工程,組立工程,工程全体における生産管理手法の各レベルにおいて蓄積した日本工作機械産業は,1970年代後半におけるNC工作機械導入による自動化の推進によって,機械加工工程における生産性をさらに高めた。

しかも,こうした生産設備レベルにおけるスケールメリット獲得の努力とは別に,製品である工作機械が在来型工作機械からNC工作機械へと移行して

いくことそれ自体が，それまでに蓄積された量産技術を展開するための基盤を拡大した．すなわち，工作機械の構造的変化に対応した部品点数の減少であり，また機能的変化に対応した製品機種の減少による機種当たり市場規模の拡大である．したがって，日本工作機械産業の工作機械生産高における諸外国と比較して高いNC化率は，市場規模の大きな中小型の旋盤を中心としたNC工作機械が主力機種であったことを前提とすれば，日本独自の大規模な生産能力を間接的に示す指標でもあった．

(1) 工作機械の構造的変化にともなう部品点数の減少

工作機械の主力機種が在来型工作機械からNC工作機械へと移行することにともなう工作機械生産の最大の変化は，何よりも工作機械の構造的変化によってもたらされるものである．在来型工作機械においては，工具と加工対象の位置決め，回転速度，工具による加工対象への切込み運動などすべての作業は，ネジ，歯車，軸などによって構成される機械的メカニズムによって媒介されていた．これら機械的機構の操作や調整は，各種ハンドルやレバー類を扱う作業者自身の手によって行われた．これに対してNC工作機械の場合には，NC装置が機械的メカニズムを代替するので，それまで切削作業を媒介していた各種の機械的機構を構成してきたネジ，歯車，軸類が不用となり，また，作業者の手によって直接扱われるハンドルやレバー類も不用となった．

たとえば，在来型の普通旋盤の機械構造は，ベッド，主軸台，心押台，往復台，送り変換歯車箱などの基本的ユニットから構成されており，主軸台には加工対象を保持して回転させるための主軸が設置されている[58]．この主軸の先端にある加工対象の取付具がチャックであり，加工対象はこのチャックによって主軸に保持される．加工対象を保持した主軸を回転させるために，モータによって生じた動力が歯車によって伝達される．往復台には，工具を取付ける刃物台が設置されており，刃物の移動は，機械の正面に向かった作業者からみて前後方向（X軸方向）への刃物台の運動と，横方向（Z軸方向）への往復台の運動によって果たされる．これら2つの方向への刃物の移動は，それぞれ切り込

み運動と送り運動と呼ばれ，刃物台送りハンドルと往復台送りハンドルという2つのハンドルを，作業者が自らの手で回転させることによって，ネジを媒介とした刃物の移動，つまり切削運動が行われるのである．この刃物台を乗せた往復台の移動速度は，送り速度と呼ばれ，自動送り機能をもった旋盤の場合，この速度は送り変換歯車箱内部における歯車機構によって媒介されて，主軸の回転に連動している．

これに対して，NC旋盤の場合には，主軸がモータ直結で駆動されるため，歯車による伝達を必要としなくなり，したがって主軸駆動用の歯車は消滅する．また，NC旋盤にあっては，刃物台の移動速度の調整がダイレクトモータによって直接行われるために，往復台の移動と主軸の回転運動を媒介する必要がなくなり，伝達機構としての送り変換用歯車箱内部の歯車機構もまた消滅する．さらにまた，作業者による機械操作を媒介するために必要であった各種ハンドルやレバー類も，NC旋盤においては各種スイッチに代替され，大幅に減少する．

以上のような在来型工作機械からNC工作機械への移行にともなう工作機械の構造上の変化によって，工作機械を構成する機械加工部品の点数は，ネジ・歯車を中心に30％から40％程度減少したといわれている．その結果，工作機械用機械部品の加工に必要とされる時間も大幅に減少し，在来型普通旋盤に必要とされた機械加工標準時間が380時間から390時間程度であったのに対し，NC旋盤に必要とされる機械加工標準時間は180時間程度であり，2分の1以下の時間ですべての機械加工工程が完了することになったのである[59]．

(2) 工作機械の機能的変化にともなう市場の拡大

次に，工作機械の機能的変化にともなう量産技術展開のための基盤形成についてであるが，これは工作機械のNC工作機械への発達にともなう汎用性の拡大による工作機械機種の減少によってもたらされる．

別稿でも述べたとおり，20世紀前半までの工作機械の発達が，機械加工の量的増大に対応した専用化・単能化という方向をとったため，工作機械の市場も

また専用化・単能化された多様な機種構成に応じて細分化・小規模化してきた．このため，従来の工作機械メーカーは，これら細分化された市場のそれぞれに特化して，小さい規模ではあるが，その市場においては国際的に通用する製品を製作することで，工作機械部門に特有の需要変動の波を乗り越えてきたのである[60]．

これに対して，1950年代になって新たに開発されたNC工作機械は，工作機械の発達方向に修正を加え，従来のような専用化・単能化の方向とは別に，汎用化・多能化する方向へと導いた．これはもちろん，機械加工の量的増大に対応した工作機械発達の方向を妨げるものではないが，それまで専用機的な工作機械による自動化のメリットを享受しえなかった汎用機の使用者にとって，その工作機械の汎用性を拡大しながら自動化のメリットを享受しうる初めての技術として，工作機械の発達に新たな階層を形成するものであった．こうして汎用性を拡大したNC工作機械は，在来型工作機械において細分化されていた小規模な工作機械市場の境界を取り除いた．

たとえば，1955年から1965年当時の工作機械機種の分類表によれば，旋盤という大項目の中には，11機種の小項目がもうけられている．すなわち，卓上旋盤，普通旋盤，工具室旋盤，正面旋盤ないし短床旋盤，タレット旋盤，自動旋盤，単軸自動盤，多軸自動盤，立旋盤，多刀旋盤，特殊旋盤である．しかも，このうち立て旋盤には，大形立旋盤という小分類があり，また自動旋盤には単軸と多軸の区別が，さらに特殊旋盤にはカムシャフト旋盤，輪心旋盤などの小分類があった．このうち，NC工作機械における機械機能の多能化によって代替されないものは，卓上旋盤，多軸自動盤，大形立旋盤，特殊旋盤の4機種に過ぎず，他の7機種については，機械機能の上ではNC旋盤によって代替可能であり，機械加工現場の主力機種としては使用されることが少なくなった[61]．しかもNC旋盤は，工具回転軸を付加されることによって，ターニングセンタと呼ばれる工作物回転形マシニングセンタになっているから，在来型のフライス盤によるフライス加工の一部，ボール盤による穴あけ加工の一部，中ぐり盤の中ぐり加工の一部をも代替できるようになっている[62]．したがって，

森精機製作所や山崎鉄工所など,普通旋盤メーカーからNC旋盤メーカーへと移行した工作機械メーカーの場合,従来の普通旋盤市場に加えて,工具室旋盤市場,正面旋盤ないし短床旋盤市場,タレット旋盤市場,自動旋盤市場,単軸自動旋盤市場などといった,各種市場を浸食する条件を得たのであって,こうしたNC工作機械への移行にともなう大規模な市場の成立が,高度成長期以降蓄積してきた量産技術を展開するための客観的条件となったのである[63]。

5. NC工作機械の生産における日本的特質

(1) 工作機械産業における量産の意味

さて,これまで本章においては,日本工作機械産業の競争上の優位性の1つである短納期と低価格の根拠であると考えられる,いくつかのモメントを抽出し,それらを個別的に叙述してきたのであるが,最後に問題にしなければならないのは,これら諸契機の間の整合性について,とりわけ生産技術としてのNC工作機械導入以前における量産技術の採用ないしは多種少量生産を量産化するための手法と,NC工作機械の導入による機械加工工程の自動化とをどのように総合的に理解するのかについてである。というのは,一般にNC工作機械およびそれを技術的基礎として発展した生産システムは,1960年代の高度成長期から1973年の第1次オイルショックを契機とした低成長への移行という経済情勢の変化に直面して,大量生産から多種少量生産への転換を余儀なくされた自動車をはじめとする各種機械工業の要請に対応したフレキシブルな技術であると考えられているからであり,これが従来の大量生産における技術的基礎とは矛盾するようにみえるからである。したがって,工作機械生産におけるNC機導入以前の技術と,NC機導入以後の技術とは,断絶的にとらえられるべきなのか,連続的にとらえられるべきなのかという問題が生じるのであり,もし断絶性の側面のみにおいて理解するのであれば,NC機導入以前の技術については,製品としてのNC工作機械の生産性や納期における技術的基礎として位置づけることは不適切であるということになる[64]。

しかしながら，ここで考慮しなければならないのは，高度成長期から低成長への移行という経済情勢の変化が，自動車や家庭電化製品などといった耐久消費財産業に与えた影響と，工作機械のような生産財生産部門に与えた影響との区別である[65]．すなわち，高度成長期における各種産業の旺盛な設備投資に支えられた一時的な国内市場規模の拡大があったとはいえ[66]，そもそも工作機械産業における市場規模は自動車産業などと比較して圧倒的に狭小であり，しかもその狭小な市場の中でさらに市場が細分化されていた．そのため工作機械生産の基本的特徴は，高度成長から低成長への移行という大きな経済的変化が生じる以前から，一貫して多種少量生産を余儀なくされてきた点にあり，そのこと自体について本質的な変化はなかったということである．したがって，自動車や家庭電化製品といった耐久消費財産業と対比するならば，それら産業の生産方式が少種大量生産から多種少量生産への転換を余儀なくされたのと同じ時期に，工作機械産業の生産方式は，従来から多種少量生産であったものが，依然として多種少量生産を余儀なくされていたととらえるのが適切であろう．つまり，日本工作機械産業における「量産」という表現は，あくまでも他の諸国の工作機械産業に対比した場合の生産規模の大きさを意味するものであって，自動車産業などを念頭に置いた場合の「量産」とは生産の絶対量および質において異なるのである．また，量産体制確立のための技術的基礎については，それ自体としては自動車産業などにおける技術と同じものも採用されているが，そもそも生産管理上の目的が異なり，現存する量産の必要性に対応した技術ではなく，現存する多種少量生産における生産性向上のための技術であると理解されるべきであろう．

(2) NC 工作機械の生産における日本的特質

以上の検討から明らかなことは，1970年代までの日本工作機械産業における生産過程を貫く特質が，本来その生産財生産部門としての性格に規定されて，多種少量生産を余儀なくされる工作機械産業の中にあって，量産技術の応用ないしは多種少量生産を量産化する工夫を行うことによって，工作機械の生産に

おける生産性の向上を追求し続けてきた点にあるということである．それが，1960年代から1970年代のある時期までは，機械加工工程における専用機の導入，ジグの多様，組立工程におけるコンベア・システムを含むライン生産の導入，および生産工程全体の管理手法としてのグループ・テクノロジーの採用によって主として果たされてきたのであり，とりわけ1970年代後半以降においては，単体としてのNC工作機械の導入，大規模な自動倉庫やワークの自動交換設備などと結合されたシステムとしてのNC工作機械の導入，あるいは複数のNC工作機械をミニコンピュータによって管理するDNCシステムの導入によって，機械加工工程における自動化を実現することで果たされてきたのである．

　しかもこうした生産過程内部における量産技術の応用および多種少量生産を量産化しようとする努力が，在来型工作機械からNC工作機械への主力製品の移行にともなう機械構造上の変化ならびに機械機能上の変化によって，さらにその展開条件を獲得した．機械構造上の変化によって獲得された条件が，機械部品点数の減少によって規定された機械加工工程における工数の減少と加工時間の減少であり，また機械機能上の変化によって獲得された条件が，機械の汎用性の増大にともなう工作機械機種の減少に規定された相対的に大規模な市場の成立である．

　こうして，1960年代から1970年代にかけて蓄積されてきた在来機レベルにおける各種量産技術の採用と多種少量生産を量産化しようとする努力，すなわち，専用機，コンベア・システム，ジグ，GTの採用と，1970年代後半から急速に導入された単体としてのNC工作機械，NC機を中心とした無人加工システムなどといった工作機械メーカー内部における一連の生産合理化の過程は，下請けメーカーの生産性向上の努力によって支えられながら，日本の工作機械メーカーにおける生産力を拡充し，工作機械産業としては世界に例のないほどの大規模な量産メーカーを誕生させた．

　今日の日本を代表する工作機械メーカー各社は，いずれもこうした意味における量産技術ないしは多種少量生産を量産化するための手法をその生産方式と

して採用しており，とりわけ新興のNC工作機械メーカーとして台頭した森精機製作所と山崎鉄工所の2社は，1970年代後半から1980年代を通じて，従来の老舗メーカーを凌駕する地位を築くとともに，日本のNC機を国内の中小企業ばかりでなく世界の機械加工現場に普及させる量産メーカーとなっていった[67]。

こうして獲得された森精機や山崎鉄工所を初めとする日本工作機械メーカー各社におけるNC工作機械の生産能力が，アメリカを初めとする世界各国の工作機械産業に比していかに大規模なものであったのかについては，サイベラスとペイネが1982年5月から1983年9月にかけて行った各国工作機械メーカーの機種別月産能力に関する調査によって知ることができる（図表7.9）。

この図によると，日本におけるCNC旋盤の生産能力は，最も小規模な生産を行うメーカーであっても月産50台であって，最大では月産200台に達する。これに続くイタリアが45台前後，西ドイツが20数台から40数台，アメリカが20台から40台となっている。したがって，本章でとくに注目しているアメリカの工作機械メーカーにおけるCNC旋盤の1カ月当たり生産台数は，最大のメーカーでも日本の最小のメーカーに20％程度の格差をつけられ，アメリカ最小のメーカーと日本最大のメーカーとの格差は実に10倍にも達している。こうした量産能力の格差は，CNC旋盤において圧倒的であるが，マシニングセンタにおいても同様の傾向がみられ，日本で最大の生産能力をもつメーカーは1カ月に75台程度のマシニングセンタを生産しているのに対して，アメリカで最大の生産能力をもつメーカーは1カ月に40台のマシニングセンタを生産するに過ぎず，その格差は約1.9倍にもなる。これに対して，主としてトランスファーマシンを念頭に置いて調査された専用機部門における月産能力は，アメリカのメーカーが世界最大で1カ月に6セットのトランスファーマシンを生産するのに対して，日本のメーカーは最大でも1カ月に3セットのトランスファーマシンを生産する能力しかなく，アメリカにおける最大メーカーの2分の1となっている[68]。

そしてこれら工作機械メーカーとしては異例の量産能力の技術的基礎を特定

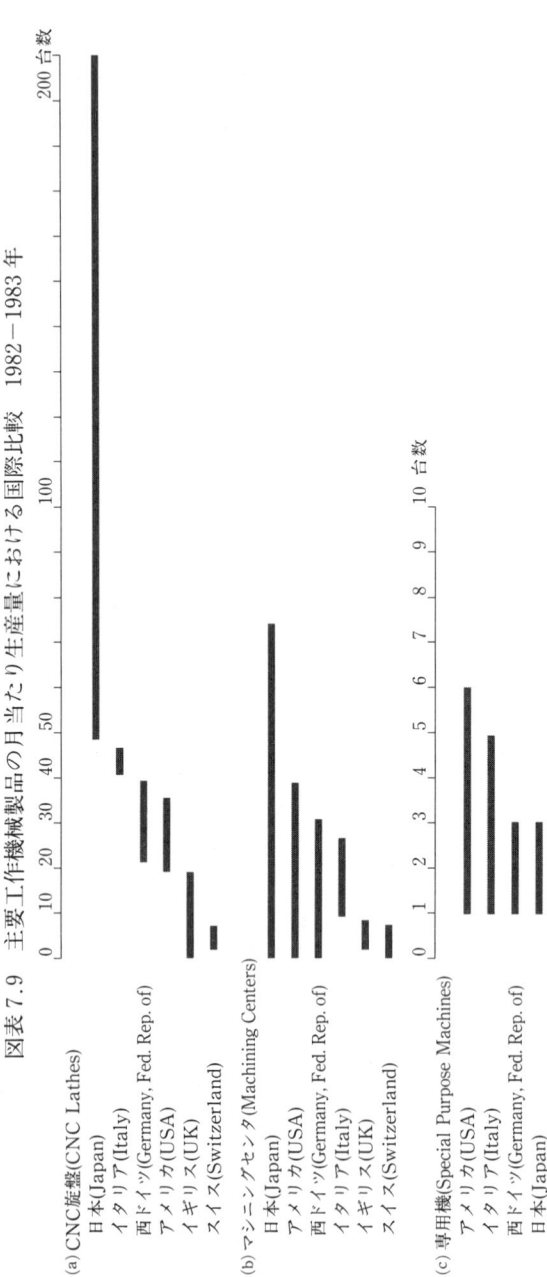

図表 7.9　主要工作機械製品の月当たり生産量における国際比較　1982-1983 年

(a) CNC旋盤(CNC Lathes)
日本(Japan)
イタリア(Italy)
西ドイツ(Germany, Fed. Rep. of)
アメリカ(USA)
イギリス(UK)
スイス(Switzerland)

(b) マシニングセンタ(Machining Centers)
日本(Japan)
アメリカ(USA)
西ドイツ(Germany, Fed. Rep. of)
イタリア(Italy)
イギリス(UK)
スイス(Switzerland)

(c) 専用機(Special Purpose Machines)
アメリカ(USA)
イタリア(Italy)
西ドイツ(Germany, Fed. Rep. of)
日本(Japan)
イギリス(UK)
スイス(Switzerland)

注 1)　図に示すのは、各国の調査対象メーカーの月間生産台数を基準とした分布である。
2)　CNC旋盤について、イタリアとスイスの調査対象メーカーは、調査当時の両国における唯一のCNC旋盤メーカーであった。したがって、両国のCNC旋盤月間生産量については、複数のメーカー間における生産台数の「幅」を示したものとはなっていない。
3)　専用機は主としてトランスファーマシンを指す。専用機の生産量について分析する場合、次の2点に留意する必要がある。第一に、その専用的な特殊性ゆえに、厳密な意味での月間生産量の比較は不可能であるという点である。第二に、これら機械の「月間」生産量は他機種以上に版めて可変的であり、「年間」生産量においてですら大幅な変動があるという点である。とくに後者については、主要なトランスファー・ラインユーザーである自動車メーカーにおける設備更新サイクルの影響である。

資料　1982年5月から1983年9月にかけてサイベラスらによって行われた、アメリカ、日本、ヨーロッパ各国の国内全域における工作機械メーカーの実態調査に基づいている。

出所　E. Sciberras and B. D. Payne, *Machine Tool Industry: Technical Change and International Competitiveness*, 1985, Longman, p. 90.

する場合に重要なことは，それが1981年における山崎鉄工所のFMS工場，1982年における森精機のFMS工場の完成に代表される，大規模なFMSの導入を必ずしも必要条件とはしていないということである．もちろんサイベラスとペイネによる調査自体は，その時期からみてこれらFMS工場設立による生産力の拡充を前提としたものであると考えられるが，森精機や山崎鉄工所などの新興メーカーは，すでにそれ以前の時点においてこの調査結果と同等ないしはそれ以上のNC工作機械の量産能力を獲得している．たとえば1978年1月には85台のNC旋盤しか生産していなかった森精機製作所の生産台数は，3ヵ月後の1978年4月には100台，1979年6月に150台，1979年10月に180台，1980年1月に200台，1980年4月に220台，1980年5月に240台，そして1980年9月には260台となった[69]．したがって，同社最初のFMS工場が完成する2年前の1980年1月の時点において，すでにサイベラスとペイネの調査で世界最大の生産規模とされる月産200台が達成されているし，FMS工場完成の1年前である1980年9月には260台の生産実績を示し，同調査における最大の月産規模を25％も上回っている[70]．また1979年時点における山崎鉄工所のNC機生産台数は，1979年の7月から9月の平均でNC旋盤150台，マシニングセンタ50台となっており，森精機の同時期におけるNC旋盤の生産能力に引けを取らない規模となっている[71]．

　また，FMS工場と納期との関係についても同様のことがいえる．たとえば，1970年代後半におけるアメリカのNC旋盤メーカーの納期は平均して6カ月から12カ月の範囲であったのに対して[72]，1976年当時NC旋盤で業界第3位に位置し，生産高ベースで12.8％のシェアを有していた山崎鉄工所の場合，このころ既に3カ月という短納期を実現していたし[73]，1976年に日本最大のヒット商品であるTLシリーズを生産して業界のトップに位置し，金額ベースで33.4％のシェアを有していた森精機製作所にいたっては，平均納期がわずかに1カ月半に過ぎず[74]，国内のライバルメーカーの中でも突出して短い納期を実現していた．

　したがって，NC工作機械の価格と納期をめぐる競争力を規定する量産能力

の技術的基礎としては，FMS は必ずしも不可欠の要素とはいえない．むしろ FMS は，すでに獲得された工作機械産業としては世界でも突出した量産能力を前提としつつ，その機械加工工程と準備工程における一層の自動化による生産性向上の手段として導入されたとみるべきであろう．量産能力自体の技術的基礎は，歴史的に蓄積された量産技術の応用と多種少量生産を量産化する工夫，すなわち専用機の導入や，ジグの多用，ベルトコンベアを含むライン生産の採用，工程管理手法としてのグループ・テクノロジーの導入，および単体としての NC 機の導入やシステムとしての NC 機の導入による機械加工工程の合理化によって，すでに形成されていたのである．

こうして確立した技術的基礎に依拠して，NC 工作機械の価格と納期における競争優位を獲得した日本工作機械産業は，1979年に世界最大の NC 工作機械生産を達成し[75]，1982年には世界最大の工作機械生産をも達成するのである[76]．

6．おわりに

これまで，1970年代を中心とした日本工作機械産業の生産過程における技術的変化について，まとまった考察を行っている研究は少ない．したがって，本章に一定の意義があるとすれば，それは何よりもその研究対象として，日本工作機械産業の生産過程における同時期の技術的変化を取りあげた点にある．

そこでは，第一に，1960年代から1970年代初頭までの「量産技術」の導入による生産力拡充と，その後の1970年代後半以降における NC 機の導入による生産力拡充とを区別して把握した上で，これら2つの技術変化の双方を，今日に至る日本工作機械産業の競争優位形成過程として，統一的に理解する試みが示された．

また，第二に，主力製品の NC 化にともなう部品点数の減少と汎用性の拡大が，本来的には多種少量生産業種である工作機械産業において，在来機種の再編淘汰による製品市場の拡大をもたらし，それまで追求されてきた多種少量

生産の量産化による生産性向上の努力が新たな展開の条件を獲得したことが明らかにされた．

しかし，日本工作機械産業の価格と納期をめぐる競争優位の規定要因として，また，「現代」における工作機械生産の特徴を示す諸要素として，これですべてがつくされているわけではない．

まず，工作機械メーカー内部の問題としては，技術は取りあげられているが労働は取りあげられていないという点である．これは筆者が，価格と納期をめぐる競争優位の最も規定的な要因を，新技術の導入にともなう自動化の進展であるとらえているからである．したがって，本章の叙述も，自動化の容易な機械加工工程についての考察が中心であり，依然として自動化が困難な組立加工工程についての考察の比重は相対的に小さくなっている．

しかし，競争優位を規定した要因とともに，競争劣位を規定した要因にまで分析対象を広げ，個別企業間の競争関係にまで立ち入って考察を行う場合には，労働，労働者，労働組織の問題が重要な要素となる．たとえば，熟練工の技能に依存してその地位を築いてきた池貝鉄工，日立精機などの老舗メーカーが，なぜ山崎鉄工所，森精機などの新興メーカーに台頭を許したのかを考察するための鍵となるのは，一方における熟練工の存在と，他方における熟練工の不在という問題であろう．しかも，日本国内の老舗メーカーと新興メーカーの競争における熟練工をめぐる問題は，実際には，日本の新興メーカーと海外の老舗メーカーとの関係を考察する場合にも，国内におけるそれ以上に重要な論点となるであろう．

また，工作機械産業における下請の利用についても，工作機械生産における1つの要素としては取りあげているが，その具体的内容や変化，およびそれが日本工作機械産業の競争優位に果たした役割に対する評価は行っていない．とりわけ，NC工作機械の生産にとって，どうしても回避することができないのは，在来型工作機械にはなかった各種電装品における外注利用であり，NC装置という主要ユニットにおける外注依存の実態である．この部分はNC工作機械の性能を大きく左右するとともに，価格と納期における競争力を大きく規

定する要因でもある．

以上課題を確認した上で，本章の結びとする．

1) ヤマザキマザック美濃加茂工場における実態調査，1997年7月29日．
2) MAZAK CORPORATION における実態調査，1997年3月17日．
3) 『朝日新聞』1981年10月27日付．
4) Lohr, Steve "New in Japan: The Manless Factory", *New York Times*, December 13, 1981.
5) 田中，小嶋「工作機械実力時代がきた ⑤」『日経産業新聞』1977年9月3日付．
6) 中島，柴田 (1979)「NC化で急成長続く森精機」『証券投資』309号，41ページ．
7) なお，1977年におけるNC旋盤のシェアで第2位の16.7%であった大隈鐵工所の工作機械設備は760台であったが，NC機の使用状況については公表されていない．田中，小嶋前掲記事．
8) 日本工作機械工業会 (1985)『工作機械工業戦後発展史II』機械振興会経済研究所，222ページ．
9) 同上，222-223ページ．
10) 「脱"紺屋の白袴"に取り組む工作機械業界の合理化現況」『月刊生産財マーケティング』1980年5月号，ニュースダイジェスト社，A-96-A-97ページ．
11) 日本工作機械工業会 (1992)『成長，変革―10年の記録』23ページ．
12) 日本工作機械工業会，前掲『工作機械工業戦後発展史II』227ページ．
13) 冨田環 (1962)「精密な工作機械組立の新コンベヤシステム」『日本機械学会雑誌』第65巻第526号，1522ページ．
14) 同上，1523ページ．
15) 同上，1523-1524，1526ページ．
16) 同上，1529-1531ページ．
17) ニュースダイジェスト社 (1974)『工作機械工業10年の軌跡』53ページ．
18) 田中，小島前掲記事．
19) 「検査革命」『日経産業新聞』1978年3月30日付．
20) 同上．
21) 同上．
22) 同じ記事において，同社の総務担当者（当時）は「鋳物，NC装置，プレス加工部品など外注品をチェックする従業員が一人いる程度」と述べている．
23) 「グループテクノロジーは現場にどのように活用されているか」『機械と工具』

1967年5月号，工業調査会，15ページ．
24) 同上，15-16ページ．人見勝人，中島勝，吉田照彦，小島敏彦（1981）『GTによる生産管理システム』日刊工業新聞社，10-12ページ．
25) 清原邦武（1969）「グループテクノロジー構想の中のビルディング・ブロック・システム」『機械と工具』1969年6月号，工業調査会，17-22ページ．
26) 池上一志（1989）「製造工程におけるME化」中央大学企業研究所編『ME技術革新と経営管理』1989年，中央大学出版部，40ページ．
27) 河邑肇（1997）「NC工作機械の発達を促した市場の要求－日米自動車産業における機械加工技術－」大阪市立大学経営学会，『経営研究』第47巻第4号，有斐閣，106-113ページ．
28) 1970年代における工作機械メーカーによる下請利用の実状とその変遷については，居城克治氏による以下の論文に詳しい．居城克治（1974）「工作機械工業における外注依存の実態」『機械経済研究』第7号，機械振興協会経済研究所，71-77ページ．同前（1980）「NC工作機械化の進展と外注依存の変化」『機械経済研究』第13号，機械振興協会経済研究所，53-67ページ．同前（1980）「メカトロニクスの進展と外注依存の変化」『商工金融』第30巻第4号別刷，商工組合中央金庫．また鈴木孝男氏は，こうした下請関係の形成過程について，受発注企業双方の実態調査に基づく分析を行っている．鈴木孝男「工作機械工業における下請生産体制の形成とその変容」『千葉商大論叢』第31巻第2号，1993年，千葉商科大学国府学会，97-126ページ．
29) 日本工作機械工業会，前掲『工作機械工業戦後発展史II』228ページ．
30) 機械技術協会編（1974）「機械工場における無人化モデルの実際」『機械技術』第22巻第7号，日刊工業新聞社，10ページ．
31) 居城克治 前掲（1974）「工作機械工業における外注依存の実態」『機械経済研究』第7号，機械振興協会経済研究所，74ページ．
32) 河邑肇（1998）「工作機械メーカーの製品開発システムと販売・サービス活動」坂本清編『日本企業の生産システム』1998年，中央経済社，172-174ページ．
33) 日本工作機械工業会（1993）『工作機械産業統計要覧』．
34) 山崎鉄工所60年史編纂委員会（1979）『還暦迎えた若きマザックのきのうとあす』株式会社山崎鉄工所，105，112-113，176ページ．
35) 田中，小島前掲記事．
36) ヤマザキマザック美濃加茂工場における実態調査，1997年7月29日，および森精機製作所における実態調査，1997年8月3日．
37) 山崎鉄工所60年史編纂委員会，前掲書，176ページ．
38) 前掲「脱"紺屋の白袴"に取り組む工作機械業界の合理化現況」『月刊生産財

マーケティング』1980年5月号, ニュースダイジェスト社, A-99-A-100ページ.
39) 鈴木茂 (1977)「NC旋盤の量産化を確立：森精機製作所・伊賀工場」『機械と工具』121巻5号, 17-24ページ.
40) 同上, 18ページ.
41) 同上, 19ページ.
42) 同上, 18ページ.
43) 同上.
44) 山崎鉄工所「MAZAK製品開発の沿革」山崎鉄工所60年史編纂委員会, 前掲書, 付表.
45) 森精機製作所提供資料. 前掲「脱"紺屋の白袴"に取り組む工作機械業界の合理化状況」『月刊生産財マーケティング』, 1980年5月号, ニュースダイジェスト社, A-99ページ.
46) 山崎鉄工所60年史編纂委員会, 前掲書, 176-177ページ.
47) 森精機製作所提供資料. 前掲「脱"紺屋の白袴"に取り組む工作機械業界の合理化状況」『月刊生産財マーケティング』, 1980年5月号, ニュースダイジェスト社, A-99ページ.
48) 福村直慧, 長江昭充 (1981)「工作機械の最近の動向」『機械の研究』第33巻第11号, 養賢堂, 1232-1233ページ. 山崎鉄工所60年史編纂委員会, 前掲書, 179-180ページ.
49) 山崎鉄工所60年史編纂委員会, 前掲書, 160-162ページ.
50) 同上, 177-178ページ.
51) 福村直慧・長江昭充, 前掲論文, 1232-1233ページ.
52) 前掲「脱"紺屋の白袴"に取り組む工作機械業界の合理化状況」『月刊生産財マーケティング』1980年5月号, ニュースダイジェスト社, A-90ページ.
53) 同上, A-90-A-91ページ.
54) 同上, A-92-A-93ページ.
55) 同上, A-91-A-92ページ.
56) 同上, A-92ページ.
57) 同上, A-90-A-91ページ.
58) 河邑肇 (1995)「NC工作機械の発達における日本的特質－アメリカとの対比において－」大阪市立大学経営学会『経営研究』第46巻第3号, 有斐閣, 75-103ページ.
59) 居城克治 (1980)「NC工作機械化の進展と外注依存の変化」『機械経済研究』No.13, 機械振興協会経済研究所, 66ページ. 同前, 前掲 (1980)「メカトロニクスの進展と外注依存の変化－NC工作機械化が急な工作機械業界－」『商工金融』第30巻第4号, 商工組合中央金庫, 16ページ.

60) 河邑肇，前掲論文（1995）75-77ページ．
61) 伊藤誼，森脇俊道（1989）『工作機械工学』コロナ社，32ページ．ただし，在来型工作機械がNC工作機械によってまったく代替されてしまうわけではない．ここで述べているのは，あくまでも機械機能上代替性があるという意味であり，一定量のロットが確保される場合には，その部品加工の主力機種としてはNC工作機械が使用される事例が多くなっているということである．一品生産やきわめて特殊な形状の部品加工については，いまだに在来型工作機械が使用されることが多いし，また機械加工にかかわる基本的知識や技能を獲得するためにも在来型工作機械が用いられることが多い．
62) 日本でターニングセンタが開発されたのは1970年代にはいってからであるが，本章ではこれまでターニングセンタについてはその構造上の特徴からマシニングセンタとは呼ばず，NC旋盤として記述している．マシニングセンタが普及しはじめた当時におけるその概念は，第一に，数値制御工作機械であること，第二に，フライス削り，穴あけ，中ぐり等，多種類の作業を自動的に行えること，第三に，工具の自動交換機能を有すること，第四に，多面加工ができることの4つの要素を充たすものとされた．つまりその発生史上本来の意味におけるマシニングセンタとは，角物ないし箱物加工用で，割出しテーブルを備えた横主軸の機械のことを指していたのである．したがって，基本構造上は旋盤であり，丸物・軸物加工を行うターニングセンタは，この意味でのマシニングセンタとは呼べない．しかし，1984年当時の日本標準商品分類においては，このターニングセンタが，横軸マシニングセンタ，立て軸マシニングセンタ，門型マシニングセンタとともに，工作物回転形マシニングセンタとして，マシニングセンタの範疇に含まれるようになっているし，筆者がアメリカでインタビューをしたある大手メーカーの副社長は，工具自動交換機（Automatic Tool Changer）をもつNC工作機械のすべてをマシニングセンタと呼んでおり，工作機械機能の汎用化・多能化とともに，マシニングセンタの概念自体が広がってきている．大高義穂（1985）「国産マシニングセンタの現状－需給動向と技術評価－」『日本機械学会誌』第89巻第807号，日本機械学会，191-197ページ．および，Okuma America Corporationにおけるヒアリング調査，1997年4月3日．
63) こうした在来型工作機械からNC工作機械への移行にともなう大規模市場の成立について，三浦東氏は，「工作機械という大きな市場の中に，1つの共通のマーケット（汎用機市場）を作り上げた」と表現している．しかし，もちろんこうした「共通のマーケット」の成立は，中小型NC機を主力製品とする日本工作機械産業が「工作機械産業の中に初めて汎用機という概念を生み出し」たことによってもたらされたのではない．19世紀にはほぼ出そろっていた汎用工作機械が，NC技術によって初めて汎用化・多能化の方向へと発達する条件を得

たのである．三浦東「円高，国際化の時代に問われる工作機械企業の経営戦略：FA市場の設備投資動向と産業構造の変化①」『月刊生産財マーケティング』1988年1月，A-120-125ページ．

64) 1970年代の日本工作機械産業における生産性の高さについては，吉田三千雄氏と小林正人氏の先行研究がある．両氏とも基本的には日本工作機械産業の特質が工作機械産業としては異例ともいえる量産体制の確立にあるとしている点では共通しているが，それが本来の意味での量産技術によるものなのか，NC機の導入に基づく多種少量生産の合理化によるものなのかについては明確に区別した考察を行っていない．吉田氏がそれ以前の時期と比較した設備投資の鈍化を前提としつつも，第1次オイルショックを契機とした労働者の合理化と下請企業の再編・淘汰によって生産性が向上したと分析しているのに対して，小林氏は1981年以降における巨額の設備投資によるFMSの導入をもって量産体制の確立が果たされたと考えている．吉田三千雄（1986）『戦後日本工作機械工業の構造分析』，未來社，123-155ページ．小林正人（1992）「日米工作機械産業の盛衰－産業技術発展の日米比較のために－」『岐阜経済大学論集』第26巻第2号，5-49ページ．

65) もちろん，同じく生産財であるとはいえ，鉄鋼，半導体，化学製品のように，その最終ユーザーが一般の消費者を含む産業と，工作機械，建設機械，産業用ロボットのように，最終ユーザー自体が生産部門である産業とではまた異なるし，また自動車や家庭電化製品などの耐久消費財産業の内部においても，組立メーカーや第1次部品メーカーの場合と，第2次，第3次以下部品メーカーの場合では事情は異なる．

66) 高度成長期における国内市場の拡大が工作機械産業の生産に与えた影響を軽視するものではないが，そもそも工作機械産業における量産とは，月産100台単位のレベルに過ぎず，自動車産業における生産規模からすればまさしく桁が違うのであって，きわめて少量に過ぎない．

67) これらのメーカーは，老舗メーカーとは異なって，従来から熟練工の技能に依存しない生産体制をとって生産の合理化に努めており，そこで生産活動に従事する若い技術者や作業者にとっては，NC工作機械の導入をはじめとする新技術の導入は所与のものであり，熟練工たちほどの抵抗を示す理由がなかった．しかも従業員の年齢が若いため，相対的に多くの資金を設備投資に回すことが可能であった．

68) したがって，ここにもまた日本におけるNC工作機械の発達方向とアメリカにおけるNC工作機械の発達方向の相違，および日本工作機械市場の主要な構成者における生産方式とアメリカ工作機械市場の主要な構成者における生産方式の相違という大きな背景が横たわっていることが確認されるのである．

69) 前掲「脱"紺屋の白袴"に取り組む工作機械業界の合理化状況」『月刊生産財マーケティング』1980年5月号，ニュースダイジェスト社，A-98ページ．
70) こうしたことから，サイベラスとペイネらによる調査は，既に確立された生産能力や，過去数年間における生産実績を示すものではなく，調査時点における生産実績を示すもであろうと推察されるが，この点についての詳細は不明である．
71) 山崎鉄工所60年史編纂委員会，前掲書，181ページ．
72) これは筆者が1993年から94年にかけて調査した大阪工作所，野村製作所，カシフジなどの工作機械メーカーの場合にも大差なく，工作機械メーカーとしては一般的な期間であったと考えられる．
73) 田中，小島前掲記事．
74) 「円高と輸出カルテル結成問題をめぐって」『日刊工業新聞』1977年11月6日付．
75) 山崎俊雄，木本忠昭（1992）『新版電気の技術史』オーム社，512ページ．
76) 日本工作機械工業会（1990）『やさしい工作機械の話』基礎編，35ページ．

第8章　製品開発システムの革新とその原動力
── NEC 米沢のコンカレント・エンジニアリング導入を事例として──

1. はじめに

　本章では，米沢日本電気株式会社（NEC 米沢）のコンカレント・エンジニアリング導入による製品開発システムの革新プロセスを概観し，そのプロセスにおいてみられた「革新の原動力」とは何であったのかについて考察する．本章では差し当たり「革新の原動力」を「経営資源間の結合の仕方を変えて，環境変化に持続的に適応するための仕組み」と捉えて，議論していく．

　本章での製品開発とは既存の市場に新製品を導入することであり，製品開発システムとは製品コンセプト創造，製品仕様決定，製品設計，生産ライン設計，生産立ち上げなどの製品開発の各要素がシステムとして体系化されたものである．企業の製品開発システムは，消費者のライフスタイル，自社を取り巻く競合他社の動向，産業レベルでの技術革新の動向などの経営環境の変化に応じて，競争優位性を維持するように設計されていくべきであるといえる．

　本章では，こうした製品開発システムの革新について，Schumpeter の革新の概念[1]に依拠して議論を進める．Schumpeter は，生産諸要素の「非連続的な新結合」を革新としている．Schumpeter によると，「生産」とは「財貨を獲得する」方法であり，「すでに存在する物及び力を結合すること」である．生産諸資源とは，組織内に存在する物及び力としての経営資源であり，それらの相互関係の変更，現在分離されている経営資源の結合，従来の結合関係から解き放すことを総称して，「結合」としている．すなわち経営資源間の結びつ

きを変え，現存する物とは異なった物を獲得することがSchumpeterのいう「結合」である．

またSchumpeterは，特に非連続的な結合を革新と捉えている．非連続的な結合とは「漸次に小さな歩みを通じて連続的な適応によって到達できる」結合ではなく，急進的 (radical) な結合を意味すると考えられる．つまりSchumpeterの革新とは，漸進的な改善の積み重ねではもたらされないような新たな利益を生み出す結合と解釈できる．コンカレント・エンジニアリングとは，新製品を作るプロセスと生産システムを作るプロセスをシステム化するもので，研究段階，設計段階で，生産技術者，製造技術者等を加えて，各プロセスの同時並行化を図り，原価の低減，品質の作り込み，製品企画，基本設計，試作，詳細設計，治工具設計，金型生産に要するリードタイムの短縮を意図するものである．

本章での考察から明らかなように，コンカレント・エンジニアリングの導入は，既存のシステムに新たな製品開発手法・支援技術をもたらし，無駄なプロセスを省き，より効率的な製品開発システムを構築し，製品開発リードタイムの大幅な短縮などの実現を通して企業競争力を高めるという観点から製品開発システムを「革新」する有力な手法といえる．

こうしたコンカレント・エンジニアリング導入の事例に基づいて，NEC米沢が経営環境の変化に応じて，持続的な競争力の構築を可能とするような製品開発システムをどのように作り出したのか，またそういった意味での「革新の原動力」とはどのようなものであったのかについて考察していく．そのため第2節ではコンカレント・エンジニアリングの概念について整理する．第3節では，第2節での整理を踏まえた上で，NEC米沢のコンカレント・エンジニアリング導入プロセスを概観する．第4節では，「革新の原動力」の概念について整理し，その競争上の重要性について論じる．

2. コンカレント・エンジニアリングについて

(1) コンカレント・エンジニアリング誕生の経緯

コンカレント・エンジニアリングの原点は，1982年に DARPA (Defense Advanced Research Projects Agency) が，戦闘機開発の開発リードタイム短縮のために，航空業界全体の同時並行開発の方法論を研究したことであるとされる[2]．1986年には，コンカレント・エンジニアリングの実質的な研究を進めるために DICE (Darpa Initiative in Concurrent Engineering) が設立され，DICE の傘下にある IDA (Institute for Defense Analysis：国防分析研究所) の報告書「R-338」においては，コンカレント・エンジニアリングを次のように定義している．

コンカレント・エンジニアリングとは「製品設計とその製品の製造や支援活動などのプロセスの設計と統合して，これらの設計を並行的に行うシステマティックなアプローチである．このアプローチの目的は，開発者に，製品コンセプトから製品の破棄に至るまでの全ライフサイクルに含まれるすべての要素を，開発の最初から考えるように意図されたもの」である[3]．

しかしマサチューセッツ工科大学 (MIT) の産業生産性調査委員会は，日本の自動車メーカーにおける製品開発の方法を調査し，メーカーと部品ベンダーとの協調的開発の手法をまとめたのがコンカレント・エンジニアリングのフレーム化の最初の試みとされる[4]．日本の自動車産業においては，すでに1970年代から4年間隔のモデルチェンジが定着していた．そのため日本の自動車メーカーは，4年以下の製品開発を実現するために設計・試作・実験・生産準備・量産試作などの各工程を必然的にオーバーラップさせていった[5]．当時の日本企業においてはすでに，人対人のコミュニケーションが円滑に行われ，非公式情報も積極的に伝達されていたため，上流工程の開発状況を把握して，事前に準備に着手するという「前倒し化」ができる環境にあった．こうした要因が，日本企業が製品コンセプト創造から生産立ち上げまでの同時並行度が欧米企業に

比べて圧倒的に高い理由とされる[6)7)]．MITグループは，このような日本の自動車メーカーの製品開発プロセスにみられる同時並行開発について体系的な整理を試みたのであった．

(2) 直列型製品開発とコンカレント・エンジニアリング

　従来の製品開発プロセスに関する議論の多くは，製品企画，製品設計，試作，生産設計，生産等の各機能部門が順次的・直列的に進められることが前提とされていた．このような直列型開発プロセスでは，各機能部門の独立性は高く，定められた担当のプロセスを専門的に実施し，各プロセス間の情報伝達は，文書（仕様書，設計図，試験要領書，操作マニュアルなど）により行われる．こうした直列型開発は，特定の機能やプロセスにおける専門的知識の学習が促進されるといった長所をもっている．またそのために，大量消費を背景に同じ製品を長期間に亘り生産できる安定的な市場環境においては高い開発生産性が得られるとされる[8)]．

　しかし，直列型製品開発では，各段階の担当者が前工程・後工程を前提として開発作業を推進するため，すべての作業を終えるまでの時間が長くなり[9)]，また前工程の作業の出来が後工程に大きな影響を及ぼすと考えられる．従って，パソコンのような複雑な製品の開発の場合，後工程では前工程のやり直しや後始末のための作業が多くなり，余計な工数がかかってしまうなどの作業進行上の弊害が生じる可能性がある．

　これに対して，コンカレント・エンジニアリングによる製品開発プロセスは，製品設計プロセスと生産システム設計プロセスとを統合し，研究段階・設計段階で生産技術者，製造技術者等を加えて，各プロセスの同時並行化を図っていく．この同時並行化により，開発初期段階から関連部門の知識を結集して，多くの代替案を評価・検討する「フロント・ローディング」を実現し，顧客満足度，設計完成度，製造容易性，解体容易性など製品の全ライフサイクルに含まれる様々な要素を考慮した設計がなされる．こうした設計により部門間の調整不足から生じる後工程でのやり直しなどが減少し，また品質や価格を開

発初期段階で作り込んでおくことで開発リードタイム短縮と開発費節約が実現される．またコンカレント・エンジニアリングは，各プロセスの同時並行開発を通じて，製品開発リードタイムの短縮化をもたらし，さらにそうした開発リードタイムの短縮化が「引きつけ設計」[10]を可能とする．こうしたコンカレント・エンジニアリング導入の効果をまとめると以下のようになる．

① 開発リードタイムの短縮[11]
② 製品のトータルコストのミニマム化
③ CS（Customer's Satisfaction）品質向上
④ 環境変化への対応力強化
⑤ カルチャー・チェンジ[12]

このようなコンカレント・エンジニアリング導入の効果に対して，コンカレント・エンジニアリングは個別の製品開発プロジェクトの最適化が優先されるため，以下のような問題点・限界が生じるとされる[13]．

① コンカレント・エンジニアリング推進チームの開発者が特定の製品開発プロジェクトばかり関与しているために，専門分野の最新情報に取り残される可能性がある．
② 製造容易性等を開発初期段階から考慮するため結果的に革新的な製品の開発が犠牲にされる．
③ 企業全体の効率性を考えた場合には最適な製品開発とはいいがたい．つまりコンカレント・エンジニアリングは個別の製品開発プロジェクトの最適化が優先されるため，開発プロジェクト間の知識・技術の共有化が図りにくく，開発人員や投資の重複化を生みやすい．
④ コンカレント・エンジニアリングは，研究開発や製品企画のような創造的作業への応用には限界がある．

図表 8.1 直列型開発プロセスとコンカレント・エンジニアリング導入後の開発プロセス

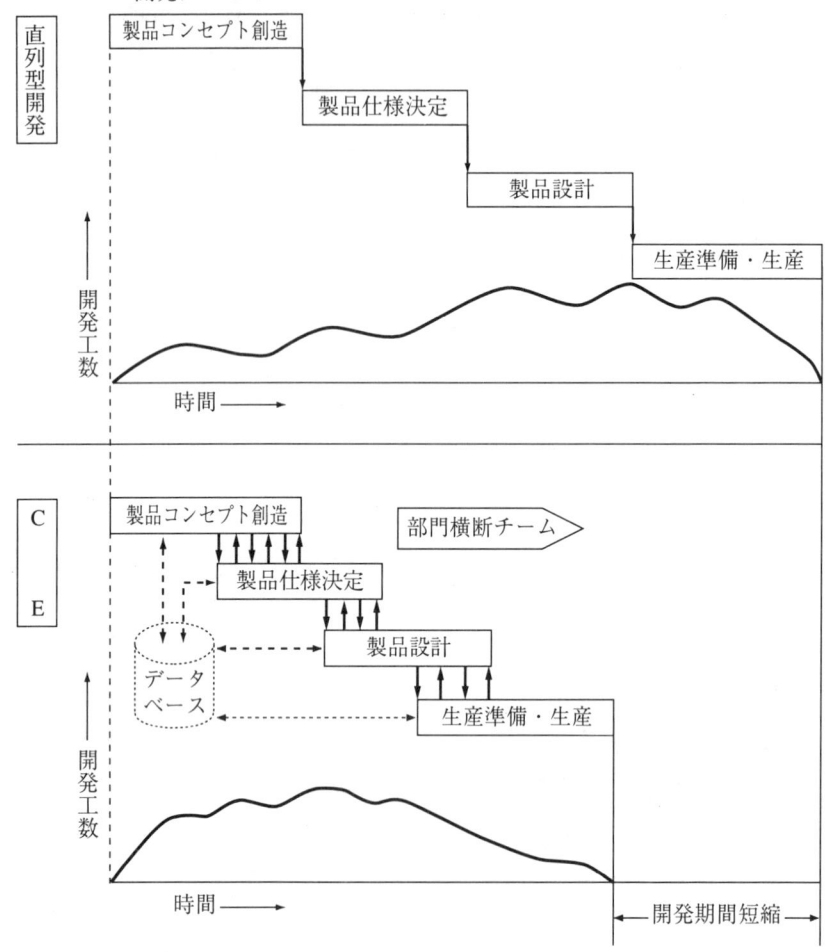

出所) 野口祐・林卓史・夏目啓二 (1999)『競争と協調の技術戦略』, 251ページ (筆者一部修正)

3. NEC米沢のコンカレント・エンジニアリング導入プロセス

(1) NEC米沢とコンカレント・エンジニアリング

1989年7月, 東芝が我が国初のノート型パソコン「ダイナブック」を発表し

た．このノート型パソコンの先行発売により，NECのパソコン市場においてのシェアは急激に落ち込み，一時的にNECのシェアは半分にまで落ち込んだ（図表8.2）．このためNEC米沢は，1990年2月に発売予定であったノート型パソコンの出荷計画を大幅に変更し，1989年11月のデータショー出品・即日販売を目標として，1989年8月にノート型パソコンの開発に着手した．このときNEC米沢に残されていた開発期間は3.5カ月であり，しかも性能・サイズ・重量・コストパフォーマンス・品質などの基本性能で他社製ノート型パソコンより優れていることが絶対条件であった．さらに発売初期に大量の出荷が必要とされるために，他の生産拠点との同時並行的な生産立ち上げが要求された．NEC米沢では，このような3.5カ月間でのノート型パソコンの開発を実現するために，逆算日程で開発スケジュールを決め，部門横断のプロジェクトチームを組み，企画・設計・製造が一体となって同時並行でプロジェクトを進め，

図表8.2 ラップトップパソコンの日本国内のマーケットシェアの推移

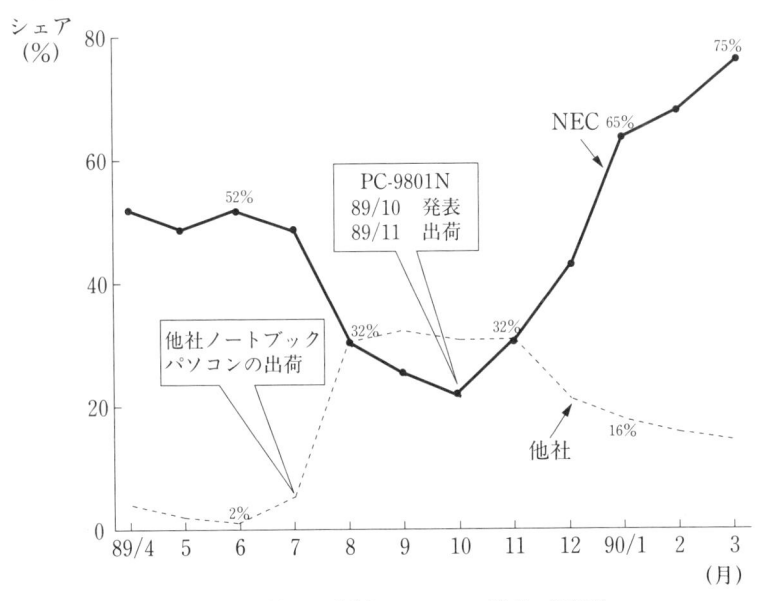

出所) 圓川隆夫・安達俊行『製品開発論』，187ページ（筆者一部修正）

3.5カ月間でのノート型パソコン開発に成功している．これによりNECのシェアは急激な回復をみせ，従来以上の75％のシェアを獲得している．

このノート型パソコン開発プロセスにおいて，NEC米沢はコンカレント・エンジニアリングの開発手法を経験的に先取りし，実行していたとされる[14]．つまりNEC米沢では，東芝にノート型パソコンの開発で先行されたために，危機感をもってノート型パソコンの開発に取り組んだ結果，導入以前からコンカレント・エンジニアリングと同様の開発手法（逆算日程による開発スケジュールの決定や企画・設計・製造などの各機能の同時並行的な開発進行）により，3.5ヵ月間でのノート型パソコンの開発を実現したのである．

ノート型パソコンは，製品ライフサイクルが短く，その製品開発競争に勝ち抜くには，「最初から良い製品をいかに速く市場に出すか」が重要であるとされる．このため，ノート型パソコン開発の成功経験をもとに益津社長らは本格的にコンカレント・エンジニアリングの開発手法を導入するためにアメリカに渡り，コンカレント・エンジニアリングを体系的に学び，5年間かけて自社に導入・展開を図っていく．

(2) コンカレント・エンジニアリングのための施策体系

NEC米沢のコンカレント・エンジニアリング導入の経緯を示すと図表8.3のようになる．NEC米沢ではコンカレント・エンジニアリングの基本的な考え方が当初の短期間開発の実現から，開発開始時点を最大限後ろ倒しして，最新技術の採用を可能とする「引きつけ設計」へと変化してきている．以下では，図表8.3に基づいて，(a)コンカレント・エンジニアリング導入期，(b)CAD化，(c)仮想試作，(d)高品質設計，(e)新評価システム，(f)コンカレント・エンジニアリングWB（コンカレント・エンジニアリング・ワークベンチ）の各施策について順を追ってみていく．

(a) **コンカレント・エンジニアリング導入期**

コンカレント・エンジニアリングの本格的導入に際して，NEC米沢ではまずコンカレント・エンジニアリングのための組織体制の整備に着手した．

第8章 製品開発システムの革新とその原動力　227

図表8.3　PC-98ノートの開発経緯とコンカレント・エンジニアリング導入の変遷

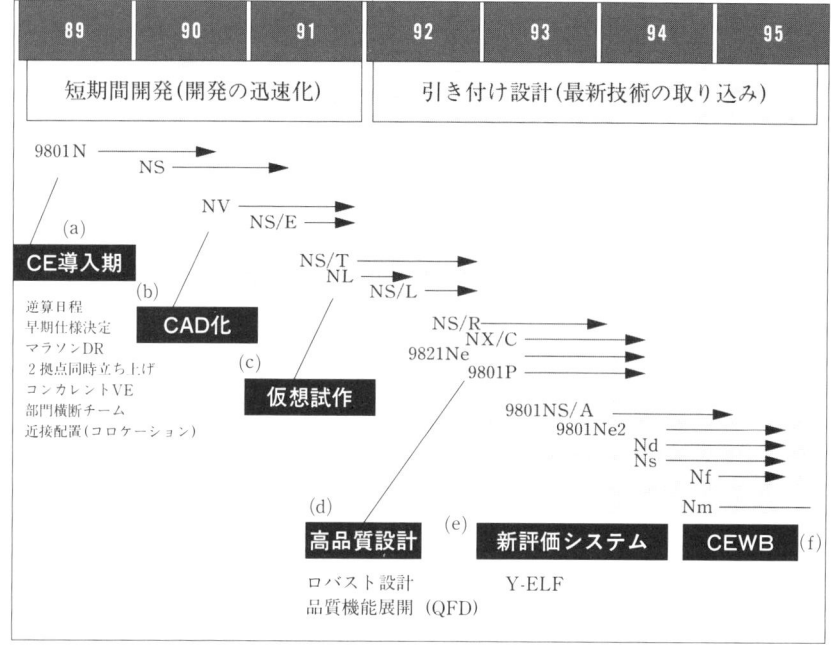

```
┌──────┬──────┬──────┬──────┬──────┬──────┬──────┐
│  89  │  90  │  91  │  92  │  93  │  94  │  95  │
├──────┴──────┴──────┼──────┴──────┴──────┴──────┤
│ 短期間開発(開発の迅速化) │ 引き付け設計(最新技術の取り込み)│
└─────────────────────┴───────────────────────────┘
```

9801N ──
　　NS ──────→
　　　　NV
(a)　　　NS/E ──→
　　　　　NS/T ────→
CE導入期　　NL
　　(b)　　NS/L ────→
逆算日程　　　　　NS/R ──────→
早期仕様決定　　　　NX/C ──────→
マラソンDR　CAD化　9821Ne ──────→
2拠点同時立ち上げ　(c)　9801P ──────→
コンカレントVE
部門横断チーム　仮想試作　　9801NS/A ────→
近接配置(コロケーション)　　　9801Ne2 ──→
　　　　　　　　　　　　　　　Nd ──→
　　　　　　　　　　　　　　　Ns ──→
　　　　　　　　　　　　　　Nf ──
　　　(d)　　　　　　　　　　Nm ──
　　高品質設計　(e)　新評価システム　CEWB (f)
　　ロバスト設計　　　Y-ELF
　　品質機能展開 (QFD)

出所）圓川隆夫・安達俊行前掲書，186ページ．（筆者一部修正）

◇逆算日程

　開発期間目標の設定の方法を，開発にかかる時間をもとに商品投入時期を決定する方法から，商品の投入時期を決定してから開発に費やせる時間を逆算し，その日程に開発工程を合わせる「逆算日程」へと変更した．出荷日程から開発スケジュールを作成する逆算日程により，3.5カ月開発を定常的に実現することが可能となったといえる．

◇早期仕様決定

　早い段階で製品仕様を決定できるように，開発設計・試作品評価機能をNEC府中からNEC米沢へと移管し，製品企画，製品設計，生産技術のメンバーが集まり，合宿形式の集中検討が進められる．これにより，製品の特性や機能を特定する仕様決定に伴う部門間のやりとりの回数が大幅に削減でき，製

品仕様決定のリードタイムは，従来の1〜3カ月から0.5カ月へと大幅に短縮された．

◇マラソンDR／クロスチェックDR

NEC米沢では，デザインレビュー（DR：Design Review）をこまめに，客観的に，しかも継続的に実施するために，ブロック図，回路図，ゲートアレイ(G/A)，回路パターン，コネクタなど，比較的小さい単位で少数の関係者だけを集めてデザインレビューをする仕組みを構築した（マラソンDR）．また設計ミスの早期撲滅を図るため，他の開発拠点の開発者との間で設計図を交換し，他人に設計図を評価してもらう体制が作られている．自ら設計した図面を自ら評価すると，思い込みや甘えがあるため設計ミスを発見できないことが多いが，他人に評価してもらうことで厳密な評価が可能となった（クロスチェックDR）．これらのデザインレビューにより，従来機種との比較で設計変更件数が10分の1に，設計変更金額が5分の1に削減された．

◇2拠点同時立ち上げ

2拠点同時立ち上げは，量産開始直後の大量出荷を可能とする生産量確保あるいは長期的な投資回収期間の獲得のための施策である．以前はA拠点で開発・生産がされる場合，その量産状況を見極めてから，B拠点の生産準備が実施された．これに対して，A拠点での生産準備中にB拠点の生産技術者がA拠点に常駐し，生産準備を共同で行うことによって，そのノウハウをB拠点に戻った後，迅速に活かし，同時に量産を開始する仕組みが2拠点同時立ち上げである．B拠点の量産期間はA拠点と同期間になり，発売初期の生産量確保に大きな貢献をした．2拠点同時立ち上げは，量産体制の同時並行化といえる．

◇コンカレントVE

製品ライフサイクルの短縮化に伴い，生産開始以降の原価低減のための設計変更が困難となっているために，NEC米沢の製品開発プロセスにはVEが取り入れられている．VE（Value-Engineering：価値工学）とは，「最低のライフサイクルコストで，必要な効能を確実に達成するため，製品・サービスの機能分析に注ぐ組織的努力」[15]である．コンカレントVEは，原価低減の機会を自

由度の高い開発段階で，部品点数の削減や廉価部品への切り替えなどの実行を目的とする．

◇部門横断チーム

　逆算日程を実現するために，工場内のあらゆる部門を横断する部門横断チームを結成した．部門横断チームとは，相互補完的な情報の共有化を促進するために，チームリーダーのもとに開発リソースとなる人材を一堂に集め，短期集中的に開発プロジェクトに専念するプロジェクトチームである．チームメンバーの開発プロジェクトにおけるそれぞれの視点には，信頼性品質管理部門－デザインレビュー／信頼性評価，生産部門－生産立ち上げ，購買部門－部品ベンダーの参加／コンカレントVE，生産管理部門－生産計画最適部材発注／調達容易性，マーケティング・製品企画部門－マーケティング戦略／製品戦略，製品設計部門－製品機能，生産技術部門－生産ライン，型・試験機への適合性／製造容易性など各部門毎に様々なものがある．部門横断チームの形成により開発初期段階にこれらの視点からの要求をトレードオフし，全員のコンセンサスを得ることにより後戻り作業が極小化できる．

　またそれぞれの製品の開発環境に適合した部門横断チームの組織化のために，タイガーチーム，ヘビーウェイトチーム，ライトウェイトチームの3つにチーム形態を区分し，開発プロジェクトの重要性，開発リソースの有効活用などの要因に基づいて，最適なチーム形態を選定する仕組みを構築している[16]．

◇近接配置（コロケーション）

　コンカレント・エンジニアリングを実践する上で最も重要なのが情報の共有化とされる．開発，製造，資材調達，信頼性品質管理など，開発プロジェクトに関わる情報が関連部門ですべて共有されていることがコンカレント・エンジニアリングの成功条件といえる．従って，コンカレント・エンジニアリング推進のためには，メンバーが同一場所または近接配置（Co-Location）で仕事を進める環境を作り，各部門間のコミュニケーションの向上を図ることが重要となる．部門横断チームにより，開発設計の段階から資材調達，製造ライン設計などのスタッフも加わり，それぞれのプロセスが同時に進む環境が実現されて

いる．

近接配置環境での開発では，情報共有化が効果的に進む上，フィードバックやディスカッションの機会が増加し，問題への迅速な対応を可能にする．また作業進捗状況の相互把握，他の作業への理解促進が副次的に進み，製品開発プロセスの目で見る管理につながっている．

(b) CAD 化，(c) 仮想試作

こうしたコンカレント・エンジニアリングのための組織上の整備に加えて，NEC 米沢では CAD を全面的に取り入れた．NEC 米沢では，CAD を ASIC (Application Specific Integrated Circuit) 設計・回路設計・構造設計の各領域で 100％導入し，開発効率や設計品質の向上に大きな効果をあげ，設計プロセスに要する時間を 2 カ月から 4 週間にまで短縮した．また CAD の導入により，コンピュータの画面上でのシミュレーションが可能となり，仮想試作を行えるようになった．仮想試作とは，試作機で評価しているかのように，設計図をシミュレート評価する仕組みや前世代製品に新製品のマザーボードを実装して，システム評価や熱解析をする仮想的な試作評価である．仮想試作を採用した結果，ES (Engineering Sample) が不要となり，試作回数が削減され，開発リードタイムの短縮が実現されている．

さらに高速 EWS (Engineering Work Station) を使った 3 次元 CAD[17]を導入し，モックアップモデルの削減や組み合わせの精度向上を実現し，3 次元データを直接利用する金型評価用のステレオリソグラフィーも採用している．ステレオリソグラフィーとは，光硬化性樹脂をレーザーによって成形する技術で，コンピュータモデルから直接に金型モデルが作成できる．従来の金型製造では，試作品作成を数回繰り返しながら評価するので，長いリードタイムが必要であった．3 次元 CAD とステレオリソグラフィーの応用によって，シュミレーション評価したデータをネットワークを通じて CAM に伝送し，そのデータを直接利用してレーザーによる光造形が可能となり，金型の信頼性向上と試作リードタイムの短縮が実現されている．

(d) 高品質設計

コンカレント・エンジニアリングでは，最初から良い製品にすることが重要であり，これを実現する施策として「高品質設計（ロバスト設計）」や「品質機能展開」などを位置づけている．良い製品とは，顧客満足度や設計完成度が高く，生産開始後の設計ミスによる後戻りや品質トラブルが少なく，加工組立の容易な製品構造をもち，部品・製品レベルでの流用化・共通化の追求による製造容易性の向上，製品仕様期間中の修理のしやすさ，地球環境への影響を考慮した回収などが意図された製品を意味する[18]．

◇ロバスト設計

ロバスト設計とは，ブレーンストーミング，実験計画法，直交配列法，分散分析等の手法を適用して，新製品開発の主として生産工程においての変動幅をできるだけ減少させ，不良品を低減する方法である．つまり製品設計者が指定公差をできるだけ拡げ，生産設計者が生産における変動をできるだけ小さくするように協調し，製品が各種の変動に影響されずに，その機能を発揮できるようにする設計法である[19]．

◇品質機能展開（Quality Function Deployment : QFD）

品質機能展開とは，異なる部署を代表する人たちから構成されるチームが顧客の要求を聞き，それを専門家の言葉へと変換し，またそれら要求に順位づけを行い，問題点の抽出や新しい開発すべき技術の目標設定を行い，顧客の要求を製品開発に反映する手法である[20]．

(e) **新評価システム Y-ELF**

◇ Y-ELF

設計品質をさらに向上させるために，有能な開発担当者を設計部隊から設計評価部隊に選抜し，開発作業の推進を客観的な立場から評価することにより，設計ミスやバグの迅速な発見とフィードバックを可能とする新評価システム．これにより迅速な問題解決が可能となり，また試作機評価中に業務が集中する開発担当者の負担の軽減が可能となった．

(f) **コンカレント・エンジニアリング WB（仮想コロケーション）**

NEC 米沢では，コンカレント・エンジニアリングの対象範囲を部品ベンダ

一及びNECグループ全体に広げていく努力が現在なされている．NEC米沢はノート型パソコンの設計・開発を行っているが，ノート型パソコンに搭載するチップセットなどの開発は行っていない（チップセットの開発は，NEC本社の半導体／デバイス事業部が担当する）．NEC米沢が今後，ノート型パソコンの開発に関する競争優位性を維持していくためには，NEC米沢だけでコンカレント・エンジニアリングを推進するのではなく，NECグループ全体でコンカレント・エンジニアリングの導入を進め，「最初から安くて，良い製品を，他社よりも速く開発し，市場に投入できる」体制を強化していくことが必要であろう．

NECは，コンピューター・ネットワーク技術を応用して，個々のCADやCAMなどを統合し，部品ベンダー及びNECグループ各社を含めた部門横断チーム内外の情報共有化を図るシステムを構築している．このシステムは，コンカレント・エンジニアリングを情報技術を応用して定着化させるネットワーク・システムであるため，コンカレント・エンジニアリング・ワークベンチ (Concurrent Engineering Work Bench) と呼ばれる．コンカレント・エンジニアリング・ワークベンチは，製品開発に必要な全データーを一元管理するための設計・製造データベースを中心として，電子メディアとネットワークによって，製品企画，製品設計，購買，生産技術，生産管理などが必要とする情報を共有化することができ，地理的に分散した開発環境の中でも，全員が一ヵ所に集まったのと同様な近接配置を仮想的に実現する（仮想コロケーション：バーチャル・コロケーション）システムである．コンカレント・エンジニアリング・ワークベンチは，統合されたCAD／CAM／CAE，仮想的な大部屋空間すなわち仮想コロケーションを実現するためのコミュニケーション基盤（グループウェア），各設計工程の状況を他工程からモニタリングすることにより並行開発・協調設計を可能にするプロセス管理機能，設計データーを一元管理し，製品のライフサイクルに亘って製品データーを管理するPDM (Product Data Management) 機能[21]をそれぞれ提供し，NECグループ全体でのコンカレント・エンジニアリング導入を支援する強力な基盤となる．

ここまで述べてきた NEC 米沢のコンカレント・エンジニアリングにみられる仕組みは，決して独自なものではないようであるが，「それらをうまく整理体系化して，応用しやすいようにしている」ことが特徴として挙げられている．

(3) NEC 米沢のコンカレント・エンジニアリング導入プロセスの特徴と評価

(2)では，NEC 米沢の1989年以降のコンカレント・エンジニアリング導入プロセスにおいての施策を概観した．NEC 米沢では，コンカレント・エンジニアリング導入によるフロントローディングと開発リードタイムの短縮を実現するために，導入直後は製品開発システムを構成する関連部門間関係の変更などによる施策が中心であった．例えば，東芝のノート型パソコンに対抗するためにノート型パソコンを開発したときの経験から開発目標の決定方法を「逆算日程」に変更したり，開発設計・試作品評価機能を NEC 府中から NEC 米沢へと移管して製品仕様決定の方法を「早期仕様決定」へと変更したり，情報共有化を促進する近接配置（コロケーション）環境を実現するために部門横断チームを組織している．コンカレント・エンジニアリング導入初期においては，製品開発システムや組織の変更によって，情報共有化を促進していたのが特徴であるといえる．またこの時のコンカレント・エンジニアリングの対象範囲はNEC 米沢内にほぼ限定されたものであった．こうした組織上のインフラを整えた後で，NEC 米沢では情報技術を導入して，製品開発システムの強化を図っている．例えば，ASIC の設計に加えて，回路設計，構造設計に CAD を全面的に導入して，設計期間の短縮・設計品質の向上を実現している．同時に「仮想試作」により，エンジニアリングサンプルのプロセスを省略し，試作回数を削減している．あるいは3次元 CAD を導入し，設計品質の更なる向上と試作リードタイムの短縮を実現している．またコンカレント・エンジニアリング・ワークベンチによる仮想コロケーション環境を作り出し，部品ベンダーを含めた NEC グループ全体での情報共有化を図っている．このようにコンカレ

ント・エンジニアリング導入初期以降は，情報技術の利用を中心にコンカレント・エンジニアリングの導入が行われている．さらに情報技術の利用により，コンカレント・エンジニアリング導入の範囲も，NEC米沢からNECグループ全体及び部品ベンダーにまで本格的に拡大されてきている．コンカレント・エンジニアリング本格的導入以降は情報技術，特にC&C技術を駆使した情報の共有化を図ってきている点が特徴的であろう．

　図表8.3にみられるノート型パソコンの特徴と発売日をまとめたのが，図表8.4である．この図からは以下のような点が指摘できるであろう．まず第1に，半年に一度の新型機種の開発である．NEC米沢では3.5カ月間でのノート型パソコンの製品開発プロセスが構築されているが，コンカレント・エンジニアリングを導入した1989年以降はおおよそ半年に一度のペースで新型機種の開発が行われている．しかもコンカレント・エンジニアリング導入以前の8カ月間を費やす製品開発はみられず，ほぼ半年周期で製品開発が行われていることから，コンカレント・エンジニアリングによる製品開発リードタイムの短縮は実現されているといえるであろう．第2に，一度の製品発表数の増加と機能の多様化が指摘できる．一年間に開発される製品数は，年を追う毎に増加傾向にある．1990年に発表されたノート型パソコンは2機種だったが，1994年には4機種に，そして1997年には10機種以上になっている．さらにこれに伴い様々な機能を搭載した複数の機種が一年間に発表されるようになってきている．これは消費者ニーズの多様化に対応した製品開発を進めたことに原因があると考えられる．一年間に様々な機能を搭載した多数の機種を開発していることもまた，コンカレント・エンジニアリングによる製品開発システムの革新の効果と捉えられるであろう．これはコンカレント・エンジニアリングにより製品開発リードタイムの短縮・コストミニマム化が実現された結果，余剰人員を他の製品開発にまわすことができたことが理由の一つと考えられる．

　ここまでみてきたNEC米沢のコンカレント・エンジニアリング導入による経営革新は次の点において評価できるであろう．

　① コンカレント・エンジニアリングの先験的な実践

図表 8.4　NEC のノート型パソコンの開発の歴史

年	型番	月	特徴
1988	PC-9801LV21	3月	初のフル互換ラップトップPC
	PC-9801CV21	3月	CRT一体型省スペースデスクトップPC
	PC-9801LS		
1989	PC-9801LX	3月	白黒液晶ディスプレイを採用／ラップトップCPUに80286
	PC-9801N	10月	初のノートPC
1990	PC-9801NS	5月	初の32ビットCPC採用／初のHDD内臓PC
	PC-9801NV	10月	初のレジューム対応
1991	PC-9801	4月	初の無線PC
	PC-9801NS/E	6月	i386(R)初のレジューム対応
1992	PC-9801NS/T	1月	キャッシュ対応ノートPC
	PC-9801NL	1月	本格的に携帯性を追求した98フル互換ノートPC
	PC-9801NS/L	7月	ジャストA4サイズ低電圧回路サポート
1993	PC-9801NS/R		
	PC-9801NX/C	6月	98初PCカードスロットをサポートしたカラーPC
	PC-9801P	7月	初のペン入力PC／PCカードスロットサポート
	PC-9801Ne	7月	640×480画素カラーTFT液晶ディスプレイ採用ポインティングディバイス内蔵PC
1994	PC-9801NS/A	1月	低価格高性能の普及型PC
	PC-9801Ns	7月	普及型マルチメディアノートPC拡張機器を自由に組換えられるVersatility設計
	PC-9801Ne2	7月	普及型TFTカラー液晶ディスプレイ搭載ノートPC
	PC-9801Nd	7月	普及型DSTNカラー液晶ディスプレイ搭載ノートPC
1995	PC-9801Nm	1月	モノクロ液晶ディスプレイ最後の製品／低価格高性能
	PC-9801Nf	1月	初Pentium(R)搭載マルチメディアフルカラーノートPC
	PC-9801Na7		
	PC-9801Na9		
	PC-9801Na12	11月	Windows(R)95搭載マルチメディアノートPC　10.4インチTFTカラー液晶ディスプレイ　4倍速CD-ROM装置／1GB HDD 16MB RAM搭載

出所　NEC 米沢のホームページより筆者作成.

コンカレント・エンジニアリング導入以前に3.5ヵ月でのノートパソコンの開発を目指した逆算日程による開発スケジュールの決定や企画・設計・製造などの各機能の同時並行的な開発進行などの手探りでの実践.

② 競合他社に先駆けてのコンカレント・エンジニアリングの本格的導入・実践

NEC米沢はパソコン業界及びNECグループの中で最も早くコンカレント・エンジニアリングを取り入れている (1989年)[22].

③ 情報技術の利用によるコンカレント・エンジニアリングの応用・発展

CADの設計プロセスへの全面的な導入, コンカレント・エンジニアリングWBによるNECグループ内でのネットワークの構築など.

4. 競争力の源泉としての「革新の原動力」

自社の危機に際して, コンカレント・エンジニアリングを導入し, 8カ月を要していた従来の製品開発システムを, 3.5カ月で済む製品開発システムへと「革新」する原動力となったものは何であろうか. 本章では, Schumpeterの議論に依拠して, 革新を生産諸資源の「非連続的な新結合」と捉えている.

Schumpeterによると, 「生産」とは「財貨を獲得する」方法であり, 「すでに存在する物及び力を結合すること」である. 生産諸資源とは, 組織内に存在する物及び力としての経営資源であり, それらの相互関係の変更, 現在分離されている経営資源の結合, 従来の結合関係から解き放すことを総称して, 「結合」としている. すなわち経営資源間の結びつきを変え, 現存する物とは異なった物を獲得することがSchumpeterのいう「結合」である.

ここでSchumpeterの「結合」の概念に基づいて, 既存の製品開発システムについて考えてみる. 本章では製品開発システムを製品コンセプト創造, 製品仕様決定, 製品設計, 生産ライン設計, 生産立ち上げなど製品開発活動の各要素がシステムとして体系化されたものとしている. コンカレント・エンジニアリング導入以前まで有効に機能していると考えられていた既存の製品開発シ

ステムは，それ以前からの知識・経験などに基づいて，製品開発活動の各要素同士が結びつけられている「結合の結果」と捉えられる．Schumpeterの「結合」の概念に基づくと，結合の結果としての製品開発システムの変更は，その各要素同士の結合の変更によりもたらされるのである．こうした視点からみると，コンカレント・エンジニアリング導入による製品開発システムの革新は，既存の製品開発システムの構成要素が結合関係から解き放され，コンカレント・エンジニアリングのコンセプトを実現するように再結合されたものと捉えられる．

またSchumpeterは，革新を「非連続的」に現れる新結合としている．非連続的とは，漸進的な革新の積み重ねでは到達し得ないという意味であり，Schumpeterの「新結合」とは急進的な革新 (Radical Innovation) を意味する．どういった革新を連続的とするか，非連続的とするかという問題に関しては明確に判断することは困難であろう．しかし各部門の日常的な改善活動などの積み重ねでは，8カ月の製品開発リードタイムを3.5カ月まで短縮するのは困難に思われる．こうした観点から，本章では8カ月から3.5カ月へと開発リードタイムの短縮を実現したNEC米沢のコンカレント・エンジニアリング導入による製品開発システムの革新は「非連続的」であり，その意味でSchumpeterの論じる「新結合」と捉えられると考える．こうした点からコンカレント・エンジニアリングは製品開発システムを革新するための有効な手法といえる．

それではこうしたコンカレント・エンジニアリングの導入による革新をNEC米沢はどのように作り出したのであろうか．またそういった意味での「革新の原動力」とはどのようなものであったのか．ここでは差し当たり，「革新の原動力」とは「経営資源間の結合の仕方を変えて，持続的に環境変化に適応するための仕組み」と捉えておく．NEC米沢のコンカレント・エンジニアリング導入の事例では，トップマネジメントのリーダーシップを中心に，組織風土，製品技術，生産技術などを含めた様々な経営資源がコンカレント・エンジニアリングの導入を推進するように「結合」された結果，コンカレント・エ

ンジニアリングの導入がなされたと考えられる．ここでは特にトップマネジメント，組織風土，製品技術開発力，支援技術についてみてみる．

◇トップマネジメント

　コンカレント・エンジニアリングの導入は製品開発システムの革新といえる．従ってそのプロセスにおいては，革新の推進者であるイノベーターが革新の契機となる発明・発見，アイディア，関連情報の理解・選別そして革新遂行のための協力の確保などという重要な役割を果たす．NEC米沢のコンカレント・エンジニアリング導入の事例においては，益津社長を中心としたトップマネジメントがイノベーターとしての役割を果たしている．東芝のノート型パソコンダイナブックの先行発売に対して，1989年11月までの3.5カ月間でノート型パソコンを開発するように要求したのは，NEC本社であった．3.5カ月間でのノート型パソコンの開発に対して，NEC米沢がコンカレント・エンジニアリングの開発手法を経験的に先取りして，実行したことはすでに論じた．益津社長はこの際の経験から，GMやフォードなどのアメリカ自動車メーカーの採用していたコンカレント・エンジニアリングの導入・利用を決定し，自らアメリカに行き，コンカレント・エンジニアリングの手法を学び，自社に導入している．このように益津社長はコンカレント・エンジニアリングの有効性をいち早く理解し，自らが率先して導入に関わるなど，強力なリーダーシップを発揮し，コンカレント・エンジニアリング導入のビジョン・方針を確立し，社内に対してコンカレント・エンジニアリング導入の重要性を示し，コンカレント・エンジニアリング・コンセプトに関する組織成員の本質的な理解を獲得し，導入に際しての協力が得られる体制を築いていった．

◇組織風土

　益津社長のリーダーシップにもかかわらず，コンカレント・エンジニアリング導入の際にはある程度の組織内の混乱はあったものと推測される．NEC米沢のコンカレント・エンジニアリング導入以前の8カ月という開発リードタイムが，この時まで短縮されずにいたのは，既存の製品開発システムがそれまで非常に高い生産性をもったシステムとして認識されていたためであると考えら

れる.このようなシステムにそれまでに存在しなかった部門横断チームやCAD・3次元CADなどを取り入れることは現場の人間にとってかなり抵抗のあることであったであろう.なぜなら部門横断チームが形成された場合,自部門の人材をとられた後の残されたメンバーの仕事の進め方や部門横断チームに帰属していた人間が元の配置に戻った後のケアの仕方など手探り状態で進められなければならない要素もいくつか考えられるからである.またCADや3次元CADの導入に際しても,初期段階では設計技術者により広範囲の知識が求められたり,各機能部門内での一時的な効率の低下などが生じる可能性が指摘される[23].こうした組織内の混乱を解決しながら,一方で部門横断チームの保護を行い,コンカレント・エンジニアリングへの協力体制を構築することがイノベーターとしてのトップマネジメントに求められる.NEC米沢の場合には,3.5カ月間でノート型パソコンを完成させることが至上目標として与えられており,そのため組織内に危機意識が生まれていたこと[24],国内パソコン事業でトップシェアを握るNECの気概,米沢独特の「自助の精神(Self-Help)」,チャレンジ精神に満ちた活力のある職場風土が,コンカレント・エンジニアリングの導入をスムーズに進行させ,短期開発体制の構築を可能としたといえるであろう.つまりこうした組織風土の存在が,革新に伴う組織内の抵抗の克服や協力体制の確立のために必要とされるトップマネジメントの負担を軽減していると考えられる.

◇製品技術開発力

コンカレント・エンジニアリングは,製品開発の各プロセスが同時並行的に進められるために,自部門ですでに完成させている技術などがそのまま製品に利用できるとは限らない.他部門との情報交換の結果,改良の必要性が生じた場合には,限られた期間の中で要求される技術を開発しなければならない.つまりコンカレント・エンジニアリングによる製品開発システムの革新は,必要とされる製品技術を一定の期間内に柔軟に開発できる技術開発力を前提とする[25].NEC米沢では,1984年にNEC初のラップトップ型パソコンを北米市場向けに開発しており,それ以降も省スペースデスクトップ型パソコンやラン

チボックス型パソコンを開発している．こうした小型のパソコンを開発した時に蓄積された技術やノウハウが，3.5カ月間でノート型パソコンを開発する際に非常に有効に機能したと考えられる．

◇支援技術

　コンカレント・エンジニアリングの導入プロセスにおいて，体系的な製品開発システムを構築し，その完成度を高めるためには，支援技術（特に設計技術基盤）の整備が必要となる．特に同時並行開発の範囲をNECグループ全体にまで拡大する場合には，支援技術は特に重要となる．こうした支援技術はCADなどを散発的に導入することではない．全社的に製品開発に関する情報を追加できると共に必要な部門が随時アクセスして，必要な情報を得られるといったシステムでなければならない．そのために自社にあったシステムを自社が中心となって構築することが重要となる．NEC米沢は，NECグループのC&C（Computer and Communication）技術[26]を利用しながら，最新の支援技術を採用し，自らコンカレント・エンジニアリングによる製品開発システムを構築していくことが可能であろう．こうした情報技術のレベルの高さ，あるいはそれらを活用するためのノウハウをもった従業員の存在，技術導入の容易性・コストなどは，NEC米沢がコンカレント・エンジニアリングを導入する上で非常に有効に機能したと考えられる．

　既存の議論では，特にイノベーターとしてのトップマネジメントの果たす役割あるいは革新を受け入れる組織風土の醸成がコンカレント・エンジニアリング導入（革新推進）のポイントであるとされる[27]．本章ではこうした要素の他にも，NEC米沢のコンカレント・エンジニアリングの導入においては，NECグループのもつ製品技術あるいは支援技術のレベルの高さとそれらを活用できる人材の存在など，C&C技術を蓄積してきたNECならではの導入促進要因が存在したと考える．即ち製品技術開発力や高レベルの支援技術などの技術力も組織内の混乱をスマートに解決し，コンカレント・エンジニアリングの導入を進めた一要因として捉えられるのである．トップマネジメントは，革新の必要性を認識し，変革に伴う組織内の抵抗・障害を克服するという意味で，「革

新の原動力」の中心的な役割を果たす．そしてコンカレント・エンジニアリングのコンセプトをもとに，変革を受け入れる組織風土を基盤として，製品技術開発力や支援技術など様々な経営資源を利用し，既存の資源間の結合の仕方を変えた組織の体制が，本章での「革新の原動力」である．

　こうした「革新の原動力」により，今後もNEC米沢は，環境変化に応じて臨機応変に製品開発システムを革新していくと考えられる．しかし競合他社の模倣[28]により，コンカレント・エンジニアリングによりもたらされる製品開発リードタイムの短縮，トータルコストのミニマム化，CS品質の向上などの効果が，業界内で標準化されていくなどのケースが将来的に考えられる．例えば，NECと競争関係にある富士通では，1994年パソコンのシェアアップを図るために，急成長を遂げているDOS/V市場に照準を合わせた戦略製品の開発プロジェクトにコンカレント・エンジニアリングを導入し，情報技術などの利用により製品開発の効率化を実現している．つまりコンカレント・エンジニアリングの効果は，長期的にみると一時的なものであり，時間の経過と共にいずれ同じ産業の企業間で標準化されると考えられるため，持続的な競争優位性の源泉とはなりにくいといえる．このような場合に，真の競争優位性の源泉となるのは，既述の「革新の原動力」であろう．富士通との比較でいうと，ほぼすべての分野で競合しているために，本章で論じた支援技術の面での優位性はあまりないと考えられる．しかしトップマネジメントの資質や革新を受け入れる組織風土の醸成度，そして何よりも結合の対象とされる人材や技術などの経営資源の質と量により，同業種企業間でも「革新の原動力」の差異はみられるであろう．NEC米沢は，コンカレント・エンジニアリングの先験的な実施，競合他社に先駆けてのコンカレント・エンジニアリングの本格的導入・実践，情報技術の利用によるコンカレント・エンジニアリングの応用・発展などの観点から，高いレベルの「革新の原動力」をもっていると本章では推測する．なぜならトップマネジメント，組織風土，製品技術開発力，支援技術などいずれの要素が欠けていてもコンカレント・エンジニアリングの先験的導入・実践・応用は困難であったと考えられるからである．こうした「革新の原動力」によ

り，今後も NEC 米沢は環境変化に応じて，迅速に製品開発システムを革新していくことができるであろう．

5．おわりに

　本章では，NEC 米沢のコンカレント・エンジニアリング導入の事例に基づいて，製品開発プロセスにおいてみられた「革新の原動力」について考察した．本章では「革新の原動力」を「経営資源間の結合の仕方を変えて，環境変化に持続的に適応するための仕組み」と捉えた．
　第1節ではコンカレント・エンジニアリング誕生の経緯について整理し，コンカレント・エンジニアリング導入後の製品開発システムの特徴，長所・短所について述べた．第2節では NEC 米沢のコンカレント・エンジニアリング導入プロセスを1989年から1995年まで概観し，各施策について整理した．第3節では，NEC 米沢のコンカレント・エンジニアリング導入プロセスにおいてみられた「革新の原動力」について考察した．
　このプロセスにおいては，トップマネジメントがコンカレント・エンジニアリング導入の決定，組織内の混乱の克服と協力体制の構築などの中心的な役割を果たしている．しかしそれだけではなく，変革を受け入れるように醸成された組織風土，ノート型パソコンを開発するための蓄積された技術・ノウハウ，同時並行開発を強化するために利用可能な C&C 技術などを通じて組織構造等様々な既存の経営資源間の結合の仕方を変えて，コンカレント・エンジニアリングを導入した結果，開発リードタイムの短縮等の効果が得られたと考えられる．そしてこうした「革新の原動力」は，継続的に効率的な製品開発システムを構築し得るという意味で，持続的な競争力の源泉といえるのではないかと本章では考えている．
　今後，NEC 米沢に求められるのは，競争力のある製品開発システムを維持するための継続的な経営革新であろう．コンカレント・エンジニアリングにしても，現状のまま維持するのではなく，より一層自社の製品開発力を高めるよ

うにさらに応用されていくであろう．益津社長から片山社長へとトップマネジメントが交代し，NEC米沢が今後どのような経営革新を進めていくのかが注目される．また本章での議論は事例がNEC米沢の限定されたものであった．他社のコンカレント・エンジニアリング導入プロセスとの比較を通じてのさらなる議論が今後の研究課題となろう．

1) Schumpeter, J. A. (1926) Theorie der Wirtschaftlichen Entwicklung. 2. Aufl. (塩野谷祐一, 中山伊知郎, 東畑精一訳 (1937)『経済発展の理論』岩波書店, 182ページ.)
2) 圓川隆夫, 安達俊行 (1997)『製品開発論』日科技連, 42ページ.
3) 谷武幸 (1997)『製品開発のコストマネジメント』中央経済社, 157ページ.
4) 圓川隆夫, 安達俊行　前掲書 42ページ.
5) 1970年代からの自動車産業の「国内競争の現実へのごく自然な応答として期間重複化が起こったため, 日本ではこの方式に特別な名前が付いていなかった」とされる. (藤本隆宏 (1997)『生産システムの進化論－トヨタ自動車にみる組織能力と創発プロセス－』有斐閣, 269ページ.)
6) 圓川隆夫, 安達俊行　前掲書 42ページ.
7) MITの自動車産業においての調査によると, 最初のコンセプト作りから消費者に届けるまでの期間が日本メーカーは43カ月であるのに対して, 欧米のメーカーは62カ月かかっている.
　 (Dertouzos, M. L., Lester, R. K., Solow, R. M.: The MIT Commission on Industrial Productivity (1989) *Made in America*, The MIT Press. (依田直也訳 (1990)『Made in America』草思社, 257ページ.))
8) 野口祐, 林卓史, 夏目啓二 (1999)『競争と協調の技術戦略』ミネルヴァ書房, 250ページ.
9) 直列型開発の場合, 実質作業時間と共に, (1)作業順序待ち時間, (2)各プロセス間の情報伝達時間, (3)不具合修正の手戻り再作業時間, (4)市場（顧客）要求の変化に伴う仕様変更再作業時間が含まれることになる. (小島敏彦 (1996)『新製品開発管理』日刊工業新聞社, 157ページ.)
10) パソコンのような技術革新が頻繁に起こり, そうした技術革新が絶えず製品の高性能化と低コスト化を可能とするような産業では, 製品開発の着手を極力, 製品の市場投入時期に引きつけ, 最新の技術を取り込むほど, 顧客ニーズに合致した高機能で低コストの製品開発が可能となると考えられる. コンカレント・エンジニアリングによる開発リードタイムの短縮化により, こうした「引

きつけ設計」も可能となる．
11) 開発リードタイムの短縮により，(1)資金コストの減少，(2)研究開発の固定費の低減，(3)開発製品のもたらす利益の先取り，(4)製品の早期市場投入によるシェア獲得，(5)開発リスクの低減などのメリットが得られるとされる．(小島敏彦前掲書 152ページ．)
12) コンカレント・エンジニアリングの最大の効果は，(1)開発期間・スケジュールに対する意識の変化，(2)エンジニアの設計に対する態度の変化，(3)工場全員の一体感などのカルチャー・チェンジにあるともされる．(斉藤実 (1993)『実践コンカレント・エンジニアリング』工業調査会，75ページ．)
13) 野口祐，林卓史，夏目啓二　前掲書，252ページ．
14) 野口恒 (1995)「CE を駆使し，世界一速く設計・開発できるメーカーを目指す NEC 米沢」『工場管理』Vol. 40, No. 14, 39ページ．
15) 圓川・安達　前掲書，143ページ．
16) チーム形態選定の基準は以下のように設定されている．
　・タイガーチーム
　　他社の急襲への反撃や主導権確保のための戦略機種の開発など，全社的な重要性と緊急性の高い社運をかけた開発プロジェクトの場合に採用する．チームリーダーは役員レベルが担当し，開発リソースのアサインや人事考課などの全権限を掌握する．チームメンバーは機能的組織から短期間移籍し，開発プロジェクトに専任化となる．
　・ヘビーウェイトチーム
　　通常のパソコン本体の開発プロジェクトにおいて採用する．チームリーダーは部長・課長クラスが担当し，開発プロジェクト内の作業に関するかなりの権限を委譲される．チームメンバーは機能的組織に在籍するが，多くの時間や工数を開発プロジェクトで費やし，半専任化となる．
　・ライトウェイトチーム
　　オプション部品の開発やバージョンアップ製品の開発など，小規模で重要性の低い開発プロジェクトにおいて採用する．チームリーダーは主任（係長）レベルが担当し，開発を進めるための権限委譲は軽度といえる．チームメンバーは機能的組織の仕事が大半で，もとの組織に在籍のままパートタイムで開発プロジェクトに参画する．
17) 3次元 CAD は，コンピューター内部に実際の製品に近いイメージの3次元モデルを作るモデリング技術である．3次元 CAD の代表的なモデルには以下の3つのモデルがある．「ワイヤーフレームモデル」とは，3次元形状を稜線と頂点だけで表現するモデルで，針金で立体の輪郭を表現する．「サーフェス・モデル」とは，ワイヤーフレーム・モデルに面を張り付けた表面をもつモデルであ

る．境界を構成する稜線列情報によって面を定義し，その面を組み合わせて立体を表現するモデルであるが，中身は中空である．「ソリッド・モデル」とは，サーフェス・モデルに，色，陰影や凹凸などを付加した中身の詰まったモデルであり，立体を完全に表現できる．ソリッド・モデルは，ワイヤーフレーム・モデルやサーフェス・モデルと比較して，はるかに製品イメージを把握しやすいという特徴があるため，コンカレント・エンジニアリングを組織的に実現する部門横断チームによる製品開発に有効といえる．

18) 圓川，安達　前掲書，39ページ．
19) 福田収一（1993）『コンカレントエンジニアリング』培風館，35ページ．
20) 福田収一（1993）同上書，36ページ．
21) コンカレント・エンジニアリングによる製品開発環境を実現するには，近接配置が最も有効であるといえる．しかし開発拠点が地理的に分散している場合や，大規模な開発のために参加する人員が多い場合には，部門横断チームのメンバー全員を一カ所に集めることは困難である．PDM（Product Data Management）は近接配置環境を情報技術的に補完する技術基盤であり，組織的・地理的に開発者が分散していながらも，近接配置環境下で行うのと同様の協調的開発を可能とする仮想チームの形成を促進する情報技術である．つまりPDMとは，特定の部門で特定の情報を扱ってきた個別のシステムを接続し部門を越えて情報を共有すると共に，必要な情報を必要な時に必要な場所で提供する情報技術である．PDMの利点としては，①部門を越えた情報の共有により社内に分散した技術力を結集できること，②設計開発，製造，保守といった一連のビジネスプロセスにおいて情報伝達を効率化できることなどがある．
22) これに対して例えば富士通では1994年にコンカレント・エンジニアリングを取り入れている．
23) 延岡健太郎（1997）「新世代CADによる製品開発の革新」『国民経済雑誌』第176巻第6号，69ページ．
24) NEC米沢は，売上高の60％以上を占めていたファクシミリ事業を同じグループ会社のNEC静岡に生産移管している．そのためNEC米沢にとっては，ノート型パソコンの開発がメイン事業となっていた．こうしたこともNEC米沢が危機意識をもってノート型パソコンの開発に取り組んだ理由の一つと考えられる．
25) 欧米でコンカレント・エンジニアリングの導入によって大きな成果を上げた企業の成功要因として，「第一級の新製品開発設備」の存在が指摘されている．
（鈴木徳太郎，山品元（1994）『製品開発リードタイムの短縮』日本能率協会マネジメントセンター，34ページ．）
26) NECグループの中核技術としてはエレクトロニクスさらにオプトエレクトロニクスを支える電子デバイス技術とデジタル技術，そしてソフトウェア技術と

これらの技術を統合的に結びつけて機能させるシステム統合技術の4つが挙げられる．(中村元一,田中英之 (1991)『NEC「スーパー21」経営』ダイヤモンド社,86ページ．)

27) 斉藤実 前掲書 129-143ページ．納谷嘉信,諸戸脩三,中村泰三 前掲書 201-205ページ．森本三男『経営組織論（改訂版）』放送大学教育振興会,84ページ．

28) さらに「多くの企業はベンチマーキングを通じて，他社のベスト・プラクティスを積極的に模倣しようとする．また模倣が不可能であるとしても，企業はエミュレーション（競争）を通じて，そのノウハウやスキルが生み出す成果と同じ様な成果を生み出すものを，違った形で作り出すことができる」とされる．（米山茂美 (1996)「持続的競争優位の源泉としての変革能力」『西南学院大学商学論集』第43巻第1号,158ページ．)

参考文献

青島矢一 (1998)「『日本型』製品開発プロセスとコンカレント・エンジニアリング ボーイング777開発プロセスとの比較」『一橋論叢』第120巻第5号．

Dertouzos, M.L., R. K. Lester, and R. M., Solow, The MIT Commission on Industrial Productivity (1989) *Made in America*, The MIT Press. (依田直也訳 (1990)『Made in America』草思社)

圓川隆夫,安達俊行 (1997)『製品開発論』日科技連．

藤本隆宏 (1997)『生産システムの進化論—トヨタ自動車にみる組織能力と創発プロセス—』有斐閣．

福田収一 (1993)『コンカレント・エンジニアリング』培風館．

原田英紀,富岡恒憲 (1995)「製造業を大改革するPDM」『NIKKEI MECHANICAL』1995.2.20.

小島敏彦 (1996)『新製品開発管理』日刊工業新聞社．

森本三男 (1991)『経営組織論（改訂版）』放送大学教育振興会．

中村元一,田中英之 (1991)『NEC「スーパー21」経営』ダイヤモンド社．

納谷嘉信,諸戸脩三,中村泰三 (1997)『創造的魅力商品の開発』日科技連．

延岡健太郎 (1996)『マルチプロジェクト戦略』有斐閣．

延岡健太郎 (1997)「新世代CADによる製品開発の革新」『国民経済雑誌』第176巻第6号．

野口祐,林卓史,夏目啓二 (1999)『競争と協調の技術戦略』ミネルヴァ書房．

野口恒 (1995)「コンカレント・エンジニアリングを駆使し，世界一速く設計・開発できるメーカーを目指すNEC米沢」『工場管理』Vol. 40, No. 14．

斉藤実 (1993)『実践コンカレント・エンジニアリング』工業調査会．

Schumpeter, J. A. (1926) Theorie der wirtschaftlichen Entwicklung. 2. Aufl. (塩野谷祐一, 中山伊知郎, 東畑精一訳 (1937)『経済発展の理論』岩波書店)

鈴江歳夫 (1992)『コンカレント・エジニアリングのすすめ方』日本能率協会マネジメントセンター.

鈴木徳太郎, 山品元 (1994)『製品開発リードタイムの短縮』日本能率協会マネジメントセンター.

谷武幸 (1997)『製品開発のコストマネジメント』中央経済社.

米山茂美 (1996)「持続的競争優位の源泉としての変革能力」『西南学院大学商学論集』第43巻第1号.

第9章　NECに見られる作業現場革新
―― セル生産方式の導入を中心に ――

1. はじめに

　日本の製造業は，特に1990年前後から，NIEsやASEAN諸国の激しい追い上げを受けながら，急激な円高及び価格破壊の波にさらされ，相次ぐ生産拠点の海外移転を余儀なくされて，深刻な空洞化現象に直面せざるをえなかった．さらに，市場開放，人件費の上昇等の経営環境も日を追ってその困難さを増している．

　このような経営環境の中の製造業における競争優位の源泉は，環境問題と労働の人間化に加えてコスト・品質・納期において一段と高いレベルが要求されることである．コスト・品質・納期などにおける競争力は生産システムによって決定される[1]．その意味では，製造現場は製造業における付加価値創出の現場であり，その製造現場の革新は企業内のどの部門よりも波及効果が大きいといえる．

　本章では，NECが導入している「自己完結生産方式」を意味する「セル生産方式」の導入過程を取り上げて，経営革新としての生産性向上の戦略的方向性，生産ラインにおける作業方式の革新，人的資源の多技能工化，部門間の業務分担方式における変化を分析することで，セル生産方式とは何か，セル生産方式がどのように実践されているのかに関して考察することを目的とする．それは，日本の製造業が，「グローバル化」，「情報化」，「地球環境問題」，「少子・高齢化」等の企業を取り巻く経営環境の変化に対応するために，いかなる

「経営の合理化」を進めているのかを明らかにすることであり，いわゆる「次世代生産システム」の方向性を考える際に大いに役立つことであると思われる．

2．大量生産方式から多品種少量生産方式へ

生産形態が大量生産から多品種少量生産へと移行している．「同期化生産方式」としてのフォード・システム[2]は，「低価格と高賃金の原理」(the principle of low prices and high wages)[3]として理解され，大量生産・消費社会の実現を可能にした（図表9.1を参照）．

図表9.1　フォード・システムと経営原理としてのフォーディズム

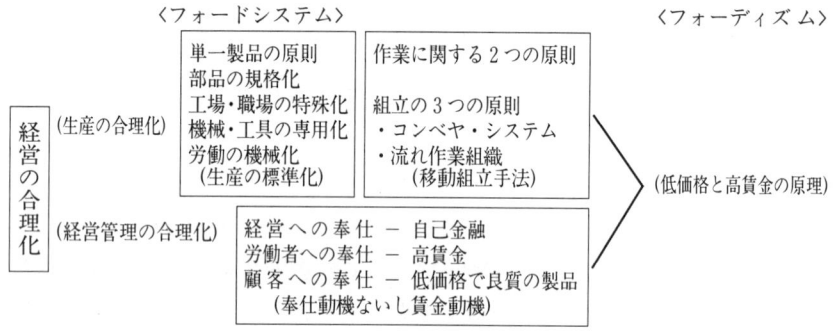

〈フォードシステム〉　　　　　　　　　　　〈フォーディズム〉

経営の合理化
- （生産の合理化）
  - 単一製品の原則
  - 部品の規格化
  - 工場・職場の特殊化
  - 機械・工具の専用化
  - 労働の機械化
  - （生産の標準化）
- 作業に関する2つの原則
- 組立の3つの原則
  - ・コンベヤ・システム
  - ・流れ作業組織
  - （移動組立手法）

（低価格と高賃金の原理）

- （経営管理の合理化）
  - 経営への奉仕　－　自己金融
  - 労働者への奉仕　－　高賃金
  - 顧客への奉仕　－　低価格で良質の製品
  - （奉仕動機ないし賃金動機）

注1）作業に関する2つの原則とは，第1は，労働者は一歩以上動くべきではない。もし可能であるならば，この一歩も避けるべきである。第2は，労働者は腰を曲げる必要はない，である。
注2）組立の3つの原則とは，第1に，機械及び労働者を作業の順序に従って配置し，各構成部品が，その完成の過程において，可能な最短距離を進行し得るようにすること。第2に，仕事の滑り台，または，他の形態の運搬具を使用し，これによって，労働者に，彼が作業を終えたときに，その部分品を常に同じ場所－それは常に彼の手に最も具合の良い場所でなければならない－に置かせるようにし，また，もし，可能ならば，重力によってこの部分品を次の労働者の作業場所へ運ぶこと。第3は，滑り組立ラインを使用し，これによって，組立てるべき部分品が，都合のよい距離において引き渡されるようにすること，である。
注3）高賃金とは，経営が持続的に支給し得る最高賃金であり，低価格で良質の製品とは，その商品を持続的に販売し得る最低価格でなければならない。
出所）藻利重隆『経営管理総論』（第二新訂版）千倉書房，1965年，第3章を基に作成。

しかし，これに伴う労働の一層の細分化は労働者の疎外[4]感を高め，60年代

後半に至ると，欧米諸国では労働意欲の減退による無断欠勤やサボタージュ，そして離職率の増大が顕著になった[5]．さらに，大量生産に適していたコンベヤライン方式では，①手待ちのムダ，②取り置きのムダ，③仕掛りのムダ，④手直し，不良のムダ，⑤機種切替のムダ，⑥作業者同士の助け合いができないムダ，⑦マシンタイムの手持ちのムダといういわゆる「7つのムダ」と呼ばれる短所がある[6]．

これ以外にも，多品種少量生産方式に比べて，コンベヤライン方式の欠点を挙げると次のようである[7]．

① 減産時に生産量を減らした分に対応した省人化が難しい
② フル・モデルチェンジなどの新ライン切替えに初期投資が大きくかかり，それまで使用していた設備が新ラインに代替できないことがある．
③ （②に関連して）初期設備投資費用が大きくなるとともに，保全コストがかかる．
④ 新機種投入時にラインの立ち上がりに時間と，生産準備のための工数がかかる．
⑤ （①に関連して）多品種少量生産では品種ごとにネック工程（特に作業時間が長くかかる工程）が変動するため，品種ごとに適切なラインバランスを維持することが難しい．
⑥ ラインに作業工程数が増えるほど歩留り率や，稼働率が低下する傾向がある．
⑦ スループットタイム (throughput time)[8]が長くかかる．
⑧ 技能が伝承しにくく，作業者個人のやり甲斐，達成感が低い．ただし，コンベヤライン生産は分業ができるため，作業者1人1人の仕事量の幅が狭く，初心者でもある程度の訓練で仕事ができるようになるのが利点である．また，「ジョブ・ローテーション」(job rotation) 計画の推進活動をうまくできる場合には技能育成はしやすい．しかしながら，万能工的に技能を身につけさせようとするには技能教育的には時間がかかる．

「多品種少量生産」とは，ある生産期間に生産の対象となる品物の種類（仕

様,形状,寸法,生産工程,色彩)が多く,それぞれの生産の数量が少ないものであり,したがって多様化生産(variety production)となる.人見勝人等(1981)によれば,この多品種少量生産を取り扱う工場のことを「ジョブ・ショップ」(job shop)といい,その特徴として ①生産品目の多様性,②生産工程の多様性,③生産能力の複雑性,④環境条件の不確定性,⑤生産工程・日程計画の困難性,⑥生産の実施と統制の動態性,の6点が挙げられる[9].

3. セル生産方式とは何か

生産形態が大量生産から多品種少量生産へと移行するにつれて,その対策として多様な手法が登場する(図表9.2を参照)[10].

図表9.2 多品種少量生産への対策

分類	手 法
概 念 主体型	インダストリアル・エンジニアリング (IE) グループ・テクノロジー (GT) 部品中心生産
計 画 主体型	MRP(資材所要量計画) ロット・スケジュール モジュール型生産
実 施 主体型	フレキシブル・オートメーション フレキシブル生産
統 制 主体型	JIT(ストックレス)生産 オンライン生産管理

出所)人見勝人(1990)95ページから引用。

中でも,コンベヤラインを使って製品を組立ている産業において,コンベヤラインを撤去し,「セル生産方式」と呼ばれる新しい生産方式に生産構造を変革する企業の数が増加している.この方式は,円高が急激に進んだ1994年あたりから,「1人生産方式」などとも呼ばれて注目を集め,特に電機・電子産業,その中でも組立工程を中心に導入され始めてきている[11].

(1) 概念とその起源

セル生産方式はコンベヤラインを使用せず，初工程から最終工程までを１台ずつ，手送りで工程間に停滞させずに，生産する多工程持ちの「自己完結型生産システム」である．「U字型レイアウト」によるライン生産を発展させた新しい生産方式を，「セル生産方式」と呼び，電機・電子部品の組立作業や，組立作業の中に部分的な機械加工や自動検査・測定が含まれるような作業へも実用されるようになってきた[12]．

　セル生産方式の概念は，トヨタ生産方式と呼ばれているものの内の工程設計や作業設計にかかわる，「多工程持ち」を原則とした「U字型のライン編成」が派生し，それが発展したものである[13]というのが一般的である．

　しかし，セル生産方式を軌道に乗せるためには，①OJT，多能工化教育，②セル方式に適した製品設計，部品設計―組立しやすい製品構造，③製品構造に応じた作業順序計画，④セル方式に応じた設備自体の計画と，設備配置―各セルごとに生産設備・検査機器や，治・工具が必要なために，設備投資が大きくなる傾向がある．ただし，高度な自動化機械は必要としない，⑤作業者１人が担当できる作業種類に限界があるため，製品構造によって，組立時間が短すぎたり，反対に長すぎる場合にはこの方式が適さない，⑥新機種の投入時には，各作業者が担当する作業種類が多いために習熟期間がかかることと，ラインの工程編成に変更する事項が多くなるために，ラインの立ち上げ時間が長くなる傾向がある，⑦セルごとに生産性の違いが出てくるために[14]，進捗管理及び出来高管理がしにくく，増産時の生産計画・生産量が予測しにくい．これと関連して，セルごとの生産数量の調整が難しい，⑧基本的には部品在庫や製品在庫を極力抑えて，顧客へ短期間で納入することを意図した方式なので，部品メーカーがJITな供給体制を取れる能力があるかが問題である，の８点がその前提となる[15]．

　次は，生産システムの変遷の中でセル生産方式の位置づけに関して考察することにしよう（図表9.3を参照）．

　図表9.3(1)では，製造業の生産現場がどのように変化するかというその方向性が示されている[16]．縦軸は働く人の動機づけを，横軸は自動化の度合を表わ

図表 9.3 生産システムの変遷の中におけるセル生産方式の位置づけとその比較

(1) 生産システムの変遷の中におけるセル生産方式の位置づけ　(2) 諸生産方式の比較

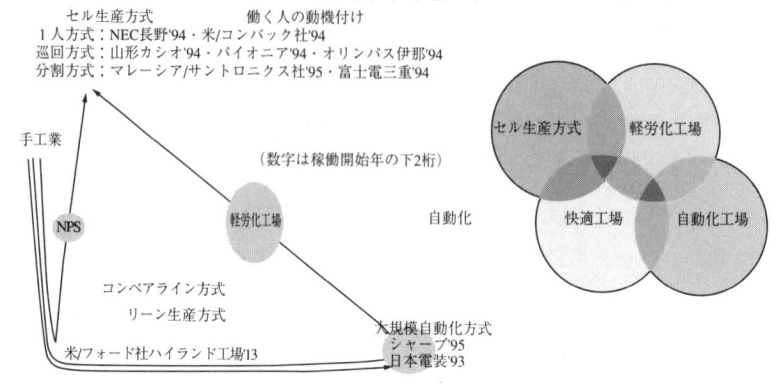

セル生産方式　　　　働く人の動機付け
1人方式：NEC長野'94・米/コンパック社'94
巡回方式：山形カシオ'94・パイオニア'94・オリンパス伊那'94
分割方式：マレーシア/サントロニクス社'95・富士電三重'94

(数字は稼働開始年の下2桁)

手工業
NPS
軽労化工場
自動化
コンベアライン方式
リーン生産方式
大規模自動化方式
シャープ'95
日本電装'93
米/フォード社ハイランド工場'13

セル生産方式　軽労化工場
快適工場　自動化工場

出所）篠原司，「特集：コンベア撤去の襲撃走る」，『NIKKEI MECHANICAL』1995年7月号，27〜28ページから引用．

している．図表 9.3(2)では，図表 9.3(1)で示された軽労化工場や快適工場と自動化工場との包含関係を表わしたものである．

1913年にアメリカのフォード社がベルトコンベヤを使った流れ作業方式をハイランド工場で初めて導入したのを機に世界的に普及した流れ作業方式は以下の3つの方向に分化した[17]．

1番目の方向は，オートメーションを経てセル生産方式に行き着いたグループのことであり，1980年代後半までは，ベルトコンベヤで作業する人間をロボットや自動化された機械に置き換えるオートメーションが中心的なテーマであった．バブル成長で生産量の増大と労働力不足問題の深刻さが顕在化し始めたのが主な原因である．しかし，1990年に入ると，高成長前提の時代が終わったため大規模オートメーションに対する反省から，オートメーションによる品質向上という成果にもかかわらず，オートメーションの導入は限られた工程にとどめることとなった．つまり，組立工程に限定されることとなった．そして考え出されたのが軽労化工場である．軽労化工場とは，自動化率こそ低いものの，補助装置を導入して作業者の身体的な負担を減らした工場のことである．軽労化工場を経由してあるいは通過してセル生産方式を目指す企業としては

NEC, ソニー, 東芝, 日本ビクター, カシオ, 富士電機, 三洋電機などがその代表的な例である.

2番目は, 自動化を追求するグループのことであり, シャープ, 日本電装 (現在のDENSO), ファナック, 松下電器産業などがその代表的な例である.

3番目は, 当初から自動化を目指さずにセル生産方式に近いことを考えていたグループのことであり, ミサワホームや横河電機などのNPS (New Production System)[18]研究会メンバー企業がその代表的な例である[19]. セル生産方式は立ち作業が前提なので, 肉体的に疲れやすいのは否めないにもかかわらず, 作業者自身が組立工程全体を管理できるので, 精神的な満足感は高い. その意味で, セル生産方式とは図表9.3(2)のように, 軽労化工場と快適工場に重なるところが多い. たとえば, セル生産方式を導入したアメリカのコンパック社のヒューストン工場には冷房はもちろん, 熱帯植物が工場の中に生い茂り, 太陽光が工場の中に降り注ぐ, 快適工場でもある.

このような特徴を持つセル生産方式の起源に関する議論は「JIT方式に代表されるU字型ライン」と「グループテクノロジー (Group Technology, GT)」の2つの主張がある.

まずは, JIT生産方式のU字型ラインというのがそれである. コンベヤラインを使って製品を組立てている産業において, コンベヤを撤去し, セル生産方式に生産構造を変革する企業の数が, 特に家庭電気・電子機器メーカーで増加している.

この主張に従うと, セル生産方式はコンカレント・エンジニアリング (Concurrent Engineering), TQMなどと同様に, 日本で経験的に, 開発・実施され, 成果を上げていた方法がアメリカに渡り, アメリカの思想・言葉で整理・体系化され, 日本に逆輸入されたものであるというのが一般的である. 言い換えると, 暗黙知的なものが, 「仕組み」として形式知に変換され, 1つのシステムにまとめられたセル生産方式の原型はJIT生産方式におけるU字型ラインであるとされている[20].

もう1つは, グループテクノロジーの応用であるという主張がそれである.

コーチマン (Paul Couchman) とバッドハム (Richard Badham) によれば，「セル生産方式は会社の製造システムの一部がセルに換えられたグループテクノロジーの応用である．セル生産方式は部品群 (a family of parts) (セル群) の製造に専用的または近接に位置する機械とプロセスの集合である．部品はそれらの処理必要条件 (必要とされるオペレーション，許容誤差，工作機械能力など) において類似である．セル生産方式の概念は新しいものではないが，製品あるいは部品のバッチを作り出しているジョブ・ショップ (job shop)[21]でより滑らかな生産の流れを達成するために製品とプロセスの類似性を処理することを目指すグループテクノロジーの初期のエンジニアリング概念に基づいている」[22]と主張している．

さらに，人見勝人等によると，「グループテクノロジーとは多種少量生産を効果的に行うための手法並びに考え方であって，類似部品 (たとえば，形状が似たもの，寸法が似たもの，加工方法が似たもの) を集約してグループとし，工程設計を合理化し，各グループに適切な機械と治工具をあてがい，段取時間，工程間運送，加工待ちを減少し，無秩序に生産する場合より大きいロット数で，大量生産方式に近い効果を与え，生産性を向上しようとするものである．さらに生産準備に際して，前に設計・生産の対象となった反復部品，類似部品の場合には，部品生産情報の検索による認知に基づいて部品設計，工程設計，生産の見積りが容易になる」[23]とした．

このように，グループテクノロジーの考え方を広義に解釈すれば，「雑然とした多様な加工物や情報を一定の分類規約によって整然と選び出し，それらを集約して，一定のグループに集合させたうえで，設計，加工，組立の一連の生産について合理的に設計・計画するという考え方である」[24]と言える．

この概念は受注から生産，そして出荷に至る全生産過程の各段階にわたって応用の可能性がある．なぜならば，グループテクノロジーは，「別名が部品群加工 (parts-family manufacturing) といわれ，多品種の部品・製品を形状・寸法・加工法などの類似性に基づいてグループに集約し，この部品をロットと見なすことにより，設計を標準化・合理化し，各グループに適切な生産設備と治

工具を当て，段取時間・工程間運搬・加工待ちを縮減し，無秩序に個別的に設計，生産・管理する場合より大きいロット数で，大量生産方式に近い効果を与え，生産性を向上しようとする多種少量生産技法である」[25]からである．

部品のグループ化に基づくグループテクノロジーは，ヨーロッパ各国においても，様々な形で多方面に応用されてきた．特に1950年代から1960年代にかけて部品分類コードシステムが開発され，多くのすぐれたグループテクノロジー利用事例が報告されている[26]．日本においても，1960年代から生産性向上のためにグループテクノロジーが取り入れられた[27]．

(2) セル生産方式の類型と長所・短所

セルとは，細胞とか，蜂の巣のごとく六角形をした密房を意味し，電池もセルという．セル生産方式には，作業者がどのようにラインを受け持つかによって，「1人完結方式」，「分割方式」，「巡回方式」がある．それぞれの特徴と長所・短所は図表9.4の通りである[28]．

① 1人生産方式

小さな屋台に似たセルで，他の作業者のスピードに制約されることなく自主管理できる生産方式である．マイペースになりやすいことと1人に1セルなので，検査装置などのコストの高い装置が必要な場合，設備投資額が膨らむことで増産に対応しにくい．

② 分割生産方式

最少単位の多能工で可能なので，習得期間が短くて済む．その一方で，1人方式や巡回方式に比べて，自己完結型モノ作りという観点からは中途半端なので，最終的には1人方式や巡回方式を目指す過渡的なセルである．しかし，この方式では万能工や多能工の熟練作業者を養成する機能をもっているし，パートタイマーの受け皿として存続させる必要がある．歩行数のロスも1人生産方式や巡回生産方式に比べてすくない．

③ 巡回生産方式

258

図表 9.4　セル生産方式の3つの方式とコンベア生産方式との比較

	コンベアライン	分割方式	一人方式	巡回方式
	物の流れ In→Out	物の流れ In→Out	物の流れ In→Out	物の流れ In→Out
長所	重量物が搬送できる コンベアによる作業の強制力 分割による習熟効率の向上 コンベアの多能工化による出来高のためのアウトプット促進 きめ細かい現場監督業務が不要 ラインストップ防止のためのアクションを促進 （山形カシオ）	ラインバランスが取り易い 助け合いが可能 最小単位の多能工で可能 習熟期間が比較的短い （サントロニクス） 二分割方式なら管理しやすい リリーフゾーンを設けて助け合いしやすい 組み立てに向く （NEC長野）	セルの編成効率100% セルの管理が比較的容易 （山形カシオ） ①安定した品質を確保（作り込み品質保証）が可能・向上ができる（高精度・少量多品種） ②効率が維持・向上できる ③工程間の停滞が排除できるので生産リードタイムを圧倒的に短縮する ④非付加価値作業を排除できる ⑤やり甲斐、達成感ができる ⑥高技能者の能力をフルに発揮することができる （オリンパス） 組み立てや検査に向く	セルの管理が容易 生産変動への対応が容易 （山形カシオ） 機械加工に向く （NEC長野） 大物部品または多数の部品を組み立てたり、組み立て治具、検査治具などが大型で場所を要する時に、セルに一定のスペースを確保できる （オリンパス）
短所	①専門（部分）技能アップによるスピードがつく ②多品目生産では効率が悪い ③作業ペースの拘束力がある ④技能育成が難しい（作業範囲が狭く、初心者でも仕事ができる） ムダのムダ ①手持ちのムダ ②取り置きのムダ ③仕掛かりのムダ ④手直し、不良のムダ ⑤切り替えのムダ ⑥助け合いができないムダ ⑦手扱いコンベア100%のムダ ①分割によるラインバランスロスが発生し易い（調整が難しい） ②生産変動対応力が低い ③工程間停滞量が大きく、生産リードタイムが長いし仕掛かりが増え、やり甲斐、技能を継承しにくい ④技術・技能を継承しにくい ⑤やり甲斐、達成感が低い （サントロニクス） 一度設置すると、レイアウトをほとんど変更できない、大きな設備投資必要 （サントロニクス）	ライン編成、立ち上げ及び維持のための管理に手間がかかる 一人方式や巡回方式と比較してバランスが取りにくい コンベアと比較して強制力がない コンベアラインと比較して、習熟期間がどうしても長くなる （サントロニクス）	設備投資大（各セルに設備が必要なため） 万能工作業者が必要 （山形カシオ） ①マイペースになり易い ②移動（歩行）距離大 ③技能の育成に期間が必要 （オリンパス） 多工程に従事することに時間がかかる 一人なみの仕事をするペースになりにくい スペース、設備投資が多く、しかも生産台数がセルによっては不均等 （サントロニクス） 治工具や検査機器がセルに集中 作業がセルごとに困難 （パイオニア）	一番遅い作業者でサイクルタイムが決まる（追い越しが難しいので） 万能工が必要 （山形カシオ） 助け合いが難しい、追い付かれる人が複数あらわれるとプレッシャーを感じる時 （NEC長野） 作業者の移動しにくい工程が複数ある所で必要 （オリンパス）

出所）篠原司「特集：コンベア撤去の襲撃走る」前掲雑誌, 37ページから引用.

追い抜くことが難しいため，1番遅い作業者でサイクルタイムが決まってしまう．遅い人にはプレッシャーが掛けられてしまう．増減産には対応しやすい．

また，セル生産方式のメリットとしては以下のことが挙げられる（図表9.4を参照）．
① 省人化が可能，
② 工程内における仕掛品の滞留の減少 → 生産リードタイムの短縮 → 生産数量の向上，
③ 設備の小停止（チョコ停）減少，設備稼働率の向上，保全管理の容易化，
④ 品質の作り込みがしやすいこと，
⑤ 不良内容に対して不良発生工程の発見，手直し原因の把握が容易，
⑥ 作業者各自にとって物づくりの達成感の向上，の6つがそれである．

4．NECに見られる作業現場革新

ここでは，NEC子会社の作業現場革新をセル生産方式の導入を中心に考察する．NECといえば，NEC群馬やNEC新潟に代表されるように大規模自動化ラインが既定路線だった[29]．しかし，経営環境の変化に伴い，ボトムアップ的生産革新が行われ，生産戦略の見直しがなされたのである．

NECは国内製造業の空洞化に対して，「コストと品質では海外生産に対して優位性を確保できない」という底辺からの危機意識から，製造部門ではセル生産方式の導入によって企業の生き残りを図ろうと1994年前後から国内での生産存続をかけてセル生産方式の導入を開始した．

(1) NEC長野の事例
NEC長野では，1977年の操業開始以来の主力製品であったカラーテレビは，1992年春からタイに移管され，その後，パソコン用モニター生産に代わっ

図表9.5　NEC長野のワープロ組立ラインの変遷

28名
400台（14台/人）　〇〇〇〇〇〇…〇〇〇〇〇〇　加工費売上高
　　　　　　　　　▇▇▇▇▇▇▇▇▇▇▇▇▇▇　（2.6万/日・人）

12名
200台（17台/人）　〇〇〇…〇〇〇
　　　　　　　　　▇▇▇▇▇▇▇▇　（3.1万/日・人）

5名
100台（20台/人）　　〇　〇
　　　　　　　　　〇　　〇
　　　　　　　　　　〇
　　　　　　　　（3.7万・人）

65品種120点
18分のサイクルタイムで
1名　　〇
（25台/人）　　▇
（4.65万/日・人）

出所）那須野公人，「トヨタ生産方式のエレクトロニクス産業への波及」『作新経営論集』，7ページから再引用．

たが，これも次第に競争が激化し，輸出用モニターが1993年にはマレーシアに，1994年4月からは台湾に移管されることになり，国内用モニターも同年9月には海外移転が決定されたのである[30]．このような危機的な状況の中で，地元採用組を中心に，従来の生産方式の見直しを始めたのが1992年6月からである．

コンサルタントの指導の下で，従業員の改善意欲を高めるモラールの向上に取り組み，徹底的なムダの排除に力を入れた．そのために要らないものを捨てるという意味の「整理」を重視し，いわゆる「赤札作戦」を展開した．赤札作戦とは，全ての備品に赤い札をつけ，使用した備品の赤札をはずしていくことによって，一定期間赤札がついたままの不要な備品を選別し処分しようというものである．そして次に，不用な備品を取り除いた後の空間をつめて使いやすくする「間締め」といういわば「整頓」を実施した[31]．

NEC長野の製造現場で革新が最も進んでいるのがワープロを組立てるセルである．そのセルは，ラーメン屋の屋台のような小さな作業場であり，その中で1人の作業者がワープロを組立てるのである[32]．

「〇〇さん号」，「××さん号」などと作業者の名前を掲げた「ワープロ屋台」では，作業者が組立，検査，梱包までを約18分のサイクルタイムで全て1人で完結する．1日に約25台のワープロを組立てる．28人が分業していた従来のコ

ンベヤラインでは，1人当り1日14台しか組立てられなかったことに比べれば80％向上した[33]．また，作業者は，組立，検査，梱包だけではなく，「屋台」の収益性をも管理するいわゆる「屋台カンパニー制」を取ることによって，NEC長野の収益に貢献する度合いを意識するようになる．

従来は，売れていようが売れていまいが関係なく，生産管理部門が作成した生産計画通りの台数を作っていたが，セル生産方式（NEC長野の表現に従うと屋台生産方式）の下では，作業者が"自律神経"を持って"自給自足"する体制になる[34]．より詳しく説明すると，作業者は売れた台数だけ作るということである．売れていなければその日は組立作業を休む．その代わりに，作業・工程・レイアウトの改善活動に取り組む．NEC長野の場合，改善対象の屋台は手製なので作業者が好きなように作り替えることが容易なのである．一方，売れていると，当日組立てるのに必要な部品を，「ストア」[35]に"買い出し"にも出かける[36]．

しかし，1人生産方式である屋台生産方式ができる従業員は10人程度で，「5人1チーム」（3人が組立要員，2人が検査，梱包要員）で1ロット100台を生産するという分割方式をも併用している．分割方式では「ラインカンパニー制」を取っており，従来のコンベヤラインと比べて，1人当り出来高は20台と30％向上した．

NEC長野のワープロ組立ラインが，従来のコンベヤライン生産方式から屋台生産方式が完成されるまでの経過は図表9.5の通りである．このように完成されたNEC長野のセル生産方式は，他のNEC子会社に横展開するとともに地域の中小企業にまで波及することになった[37]．

(2) NEC埼玉の事例

NEC埼玉は，NECの100％出資で1984年設立された．主力事業は，携帯電話やPHSの端末と基地局の開発，設計，製造である．1994年からの携帯端末の販売自由化という経営環境の変化[38]の下に，1993年には3機種であった当該製品の品目が1994年には19機種に多様化されるまでに至ったのである．その

上，輸出が全体の7割を占めるという状況の下では，円高の影響で従来の生産システムでは対応できなくなるという危機感からベルトコンベヤ方式の自動化ラインを撤去したのである．

従来の生産システムでは，ライン設計に4カ月，量産後の細かな調整のためにまた2週間必要であり，その他ロボットの治具の交換や調整に3，4日がかかっていた[39]．そのため製品の品目や数量が毎日，目まぐるしく変わる状況の下では，これに対応したラインの構築は困難であると認識し，それまで20-30億円も投資しまだ償却期間も残っているロボットを廃棄して，「1人作り方式」に切り替えたのである[40]．会社の主力生産品目である携帯端末の場合には，2カ月で生産を打ちきる機種もある[41]ほどモデルチェンジが頻繁であったとしている．

同社の生産革新は，2段階に分けて考察することができる．第1段階は，1993年11月にSIP（Saitama's Innovation of Production）と呼ばれる生産革新を開始したことである．SIPの狙いは，高品質，低コスト，速さ，柔軟性を同時達成し，顧客満足を高めながら，収益力のある強い事業体質を確立することである[42]．「モラールの高い，働き甲斐のある職場づくり」を実現するために，機種別一貫ラインの構築による新しい生産方式を導入した[43]．

新しい生産方式は，携帯電話・PHSの各機種毎に，20人前後が円形に並んだ「蜘蛛型ライン」を組むことになった．蜘蛛型ラインは，簡単なパイプと作業台だけのものであり，作業者は多能工化され，1人で数十点の部品を据えつける．従来の分業生産は1人完結生産に，ロット生産は1個流し生産に変わったのである．結果的に中間在庫をもつ必要はなくなり，「かんばん」方式を利用することで作りすぎもなくなった[44]．

第2段階は，1995年3月から「ラインカンパニー制」導入を中心とする生産革新が始まったことである．第1段階で徹底的なムダの排除，ラインの改善の効果があった．しかし，生産革新をより飛躍的に発展させるには，改善によってどれだけの効果が実際にあがっているかを現場に確信させ，ミニ・プロフィットセンターによって経営意識の醸成と自主的経営活動を促進する必要があっ

た[45]．各ラインカンパニーの利益は，売価マイナス原価で求められるが，NEC埼玉ではよりモチベーションが高まるように，計算方法も工夫されている[46]．

　ラインカンパニー制を経営する上で，ラインカンパニーの「社長」にとってはコスト・マネジメントが最重要である．中でも，毎日最も気をつかうのが，生産台数と人員数の均衡問題である．生産台数が落ちれば売上が減るので，過剰になった人員を人手が足りない他のラインの応援に回し，その分の人件費はそのラインに負担させる．つまり，人員の貸し借りができることによって，人的資源を工場全体で有効に活用できるようになって，結果的にはラインカンパニー同士が競争関係にあると同時に，お互いの協力の下で利益をあげることとなる[47]．

　生産性は従来の生産方式に比べて，所要作業時間が35％短くなり，習熟効果が生まれて所要時間が標準時間に達するまでの生産台数も6万台から1万台へと大幅に減って，仕掛品も1/4になった[48]．

(3) NEC米沢の事例

　NEC米沢のPC生産フロアーは従来の流れ生産によって生産されたが，現在はセル生産方式で行われている．従来の流れ生産方式には，コンベヤによる作業の強制力を持つこと，分業による習熟の容易，コンベヤの速度アップによる出来高の向上，きめ細かい現場監督業務の不要，多量品生産では効率が高いこと，作業範囲が狭くて，初心者でも仕事ができることから技能育成がし易いことなどの長所にもかかわらず，激化する競争と多様化される市場のニーズなどに代表される変化を前にして，大きな投資額を必要とすること，1度設置するとレイアウトの変更が困難なこと，生産量変動対応力が低いこと，技術・技能の継承が困難なこと，仕事のやり甲斐と達成感が低いこと，そしていわゆる「7つのムダ」という短所が問題になってくる[49]．

　NEC米沢では，生産に必要な部品は工場から少し離れている米沢パーツセンター[50]に納入され検査を受けるような仕組みになっている．部品業者も工場

の近くに立地しているという報告も聞かれた[51]。そこで検査が済んだ部品は，45分間隔にシャトルバスで工場に必要な量だけ運ばれて生産フロアーに持ち込まれる。そしてその日の生産計画にしたがって取りまとめ台車の付いたロッカーに配備し，生産ラインに送付される。ここまでの作業過程は現在[52]も使われている従来の作業過程とセル生産方式にも共通するところである。ちょうど訪問した時期が生産に追われていた時期であったため，従来通りのタクトラインの1ラインが作動中であったので，2つの生産方式の比較を目の前にする幸運に恵まれた。

両方式は組立から検査までの過程が非常に異なる方式である。従来のタクトライン方式では組立工程に10人，エージング部門を間に挟んで検査部門に10人，その次に梱包部門に3人が配置されている。1ラインで1日当り250台生産するという。これに対して，NEC米沢で使われているセル生産方式は1人生産方式ではなくて，10メートルくらいの長さで組立工程に3人，また検査部門に3人がいて最後に梱包係りが1人いるという分割生産方式を取っている。そこで梱包までが終わって1つの製品（梱包されたノート型パソコン）が完成されることになる。検査は3人それぞれの前にあるブラウン管の指示にしたがって行われる。ここで解決できなかった製品は別の修復ラインに回され，修復されることになる。歩留まり率は95％以上であるという。

このようなセル生産方式の下では1日100台を生産するといい，従来通りのタクトラインに比べて効率性が40％向上したと言われた。

5．セル生産方式の課題

以上で考察したように，セル生産方式は，マーケットの変化に柔軟に対応できる効率的な生産システムのことであり，大量生産型の生産方式が経営環境の変化に適応しきれなくなってから，その代替案として考案された生産方式の1形態である。それぞれの事例から共通にみられるのは，競争力の源泉である付加価値を生まないいわゆるムダの徹底的な排除と従来の生産方式における分業

の見直し等の生産における一層の合理化であるように思われる．

　ここで，セル生産方式の究極的な形態が生産方式であると認識されているのが一般的のようだが，NEC長野が最近推進している「新屋台生産方式」を通じて検討してみる．1人生産方式である「屋台生産方式」の場合，部品供給形態の工夫等「屋台」の設計に手間がかかり，これが時間的ロスになってしまう．また，「屋台生産方式」では，発売日に合わせて比較的大量の製品を準備する必要のある新機種立ち上げの時に，応援体制を取ることが人的資源の側面からも資金面からも問題があった[53]．つまり，1人がすべての工程を行うことに伴うコストの問題と教育訓練の問題である．

　もっと重要なのは，自動化生産方式，流れ作業方式などの従来の生産方式で指摘されてきた「7つのムダ」の1つである「作業者同士の助け合いのできないムダ」が，「屋台生産方式」の下では，一層問題になってくることである[54]．言い換えると，1人で部品供給を含むすべての工程を行うことで作業者同士の相互関連性がなくなる危険性を内包しているということである．

　そこで，作業者同士に応援体制の取れる「屋台生産方式」を目指して，作業者の作業範囲を決めずに柔軟に運用できる「新屋台生産方式」が試みられた（図表9.6を参照）．ラインの形態は，部品供給の「水すまし」の分業化を考慮

図表9.6　NEC長野の「新屋台生産方式」

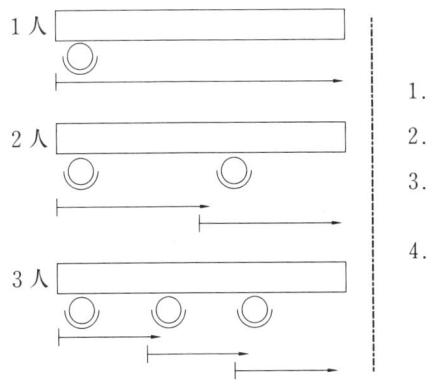

1人

2人

3人

1. 新機種の立ち上げ
2. 日々の遅れ進みの吸収
3. リレーゾーンによるラインバランス向上
4. 設備，測定器の有効活用

etc

出所）那須野公人，前掲論文，11ページから引用．

に入れて，I字型ラインが採用された．この変更が屋台生産方式の一層の合理化にどのような影響を及ぼすのかはまだ実験中のことのようである．しかし，従業員1人1人がもつ能力を最大限に引き出すための努力の一環であることには変わりないことであろう．

6．おわりに

　NEC子会社の事例研究に見られる共通点としては，①その企業の業種，規模，製品，そして持っている経営資源に合うこと，②その企業の取り巻く環境に合うこと，③最終ユーザー第一主義，④一層の合理化を目指すこと，⑤生産調整機能と雇用調整機能の両機能を持つこと，という5点が挙げられる．また，作業現場革新の際にミドル・マネジメントの役割が一層重要となってくることも特記すべきである．

　たしかに，セル生産方式導入の背景としては，価格破壊に対応するコスト引き下げ要請のほか，消費者の個性化要求の増大と，円高によって生産が次々と海外に移転し，多品種少量生産品や新製品だけが日本国内に残された事情は指摘できる[55]．しかし，少子・高齢化の進展による高齢・女性労働力に一層頼らざるをえない労働市場の変化とともに労働の人間化，企業の社会的責任等をソシオテクニカル・システムの見地から考えざるをえなくなったことも重要であろう．

　「次世代生産システム」とは，従来通りの競争力の源泉である「収益性」(Profitability) に加えて，それに「労働の人間化」(Humanization) と「地球環境保全」(Sustainability) を機能的に組み込んだシステム[56]のことである．その意味では，「セル生産方式」が「次世代生産システム」であるかどうかはまだ実験の最中である．NEC長野で見られる新屋台生産方式導入までに至る一連の努力が1980年代までの「日本的生産システム」の単なる変化，つまり，より徹底化した合理化のままであるか，あるいは，新たな発展的要素を加えることによって変革を実現する「次世代生産システム」になるのかに関しては，

もっと見極める必要があり，これからの研究課題でもある．

1) 林正樹 (1993)「日本的生産方式の競争力と国際移転可能性」中央大学商学研究会『商学論纂』第34巻第5・6号，中央大学出版部，によると，その生産システムは，生産技術システム，管理のシステム，および労働とから成り立っているが，その具体的有り様は，営利原則や市場競争のルール，および文化的社会的要素によって規定されている．すなわち，生産システム，市場原理，および文化・社会，この三者は密接に結び付き一体化している．
2) 林正樹 (1998)『日本的経営の進化』税務経理協会，95ページ．さらに，1980年代の日本的生産システムの概念とその歴史区分に関しては，同書第4章を参照されたい．そこでは日本的生産システムは歴史的に形成されたものであり，歴史の中で発展するものととらえられている．
3) 藻利重隆 (1965)『経営管理総論』(第二新訂版) 千倉書房，104ページ．
4) 疎外に関しては，林正樹 (1979)「企業組織と疎外」中央大学商学研究会『商学論纂』第20巻第5号，中央大学出版部，1-30ページを参照されたい．
5) 那須野公人 (1999)「トヨタ生産方式のエレクトロニクス産業への波及」作新大学経営学部『作新経営論集』第8号，1-14ページ．
6) 関根憲一 (1993)『工程ばらしのノウハウ』(第2版) 日刊工業新聞社．
7) 玉木欽也 (1996)『戦略的生産システム』白桃書房，43ページ．
8) スループットタイムとは，生産ラインに最初の部品を投入してから，最終検査を終えて製品が出てくるまでの生産リードタイムを意味する．
9) 人見勝人，中島勝，古田照彦，小島敏彦 (1981)『GTによる生産管理システム』日刊工業新聞社，1-2ページ．
10) 人見勝人 (1990)『生産システム論―現代生産の技術とマネジメント―』同文舘，87-120ページ．
11) 秋野晶二 (1997)「日本企業の国際化と生産システムの変容 (下) ―電気，電子産業の海外進出とセル生産方式―」『立教経済研究』第51巻第1号，43ページ．
12) 玉木欽也 前掲書，42ページ．
13) 同上書，37ページ．
14) セル生産方式の種類に関係なく，作業者個人能力の影響が大きいからである．
15) 玉木欽也 前掲書，45-46ページ．
16) 篠原司 (1997)「分業から"集業"に大転換する製造現場」，『NIKKEI MECHANICAL』1997年1月6日，No.497，39ページ．
17) 篠原司 (1995)「特集：コンベア撤去の襲撃走る」，『NIKKEI MECHANI-

CAL』, 1995年7月24日, No.459, 28ページ.
18) New Production System の事例研究に関するより詳細なことは, 篠原勲 (1985)『NPSの奇跡―ベールを脱いだ「新生産システム」―』東洋経済新報社, または, 高橋功 (1990)『実践NPS経営』プレジデント社, を参照されたい.
19) 1995年7月現在の状況を基準.
20) 中根甚一郎, 山田善教 (1997)『ヒューマンウェアの生産システム革新』白桃書房, 192ページ.
21) 人見勝人, 中島勝, 古田照彦, 小島敏彦　前掲書, 1-2ページ. これによると, 「ジョブ・ショップ (job shop)」は受注生産であるが, 多種少量生産を取り扱う工場のことをそう呼んでいる.
22) Paul Couchman and Richard Badham "Alternative Socio-technical Systems in the Asia-Pacific Region: an International Survey of Team-based Cellular Manufacturing" In Stewart R. Clegg, Eduardo Ibarra-Colado and Luis Bueno-Rodriquez, Global *Management Universal Theories and Local Realities*, SAGE Publications, 1999, p. 129.
23) 人見勝人, 中島勝, 古田照彦, 小島敏彦　前掲書, 6-7ページ.
24) 小島敏彦 (1974)「多様化ニーズに対応する生産管理技術」『産業能率』第204号, 9-13ページ.
25) 人見勝人　前掲書, 98ページ.
26) 咸仁英「欧米における生産システムの現状と将来―特にコンピューター援用生産におけるグループテクノロジーの応用を中心に―」『日本機械学会誌』第82号　第722号, 1979年1月, 52ページ.
27) Japan Society for Promotion of Machinery Industry (1973) *Group Technology Implementation Guide Book*. (出版社の記述なし).
28) 中根甚一郎, 山田善教, 前掲書, 192-194ページ.
29) 篠原司 (1995)「特集：コンベア撤去の襲撃走る」前掲雑誌, 23ページ.
30) 小島健史 (1994)『超リーン革命』日本経済新聞社, 117ページ. または, 篠原司　同上論文, 36-38ページ.
31) 那須野公人　前掲論文, 7ページ.
32) 同上論文, 21ページ.
33) 同上論文, 23-24ページ.
34) 同上論文, 24ページ.
35) 「ストア」とは業者からの納入部品置場のことである. 部品を業者別に平積にして在庫量を一目で分かるようにしている. これに対して作業者の使用する部品置場のことは「冷蔵庫」と呼ぶ. 畑中康一 (1997)「大量生産方式から一人一

台生産方式へ」『関東学院大学経済経営研究所年報』第19集，1997年3月，3-4ページによると，NEC 長野では，このような改善努力の結果，1993年3月から1994年12月までの間に，資材倉庫は5,000坪から800坪に，製品倉庫は四千坪から500坪にまで縮小することになった．
36) 篠原司 (1995)「特集：コンベア撤去の襲撃走る」前掲雑誌，24ページ．
37) 『日経産業新聞』1995年5月5日付，同年6月5日付．
38) 1994年4月に始まる携帯電話端末の販売自由化によって，NTT が独占していた通信サービス業界にツーカーホン，デジタルホングループ，セルラー電話グループ，IDO などが相次いで参入し，端末市場も拡大することも予想されたが，製品品目の多様化，製品ライフサイクルの短縮，低価格競争激化ということも生じて，NEC 埼玉としては，激変する市場に対応できる体制を整える必要があった．
39) 那須野公人　前掲論文，10ページ．
40) 日経ビジネス編 (1995)『1ドル80円工場』日本経済新聞社，33~34ページ．
41) 『日本経済新聞』1996年2月7日付．
42) 谷武幸，三矢裕「NEC 埼玉におけるラインカンパニー制：ミニ・プロフィットセンターの管理会計の構築に向けて」『国民経済雑誌』（経営学編）第177巻第3号，17-34ページ．
43) 同上論文，23ページ．
44) 同上論文，23ページ．
45) 同上論文，25ページ．
46) NEC 埼玉のラインカンパニー毎の利益計算方法に関しては，同上論文17-34ページを参照されたい．
47) 同上論文，27ページ．
48) 同上論文，29ページ．
49) 関根憲一　前掲書，1993年．
50) 部品メーカーの納入先のことである．
51) ここでは，中央大学企業研究所が推進しているプロジェクトの1つである「現代企業の経営革新」チームの一員として1998年2月25，26日に山形県米沢市に所在する NEC 米沢を訪問した際の記録を元に書いた．
52) 1998年2月25日現在のこと．
53) 那須野公人　前掲論文，11ページ．
54) この部分は，「新屋台生産方式」が採用され，その調査のために1997年工業経営学会の工場見学プログラムがあった．そのときの聞き取り調査による．
55) 那須野公人　前掲論文，10ページ．
56) 林正樹 (1998) 前掲書，201ページ．

第10章　社内企業家活動の枠組みと組織革新

1．はじめに

　現在，わが国では，新規産業・新規事業の創出・展開による産業構造の転換，さらには停滞した経済活動の活性化を実現することが模索されている．そこで，その役割を担う存在として，新興のベンチャー企業に関心が注がれており，その動向が大いに注目を集めている．しかし，わが国の現状を見ると，新興のベンチャー企業の開業率が長期間低下傾向にあるとともに，既存企業の廃業率も低下傾向にあり，近年では廃業率が開業率を上回っている状況が見受けられる[1]．このことは，経済活動における企業の新陳代謝が停滞しており，産業構造の転換が進んでいない現状を示していると思われる．

　新興のベンチャー企業の開業率の長期的低下傾向に関連して，わが国には，新興のベンチャー企業の創業活動を阻害する要因が存在している．その要因として，資金，人材等の経営資源面の要因や社会環境的な要因等さまざまな要因が存在しているため[2]，新興のベンチャー企業の創出によって，産業構造の転換，さらには停滞した経済活動の活性化が図られるには厳しい状況にあると思われる．

　そこで，新規産業・新規事業の創出・展開による産業構造の転換，さらには停滞した経済活動の活性化が促進されるうえで，資金，人材，技術，情報等の経営資源を多くもった既存の大企業の役割が期待されている．この点に関して，既存の大企業における従業員の企業家精神を生かして新規事業を開拓する

うえでの「社内ベンチャー (Internal Corporate Venture)」に特に関心が注がれている．そして，社内ベンチャーにおいて中心的な役割を演じ，既存事業の再活性化や新規事業への進出に貢献する人物としての「社内企業家 (internal entrepreneur)」の役割が注目されている．

また，既存企業では，既存事業の再活性化や新規事業への進出が模索されると同時に，これまでの組織重視の個人と組織の在り方が問い直されている．すなわち，企業に所属する多様な個人が，自律性や主体性を保持して，自己の意欲や欲求，能力に基づいて企業内で行動すると同時に，既存企業の存続・発展のために，企業自体に創造性やイノベーションを生じさせ企業目的を達成するといった個人と組織の関係を構築する必要に迫られている．しかし，これまでは，企業の利益や企業目標の達成が重視され，企業内において個人の自主性や主体性が必ずしも尊重されてきたとは言いがたい．すなわち，これまでの企業では，企業の論理が優先され，企業内で個人のもつ創造性や独創性が生かされるような仕組みや制度が存在してきたとは必ずしも言えないであろう．

今後の企業にとっては，従業員個人のもつ意欲や能力を尊重し，最大限にその能力や創造性を発揮することを可能とするような仕組みや制度を構築するとともに，企業自体の創造性を生み出し，企業を活性化させ，さらにはイノベーションを生じさせて，企業自体が存続・発展していかなければならない．その実現のためには，当該企業がその企業目的を達成すると同時に，多様な個人が個々の目的や自己実現を達成することが可能となるように，従業員と当該企業との関係，すなわち個人と組織の関係を見直していく必要があると思われる．この点に関して，既存企業における「社内企業家」と当該企業との関係が，今後の個人と組織の在り方において有用な示唆を呈示すると思われる．

以上のように，新規産業・新規事業の創出・展開による産業構造の転換や停滞した経済活動の活性化の促進，既存事業の再活性化や新規事業への進出による当該企業の長期的な存続・発展とイノベーションの促進，および，当該企業内における従業員個人の目的や自己実現と企業目的の同時達成という新たな個人と組織の在り方が実現されるうえで，既存大企業における社内企業家の役割

に関心が注がれている．そこで，本章では，既存大企業における社内企業家に焦点を当て，当該企業の企業戦略における社内企業家の意義とその戦略行動の枠組みについて検討し，社内企業家とその戦略行動が当該企業の事業革新や組織革新において果たす意義について考察する．そして，それらを通じて，現代の企業組織における社内企業家の意義とその必要性について明らかにすることを試みる．

2．社内企業家活動の枠組み

本節では，社内企業家による企業家的活動と企業戦略とを結び付け，それらの関係を明示的に研究している R. A. Burgelman の呈示する見解に依拠して，当該企業における社内企業家の意義や社内企業家活動の枠組みについて検討する．具体的には，まず，社内企業家の当該企業の企業戦略における役割やその戦略的な行動を明らかにし，社内企業家が当該企業の企業戦略が形成される際に，いかなる重要な役割を担っているかを検討したうえで，豊富な経営資源を有する大企業における社内企業家活動の出現の可能性について，従業員における社内企業家活動とトップ・マネジメントとの関連，および，大企業と社内企業家活動との関連から考察する．さらに，従業員による社内企業家活動を当該企業において有効に機能させ，新規事業として事業化するうえでの分析的枠組みについて検討し，社内企業家活動を当該企業においていかなる組織的位置付けを与えるかについて考察する．本節では，以上のことを検討・考察することによって，当該企業における社内企業家および社内企業家活動を理解するうえでの概念的な枠組みを明らかにしたい．

(1) 社内企業家による戦略行動

ここでは，社内企業家による戦略行動が，当該企業の企業戦略とどのような関連があり，また，企業戦略にどのように位置付けられるかについて検討してみたい[3]．

社内企業家による企業家的活動と当該企業の企業戦略を結び付けているモデルを R. A. Burgelman は図表 10.1 のように呈示している．このモデルは，当該企業の企業戦略における社内企業家とその戦略行動の性質と役割を解明するうえで有用な示唆を与えるものと考えられる．

図表 10.1 戦略行動，企業コンテクスト，戦略コンセプトの相互作用モデル

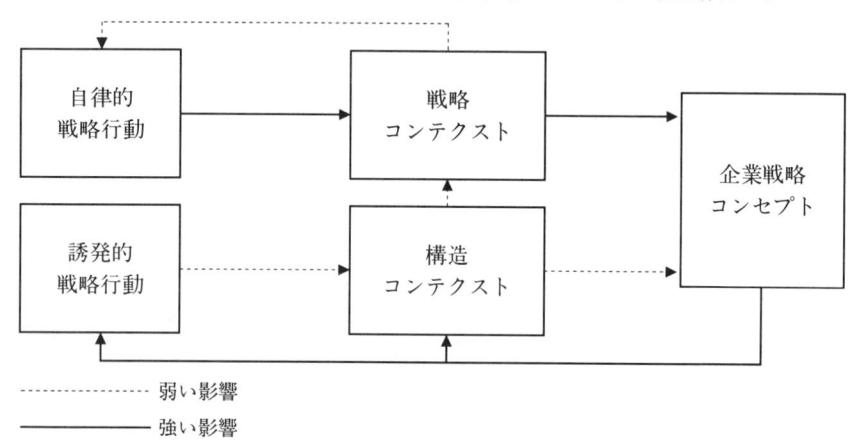

```
自律的          戦略
戦略行動    →   コンテクスト
                                → 企業戦略
誘発的          構造                コンセプト
戦略行動    →   コンテクスト
```

------- 弱い影響
――――― 強い影響

出所) R. A. Burgelman, "Designs for Corporate Entrepreneurship in Established Firms," *California Management Review*, Vol. 26, No. 3, 1984, p. 155.

一般に，企業戦略は，企業全体を環境変化に適応させ，企業の経営目的を達成するためにトップ・マネジメントによって構築される[4]．そして，当該企業に所属する従業員は，そのトップ・マネジメントが構築した企業戦略にしたがって行動することが求められ，既存の「企業戦略コンセプト (Concept of Corporate Strategy)」に調和した戦略行動を維持することが求められる．これは，図表 10.1 の下部の「企業戦略コンセプト」から「誘発的戦略行動 (Induced Strategic Behavior)」および「構造コンテクスト (Structural Context)」につながる企業戦略形成プロセスに示される．

ここで，この企業戦略形成プロセスについて説明すると，「企業戦略コンセプト」は，当該企業の過去と現在の成功と失敗に関する基準について，ある程度企業理念との明確な関連を示しており，当該企業において戦略を遂行する

人々(戦略遂行者)に共有される準拠枠(価値基準)を規定するとともに,事業ポートフォリオや資源配置の観点から企業目標設定の基準を規定している.この「企業戦略コンセプト」に基づいて,当該企業に所属する従業員の戦略行動が誘発される.すなわち,従業員の戦略行動として,当該企業の既存のカテゴリーに適合し,当該企業の精通している外部環境に関連する「誘発的戦略行動」が生じる.そして,「誘発的戦略行動」と「企業戦略コンセプト」との間には,「誘発的戦略行動」に影響を与える選択メカニズムとして機能する「構造コンテクスト」[5]が介在するが,これは,トップ・マネジメントが業務レベルあるいはミドル・レベルの戦略遂行者の利害に影響を及ぼす管理的メカニズムに属し,従業員の戦略行動を既存の「企業戦略コンセプト」に調和させる機能を果たしている[6].

その一方で,R. A. Burgelmanは,一般従業員あるいはミドル・レベルの管理者による「自律的戦略行動(Autonomous Strategic Behavior)」が,企業戦略の構築に影響を及ぼすプロセスを呈示している.そのプロセスが,図表10.1の上部の「自律的戦略行動」から「戦略コンテクスト(Strategic Context)」そして「企業戦略コンセプト」につながる企業戦略形成プロセスである.

「自律的戦略行動」は,企業家精神に富んだ従業員が,製品/市場レベルで新しい事業機会を考案し,その事業機会に対して社内の経営資源を動員すべくプロジェクトの推進に努力し,それらのさらなる発展のために弾みを生み出すように,戦略的な推進努力を遂行するという戦略行動である.そして,その「自律的戦略行動」は,(事業)機会の定義に関して新しいカテゴリーを導入する[7].したがって,「自律的戦略行動」は,既存の「企業戦略コンセプト」の枠外で形成され,企業に新しい事業機会を付け加え,成功すれば最終的には当該企業によって受け入れられ,「企業戦略コンセプト」のなかに統合される[8].

「自律的戦略行動」と「企業戦略コンセプト」との間に介在するのが「戦略コンテクスト」であるが,それは,ミドル・レベルの管理者が,製品/市場レベルの「自律的戦略行動」を「企業戦略コンセプト」に結び付ける過程を表し

ており，従業員の戦略行動のさらなる誘因のための基準を変える役割を果たしている．すなわち，ミドル・レベルの管理者が，従業員の「自律的戦略行動」から意義を見出し，新事業開発の関連する領域に関して，実行可能で魅力的な戦略を公式化する過程を示している[9]．この「戦略コンテクスト」を通じて，ミドル・レベルの管理者が既存の「企業戦略コンセプト」に疑問を投げかけ，遡及的に，成功した「自律的戦略行動」を合理化する機会をトップ・マネジメントに呈示し，それによって，成功した「自律的戦略行動」が「企業戦略コンセプト」に統合されることになる[10]．

このように，R. A. Burgelmanの「自律的戦略行動」に基づく企業戦略形成プロセスでは，ミドル・レベルの管理者の役割が重視され，ミドル・レベルの管理者が，新規の事業活動領域に関する広範な戦略の構築を試み，その戦略の支援をトップ・マネジメントに納得させる行動をとる．それに対して，トップ・マネジメントの役割は，成功した「自律的戦略行動」を遡及的に合理化することにある．すなわち，この企業戦略形成プロセスは，トップ・マネジメント主導ではなく，ミドル・レベルの管理者あるいはそれ以下の従業員レベルの自律的な戦略行動が企業戦略の構築に影響を与えているのである．

この企業戦略形成プロセスにおける従業員の「自律的戦略行動」は，戦略遂行者の観点から意図的に行われる行動であるため，資源の新結合，すなわち急進的なイノベーションを生み出すような当該企業内における従業員の企業家的活動に相当するものであると思われる[11]．したがって，「自律的戦略行動」こそが，社内企業家活動の原動力となり，急進的なイノベーションの主体となって当該企業の企業戦略をよりイノベーティブな戦略に変える基盤をもたらす戦略行動であると考えられる．したがって，社内企業家の戦略行動は，ミドル・レベルの管理者あるいはそれ以下の従業員レベルの自律的な戦略行動が企業戦略の構築に影響を与えているボトム・アップ型の企業戦略形成プロセスと関連付けられるであろう．

(2) 大企業における社内企業家活動

R. A. Burgelman の呈示する図表 10.1 のモデルは，外部環境の選択をするうえで，統制の厳しいコントロールに相対的に関連のない大規模で資源が豊富な企業に当てはまるとされる[12]．ここでは，豊富な経営資源を有する大企業における社内企業家活動の出現の可能性について，社内企業家活動とトップ・マネジメントとの関連，および，大企業と社内企業家活動との関連から考察する．

R. A. Burgelman によれば，当該企業戦略に戦略的に傾倒している一般従業員の観点からすると，当該企業は機会構造を成しており，既存事業の拡大や内部開発を通じての多角化は，機会追及行動が実現される主要な手段である．しかし，図表 10.1 に呈示される「企業戦略コンセプト」とそれに基づく「誘発的戦略行動」の企業戦略形成プロセスでは，一般従業員によって認知される潜在的な事業機会がすべてもたらされることはないので，機会追求行動としての「自律的戦略行動」が一般従業員の戦略行動として生じることになる．当該企業内において，「自律的戦略行動」は，企業能力の領域を拡大させ，資源結合の面で付加的なシナジーを生み出し，当該企業の組織的な技術の創造・探求をもたらす可能性をもつ．そして，それによって，新たな環境に適した基盤の創出，当該企業の環境支援基盤の拡大，あるいは，将来の企業発展に必要な能力の保持がもたらされる[13]．

このような理由から，トップ・マネジメントは，一般従業員の機会追求行動としての「自律的戦略行動」を許容することになるが，既に述べたように，「自律的戦略行動」は，資源の新結合を生み出すような企業内における企業家活動に相当し，急進的なイノベーションの主体となって当該企業の企業戦略をよりイノベーティブな戦略に変える基盤をもたらす戦略行動であり，社内企業家活動の原動力となるものである．

そこで，トップ・マネジメントにとっては，一般従業員の中からいかに「自律的戦略行動」を生じさせ企業内にイノベーションを創出するか，そして，一般従業員レベルで社内企業家活動をいかに生じさせ，それをいかにマネジメントしていくかということが必要になってくる．

これに関して，一般従業員レベルにおける社内企業家活動とトップ・マネジメントとの関連について検討する必要性が生じる．そこで，R. A. Burgelman は，社内企業家活動は，企業家的な事業機会を生み出す業務レベルの従業員の能力と，企業家的活動の必要性を認知するトップ・マネジメントに依存しているとし[14]，図表10.2のように，「業務レベルで利用できるスラック」と「既存事業の機会費用に関するトップ・マネジメントの認知」の大小によって，社内企業家活動とトップ・マネジメントとの関連を明らかにしている．

図表10.2 大規模複合企業における社内企業家活動に関する包括的状況

		既存事業の機会費用に関するトップ・マネジメントの認知	
		小	大
業務レベルで利用できるスラック	小	トップ・マネジメントは，多くの企業家的なプロジェクトを望まない．業務レベルの従業員も多くの企業家的なプロジェクトを提供しない．結果：「自律的戦略行動」ループの最小の強調．	トップ・マネジメントは，多くの企業家的なプロジェクトを望む．業務レベルの従業員は，多くの企業家的なプロジェクトを提供しない．結果：「自律的戦略行動」ループの強制．利用できるいかなるプロジェクトにもとびつく．プロジェクトは「失敗」に終わる．
	大	トップ・マネジメントは，多くの企業家的なプロジェクトを望まない．業務レベルの従業員は，多くの企業家的なプロジェクトを提供する．結果：「自律的戦略行動」ループの抑制．新プロジェクトは「孤児」または「不適応」に終わる．	トップ・マネジメントは，多くの企業家的なプロジェクトを望む．業務レベルの従業員も多くの企業家的なプロジェクトを提供する．結果：「自律的戦略行動」ループの最大の強調．

出所）R. A. Burgelman, "Corporate Entrepreneurship and Strategic Management : Insights from a Process Study," *Management Science*, Vol. 29, No. 12, 1983, p. 1357.

R. A. Burgelman は，研究開発資源における「スラック (slack)」を，社内企業家活動の出現における重要な要因とみなしているが，スラックとは，「誘発的戦略行動」に基づく企業戦略形成プロセスを維持するのに十分な資源が当

該企業内に存在する状態であることと定義され[15]，そのスラック資源の存在によって，トップ・マネジメントが，社内企業家活動が生じる割合に影響を及ぼすことができるとしている[16]．

　R. A. Burgelman の呈示する図表10.2において，業務レベルにおけるスラックの大小と「自律的戦略行動」に基づく社内企業家活動との関連について検討すると次のことが明らかになる．

　業務レベルにおけるスラックが大きければ大きいほど，従業員は，企業家的なプロジェクトを数多く考案し，その結果「自律的戦略行動」が生じやすい環境が創造される．それによって，従業員の中から社内企業家活動が出現し，当該企業に急進的なイノベーションがもたらされる可能性が高くなると考えられる．また，一方，業務レベルにおけるスラックが小さければ小さいほど，従業員は，企業家的なプロジェクトを考案する可能性が低くなると思われる．すなわち，従業員の中から「自律的戦略行動」は生じにくくなり，「誘発的戦略行動」が強調され，従業員の戦略行動としてのその割合が高くなると考えられる．その際には，社内企業家活動の出現の可能性が低くなり，インクリメンタルなイノベーションは生じるかもしれないが，急進的なイノベーションがもたらされるとは考えにくい．

　したがって，「自律的戦略行動」に基づく企業戦略形成プロセスを生じさせ，一般従業員が企業家的なプロジェクトを数多く考案するような社内企業家活動出現の可能性が高い企業としては，R. A. Burgelman が言うように，大規模で十分に資源が豊富である大企業が適していると思われる．

(3) 社内企業家活動の組織的位置付け

　社内企業家活動は，企業家精神に富んだ従業員の「自律的戦略行動」に基づいたボトム・アップ型の企業戦略形成プロセスに関連付けられ，当該企業内に急進的なイノベーションの基盤を与えるものである．そして，それは，経営資源が豊富な大企業において生じる可能性が高いと思われる．

　しかし，企業家精神に富んだ社内企業家の戦略行動や提案されるアイデアや

プロジェクトのすべてが当該企業にとって有益であるとは限らない．また，それらがすべて採用されたり，当該企業内で発展されることはありえない．そこで，当該企業内に市場メカニズムの原理を導入し，社内企業家によって提案されたアイデアやプロジェクトを査定して，その中のどの提案を採用し，当該企業内にいかに位置付けるかということについて明らかにする必要性が生じる．

この点に関して，R. A. Burgelman は，社内企業家による提案を査定するための概念的枠組みを呈示している．すなわち，社内企業家による提案を査定する際に，その提案が，企業の発展に対してどの程度戦略的に重要であるかという「戦略上の重要性（Strategic Importance）」の次元と，当該企業の中核的能力にどの程度関連しているかという「業務上の関連性（Operational Relatedness）」の次元の2つの次元を用いて，社内企業家による提案を査定する必要性を論じている[17]．そして，図表10.3のように，社内企業家による提案を新規事業として事業化するうえでの当該企業における組織的位置付けを呈示している．

図表10.3　社内企業家活動に対する組織デザイン

		戦略上の重要性		
		非常に重要	不明確	重要でない
業務上の関連性	無関連	特別事業単位	独立事業単位	完全なスピンオフ
	一部関連	新製品／新事業部門	ニュー・ベンチャー事業部門	契約
	強い関連	直接的統合	小規模ニュー・ベンチャー部門	育成と契約

出所）R. A. Burgelman, "Designs for Corporate Entrepreneurship In Established Firms," *California Management Review*, Vol. 26, No. 3, 1984, p. 161.

そこで，図表10.3における社内企業家活動に対する組織デザインについて，

R. A. Burgelman の見解にしたがって説明する[18]．
① 直接的統合（Direct Integration）
　母体企業との管理面および業務面での強いつながりと，母体企業の主流部門への統合が求められる．この形態は，内部からの抵抗が予想されるため，既存システムの仕組みを熟知している「チャンピオン（champions）」の役割が重要となる．これは，高度に統合された企業で生じる可能性が高い形態である．
② 新製品/新事業部門（New Product/Business Department）
　この部門は，オペレーティング・システム部門の中で，企業家的プロジェクトと関連のある独立部門を創出することによって実現される．経営管理者は，プロジェクトの戦略的発展を監視すべきであり，プロジェクトが当該部門の全体的な戦略計画に組み込まれるのを認めるべきではない．
③ 特別事業単位（Special Business Units）
　この形態では，特別の新規事業単位が求められる．決められた時間制限の中で明確な戦略目的を達成するために，強い管理上のつながりが求められる．後に，「特別事業単位」の一部は新しい業務部門との結合・統合が必要になる．
④ 小規模ニュー・ベンチャー部門（Micro New Ventures Department）
　継続的な基盤にある業務部門に生じる「周辺的（peripheral）」なプロジェクトが典型的である．そのプロジェクトは，母体企業との管理上のつながりは緩い．社内企業家には，予算と時間の制約内での戦略の発展が許容されるべきであるが，他の点では，部門または企業レベルの戦略による制約がなされるべきである．母体企業の既存の能力・技術を利用するため，および，創出された新たな能力・技術を既存部門に戻すことを容易にするために，母体企業との業務上のつながりを強くすべきである．
⑤ ニュー・ベンチャー事業部門（New Venture Division：NVD）
　これは，査定枠組みの中で最もあいまいな状況に提案される形態であるが，「中核（nucleation）」的機能として最も有効に機能する可能性がある．

この部門では，高度に優れたミドル・レベルの管理者が重要な役割を演じる．ミドル・レベルの管理者は，新規事業の「中期 (middle range)」戦略を立てることが求められる．それは，母体企業の既存部門に存在するプロジェクトと外部から獲得されうるプロジェクトを結合させること，および，それらのプロジェクトと自ら監督するプロジェクトの一部を統合させることが求められるからである．この部門の戦略上の位置付けは，新規事業が進展するにつれて流動的に決定される状態にしておくために，母体企業との管理上のつながりをかなり緩くすべきである．また，能力と技術に関するノウハウと情報を母体企業内の諸部門に移すことを容易にするため，業務上のつながりもかなり緩くすべきである．

⑥ 独立事業単位 (Independent Business Units)

この部門は，社外ベンチャーとして位置付けられる．経営管理者は，強力な役員代表を活用して「独立事業単位」の所有権をコントロールすることによって，管理上のつながりはないがある程度の戦略的なコントロールが可能になる．

⑦ 育成と契約 (Nurturing Plus Contracting)

この形態を取る提案は，収益面では小さいが小規模事業の発展の機会としての市場における「すき間 (interstices)」をねらう．このような場合，トップ・マネジメントは，プロジェクト提案者のスピンオフの支援を望み，実際に，事業設立のための支援をする．その結果，母体企業は，「すき間」市場で最も友好的な競争相手をもち，他の競争相手を締め出すことになる．この形態では，母体企業が自社の過剰な能力と技術の一部を企業家に有益に提供するという長期契約関係が存在する．そして，その契約に基づく強力な業務上のつながりによって，企業家によって開発される新技術・改良技術の移転が容易になる．

⑧ 契約 (Contracting)

新規事業の能力と技術に関して，母体企業との関連性が少なくなるにつれて，社内企業家による提案の育成可能性は小さくなる．しかし，母体企業に

は，一部の業務上のつながりを通じた有益な契約調整の機会と，新技術・改良技術を学習する機会が存在する．

⑨ 完全なスピンオフ (Complete Spin Off)

　戦略上の重要性と業務上の関連性がともに低い場合には，完全なスピンオフが最も適当である．2つの尺度からの注意深い査定に基づく決定によって，母体企業と社内企業家の両者の認識から十分に根拠のある決定が導かれることになる．

　以上のような社内企業家活動のための組織デザインが効果的に実行されるためには，①経営管理者と社内企業家は，査定の枠組みを，利害関係を共有し相互依存していることを明らかにする手段，および，ゼロサムゲームでない構造を構築する手段としてみること，②経営管理者は，異なるデザインにおける報償要求に適応できる測定評価システムを確立すること，③開発プロセスの進展にともなう新しい情報によって，既存の戦略上の重要性と業務上の関連性が修正され，組織デザインが再編成されること，という3つの課題を考慮に入れることが必要である[19]．

　R. A. Burgelmanによれば，社内企業家による提案について「戦略上の重要性」を査定することは，経営管理者の新規事業開発に対するコントロールの程度，すなわち，確立されるべき管理上のつながりに影響を及ぼす．一方，「業務上の関連性」を査定することは，新規事業と既存事業の両者が管理されうる有効性の程度，すなわち，必要とされる業務上のつながりに影響を及ぼす．したがって，社内企業家による提案が，当該企業との戦略上の重要性が高いと査定された場合には，社内企業家の提案は新規事業として事業化する際に，当該企業の強い管理下に置かれることになる．すなわち，社内企業家の提案する新規事業が，当該企業における既存の「構造コンテクスト」に組み込まれるのである．また，一方，社内企業家による提案が，既存事業との業務上の関連性が高いと査定された場合には，新規事業と既存事業が業務上強力に結び付けられることになる[20]．

　したがって，社内企業家による提案について，当該企業における戦略上の重

要性が高いと査定されたり，既存事業との業務上の関連性が高いと査定された場合には，それを新規事業として事業化する際に，経営管理者の強力な管理下に置かれ新規事業として事業化され，逆に，そうではない提案は，経営管理者の管理下には置かれずに，独立したベンチャー企業として事業化されることを意味すると考えられる．このように考えると，R. A. Burgelman の呈示する組織デザインでは，社内企業家による提案と当該企業の業務上の関連性が高ければ高いほど，あるいは，当該企業との戦略上の重要性が低ければ低いほど，「自律的戦略行動」に基づく社内企業家が，当該企業において自律性・主体性を保持して行動できる可能性は低くなり，それとともに当該企業に急進的なイノベーションをもたらす可能性も低くなっていくと言えるのではないか．

3．社内企業家活動に関する事例研究——3Mを事例として

前節では，社内企業家による企業家的活動と企業戦略とを結び付け，それらの関係を明示的に研究している R. A. Burgelman の呈示する見解に依拠して，当該企業における社内企業家の意義や社内企業家活動の枠組みについて検討してきた．

社内企業家活動は，企業家精神に富んだ従業員による「自律的戦略行動」に基づいたボトム・アップ型の企業戦略形成プロセスに関連付けることができ，急進的なイノベーションの主体となって当該企業の企業戦略をよりイノベーティブな戦略に変える基盤をもたらす役割を果たしている．そして，トップ・マネジメントおよび企業規模との関連からみると，社内企業家活動は，経営資源が豊富な大企業において生じる可能性が高いと考えられ，大企業において生じる社内企業家からの提案は，戦略上の重要性と業務上の関連性の面から査定され，新規事業として事業化するうえで，最適な組織的位置付けに置かれる必要性があると考えられる．

そこで，本節では，企業家精神をもつ従業員の自律的な戦略行動によって，数多くの新製品や新規事業が生み出され，当該企業内にイノベーションが繰り

図表10.4　３Ｍにおける社内企業家活動を促進する仕組み・慣行

① 15％ルール

自分の業務時間のうち，15％を自分の研究に使ってもよいというルールである．この15％という数字は，おおよその目安で，従業員自身の裁量によってその都度その割合を決めればよいことになっている．

② ブートレッギング

ブートレッギングとは，本来「密造酒づくり」を意味する言葉であるというが，３Ｍの社内では，会社の設備を使ってこっそりと研究や商品開発を進めることができる．すなわち，通常業務以外に自分でやりたいと思う研究があった場合，上司に無断で勝手にそれに取り組んでもよい．従業員は上述の15％ルールを利用する形でこれを行う．

③ 第11番目の戒律

「汝，新しいアイデアを殺すなかれ」という表現で示されるように，モーゼの十戒になぞらえて，３Ｍでは，第11番目の戒律と呼ばれている．これにより，上司は部下がやりたいと申し出たアイデアを失敗であると証明できない限り止めさせることはできない．

④ スポンサーシップ制度

３Ｍでは，アイデアを持った従業員がいた場合，管理職には予算や人材を用いてその人を支援するスポンサーになることが奨励されている．スポンサーは，必ずしも直属の上司とは限らず，所属する事業部以外の人々からも支援を受けることができる．

⑤ ジェネシス・プログラム

自分のアイデアが所属する事業部に合わず，支援や予算が得られない場合には，ジェネシス・プログラムにアイデアを売り込み，それが認められれば，本社から予算が配分される制度である．

⑥ 失敗の許容

従業員の積極的な行動による研究の失敗は咎められることはなく，むしろ失敗が奨励されている．研究が失敗した場合でも，従業員は元の部署に戻ることができる．失敗が許容されることによって，従業員のさらなるチャレンジを促進するだけでなく，失敗が新たな製品に結びつく可能性があるからである．

⑦ メンター制度

ベテランの研究者がメンター（師匠）となって，直属の部下ではない従業員の相談に乗り，従業員の自主的な研究活動を励ます．場合によっては，資金や技術を他部門から持ってくる機能も果たす．

⑧ テクニカル・フォーラム

社内の従業員間の情報交換の場である．自分の抱えている技術的な問題を話し，

他の従業員から解決のアイデアを募ることができる．
⑨　テクノロジー・プラットフォーム
多くの商品に応用できる基礎技術のことをいう．3 Mでは，各プラットフォームを軸に多面的な新商品開発を進め，それによって技術情報の交流を円滑に進めることが可能となっている．すなわち，基礎技術を共有することによって，プラットフォーム間のシナジーが働いて新製品が生み出されていく．
⑩　ペーシング・プラス
開発計画として現場から上がってきたアイデアのなかから，できるだけ早く発売しないと乗り遅れるような重要なアイデアをピックアップして，経営資源を優先的・集中的に投入する制度である．
⑪　ベンチャー・チーム制（社内ベンチャー・チーム制）
新しいアイデアを持ち事業を起こそうとする従業員は，プロダクト・チャンピオンと呼ばれているが，アイデアが公式なプロジェクトとして認められると，プロダクト・チャンピオンが，社内からプロジェクトのメンバーを集め，ベンチャー・チームを編成し，そのプロジェクトの達成に向けて努力する．
⑫　デュアル・ラダー・システム
人事処遇の面で用いられる制度である．従業員には，研究開発専門職コースと管理職コースの2種類の昇進ルートが用意されている．専門職は，それぞれの専門領域でのエキスパートであり，管理業務に煩わされることなく研究に没頭できる．管理職は，人のマネジメントを主な職務とする．従業員としての処遇は同一であり，専門職コースから管理職コースへはいつでも移ることができる．
⑬　社内表彰制度
3 Mには，12種類のさまざまな社内表彰制度があり，研究開発部門だけではなく，あらゆる部門の従業員が対象になっている．経済的報酬よりも，同僚からの評価，社内における名誉を与えることによって，3 Mにイノベーションをもたらしたことを評価する．

出所）日経ビジネス編（1998）『明るい会社 3 M』日経 BP 社，「究極の大企業 3 M」『日経ビジネス』1997年1月13日号，22-36ページを参考にして作成．

返しもたらされている企業として，「3 M (Minnesota Mining and Manufacturing Company)」を取り上げる．そして，これまで検討してきた社内企業家による自律的な戦略行動，すなわち社内企業家活動について，3 Mの社内企業家の行動に焦点を当てて検討したい．

　3 M[21)]では，一般従業員レベルにおいて，企業家精神に富んだ従業員の自律的な行動によって，数多くの新製品や新規事業が生み出されているが[22)]，3 M

には，図表 10.4 に呈示されるような従業員のイノベーティブな行動を促進するようなさまざまな仕組みや慣行が存在しており，従業員の社内企業家的な活動を通じて当該企業内にイノベーションが繰り返しもたらされている．

では，図表 10.4 に見られるような仕組みや慣行によってもたらされる３Ｍにおける従業員の自律的な社内企業家活動について検討したい[23]．

３Ｍでは，従業員個々人の尊厳や価値が尊重され，自らが自主性を発揮して創造的に働くことができるように自由が与えられている．そして，従業員１人１人が企業家であるという発想が浸透しており，新製品開発や新規事業開発の基となるアイデアは，企業家精神をもつ従業員の自律的な行動に求められている．

そこで，従業員は，「15％ルール」や「ブートレッギング」を活用して，外部環境の変化や技術革新などを通じて興味を抱いたアイデアが新製品開発につながるように，水面下で自律的に研究を進めていく．このような従業員による自律的な研究に関しては，経営管理者や所属部門の上司をはじめ誰も干渉することはしない．それは，企業内に「第11番目の戒律」の考え方が浸透しているからとも言えるが，一方で，従業員の自主的な発想や考え方に基づく自律的な研究が，企業内にイノベーションをもたらすという考え方が浸透しているためでもある．このように，３Ｍでは，従業員の抱くアイデアを自由に生かせるような環境が整っており，さらには，従業員の人事処遇の面では，「デュアル・ラダー・システム」が採用され，研究に従事したい従業員は，管理業務に煩わされることなく研究に没頭することが可能となっている．

このように，３Ｍの従業員は，その自律的な行動によって，通常業務以外に興味を抱いたアイデアの製品化に向けて研究を進めていくが，その研究を進める過程では，所属部門内に限らず，社内のさまざまな資源を活用することができる．その最たるものが人的なネットワークである．すなわち，社内の知り合いから自分の研究についてアドバイスをもらったり，取り組んでいる研究分野に詳しい人を紹介してもらうことが可能なのである．さらには，「メンター制度」を活用して，社内の事情に詳しいベテランの従業員に相談を持ちかけた

り,「テクニカル・フォーラム」に参加して,他の従業員と意見やアイデアを交換することによって,自分の研究の問題点を解決するアドバイスや手掛かりを得ることもできる．また,従業員が活用できる社内の資源としては,人的ネットワークだけではなく,社内に蓄積された技術や情報もある．例えば,「テクノロジー・プラットフォーム」を利用して,社内で共有される技術や情報を自由にそして効果的に活用し,自分の研究に関してさまざまな角度から検討し,多面的に新製品開発を進めることが可能となっている．

　３Ｍでは,従業員同士がお互いに広く積極的に働きかけ,さまざまな人々の協力を受けたり,社内で共有される技術や情報を活用することによって研究を続けていくが,その研究が製品化に向けて一定の段階にまで到達すると,「スポンサーシップ制度」を活用して,直属の上司や他部門の人々に働きかけ,社内の人材や資金面の支援や協力を受けることができる．また,所属部門の方針に合致しない場合や予算が不足して支援が得られない場合には「ジェネシス・プログラム」を活用し,それが認可されれば,本社から予算が配分されることになる．このように,３Ｍでは,従業員の研究活動を支援する仕組みが整えられており,社内のあらゆるところにスポンサーが存在しているのである．

　そして,研究がさらに発展して,社内での正式なプロジェクトとして認可されれば,公式に予算や人材等の経営資源が投入される．そして,プロジェクトを提案した従業員が,社内企業家としてのプロダクト・チャンピオンとなり,社内のさまざまな分野からプロジェクトに共感し参加してくれるメンバーを集め,「ベンチャー・チーム」を編成し,そのプロジェクトの達成に向けて努力することになる．プロジェクトに参加するメンバーは自発的に集まり,プロジェクトの達成を目指して研究活動や自分の仕事に専念し,さらには,そのプロジェクトが,経営資源が優先的・集中的に投入される「ペーシング・プラス」の対象に認定されるように努力を傾注し,プロジェクトの達成に向けてチーム全体として全力を尽くすのである．そして,従業員の自律的な研究活動の結果,プロジェクトが成功して新製品や新たな技術を生み出し,３Ｍに何らかのイノベーションをもたらした場合には,「社内表彰制度」によって同僚からの

評価や社内における名誉を手にすることができる．

　３Ｍでは，一般的にこのようなプロセスを経て，多種多様な新製品が生み出されることになる．しかし，その裏では，従業員のアイデアに関して社内における市場メカニズムの原理が働き，実を結ばずに淘汰されていくアイデアが存在することも確かである．３Ｍでは，アイデアやプロジェクトの中にも多くの失敗が存在し，新製品開発の正式プロジェクトになったものでも半分は失敗に終わっているという．このような失敗に関して，３Ｍでは，「失敗の許容」の考え方が浸透しており，従業員の積極的な行動による研究の失敗は許容され，従業員は，また新たな研究に取り組むよう奨励されている．その結果，従業員は，常に消極的になることなく，積極的に新たなアイデアを考え出し，その製品化に向けて自律的に研究を重ねるように努力することになる．

　以上のように，３Ｍでは，従業員の社内企業家活動を促進する仕組みや慣行の下，企業家精神に富んだ従業員の自律的な行動によって，数多くの新製品や新規事業が生み出されている．そして，その従業員の自律的な行動によって，社内にイノベーションが繰り返しもたらされている．しかし，他方では，トップ・マネジメントによるいくつかの財務的な目標が存在し，それが，３Ｍの従業員の自律的な行動を引き出す役割を担っていることも否定できない．なかでも，トップ・マネジメントによって，「過去４年間に出した商品で，売上高の30％を稼ぐ」といった新製品の導入目標が明示されるなど，３Ｍにおけるイノベーションの創出をもたらす要因として，従業員の自律的な行動の他に，トップ・マネジメントによる極めて高い目標が設定され，それによって，従業員の目標達成への自律的な行動が奨励されていることにも注目する必要があると思われる．

４．組織革新における社内企業家の意義

　ここでは，前節の３Ｍの従業員に見受けられる社内企業家活動を参考として，社内企業家が当該企業の事業や組織を革新していくうえでいかなる意義が

あるかということについて考察したい．すなわち，社内企業家とその戦略行動が当該企業の事業革新および組織革新において果たす意義について考察することを試み，それらを通じて，現代の企業組織における社内企業家の意義とその必要性について明らかにしたい．

　当該企業における社内企業家が果たす意義として，まず第1に，社内企業家が当該企業の有する人材，資金，技術などの経営資源を活用することによって，新製品や新規事業の開発および新規分野への進出が促進されることがあげられる．新製品や新規事業を開発しなければ，当該企業の継続的な成長・発展を望むことはできない．すなわち，企業の成長・発展にとって，新製品や新規事業の開発・創出，それにともなう新規分野への進出が不可欠である．この点に関して，社内企業家は当該企業において重要な役割を果たしていると思われる．3Mでは，図表10.4に呈示されるような仕組みや慣行の下，従業員が，社内の経営資源を活用して，自分の興味を抱いたアイデアの製品化に向けて研究を進めるが，社内における市場メカニズムの原理を通じたアイデアやプロジェクトの淘汰によって，毎年さまざまな新製品や新規事業が創出されている．こうした社内企業家による新製品や新規事業の創出の結果，新製品や新規事業の開発されるプロセスの迅速化がもたらされている．例えば，3Mでは，1995年には，市場に投入された新製品だけでも515の新製品が発売されており，1日に平均1.4個の新製品が生み出されている計算になる[24]．新製品開発の正式プロジェクトになったものでも半分は失敗に終わっていること[25]を考慮すると，3Mでは，企業家精神に富んだ従業員から数多くのアイデアが考案されていることが分かる．

　第2に，社内企業家による新製品や新規事業の開発および新規分野への進出によって，当該企業に事業および技術面でのイノベーションがもたらされる．この種のイノベーションには，既存の製品を改善・改良した新製品や新規事業，既存の基礎技術を活用して生み出される新製品や新規事業，および，それまでの製品とは全く関係のない新規事業分野への進出によって開発される新製品や新規事業等が存在する．3Mでは，それらを可能にする「テクノロジー・

プラットフォーム」の存在によって，さまざまな事業分野の新製品や新規事業が次々と開発される．3Mでは，「テクノロジー・プラットフォーム」を利用して，社内で共有される技術や情報を効果的に活用することによる技術情報の交流が促進され，多面的に新製品開発を進めることが可能なのである．そして，事業および技術面でのイノベーションをもたらした技術は，将来3Mに利益をもたらす新たな技術として「テクノロジー・プラットフォーム」に認定され，全社的な活用が促進されるのである[26]．

その一方で，社内企業家による新製品や新規事業の開発および新規分野への進出によって，当該企業に組織構造面でのイノベーションがもたらされている．3Mでは，多くのプロジェクトは従業員個人のアイデアをもとに事業部や組織間の壁を超えて自然発生的に集まって非公式に形成されたチームによって進められ，それが認められれば正式にチームとして組織化される．そして，そのプロジェクトによって新製品や新規事業が開発され，それが大きな利益をもたらし成功すれば，そのチームが新たな事業部として設けられる可能性があり，組織構造にイノベーションをもたらすことになる．

以上のようなイノベーションによって，大企業病の克服や組織活性化，さらには，当該企業の長期的・継続的な成長・発展がもたらされるのである．一般的に，企業の規模が大きくなると，組織構造が官僚化・硬直化し，経営管理者をはじめとした従業員の思考・行動様式が固定化される．こうした大企業病が蔓延する既存大企業は，成熟した既存事業に固執し外部環境の変化に敏感ではなくなる．このような大企業病を克服したり，組織を活性化するためにも社内企業家の役割が重要である．3Mでは，多くの社内企業家による自律的な研究活動をもとに数多くの新製品や新規事業が生み出され，それにともなって，事業および技術面，さらには組織構造の面においてイノベーションがもたらされ，大企業でも常に成長・発展を続けているのである．このように，3Mでは，社内企業家による新製品や新規事業の創出によって，社内に繰り返しイノベーションが生み出され，設立[27]以来約百年間にわたって成長・発展を続けている．

第3に，社内企業家は，当該企業の「組織文化」[28]の形成・革新に影響を及ぼす．当該企業に所属する従業員は，その企業特有の組織文化によって，価値観，考え方および行動様式の面で大きな影響を受ける．その組織文化を形成する要因としてはいくつかの要因[29]が考えられるが，そのなかの1つの要因として「英雄」[30]がある．「英雄」とは，当該企業の従業員たちの手本となる役割モデルとなり，当該企業内における行動基準を呈示する．そして，他の従業員は，役割モデルとしての「英雄」の行動にならって企業内で成功するように行動する．3Mでは，プロダクト・チャンピオンとしての社内企業家が，「英雄」としての役割を果たしている．すなわち，社内に何らかのイノベーションをもたらし，社内で評価・表彰されることによって，その行動様式が他の従業員の役割モデルとなっている．現に，3Mでは，過去のトップ・マネジメントの多くがプロダクト・チャンピオンとしての成功例であり，その業績も「武勇伝」，「神話」として社内に広く浸透し，3Mの従業員に対して，「成功するためにはどうすればよいか」という模範を示し，成功するための行動基準を呈示する役割モデルとなっている[31]．このように，当該企業で成功した社内企業家は，他の従業員の役割モデルとなり，暗黙のうちに従業員の価値観，考え方や行動様式に影響を及ぼすことになる．そして，それによって，当該企業における組織文化が形成され，企業内に次第に定着していくのである．

　組織文化は，当該企業における従業員の過去の学習によって蓄積され形成されたものであるため，過去の成功を反映し，従業員はその成功体験を維持しようとする[32]．すなわち，ひとたび形成された組織文化は，固定化・永続化が図られるのである．したがって，従業員の間には，成功体験に基づいた価値観，考え方や行動様式が浸透し，それが組織文化となって次第に固定化していく．そして，従業員は，その組織文化に合致した価値観や考え方に基づいて，意思決定し行動するようになる．本来，組織文化は，所属する従業員に対して，当該企業における行動様式の指針となり，有効に機能するものであるが，予期しない環境の変化が生じた場合には，逆にマイナスに作用し，当該企業にとっての障害となり，イノベーションを阻害する要因になることもある．そこで，そ

のような状態にある組織文化を革新していく必要性が生じる．その際に，社内企業家の役割が注目される．社内企業家が，当該企業にとってマイナスに作用しイノベーションを阻害するような組織文化を革新する行動を取ることによって，企業内に新たなイノベーションをもたらすことができれば，その人物が他の従業員の役割モデルとなり，当該企業に新たな価値観，考え方や行動様式を浸透させることができる．そして，それが，既存の組織文化を革新し，新たな組織文化として浸透・定着させることができる．このように，当該企業を常に活性化させ，企業内にイノベーションが促進されるようにするには，絶えず組織文化を革新していく必要があり，その際に，社内企業家が重要な役割を果たすといえるであろう．

　第4に，社内企業家の行動によって，当該企業における「組織学習」の幅が広がる．当該企業で，社内企業家によるアイデアが新製品や新規事業として成功した場合には，それが，他の従業員に対する成功するための新たな視点をもたらすことになる．そして，成功した社内企業家のアイデアや行動を参考にして，他の従業員は自身の成功のために行動することになる．社内企業家による成功が繰り返されて，それが企業内に次第に蓄積されるにつれて，企業全体としての知識が増えるとともに，それが新たなアイデアのフィルターとして機能することになる．その結果，従業員から生じるアイデアがより洗練化されることにつながる．

　企業戦略についても同様のことが言える．第2節で検討したように，社内企業家による自律的な戦略行動に基づく戦略が当該企業において成功した場合には，その戦略は，当該企業の企業戦略コンセプトに受け入れられ，その後，他の従業員の間には，洗練された企業戦略コンセプトに合致した戦略行動が生じる．このことは，成功した戦略が，当該企業の企業戦略に新たな視点を加え，企業戦略をより洗練化された戦略にするプロセス，すなわち，戦略学習のプロセスを示していると考えられる．

　ここで，成功した社内企業家の行動やアイデアだけが，当該企業の組織学習の幅を広げる要因となっているわけではないことに注目する必要がある．3M

では，従業員から提案されたすべてのアイデアやプロジェクトが成功しているわけではない．提案されたアイデアのなかでも，成功するアイデアは極一部に過ぎない．すなわち，成功したアイデアの裏には，失敗したアイデアが数多く存在している．既に述べたが，3Mでは，多種多様な新製品が生み出されている裏では，多くの失敗が存在しており，新製品開発の正式プロジェクトになったものでも半分は失敗に終わっているという[33]．そこで，失敗した社内企業家の行動やアイデアを，当該企業においていかに蓄積して，他の従業員が同じ失敗を繰り返さないように企業全体として学習するかが求められる．なぜなら，それらが失敗するに至ったプロセスを他の従業員が把握することによって，企業内で同じ失敗が繰り返される可能性を低くし，従業員に新たな視点をもたらすことが可能となり，さらには，従業員のアイデアを査定するうえで，企業内の知識の幅が広がるからである．このように，社内企業家は，その成功・失敗にかかわらず，当該企業内における組織学習の幅および知識の幅を広げる役割を果たしている．

　最後に，第5として，社内企業家と当該企業との間には，いわゆる「個人と組織の統合」[34]がもたらされる可能性がある．現在の企業組織では，これまでの組織の論理が優先され，組織重視の考え方に基づいた個人と組織の関係に変わる新たな個人と組織の関係が模索されている．すなわち，多様な個人が自己の自主性や主体性を保持し，その創造性や能力を発揮することによって，個々の目的や自己実現を達成すると同時に，その行動が，当該企業の目標に合致し，その目標が達成されるだけではなく，当該企業内にイノベーションをもたらし，製品や組織自体に付加価値を生み出すような個人と組織の関係の構築が求められている．

　そこで，そのような個人と組織の関係を構築するうえで，社内企業家と当該企業の関係が有用な示唆をもたらすと思われる．3Mの事例から考察できるように，企業家精神に富んだ社内企業家は，その自律的な行動によって，自由に当該企業に存在する経営資源を活用し，新製品や新規事業を開発することによって当該企業にイノベーションをもたらす．プロジェクトが進行していく際に

は，社内企業家は，全く自由にプロジェクトを進めることはできない．社内企業家には，一方で企業目標や財務的な目標の達成という規律が存在し，もう一方で自由と自律性が与えられ，事業運営上の権限が委譲される．このような規律と自由の下，社内企業家は，自己の目的や自己実現を達成するために自律的・主体的に行動し，自分の手がける新製品や新規事業を開発するとともに，当該企業の企業目標を達成させ，新たなイノベーションを生じさせる．このように，社内企業家と当該企業には，個人と組織の統合，すなわち，個人の自己実現・自己目的の達成と組織目標達成の実現可能性があると思われる．

しかし，すべての社内企業家が当該企業において個人と組織の統合の関係を構築できるとは限らない．なぜなら，企業内では市場メカニズムの原理が働き，社内企業家同士で内部競争が行われ，最終的に競争に勝ち残った社内企業家のアイデアが正式なプロジェクトとして採用されるからである．したがって，競争に勝ち残り，正式なプロジェクトとして採用された社内企業家だけが，個人と組織の統合を実現することができるのである．

社内企業家による提案を査定する必要性については，R. A. Burgelman も言及しており，戦略上の重要性と業務上の関連性の2つの尺度を用いて査定することを論じている（第2節参照）．すなわち，企業内での市場メカニズムの原理を通じて，当該企業にとって必要と査定された提案は事業化され，そうではない提案は淘汰されることになるのである．

このように，企業内への市場メカニズムの原理の導入によって，正式なプロジェクトとして承認され，それが新製品や新規事業として成功した社内企業家だけが，当該企業の企業目標を達成させ，企業内にイノベーションをもたらすとともに，社内企業家個人の目的や自己実現を達成することができる．したがって，すべての社内企業家が自己の目的や自己実現を達成できるとは限らず，成功した社内企業家だけが，個人と組織の統合を実現する対象として捉えることができるであろう．

5．むすびに代えて――トップ・マネジメントの役割

　社内企業家活動は，トップ・マネジメント主導ではなく，ミドル・レベルの管理者あるいはそれ以下の従業員レベルのボトム・アップ型の自律的な行動が，当該企業における企業戦略の構築や事業革新および組織革新に影響を及ぼすが，社内企業家が当該企業内でその能力を発揮するためには，トップ・マネジメントの役割[35]が重要であると思われる．なぜなら，企業内にいくら企業家精神に富んだ社内企業家が数多く存在していても，その人々を生かす仕組みや制度が構築されていなければ，社内企業家たちは実際に自律的に行動することができないからである．そこで，最後に，社内企業家が当該企業内でその能力を発揮するために，トップ・マネジメントがいかなる役割を果たすべきかということに触れ，むすびに代えたいと思う．

　社内企業家が当該企業内でその能力を発揮するためには，トップ・マネジメントは，第1に，企業全体のビジョンを構築する必要がある．そのビジョンに基づき社内企業家は新製品や新規事業を考案することができる．第2に，社内企業家の成功に対する評価・報酬や失敗に対する処遇の仕方を明確化する必要がある．そうしないと，従業員はリスクを冒してまで積極的に新製品や新規事業の開発に取りかかろうとはしない．第3に，社内企業家によるアイデアの選別基準を明確化する必要がある．特に，失敗したアイデアの基準を明らかにすることによって，企業全体の組織学習が促進されることになる．第4に，社内企業家に権限を委譲することが必要である．それによって，社内企業家が自己責任によって自律的に新製品や新規事業の開発を進めることができる．そして，第5に，社内企業家を奨励するような組織文化を構築することが必要である．特に，従業員の自律的な行動によるアイデアが生じやすい組織文化が望まれる．

　このように，トップ・マネジメントには，社内企業家が当該企業内で自律的に行動することが可能となるような環境を整備することが求められる．社内企

業家が，当該企業においていかに企業戦略の構築や事業革新および組織革新を達成するために努力しても，トップ・マネジメントが社内企業家を支援する体制を構築していかなければ，社内企業家は実際に自律的に行動することができず，当該企業内でその能力を最大限に発揮することができない．したがって，当該企業内で社内企業家が自律的に行動しその能力を最大限に発揮するためには，トップ・マネジメントの役割が重要であり，トップ・マネジメントが企業戦略の構築や事業革新および組織革新のために努力する社内企業家の能力を最大限に引き出すことができるか否かが，当該企業の継続的・長期的な成長・発展に大きな影響を及ぼす可能性があると思われる．

〔付記〕「社内起業家」という用語が用いられる場合，「社内起業家」は，新規の社内ベンチャーの運営にのみ関心をもつ傾向が強いと理解されるのに対して，「社内企業家」は，母体企業内で新規事業活動領域に関する広範な企業戦略の構築を試み，母体企業の企業戦略全体に新たな枠組みを提起することに重要な戦略上の意義を与えられている人物であると理解している．したがって，本章では，「社内企業家」という用語を用いる．

1) 中小企業庁（1999）『中小企業白書（平成11年版）』大蔵省印刷局，209-228ページ．
2) 中小企業庁（1999）同上書，266-334ページ．
3) 本章では，R. A. Burgelman の呈示する企業戦略形成プロセスについて検討するが，企業戦略形成プロセスについて，H. Mintzberg は R. A. Burgelman と同様な見解を示している．H. Mintzberg は，「計画的戦略（Deliberate Strategy）」と「創発的戦略（Emergent Strategy）」のそれぞれに基づく企業戦略形成プロセスを呈示しそれぞれのプロセスについて検討している．Mintzberg, H., and J. A. Waters (1985) "Of Strategies, Deliberate and Emergent," *Strategic Management Journal*, Vol. 6, pp. 257-272.
4) 占部都美編著（1980）『経営学辞典』中央経済社，86-87ページ．
5) 「構造コンテクスト」には，全体的な構造配置に関するトップ・マネジメントの選択，地位と関係の公式化の程度，プロジェクトの選別基準，業績評価基準，および企業家精神をもつミドル・マネジメントの任命などが含まれる．Burgelman, R. A. (1983a) "A Model of the Interaction of Strategic Behavior, Corpo-

rate Context, and the Concept of Strategy," *Academy of Management Review*, Vol. 8, No. 1, pp. 65-66.
6) Burgelman, R. A. (1984a) "Designs for Corporate Entrepreneurship In Established Firms," *California Management Review*, Vol. 26, No. 3, p. 155.
7) Burgelman, R. A. (1983a) *op. cit.*, p. 65.
8) Burgelman, R. A. (1983b) "Corporate Entrepreneurship and Strategic Management: Insights from a Process Study," *Management Science*, Vol. 29, No. 12, p. 1352.
9) Burgelman, R. A. (1983a) *op. cit.*, p. 66.
10) Burgelman, R. A. (1983b) *op. cit.*, p. 1352.
11) Burgelman, R. A. (1983b) *ibid.*, p. 1350.
12) Burgelman, R. A. (1983a) *op. cit.*, p. 64. なお，ここでいう「資源」とは，資金，人材，技術，設備，情報などの経営資源を指すと思われる．
13) Burgelman, R. A. (1983b) *op. cit.*, pp. 1353-1355.
14) Burgelman, R. A. (1983b) *ibid.*, p. 1355.
15) Burgelman, R. A. (1983b) *ibid.*, p. 1356.
16) Burgelman, R. A. (1984b) "Managing the Internal Corporate Venturing Process," *Sloan Management Review*, Winter 1984, p. 44.
17) Burgelman, R. A. (1984a) *op. cit.*, pp. 158-161.
18) Burgelman, R. A. (1984a) *ibid.*, pp. 161-164.
19) Burgelman, R. A. (1984a) *ibid.*, p. 164.
20) Burgelman, R. A. (1984a) *ibid.*, pp. 160-161.
21) ここで，3Mの事例を取り上げるのは，3Mがボトム・アップ型の企業戦略の典型として位置付けられており，従業員の自律的な戦略行動による新製品・新規事業開発によって，当該企業内にイノベーションが繰り返し生じているからである．
22) 3Mでは，1995年には，515点の商品を発売している．これは，1日に平均1.4点の新商品を生み出している計算になる．これまでの総商品数は5万点を超える．日経ビジネス編 (1998)『明るい会社3M』日経BP社，23-27,39ページ．
23) ここでは，3Mについて主に次の文献を参考にしている．①ガンドリング，賀川洋 (1999)『3M・未来を拓くイノベーション』講談社．②日経ビジネス編 (1998)『明るい会社3M』日経BP社．③「究極の大企業3M」『日経ビジネス』1997年1月13日号，22-36ページ．④「住友スリーエム」『日経ビジネス』1997年6月16日号，46-50ページ．
24) 日経ビジネス編 (1998) 前掲書，39ページ．
25) 日経ビジネス編 (1998) 同上書，85ページ．

26) 日経ビジネス編（1998）同上書，67-70ページ．
27) 3Mの設立は1902年である．Kanter, R. M., J. Kao, and F. Wiersema (1997) *Innovation : breakthrough thinking at 3M, Du Pont, GE, Pfizer, and Rubbermaid*, Wordworks, p. 59.
28) 本章では，「組織文化」といった場合，一企業内における文化を表わす概念として用いられる「企業文化」とほぼ同じ意味で扱うが，その他，一企業内にはさまざまな事業所・工場・部・課などが存在し，それぞれの組織内の文化が異なることもあるために，組織内の異なった文化を下位文化として，「組織文化」に含むものとする．また，その定義として，組織文化とは，「あるグループが外部適応や内部統合の問題を解決する際に学習した共有された基本的諸仮定のパターン」[*]あるいは，「組織のメンバーによって共有された価値観や組織内で見られる行動規範」[**]と定義されている．

　＊) Schein, E. H. (1992) *Organizational Culture and Leadership*, second edition, San Francisco : Jossey-Bass, p. 12.
　＊＊) Kotter, J. P., J. L. Heskett (1992) *Corporate Culture and Performance*, New York : The Free Press, pp. 4-5.

29) T. E. Deal, A. A. Kennedyは，組織文化の形成要因として，「企業環境」，「念」「英雄」，「儀礼と儀式」，「文化のネットワーク」をあげている．Deal, T.E., and A. A. Kennedy (1982) *Corporate Cultures*, Addison-Wesley, pp. 13-15. T. E. ディール，A. A. ケネディー，城山三郎訳（1983）『シンボリック・マネジャー』新潮社，26-29ページ．
30) Deal, T. E., A. A. Kennedy (1982), *ibid.*, pp. 37-57. T. E. ディール，A. A. ケネディー（1983），同上書，57-85ページ．
31) 日経ビジネス編（1998），前掲書，74-75ページ．
32) Schein, E. H. (1993), "How Can Organizations Learn Faster? The Challenge of Entering the Green Room," *Sloan Management Review*, Winter 1993, p. 87.
33) 日経ビジネス編（1998），前掲書，85ページ．
34) 「個人と組織の統合」に関する理論研究については，飛田幸宏（1998）「組織と個人の統合に関する一考察」中央大学大学院研究年報編集委員会『大学院研究年報』第27号商学研究科篇，127-138ページ．および飛田幸宏（1999）「個人と組織の関係に関する学説研究」労務理論学会『労務理論学会研究年報』第8号，39-44ページを参照されたい．
35) R. A. Burgelmanによれば，社内企業家活動は，トップ・マネジメントからみると，それ自体通常の関心事でもなく目的でもなく，むしろ，外部不安に対する「保険（insurance）」のようなものであるか，あるいは，成長機会創造の強制から生じる内部均衡に対する「安全弁（safety valve）」であるとされる．

そして，トップ・マネジメントの役割を，従業員の成功した「自律的戦略行動」を遡及的に合理化することと論じている．Burgelman, R. A. (1983b), *op. cit.*, p. 1352, p. 1355.

第3部 企業間関係革新

第11章　自動車産業における世界再編と統合化戦略

1. 世界自動車産業の経営環境
　　――環境変化要因と統合化の展開――

　1886年，ゴットリーブ・ダイムラー（Gottlieb Daimler）とカール・ベンツ（Carl Benz）は，ガソリンエンジンを搭載した今日のスタイルの自動車を実用化した．それから1世紀を経た今日，世界自動車産業は，新たな産業再編に向けて地球規模での合従連衡の渦中にある．それは，産業成熟化の中で，企業間競争の激化がもたらした再編というだけでなく，ガソリンエンジンに代わる地球環境の保護を配慮した動力機関の開発競争に象徴されるように，「人間社会と自動車文明の共生」を模索する実験が始まったという意味で全く新しい展開である．

　こうした世界自動車産業における再編は，1998年11月17日，世界第3位の自動車メーカーとして発足した「ダイムラークライスラー（DaimlerChrysler）社」の出現[1]に象徴される．世界自動車産業の創成期を画し，世界中の人々から等しく高級乗用車と認知され続けてきた「メルセデスベンツ（Mercedes Benz）」の輝かしき伝統をあえて捨て去るかのように，ダイムラーベンツ社は自動車産業の世界再編に向けて大きくハンドルを切ったのである．

　日本を含むアジア経済危機による新興市場の成長鈍化，欧米市場でも今後景気後退が予想される中で，海外生産拠点を34ヵ国，海外販売拠点を200ヵ国以上に保有する新生ダイムラークライスラー社は，売上規模1,327億ドル，売上高でGM，フォード（Ford）に次ぐ世界第3位メーカーとなり，販売台数でも

GM，フォード，トヨタ自動車，フォルクスワーゲン・グループ（VW Group）に次ぐ世界第5位メーカーとなるため，競合企業（グループ）に与える脅威はきわめて大きい．1998年末における韓国自動車産業の再編等により，世界自動車産業は，年産100万台規模の企業（グループ）13社が世界市場の約85％を支配するまでに資本集中が進み，国際寡占化に拍車がかかっている[2]．

『フィナンシャル・タイムス（*Financial Times*）』は，ダイムラークライスラー合併以外にも自動車産業の世界的再編に関わる合併・買収交渉が6件同時進行していることを，旧クライスラー社のイートン（Bob Eaton）会長が明らかにしたと報じたが，その後，この発言を裏付けるかのように次々に大型買収が報じられた[3]．まさに，ダイムラークライスラー社の誕生は，例えば図表11.1にも示されているように，地球上の全ての自動車メーカーを巻き込むほどの，新たな産業秩序の再編成の幕開けとなった．

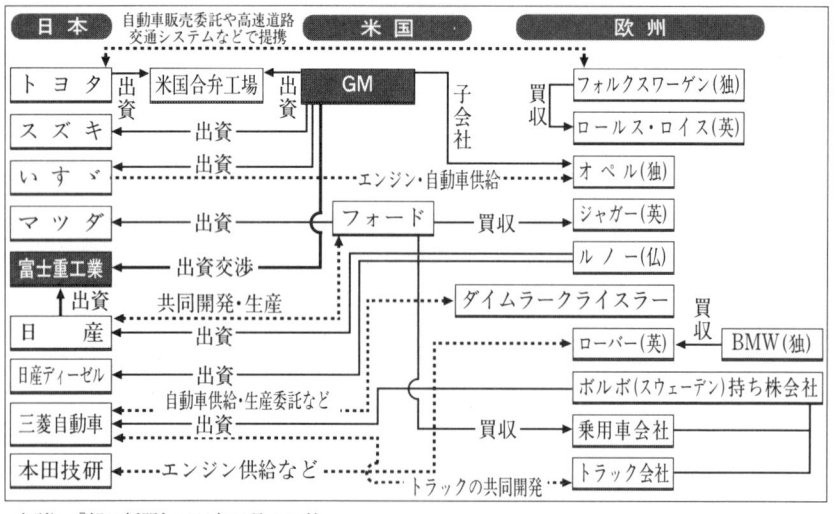

図表11.1　世界自動車産業における企業間関係

出所）『朝日新聞』1999年12月3日付．

自動車産業は，世界的な需要の鈍化，過剰生産能力の顕在化から，大規模な経営合理化を進めてきたが，特定の国や地域を対象とした合理化だけでは限界が生じたことから，地球規模での業界再編の動きが加速している．このような

グローバルな再編の中で，「国境を超える合併・買収・提携（Cross-border Mergers, Acquisitions and Alliances）」を手段として資本集中が進むとともに，巨大企業連合が形成されつつある[4]．

ところで，自動車産業における合併・買収・提携（MAAs）は1970年代から次第に高まりをみせてきたことが図表11.2からわかる．とりわけ，1980年代の後半は，米国多国籍企業による欧州の中規模プレミアムメーカー（高級乗用車，高級スポーツカーの組立メーカー）の買収という特徴が強く現れた時期であったといえるが，この巨大多国籍企業による欧州中規模メーカーの買収の狙いは，伝統的に欧州プレミアムメーカーがもつブランドイメージを掌中にすることで製品構成を多様にし，企業イメージ（コーポレート・アイデンティティ）を高めることにあった．その意味では，部品の共通化等を通じて量産効果を期待するというよりは，販売政策的なねらいからの買収が主流であったと考えられる．

しかし，今日の一連の企業間結合関係の新局面においては，生産規模の拡大と量産効果の追求がより強く意識されている．例えば，ドイツ企業が米国企業のM&Aにより国際競争力の再構築を急ぐ理由として，「自動車，化学，金融など国際競争の激しい産業分野ではスケールメリットの追求と米国型のスピード経営の導入で競争力を強化しなければ対応できない」という懸念があるからだといわれている[5]．まさに，世界自動車産業の激しい競争の中での生き残りの条件として，いわゆる「400万台クラブ」に入れるかどうかが問われている所以である．

自動車メーカー各社（グループ）がこのように規模を競う背景には，次のような自動車産業を取り巻く経営環境の変化がある．

化石燃料の枯渇の危機，地球環境保護への関心と自動車産業への批判の高まり，産業自体の成熟化・製品ライフサイクルの短縮化などに対応するための新機軸創造の必要，など産業成長の軌道修正と新たな技術基盤の下での環境変化への適応力がもとめられている．そのような危機意識を背景にして，今日の世界規模での産業再編が「人間社会と自動車文明の共生」をめざして急速に展開

図表11.2　欧州自動車産業とM&A

年	買収企業	被買収企業／支配形態
1974	プジョー	シトロエン買収
1975	ボルボ	ボルボはDAFオート社への資本参加を75%に引き上げ;1981年，オランダ政府に70%売却；1990年，三菱と合併事業開始
1978	プジョー／シトロエン	クライスラーの欧州子会社買収
1979	ルノー	AMC株を46.4%取得
1985	イノチェンティ	マゼラッティ買収
1986	フィアット	アルファロメオ買収
1986	GM	ロータス買収
1986	VW	セアト買収（VWは当初55%取得）
1987	クライスラー	AMC（ルノーから）買収
1987	クライスラー	ランボルギーニ買収
1987	フォード	ACカーズ買収（50.7%取得）
1987	フォード	アストン・マーチン買収（75%取得）
1988	フィアット	フェラーリ買収（1969年に取得した株を40%買い増し）
1989	フォード	ジャガー買収
1990	GM	サーブ買収（50%取得）
1994	BMW	ローバー買収（80%取得）
1998	ダイムラーベンツ／クライスラー	ダイムラーベンツとクライスラーが合併し，「ダイムラークライスラー社」誕生
	VW	ロールスロイス・モーターカーズを買収
	VW／アウディ	ランボルギーニ買収

出所）　Frédérique Sachwald (ed.), *European Integration and Competitiveness : Acquisitions and Alliances in Industry,* Edward Elgar Publishing, 1994, p. 77. また，1998年に関しては，新聞その他資料より作成．

しているという点，しかもそれは産業の危機であると同時に新たなビジネスチャンスでもあるという点が重要である．そして，このように多様な環境変化への適応を可能にするためには，十分な生産規模とそれによる安定した収益力が前提条件になることはいうまでもない．

　また，今日の地球規模での合従連衡は，新世代車の「世界標準 (global standard)」や「事実上の業界標準 (de fact standard)」を他社に先駆けて開発することで，グローバル競争を有利に展開したいという思惑も働いている．そこで

は，技術力や資金力に勝る企業同士の「強者連合」の形成が顕著であり，技術力であれ資金力であれ，自社の競争優位と連合相手の競争優位をミックスすることによる競争力の融合と強化を通じて競争上優位に立つことが目論まれている．この点を特に強く誘発している経営環境の変化要因は次のようにみることができよう（図表11.3）．

図表11.3　世界自動車産業における経営環境－統合化を促す環境変化要因－

地球環境の保護	⇒低燃費・低公害車の開発競争
NCAP(New Car Assessment Program)	⇒安全技術をめぐる開発競争
高度情報社会の進展	⇒ITS(Intelligent Transportation Systems)をめぐる技術開発競争
コスト競争力の強化	⇒プラットフォーム統合化，部品統合化

　地球環境の保護は，自動車産業にとって今や死活問題となっている．化石燃料の枯渇が叫ばれる現在，ガソリンエンジン車に代替する方式の開発が試みられている．現在の時点では，コモンレール方式などディーゼルエンジンの改良，プロパン，メタノール，天然ガス，水素などを代替燃料に使用する方法や，バッテリー電力による電気自動車やハイブリッドカーといった，すでに実用化されているものなどがあり，将来的には「燃料電池車（FCEV）」がもっとも有望視されている．この点で自動車業界をリードするダイムラークライスラー社が1999年3月17日に発表した，メルセデスベンツ「Aクラス」ベースの「NECAR IV」は液化水素を利用した燃料電池車であり，「水素ガスで走る以前の試作車と比べて3割速い時速144km」を記録し，1回の燃料補充で約450km走行できるという．同社は，2004年から生産を開始する予定である[6]．

　こうした開発競争の背景には，米国カリフォルニア州大気資源局が発表した「NLEV（National Low Emission Vehicle）計画」等にみられる各国行政機関による環境保護規制の強化がある．そして，自動車産業界にとって，こうした環

境保護規制は，経営行動を制約する重要な経営環境の変化要因であると同時に，前述のように，成熟化が進む自動車ビジネスにあって「新たな事業創造の機会（ビジネスチャンス）」であり，各社が次世代の「世界標準」や「事実上の業界標準」の開発をめぐって熾烈な競争を展開する動機ともなっている．

「ユーロ NCAP (New Car Assessment Program)」等の「自動車の安全性に関する情報公開」と安全性装置の開発も，今日の自動車産業にとって重要な課題である．英国運輸省 (UK Department of Transport) 他6団体で構成される「ユーロ NCAP」では，時速64kmでの正面オフセット・クラッシュおよび時速50kmでの側面クラッシュテストの結果をもとに，欧州市場で市販された同一セグメントの量販車を対象とした衝突安全性に関する比較データを公開している．同種の動きは，米国国家ハイウエイ安全局 (NHTSA)，全ドイツ自動車クラブ (ADAC)，わが国の運輸省・自動車事故対策センター発表の「自動車安全情報」等にもみられる．こうした安全に関する情報公開は，インターネットの普及とともにアクセスが容易になっており，新車購入の際の選定基準となりつつあるため，自動車メーカーの対応力が問われているのである．

ITS (Intelligent Transportation Systems, 高度道路情報システム) は，自動車を取り巻く交通環境の整備であり，情報通信分野の革新を取り込んで道路と自動車との間で情報発信を双方向に行い，渋滞緩和等に役立てようとするものである．具体的には，「道路交通情報通信システム (VICS)」，「交通状況等に即応した情報提供を内容とする動的な経路誘導を行うシステム (DRGS)」，「大気汚染の低減等環境に配慮した信号制御方式 (EPMS)」，高速道路等における「ノンストップ自動料金収受システム (ETC)」の整備に関して，産官連携によって技術開発が急がれている[7]．

2. プラットフォーム統合化戦略

自動車産業におけるグローバル競争に勝利するためには，「スケールメリットの追求」が欠かせない．しかも，前節において論じたような巨額な開発資金

を要する新世代車の開発競争において主導権を握るためには，コスト削減下での量産体制とそれを通じての安定した収益力が必要となる．

しかしながら，コスト競争力の強化と同時に，ユーザーニーズの多様化にも十分に対応しなければ，市場シェアの確保は困難である．この一見矛盾する課題を解決するための手段として注目されているのが，「プラットフォーム統合」を軸としたエンジン，トランスミッション等の統合化戦略である．

「プラットフォーム」ないしは「シャシー・プラットフォーム」とは，車体の基本構造をなすフロアパン，サイドメンバー，フロントアクスル，ステアリングシステム，リアアクスル，パワートレイン，シートフレーム，燃料タンクなどで構成される車体の下まわり部分であり，その上に車体上部がセットされる「車台」である．プラットフォームの開発コストは，総開発コストの2/3を占めるといわれており，この部分を統合化できれば，開発コストだけでなく生産コストや補修部品の管理コストなど幅広く節約できるといわれている[8]．

これまでの自動車製造においては，技術的制約もあって量産メーカーの場合10～20種類におよぶプラットフォームを準備し，それぞれの規格に応じたエンジンや基幹部品を開発・設計する方法を採っていたが，このような方法では巨額の開発費用や，専用ラインの増設などコスト面でみた経営効率は悪化する．また，今日の開発競争では，コストだけでなく開発時間の短縮も競争力を左右する重要な要素であることから，時間的な効率も追求しなければならない．

従来，1プラットフォーム当たりの生産台数は20～40万台程度といわれてきた[9]が，プラットフォーム当たりの生産台数を最大限にすることが生産効率向上の決め手と考えられるようになってきている．こうしたプラットフォーム当たりの生産台数を増やすための手法が，「プラットフォーム統合化戦略」である．これは，上記のようにコストダウンの手法であり，したがって「リストラクチャリング（restructuring）戦略」の一環として認識されている手法であるが，しかしそれと同時に以下でみるように「グローバル・プラットフォーム戦略」の下では，同一資本下にあるグループ内メーカー間での統合化や，国際的な企業連合下での他企業との間の統合化が促進されるため，産業構造ないしは

競争の構図を変革する推進力にもなる[10]．

　国際的な企業連合下でのプラットフォーム共有は，最近のルノー＝日産自動車の「リバイバルプラン」においてもすでに表明されている．ルイ・シュバイツアー（ルノー会長）によれば，コスト削減のためのプラットフォーム統合化を2002〜2003年にかけて，日産「マーチ」，ルノー「クリオ」，同「トウィンゴ」の後継車種から始め，両企業間でプラットフォームを10種類，エンジンやトランスミッションを8種類にまで削減し，2010年までにはこうした統合化計画を完成させる予定であるという[11]．

　こうしたプラットフォーム統合化戦略をもっとも早くから提案し，かつ積極的に推進しているのはフォルクスワーゲン（VW）・グループであろう．同グループは，グループ企業であるドイツ高級車メーカーのアウディ（Audi）社，スペイン大衆車メーカーのセアト（Seat）社，チェコ大衆車メーカーのシュコダ（Skoda）社との間で「グループ内プラットフォーム統合化戦略」を進めている．

　その全体像は，かつて16種類あったプラットフォームを2000年初頭までに4系統に統合化し，グループ内企業の主力車種間で共有しようとするものである．その内訳は，図表11.4に示されているように，もっとも大型で高級車用の「A8プラットフォーム」，中型車のための「B＋／Bプラットフォーム」，小型車用でありもっとも大きなボリュームゾーンを担う「Aプラットフォー

図表11.4　VWグループのプラットフォーム統合化戦略

プラットホーム	VW	Audi	Seat	Skoda	年間生産規模
A8	（新型セダン）	A8／V8	—	—	n.a.
B＋ B	— Passat	A6 A4	— —	— （新型車予定）	100万台／年(推定)
A	Golf／VentIV New Beetle	A3 TT／TTS	Toledo	Octavia	275万台／年(目標)
AO AOO	Lupo Lupino	A2 —	Ibiza／Cordoba Arosa	次期Felicia —	150万〜200万台／年 (推定)

出所）『FOURIN自動車調査月報』No. 161, 1999年1月, 39ページ．

ム」，そしてスモールカー・セグメントの「AO／AOOプラットフォーム」である．

とはいえ，グループ各社は，それぞれ特徴をもった自動車生産をしてきた歴史的メーカーである．すなわち，VW社が小型の大衆車から高級大型セダンまで幅広く生産するフルライン・メーカーであり，アウディ社は高級車生産の専門メーカー，セアト社はイタリアのフィアット (Fiat) 社に似た低価格の小型乗用車メーカー，シュコダ社は保守的で伝統的なイメージの製品ラインを特徴としている．「グループ内プラットフォーム統合化戦略」においては，各社のこのような個性は活かしつつも，前掲図表11.4にみられるように，最高級かつ大型のA8を除いて，各プラットフォームをそれぞれ100～200万台規模の年間生産量にまとめ，グループ全体でのスケールメリットを最大限に追求する．例えば，新型「ゴルフⅣ (Golf Ⅳ)」は，「ニュー・ビートル (New Beetle)」(VW社)，「A3」(アウディ社)，「オクタビア (Octavia)」(シュコダ社) とプラットフォームをすでに共有しており，さらに「トレド (Toledo)」(セアト社) とも共通化する計画であり，その結果，これまで30時間といわれた製造時間が同クラスでは世界最短の7時間前後にまで短縮されたといわれており，4％もの価格引き下げを実現したといわれている[12]．

さらに，このゴルフと同じAプラットフォームをベースに開発された「ニュー・ビートル」の場合には，開発プロジェクトの初期段階から全部品メーカーのおよそ3割と協働し，JIT部品納入や部品のモジュール開発に共同で取り組んだ結果，最終組立地はメキシコながら高品質な新型車に仕上げることに成功した，といわれている[13]．

フォードも，「フォード2000プロジェクト」のもとで，欧米間でプラットフォームを統合化する計画であり，その最初のモデルとして小型車「エスコート (Escort)」の後継車「フォーカス (Focus)」が予定されている[14]．従来の「エスコート」は，名前は同じであっても，米国と欧州ではプラットフォームが異なるものであったためコスト削減効果は期待できなかったが，次期「フォーカス」は，マツダ「ファミリア」ともプラットフォームを統合化することで量産

効果を狙うといわれている．この他に，フォードは2005年までに120車種（モデル）に24種類のプラットフォームを用意している現体制を，16種類まで削減する統合化戦略を策定しており，1つのプラットフォームから次々に派生車種を開発することで車種数は50％増加させる計画であるという[15]．

図表11.5にフォードの統合化戦略の概要が示されているが，同表によれば，2003年の予定年間生産能力は，リッターカークラス（A/Bセグメント）120万台，大衆車クラス（Cセグメント）150万台，小・中型車クラス（D/Eセグメント）150万台と，量販車種部門ではスケールメリットを最大限に追求しようというものである．また，そのためには，欧州フォード，傘下のジャガー（Jaguar）およびマツダを含めた「プラットフォームのグローバル統合」が積極的に推進されようとしている点が80年代とは異なる点である．なお，現段階では98年に買収したボルボ（Volvo）社の乗用車部門との統合化計画は明らかにされていないが，将来的には統合化をめざすものと考えられる．

また，高級FRスポーティーセダン・プロジェクトである「ワールドプラットフォームDEW98」においては，ミシガン州ウイスコム（Wixom）工場で生産される「リンカーンLS（LincolnLS）」および「サンダーバード（Thunderbird）」，さらには英国バーミンガム・キャッスル・ブロンウイッチ（Birmingham Castle Bromwich）工場で生産される「ジャガーSタイプ（Jaguar S Type）」を同一プラットフォームで生産するとともに，さらにこれをベースにした「マスタング（Mustang）」やタウンカー，ロードスターなども開発し，混流生産する予定であるという[16]．

こうしたプラットフォーム統合化は，コスト削減の切り札であることはいうまでもないが，しかしその反面でボディー，イメージ，ブランドなどの多様性を維持する工夫が必要となる．同一のプラットフォームを利用しながら，多様性に対応しうるフレキシビリティが確保できるような仕掛けとしては，例えばフィアット（Fiat）グループが小型多目的車「マルチプラ（Multipla）」で採用した「スペースフレーム構造」のようなものがある[17]．

しかしながら，車種構成やブランドイメージがあまりに異なる車種間の統合

第11章 自動車産業における世界再編と統合化戦略　313

図表11.5　フォード・グループのプラットフォーム統合化戦略

セグメント	モデル名 (プラットフォーム)	1998年生産実績				ブラットフォーム統合 モデルチェンジ計画	2003年生産能力推定			
		北米	欧州	日本	他	合計		北米	欧州	日本	他	合計
リッター カークラス (セグメン トA/B)	欧州 Ford Fiesta/Ka/Puma	—	723,345	—	—	723,345	既に欧州 Fordのプラットフォームは統合されているが、2001～2003年に新型プラットフォームをベースにモデルチェンジする計画。マツダの製品群ともプラットフォームが共通化される見通し	—	800,000	150,000	278,000	1,228,000
	マツダ Demio/Festiva/Revue	—	—	146,552	—	146,552						
大衆車クラス (セグメン トC)	Ford Escort/Tracer	365,055	—	—	—	365,055	'98年に発表された欧州のFocus(CW170)をベースにプラットフォームを世界的に共通化する計画。マツダのプラットフォーム統合時期は不明だが、将来的には統合化される見通し	442,000	700,000	300,000	70,000	1,512,000
	欧州 Ford Escort/Focus	—	499,759	—	—	499,759						
	マツダ Familia/Laser	—	—	265,590	—	265,590						
小・中型車 クラス (セグメン トD/E)	Ford Contour /Mistique/ 欧州 Ford Mondeo	194,914	317,035	—	—	511,949	既に欧米間のプラットフォームが統合されたが、2001～2002年に新プラットフォームをベースにモデルチェンジする計画。マツダCapellaはFamiliaとプラットフォームを統合する案もあり、合流時期は不明だが、北米生産626を先行してプラットフォーム統合する。626ベースのSUV(U204)も投入する予定。Taurus/Sable (は2001～2002年のモデルチェンジ時期にContour/Mistiqueとプラットフォームが統合される見通し	—	—	—	—	1,526,000
	マツダ Capella/Cronos/Centia	94,175	—	167,296	—	261,471						
	Ford Taurus/Sable	512,328	—	—	—	512,328		886,000	400,000	240,000	—	
	Ford Cougar	—	73,093	—	—	73,093						
ミニバン	Ford Windstar	245,774	—	—	—	245,774	'98年モデルチェンジする予定	280,000	—	—	—	280,000
	Ford Econoline	221,658	—	—	—	221,658	'98年に生産体制を見直し99年のモデルチェンジ時に	n.a.	—	—	—	n.a.
	Ford Villager	37,134	—	—	—	37,134	Windstarとプラットフォームを統合する見通し	67,500	—	—	—	67,500

クラス	車種						備考
高級車クラス、スポーティークラス (セダメント E/F)	Ford Thunderbird Ford Mustang Ford Town Car Ford Mark VII 欧州 Ford Scorpio Jaguar S type Ford LS	— 149,129 110,718 6,103 — — —	— 149,129 110,718 6,103 — — —	— — — — 6,072 1,030 —	342,000 — — — — — 60,000	— — — — — — —	'99年に投入される高級スポーティーカーをベースにFordの高級車、スポーティーカーが2000年ごろまでにモデルチェンジされる予定。マツダ系の高級車、スポーティーカー等のFordとのプラットフォーム統合計画は不明
高級車	Ford Continental	36,328	36,328	—	300,000	—	高級乗用車、大型車のプラットフォーム統合計画は不明
大型車	Ford Crown Victoria/Grand Marquis	269,060	269,060	—	300,000	—	
高級車	Jaguar XJ/XK8	49,000	49,000	—	—	100,000	
	マツダ Millenia マツダ Eunos マツダ RX7	— — —	21,224 58,682 1,423	— — —	— — —	— 100,000 —	マツダの上級車、スポーティーカーのFordブランドへの統合計画は不明
上級中型車ニングラグジャリークラス	Volvo S70/V70/C70	45,800	45,800	—	—	—	'99年シリーズを'99年のモデルチェンジを機に70シリーズに統合
	Volvo S80/V80	173,500	173,500	—	590,000	—	同じFFプラットフォームに40シリーズと70シリーズの2プラットフォーム体制とする計画
大型車クラス	Volvo S90/V90	15,800	15,800	—	—	—	
小・中型車クラス	Volvo S40/V40	—	150,900	150,900	n.a.	150,000	三菱とプラットフォームを共有している40シリーズを米国三菱の工場で生産することを検討中
小型Pickup/SUV	Ford Ranger/Explorer/マツダ B Series	922,877	922,877	—	994,000	135,000	2000年より順次、Pickup、SUVをモデルチェンジする計画
大型Pickup/SUV	Ford F Series Pickup Bronco/Expedition	1,145,792	1,145,792	—	1,160,000	—	2000年までに、フルサイズPickup、SUVのモデルチェンジを完了する見通し

Volvo買収を機に、Fordはグループの高級車生産を'98年の25万台から2000年までに75万台とし、向う10年間に100万台とするとの計画を発表。マツダは、'99年から10年かけてプラットフォーム数を17から10に絞り込む計画だが、10のプラットフォームのうち最低3分の1はFordと共通化され、将来的には全面的に統合される見通し。Fordは、2005年までに乗用車・小型トラックプラットフォームを全体で16にまで集約する計画。

出所) [FOURIN 海外自動車調査月報] No.165, 1999年5月, 3ページ.

化は難しい．例えば，ダイムラークライスラー社は，両社のブランドイメージがあまりに隔たっていることから，新興市場向けの小型車開発計画以外のプラットフォーム統合化は行わないとしている[18]．

以上のように，日米欧自動車メーカー各社は，現在プラットフォーム統合化戦略を進めており，とりわけリッターカーや大衆車，小型車クラスでは年間生産台数を100万台規模に高めるための統合化が急速に進んでいる．なぜなら，これらのクラスではモデルサイクルを考慮した場合，「5年500万台生産」がスケールメリットの基準となり，部品メーカーに対してコスト削減を要求する場合のインセンティブになるため，である[19]．

他方，こうした完成車メーカーの側の統合化戦略は，同一グループ企業間，あるいは提携先企業も含めた統合化であるため，同一プラットフォームでの多様な車種の生産は，多様な企業間で国境を超えて行われる．したがって，企業の境界を超え，国境を超えるという意味での「二重のボーダーレス化」に対応できる部品メーカーが必要となる．汎用プラットフォームを前提にした組み付け部品を開発し，多くの企業向けに供給体制を整え，さらにそれを国境を超えて実行できる「フレキシビリティ」が部品メーカーの側の重要な機能となる．さらには，後述するように，単なる部品供給業者ではなく，完成車メーカーに代わって製造機能に責任をもつ可能性さえ高まっている．かくして，完成車メーカーの生産方式が変化することによって，部品供給体制と構造も変わらざるをえない．そして，プラットフォーム統合化がもたらすものは，次にみるような部品の統合化であり，それにともなう「メガサプライヤー」の出現である．

3．部品統合(モジュール)化戦略

(1) モジュール化による部品統合

プラットフォーム統合化とともに，コスト競争力の強化のための施策として注目されているのが部品統合化である．部品の統合化については，一般に「モジュール (module)」という用語が用いられる場合が多くなってきている．

「モジュール生産方式」は，コンピュータ産業では1960年代からみられ，航空機や精密機器等の分野でも有効な生産方式として定着してきたものであるが，自動車産業では1980年代後半から欧州自動車産業を中心に導入が始まり，90年代に入ると急速に世界的に普及し始めた[20]。

「モジュール」については，例えば次のように説明されている．

「モジュール」とは，「全構造に対するブロックのように働く，独立機能をもったユニット」であり，「各々が独自の機能をもつように設計された完成品の構成要素で，完成品メーカーの工場ラインでサブアセンブリを必要としないもの（完成部品）」である．また，「モジュール」が「完成品メーカーがサブアセンブリすることなしに最終組立工程に投入しうる完成部品」であることから，モジュールを構成する複合部品を意味する「ユニット」とは区別される．

さらに，「モジュール化」は，「生産のモジュール化」と「部品のモジュール化」に大別できる．「生産のモジュール化」とは，「複雑な完成品の最終組み立てを，複数の『モジュール』を組み立てることによって行う生産方式を構築すること」であり，「部品のモジュール化」とは，「個々の部品を，『モジュール』の構成要件を充たすように設計開発していくこと」である[21]．したがって，ここで使用する「モジュール生産方式」とは，この2つの要素を含んだものと理解すべきであろう．

自動車産業における部品統合には，「物理的統合」と「機能的統合」があるといわれている．このうち，物理的統合を意味する用語が「モジュール化」であり，機能的統合に該当する用語が「システム化」であるとされる場合もある．その場合の「モジュール化」は「ばらばらの部品をまとめて1つの組み付け単位にすること」であり，単に部品の物理的組み合わせを指すのに対し，「システム化」は「部品の機能を統合することで付加価値を高めること」であり，各部品間の相互関係性が確保されたもの，ということになる[22]．

このように，部品統合を表す「モジュール化」については，多様な要素が用語の中に織り込まれており，必ずしも厳密に同一の概念規定で用いられているわけではない．また，モジュール化は，あくまで純粋に「物理的統合」だけを

完結させるものであるのか，それとも何らかの「機能的統合」を内包すると考えるべきなのか，という疑問もある．このような点から，本章では，「システム化」も含めた「広義のモジュール化」を部品の統合化と考え，そのようなモジュールを多用した生産方式を「モジュール生産方式」と，さしあたり規定したい．

ところで，自動車製造に現在利用されているモジュールとは具体的にはどのような種類があるのだろうか．おおよそ，以下のようなものが代表的なモジュールとされている[23]．（図表11.6におけるモジュールの構造図を参照されたい．）

(a) フロントエンドモジュール

フロント周りのフレーム，ラジエター，ヘッドライト，場合によってはバンパーまでを一体化したものが「フロントエンドモジュール」である．例えば，代表的な「フロントエンドモジュール・サプライヤー」であるドイツのHella社は，構造体，ラジエターなどの部品の供給を他社から受けて，自社のランプと共に組み付けたモジュールをVW社の中型セダン「パサート」向けに供給している．この場合，構造体は，ドイツの成形メーカーであるMenzolit-Fibron社が「LFP (Long Fiber Plastics)」と呼ばれる手法で成形している．ポリプロピレン（PP）と長繊維のガラス繊維を押し出し機に投入して，繊維長25～80mm程度のガラス繊維を含有する中間体を作製し，これを金型内に設置してプレス成形する．その後，ウォータージェットで穴開け加工をして，ランプやラジエターなどの部品を組み付けてモジュールが完成する[24]．

(b) シャシーモジュール

エンジン，サスペンション，ブレーキ，アクスル，ガソリンタンク，ステアリング機構，これらを搭載するサブフレームなどをモジュール化したものが「シャシーモジュール」であるが，これらが全て一体化されていなくても，1つの治具パレットに並べ，一体で車体に取り付ける場合もある．

シャシーモジュールは，最近の欧州コンパクトカーではほぼ常識化しており，「ゴルフIV」，「メルセデス・ベンツAクラス」，「ルノークリオ」，「オペルアストラ」等に幅広く採用されている．同モジュールの組み付け作業において

図表11.6 モジュール構造図

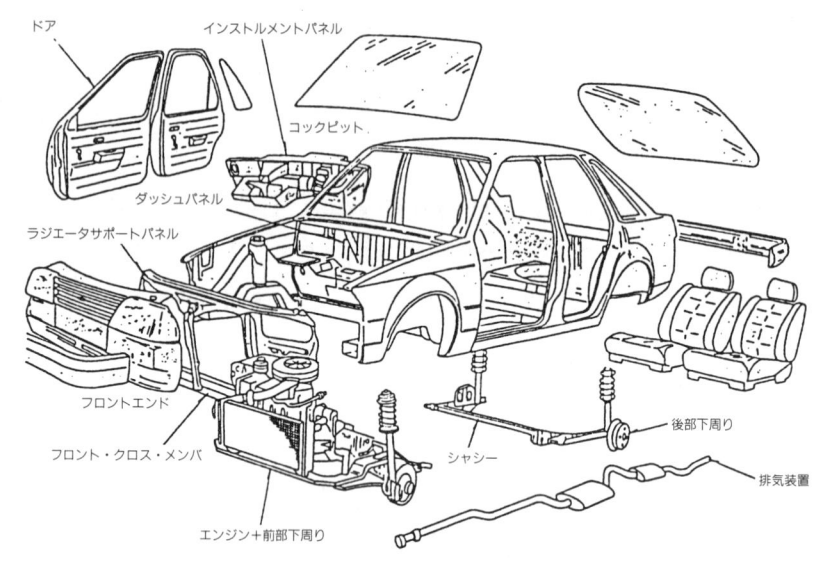

出所）『日経メカニカル』1992年9月7日号，20ページ．

は，フロントサブフレームとそれに搭載したエンジン，変速機，フロントサスペンション，ステアリング機構，フロントブレーキ，リアサスペンション，リアブレーキ，および排気系を治具パレットに並べ，この治具パレットを持ち上げて，ボディに下方から自動的にねじ留めする一括組み付け方式が採用されている[25]．

(c) **コックピットモジュール**

インストルメントパネル，メータ，スイッチ類，ステアリングを支持するビームとステアリングシャフト，エアコンユニットとダクト類，ヒューズボックス，さらにペダル類とマスタシリンダなどを一体化したものが「コックピットモジュール」である．

米国 Delphi Automotive Systems 社は，「メルセデス・ベンツMクラス」向けコックピットモジュールを供給している．Mクラスのコックピットモジュールは，ステアリングシステム，エアコンユニット，インストルメントパネル，

エアバッグ，スイッチ類，クロス・カー・ビーム（コックピットモジュールの背骨となる，左右のフロントピラの根元間をつなぐフレーム），ダクト・ホース類，ワイヤハーネス，フロアコンソールから構成されたものである．このモジュールを組立てる工場は，米国アラバマ州タスカサールにあるMクラスの組立工場から8kmしか離れていない場所にあり，Mクラスの車体組立と同期化され，ダイムラー側からの組立指示を受けてからモジュールを組立て，120分後にMクラスの車体組立ラインに届けられるという[26]．

(d) ルーフモジュール

天井の内張りを一体化したもので，アップライト，サンバイザー，アシストグリップ，サングラスホルダーなどの部品を一体化したものが「ルーフモジュール」である．「メルセデス・ベンツAクラス」「ゴルフIV」，「ルノークリオ」等にすでに採用されている．

(e) ドアモジュール

ドアの昇降機構，ドアロック機構とそれらを保持するフレームから構成されるものが「ドアモジュール」であり，ドア内スピーカーを組み込んだものもある．

ドイツのMeritor Light Vehicle Systems社は，「ゴルフIV」向けに，ドアロック機構，ウインドレギュレータ，スピーカーなどを一体化したドアモジュールを供給している．このドアモジュールでは，ウインドレギュレータのレールを2本にしてドアウインドーが安定して動くよう工夫されているという．また，モジュールのベースとなるプレートは，ドアの取り付け時に周囲をシールするようになっており，ウインドー側とモーター側を遮断する仕掛けになっている．この仕掛けによって，雨水に濡れたガラスからの水滴でモーターが故障することを防ぐことが可能となるという[27]．

(2) 欧州自動車産業における部品統合化

モジュール生産の代表的かつ先進的なケースは，前節でも明らかなように，欧州自動車産業に多くみられる．これに対して，わが国の自動車産業の場合に

は，完成車組み立てメーカーと部品供給業者との間に「日本的な」企業間関係を構築することで欧米メーカーを上回る国際競争力を発揮してきたため，モジュール化への取り組みは欧州ほど活発ではないといわれてきた．

しかしながら，激しさを増す一方の国際競争下では，より一層のコスト削減が至上命題であることや，経済のグローバリゼーションの進展がわが国の産業構造を急速に変化させつつあり，その中で従来の系列取引による日本型企業間関係を徐々に市場取引に基づく新たな関係へ変質させつつある．こうした変化の中で，わが国の自動車産業においても積極的にモジュール化に取り組むメーカーが増えている[28]．

欧州自動車産業がモジュール化を積極的に導入した背景には，1970～80年代にかけての米国多国籍企業や日本多国籍企業との欧州市場における競争激化と，それにともなう欧州自動車メーカーの劣勢があった．そればかりでなく，日米多国籍企業の欧州市場席巻は，欧州市場における競争の構造と秩序を一変させるほどのものであった．欧州市場は，全体としてみれば，米国市場，日本市場と同規模の巨大市場ではあっても，各国毎に国内市場をみると最大の市場規模を誇るドイツでさえ379万2000台（1997年度の乗用車と商用車を合計した販売台数）で，米国の1549万7800台（同）にははるかに及ばないし，日本の672万5000台（同）と比較しても小規模である[29]．

このように，欧州各国市場の規模が小さいことが欧州自動車産業における競争構造を規定してきたのであり，それは車種や地域別に棲み分けることで「共存体制」を維持してきたといえる[30]．しかしながら，1980年代の欧州市場を重視し始めた日米多国籍企業による「共存体制」への侵攻と，既存の産業秩序の変化が，欧州自動車産業に従来の生産体制の見直しを迫ったのである．

とはいえ，変革の方法は一様ではなかった．トヨタ生産方式に準えて命名された「リーン生産方式 (lean production system)」[31]を積極的に導入しようとした欧州メーカーも数多くみられた．そのような中で，モジュール生産方式が欧州自動車産業の産業競争力の回復をめざして導入されたのである．

日米多国籍企業が欧州市場に本格的に参入してきたという点での競争圧力が

モジュール化を促進したことは言うまでもないが，欧州自動車産業でモジュール化が展開されたもう1つの理由は，欧州自動車産業が伝統的に形成してきたサプライヤーや専門研究機関，行政機関との「産業協力体制」にもとめられるかもしれない．こうした体制は，1970年代の「空力特性に優れた自動車設計プロジェクト」等の際にきわめて有効に機能してきた経緯がある[32]．このような関係は，今日の環境対策技術の開発計画や，IT (Information Technology) の発達と呼応するかたちで進む新たな交通システムの設計・開発計画等でもみられており[33]，一連のこうした広範囲の産業協力体制の成果の一部としてモジュール化による部品統合化を位置付けることが可能であるとおもわれる．

また，自動車部品のコスト管理は，これまでは部品単体について検討されてきたが，個別部品を単位とするコスト削減努力はすでに限界に達しているといわれており，さらなるコスト削減要求を充たす手法として，複合部品化がめざされているとみることができよう．

欧州自動車産業がモジュール化を導入し始めた初期の段階では，「作業の軽減」が狙いであったが，現在では「コスト削減効果」がもっとも重要な導入動機であるといわれている[34]．その点と関連して，欧州自動車メーカーが高コスト体質であった点をあげなければならないであろう．欧州の組立メーカーは伝統的に部品の内製率が高く，しかも自動車産業の賃金構造は組立メーカーと部品メーカーとの間でかなりの格差があるため，組立メーカーは自社の労働コストが高い中で内製部品を生産してきた，といわれている．

したがって，モジュール部品を外注化することによって，そのような高コスト体質からの転換が期待されているのである．組立メーカーは，直接取り引きする特定部品メーカーを絞り込み「一社一括発注方式」を行えば，「部品メーカーの管理工数の削減が期待できる」といわれている[35]．

(3) モジュール生産の代表的事例

ダイムラークライスラー社とスイスの時計メーカーSMH社による合弁事業「MCC社」で造られる全長2.5m，排気量600ccの2人乗り超小型車「スマ

ート」は，その革新的なデザインだけでなく，モジュール生産方式を駆使して製造されている点でまさに"革新的"といえよう．「スマート」は，ドイツ国境に近いフランス東部ロレーヌ地方の小都市アンバッハの「スマートヴィル」で，1997年4月にパイロット生産が開始され，現在は2交代シフトで1日400台超のペースで生産（年産20万台）されている[36]．

「スマートヴィル」の生産ラインは，図表11.7にみられるように十字型をしており，モジュールを供給する「システム・パートナー」と呼ばれる部品メーカー7社の工場が生産ラインを取り囲む．「システム・パートナー」は，Bosch社（フロントエンドモジュールを供給），Dynamit Nobel社（樹脂製ボディパネルを供給），Eisenmann社（塗装），Krupp-Hoesch-Automotive社（エンジンを含むパワーモジュールを供給），Magna International社（ホワイトボディを供給），VDO社（コックピットモジュール等を供給），Ymos-Happich-Brose-Edscha社（ドアを供給）の7社である．

「スマート」は，これら7社の供給するモジュールを組み合わせるだけで，組立作業の90％までが完了するという．1台当たりの総組立時間は，通常の15時間から5時間にまで短縮され，それが付加価値税込みのベース価格1万6000マルクを実現したといわれている．また，スマートヴィルの従業員は1800人であるが，MCC社の所属は700人で，1100人が部品メーカーの社員である．

「スマート」に組み付けられるモジュールは，上記「システム・パートナー」7社がそれぞれ他の部品メーカーから納められた部品を自社製品と組み合わせてモジュールを完成させた後，それを組立工場内の必要な箇所にコンベヤーで「ジャスト・イン・タイム」に搬送される．その手順は，まずシステム・パートナーが塗装済みのホワイトボディ「トリディオン・セル」（高剛性ボディ）を工場ラインに運び，それにコックピットモジュールを組み付け，次にシャシーモジュール工程である，フロントエンドモジュール，リアエンドモジュールを同時に取り付ける．その後，フロント，リアのウインドーを取り付け，あらかじめトリムを組み込んだルーフモジュールが取り付けられ，残りの内装材が組み付けられる．最後に，ドア・ボディの樹脂製パネルを取り付けて，組立工程

図表11.7 「スマートヴィル」の工場レイアウト

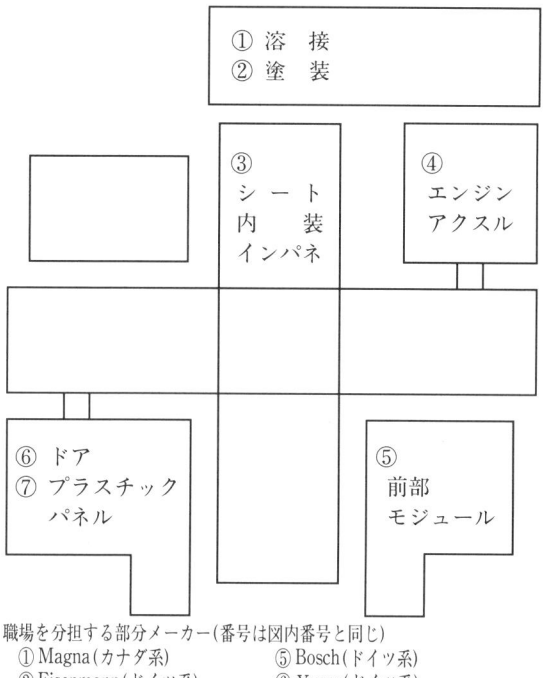

```
        ┌──────────────┐
        │ ① 溶　接     │
        │ ② 塗　装     │
        └──────────────┘
┌────────┐┌────────┐┌────────┐
│        ││ ③ シート││ ④ エンジン│
│        ││   内 装 ││   アクスル│
│        ││  インパネ││        │
└────────┘└────────┘└────────┘
┌──────────────────────────┐
│                          │
└──────────────────────────┘
┌────────┐┌────────┐┌────────┐
│ ⑥ ドア ││        ││ ⑤      │
│ ⑦プラス ││        ││  前部   │
│  チック ││        ││ モジュール│
│  パネル ││        ││        │
└────────┘└────────┘└────────┘
```

職場を分担する部分メーカー(番号は図内番号と同じ)
　①Magna(カナダ系)　　　⑤Bosch(ドイツ系)
　②Eisenmann(ドイツ系)　⑥Ymos(ドイツ系)
　③VDOグループ(ドイツ系) ⑦Dynamit Nobel(ドイツ系)
　④Krupp-Hoesch(ドイツ系)

出所)　清晌一郎「激動の自動車部品産業新時代－自動車部品工業の『21世紀ビジョン』と『将来展望』をどう読むか－」(日本自動車部品工業会，オート・トレード・ジャーナル共編『1998年版　日本の自動車部品工業』オート・トレード・ジャーナル，1998年，44ページ．

が完了する．組立が完了した車両は，自走して品質検査工程に向かう．

　もう1つの代表的なモジュール生産工場は，地中海に面したスペインのバレンシア南部にあるフォードの「バレンシア工場」である[37]．同工場地域には，1996年に行政主導で設置された「インダストリアル・パーク」があり，約30社の自動車部品メーカーが集まっている．フォードのバレンシア工場では，戦略小型車「Ka」，「フォーカス」等が生産されるが，その工場配置は図表11.8のようである．バレンシア工場の生産能力は，1日当たり1,560台であり，1台

当たりの生産時間は21.6時間と，フォードがもつ他の8つの欧州工場の中ではもっとも生産性が高い．

図表11.8　バレンシア工場（フォード）レイアウト

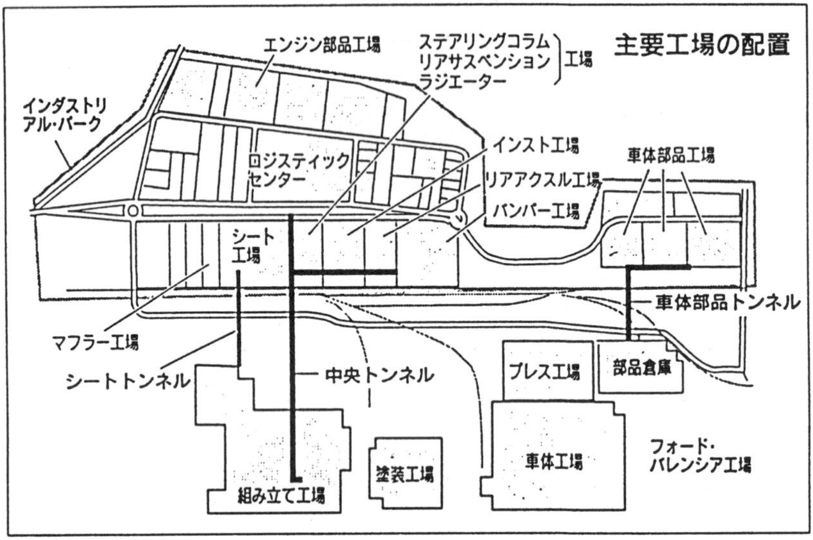

出所）『日経産業新聞』1999年10月5日付．

　同工場とインダストリアル・パークは道路を隔てて隣接し，道路上を3本の長大な中空状のトンネルが走っている．最大の中央トンネルは，ラジエター，バンパー，インストルメンタル・パネル等を生産する部品メーカー4社の工場と直結し，それ以外のメーカーの部品を蓄える物流センターにもつながっている．また，中央トンネルを挟み，車体部品用トンネルとシート用トンネルがあり，これら3本のトンネルからフォードの工場に14種類のモジュールが供給される．

　このように，トンネルを介した部品搬送方式をフォードは「DAD (Direct Automatic Delivery)」と呼んでいる．フォードは，プレス→溶接→塗装を経て車体が組立工程に入る時点で部品を発注する．部品メーカーは，工場内のバーコード装置や電光掲示板で注文内容を確認し，注文を受けてからコンベヤーで出荷するまで最短で45分でデリバリーするという．モジュール生産は，組立作

業を簡単にする反面で，重くてかさばるモジュールの在庫を運ぶことから流通コストがかかり，また在庫コストもかかるといわれているが，これらのコストを抑えるための工夫が DAD である．したがって，モジュール生産方式はこの DAD と一体化することで初めてコスト削減効果が発揮できると考えられている．

MCC スマートやフォードのバレンシア工場は乗用車生産におけるモジュール生産方式の導入事例であった．しかし，モジュール生産方式への取り組みはトラック製造にもみられる．以下の VW 社の「レゼンデ（Resende）工場」が，その代表的事例である．同工場はブラジル，サンパウロ州にある VW グループのトラック・バス専用工場である[38]．同地は，大消費地であるリオデジャネイロまで150km，サンパウロまで250kmと立地条件が良く，産業立地のためのインフラも整備されており，機械産業は発達していなかったために経験豊富な労働力は見込めないものの，専門学校を修了した若く有能な人材が豊富である，等々の好条件が揃っている．

VW は，1995年11月に実験工場を設置し，小型の生産ラインを設置して「モジュラー・コンソーシアム・コンセプト」による生産実験を開始した．この実験工場での実績をふまえて1年後に生産を本格化し，現在の生産ペースは日産60台，月間平均で1200台といわれている．製品の70%はブラジル市場向けであり，残りの30%が南米市場と欧州市場へ輸出されている．

同工場のレイアウトは，図表11.9に示されているが，「モジュラー・コンソーシアム・コンセプト」においては，VW は同工場の製造に対する責任を負わず製造工程を監督するだけであり，製品を「パートナー・サプライヤー」から買い上げ，製品の検査，販売，サービス，販売支援活動等を担当する．VW と「パートナー・サプライヤー」は5年契約に基づいて，業務の分担を行い，この関係は5年ごとに実績による契約の見直しや更新が行われることになっている．

VW 社は，工場建屋，主要物流システム，生産管理情報システムを所有し，それらを運営するが，各部門における工具，治具，装置類等はパートナー・サ

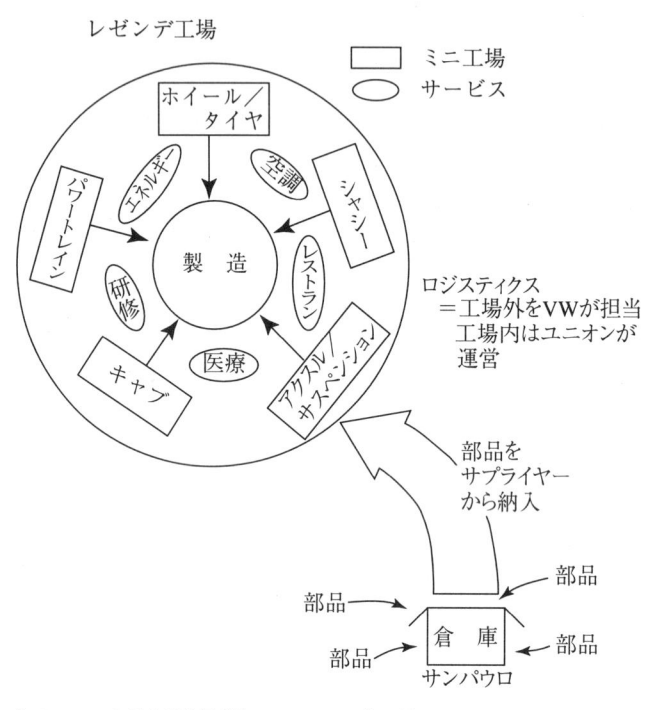

図表11.9　VWレゼンデ工場レイアウト

```
レゼンデ工場                □ ミニ工場
                          ○ サービス

         ┌ホイール/┐
         │ タイヤ │
  ┌───┐ ┌空調┐┌シャシー┐
  │パワー│エネルギー      レストラン
  │トレイン│     製造
         研修        アクスル/
         医療        サスペンション
         └キャブ┘

              ロジスティクス
              =工場外をVWが担当
               工場内はユニオンが
               運営

                        部品を
                        サプライヤー
                        から納入

    部品→ ┌─────┐ ←部品
          │ 倉 庫 │
    部品→ └─────┘ ←部品
          サンパウロ
```

出所）『FOURIN 自動車調査月報』No. 150, 1998年2月, 6ページ.

プライヤーが所有する．工場外の部品・資材のロジスティックスに関してはVWが担当し，工場内部のそれらに関してはVWとパートナー・サプライヤーで結成した「ユニオン」が担当する．また，工場内部の共通サービス，エネルギー供給，空調，研修，医療，レストラン等の運営に関してはVWが担当し，パートナーに平等に提供し，工場内従業員の賃金，福利厚生も同一水準を保証している．

　製造に責任を負うのは，パートナー・サプライヤー7社である．これらのサプライヤーは，シャシー部門，アクスル・サスペンション部門，ホイール・タイヤ部門，パワートレイン部門，キャブ部門の5つの部門について製造責任を負っている．シャシー部門は Maxion 社（ブラジル系）が担当し，アクスル・

サスペンション部門は Meritor 社（旧 Rockwell-Braseixos 社，アメリカ系）が担当している．ホイール・タイヤ部門を担当しているのは，Remon Resende Montagens 社（Bridgestone, Firestone, Borlen, Iochpe-Maxion による合弁会社）であり，パワートレイン部門は，Cummins Engine 社（アメリカ系），MWM 社が担当している．キャブ部門は，3つのパートナーによる分業体制が形成されており，溶接組立を Delga 社（ブラジル系），塗装は Carese 社，そして艤装工程は VDO グループ（ドイツ系）が担当している．これら「パートナー・サプライヤー」は，いわゆる部品のサプライヤーではなく，「製造業者」であり，例えば，ホイール・タイヤ部門の製造業者である Remon Resende Montagens 社では，顧客が Bridgestone や Firestone のタイヤではなく，Michelin や Goodyear のそれを装着することを望む場合には顧客の要望に沿った組み付けを行うのであり，その意味で単一部品の供給業者ではなく「製造業者」なのである．

具体的に，製造工程をみてみると，プレス・溶接部門では，同工場にはプレス工場はなく，上記の溶接を担当している Delga 社の親会社である Tamet 社がサンパウロの工場で同工場向けのプレス部品を打ち出したものを搬入し，それを Delga 社が溶接する．また，シャシー，アクスル・サスペンション部門では，Maxion 社がワイヤー，ブレーキシステム，メインアクスルパーツ等からなるシャシーを製造しているが，同工場で組立てる部品の98％までブラジル製であり，海外からの輸入部品は一部の電子制御部品のみとなっている．また，アクスルに関しては Meritor 社が同社のブラジル工場から送った部品をレゼンデ工場内で組立てている．

同工場全体の従業員は900人であるが，その中で VW の社員は190人にすぎず，残りの710人は「パートナー・サプライヤー」各社の所属あるいはサービス関連業務従事者である．また，これに関連して，VW のエンジニアで編成されたチームが工場の各工程の管理にあたり，これとは別に12人のエンジニア集団が製造保証業務に携わっている．また，53人のエンジニアは製品および部品保証業務を担当している．

同工場の投資額に関しては，現在までの総投資額は2.5億DM（ドイツマルク）であるが，そのうちの1800万DMは「パートナー・サプライヤー」の投資であった．

ブラジルのトラック市場規模は現在のところ5～6万台程度の小さいものにすぎないが，そこではボルボ（Volvo）社，スカニア（Scania）社，フォード社，ベンツ社等がVWと熾烈な競争を展開している．このような状況下で，VWは販売活動に集中・特化することによって厳しい販売競争に備えようというのである．VW自体も，「モジュラー・コンソーシアム・コンセプト」における「パートナー・サプライヤー」への製造委託の最大の理由は，「顧客への集中」であるとしている．いわば注文生産的要素が強いトラックやバスの製造工程では，タイヤやエンジン等で顧客の細かな注文に対応していかなければならない．従来のVWは600社に上る外部サプライヤーから部品を購入し組立てきたが，「モジュラー・コンソーシアム・コンセプト」を導入することによって，顧客の要求に迅速に対応する「フレキシブルな体制」を構築することがめざされているのである．このように，製造委託することで負担が軽減した分だけ「顧客へ集中」し，顧客ニーズにフレキシブルに，しかも迅速に対応するとともに，物流効率化等によるコストが7～10％程度削減できるという．

VW社は「モジュラー・コンソーシアム・コンセプト」がレゼンデ工場で導入できた理由として，全く新しい工場であるために導入できたのであり，また，部品の少ないトラック・バス専用工場であるために導入できた点を指摘している．

4．統合化戦略の合理性と革新性

世界の自動車メーカーの経営行動を，1980年代と1990年代とで比較してみると，急速に「統合化（Integration）」が進んでいることがわかる．自動車製造の国際的統合化戦略は，これまでにも欧州フォード（Ford of Europe）による「ワールドカー構想」等で試みられてきているが，例えばその種の代表的事例

とされている小型乗用車「フィエスタ（Fiesta）」の欧州域内分業生産体制は統合空間が欧州域内に限られることや，統合される車種構成は単一車種でありブランドバリエーションを統合化するものではなかったこと等から「限定された統合化戦略」にとどまっていた[39]．これに対し，今日の統合化戦略は，統合空間と統合化される車種の範囲が拡大しており，その意味で統合深化が顕著にみられる点が重要である．

　本章は，こうした意味における「統合化」をキーワードにして，今日の自動車メーカーにとって重要な戦略的課題となってきているプラットフォーム統合化，およびモジュールを多用する部品統合化について検討してきた．

　この2つの統合化戦略がめざすものは，生産における合理性の追求，すなわち生産効率の向上および生産コスト削減である．

　プラットフォーム統合化戦略においては，1つのプラットフォームを複数車種で共同利用することで，あるいは1つのプラットフォームからさまざまな車種を設計・商品化することで，開発コストを飛躍的に改善することがめざされている．また，今日みられるユーザーの車種選択の多様化に対し，最小のコストで多様な車種やブランドを提供できる手段としての重要性も高い．すなわち，徹底したコスト管理のもとで，車種やブランドバリエーションの維持を可能にするという意味での「フレキシビリティ」を発揮できる点が，プラットフォーム統合化の戦略的特徴であるといえよう．

　しかしながら，その意味での「フレキシビリティ」はプラットフォーム統合化によって自動的に得られるわけではない．コスト管理の徹底と，多様な車種およびブランドバリエーションの維持とは，基本的には両立し難いと一般には考えられる．なぜなら，モデルサイクルの修正や同期化など同一プラットフォーム上で生産される車種間で複雑な調整が必要となるからである．さらに，VWやフォードの事例にみられるように，多様なモデルをグローバルに生産し販売することを前提とした場合には，車種間調整は国境を超えて行われることになり，市場間の差異，例えば部品供給体制の点での相違など細かな調整と管理が必要にならざるをえない．また，この点と関連して，プラットフォーム

統合化が進めば，部品メーカーとの取引関係や流通システムなどにもさまざまな変化がもたらされる可能性が高い．

したがって，統合化の範囲が拡大し，1プラットフォーム当たりの車種が多様化すればすれほど，「フレキシビリティ」を発揮するするための「技術的工夫」が必要になろう．生産方式という側面からみた場合の，プラットフォーム統合化の革新性は，まさにこうした「技術的工夫」にあると考えられる．例えば，前述のフィアット社における設計面でのフレキシビリティを可能にする「スペースフレーム構造」の採用などであり，この種の「技術的工夫」が自動車生産の革新的要素として重要性を増していると考えられる．

生産効率を高め，コスト削減効果を追求するという点では，モジュールを多用した部品統合化戦略も変わるところはない．しかしながら，プラットフォーム統合化は，完成車メーカーによる生産車種の統合化がもたらす統合範囲によって部品メーカーとの関係を変化させるにすぎないのに対して，モジュール生産方式への移行は，設計・開発段階から完成車メーカーと部品メーカーとが「協働する (collaborate)」ことが前提となる点が重要である．もちろん，協働の範囲は，個々のプロジェクトによって違いがみられるものの，前述の「スマート」等のもっとも進んだ事例においては完成車メーカーと部品メーカーとの協働関係はきわめて強い．また，両者の協働関係を前提にした工場レイアウトがなされており，工場自体が"革新的装置"として機能しているとも考えられる．

モジュール生産方式の問題点は，物流コストの上昇である．複合部品化が進めば，部品単位の重量と容積はかさばらざるをえない．それは，ただちに輸送コストの問題に結びつく．前述のフォードのバレンシア工場が，もともと「インダストリアルパーク」であったことも手伝って，部品集約化を進め，トンネルを介した部品搬送システム（前述したDAD）をモジュール化と一体のシステムとして開発した理由も流通コストの削減が1つのねらいであるからであろう．

DADと一体化したモジュール生産方式は，それ自体が1つの革新的システ

ムであると考えられるが，それと同時に，このシステムは部品搬送面での「ジャスト・イン・タイム」の追求という時間管理の徹底がめざされており，その限りでは「リーン生産方式」の要素を導入し発展させようというものでもある．この点は，バレンシア工場だけでなく，「スマートヴィル」やVWのレゼンダ工場においても共通してみられる特徴である．すなわち，広範囲に分散した部品メーカーの工場から個々の部品を搬送させるのではなく，工場敷地内にモジュール生産拠点を配置し，部品メーカーの主力生産工場とそれとを連結させながら，物流経路の効率化を図ろうという考え方である．いずれにせよ，リーン生産方式の学習と導入が，この新物流システム化の背景にあると考えることができよう．

　モジュール生産方式の展開は，部品メーカーの役割と機能を全く変化させる．VWのレゼンダ工場にみられるような，完成車メーカーであるVW社と部品メーカーとの関係は大変興味深い．すなわち，部品メーカーが製造業者であり，VW側は製造工程こそ管理するものの，主たる業務は生産ではなく販売面に置かれている．この一見奇妙な関係は，トラック・バス専用工場であるという特殊性からもたらされたものではあるが，部品メーカーの生産部面での相対的比重の高まりを反映しており，リーン生産方式とは異なるモジュール生産方式の企業間結合関係面における新たな特徴としてみることができよう．

　この点と関連して，モジュール生産方式は，部品メーカーの階層化をもたらす．「モジュール部品の一次メーカーである"Tier 1"になる」[40]ことが，新たな部品メーカーの生存競争に勝利し，新たな階層構造の頂点に立つことを意味する．モジュールを供給する中核企業の条件は，各モジュールの中核技術を開発できるかどうかであり，関連技術やノウハウを融合できるかどうか，である．図表11.10は，欧州部品メーカーではドイツのBoshe社に次ぐ巨大企業（グループ）であるフランスのValeo社のモジュール生産体制である．同社の場合，モジュールの設計・開発に重要な中核技術を関連事業部門で相互補完できる体制が整っている．同社の主力事業部門は，動力伝達（transmission）部門，熱交換装置部門，メカトロニクス部門，補修部品販売部門の4部門である

が，それに基づいて10の事業グループがあり，それらがモジュール供給を可能にし，同社をいわゆる「システム・サプライヤー」として完成車メーカーに認知させているのである．しかも，Valeo 社は「メガサプライヤー」となるために，1998年9月，ITT Industries の Electrical Systems 社を買収するなど部品メーカー間の統合化を積極的に図っている点が重要である[41]．このように，モジュール化を軸にした自動車部品業界のグローバルな再編と統合化が始まっているのである．

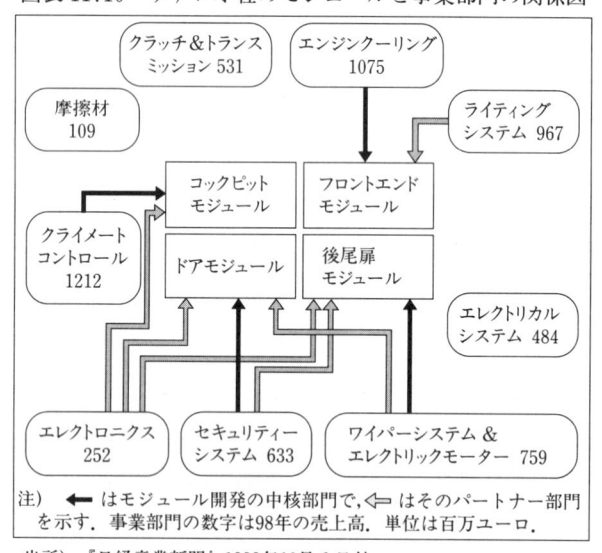

図表 11.10　ヴァレオ社のモジュールと事業部門の関係図

クラッチ&トランスミッション 531	エンジンクーリング 1075
摩擦材 109	ライティングシステム 967
クライメートコントロール 1212	コックピットモジュール / フロントエンドモジュール
	ドアモジュール / 後尾扉モジュール
エレクトロニクス 252	エレクトリカルシステム 484
セキュリティーシステム 633	ワイパーシステム&エレクトリックモーター 759

注）　←　はモジュール開発の中核部門で，⇐　はそのパートナー部門を示す．事業部門の数字は98年の売上高．単位は百万ユーロ．

出所）　『日経産業新聞』1999年10月6日付．

　モジュール化による生産革新的要素は，モジュールを構成するユニットやそれを接合する素材などにもみられる．前述のVW社の「パサート」向けに供給されているフロントエンドモジュールの「LFP」により成形加工された構造体などがその代表的な事例といえよう．

　以上のように，2つの統合化は，自動車の生産方式を大きく変化させようとしている．現在までの時点では，部品点数の少ない小型大衆車やトラック・バス等のセグメントに限定されているが，統合化の範囲は徐々に拡大する可能性

は否定できない．いずれの統合化も，開発コストを削減し生産効率を高める手法であるが，それと同時に，生産面での革新性を少なからず有するものであると考えられる．そればかりでなく，モジュール生産方式をさらに進めた新システムの開発さえ登場している．フォードの部品部門会社である Visteon 社が開発しようとしている新システムは，米国の IT 産業の技術を活かした車載コンピュータシステム「ICES」などをコックピットやインストパネルに付加することによって，モジュールよりさらに付加価値の高いシステムを完成車メーカーに提案しようという戦略に基づいている．米国スリーコム社との共同開発による「ICES」では，電子メールのチェック，インターネット接続，株式情報や天気予報に至るまでの情報検索が可能であるという．同社は，このようなモジュールを超える高付加価値システムを新統合システム，すなわち「スーパーインテグレーション（超統合）」であるとしている．

フォード生産方式を超える新生産方式として「リーン生産方式」が1980年代に世界中の自動車メーカーから脅威とされ，導入の対象ともされたが，その成果と結びつきながら「統合化」をキーワードに新たな展開が始まっている．

1) ダイムラークライスラー社に関しては，さしあたり，Holger Appel & Christoph Hein (1998), *Der Daimler Crysler Deal*, Deutsche Verlags-Austalt GmbH., (ホルガー・アペル，クリストフ・ハイン著，村上清訳 (1999)『合併－ダイムラー・クライスラーの21世紀戦略－』トラベルジャーナル)，が参考になる．
2) この点については，『朝日新聞』1998年11月8日付，『FOURIN 自動車調査月報』No. 161, 1999年1月号，1-2ページ，および中小企業金融公庫調査部 (1999)『国際的再編に揺れる自動車業界とわが国自動車部品産業の現状－拡大する海外生産と合従連衡の動きを中心として－』中小公庫レポート No. 99-3, 1999年8月，等を参照されたい．

こうした自動車産業における世界的再編の結果について，藤本隆宏氏は次のシナリオが考えられるという．すなわち，第1のシナリオは「地域ブロック化」（貿易摩擦により地域間自動車貿易が縮小）であり，第2のシナリオは「グローバル寡占化」（少数の巨大多国籍自動車メーカーしか生き残らない）であり，第3のシナリオは「グローバル多層ネットワーク化」（様々な規模や製品系列を持

った自動車企業が，多様な提携ネットワークで結び付くことで，かなりの数残る）である．同氏によれば，このうち第3の「グローバル多層ネットワーク」シナリオが主流になるという．（この点については，藤本隆宏（1994）「世界の自動車産業はこう変わる」『週刊エコノミスト』1994年8月28日号，同氏（1998）「超大型合併で探る『世界で10社生き残り』説の真贋」『週刊エコノミスト』1998年6月16日号，藤本隆宏，武石 彰，延岡健太郎（1999）「自動車産業の世界的再編―規模こそ全て？―」『ビジネスレビュー』千倉書房，1999年10月号，Vol.47, No.2, 等に詳しい．）
3) *Financial Times*, May 11, 1998.
4) 「国境を超える合併・買収・提携」に関しては，ジェームス・ハミル（James Hamill）の次の論文を参照されたい．

  James Hamill, "Cross-border Mergers, Acquisitions and Alliances in Europe", in Stephen Young and James Hamill (eds.) (1992) *Europe and the Multinationals : Issues and Responses for the 1990s*, Edward Elger Publishing, pp. 137-158.

  また，近年の自動車産業を取り巻く「国境を超える合併・買収・提携」に関しては，日高稿（1999）「技術連鎖からみた世界自動車産業の統合過程について」（『中央大学企業研究所年報』第20号所収），を参照されたい．
5) 長谷川洋三（1999）「国際化に走るドイツ産業」『世界経済評論』1999年2月号，50ページ．
6) 『朝日新聞』1999年3月19日付．
7) 『自動車産業ハンドブック』（1999年版）日刊自動車新聞社，500-504ページ．
8) 『日経メカニカル』No. 525, 1998年6月，48ページ．
9) 『FOURIN 自動車調査月報』No. 151, 1998年3月，45ページ．
10) リストラクチャリング戦略にともなう競争構造の変化に関しては，日高稿（1999）「グローバル企業のリストラクチャリング戦略とMAAs」（藤本光夫・大西勝明編著（1999）『グローバル企業の経営戦略』叢書 現代経営学第4巻，ミネルヴァ書房，第2章所収），を参照されたい．
11) 『朝日新聞』1999年3月28日付．
12) 『日経産業新聞』1995年12月12日付．
13) 『FOURIN 自動車調査月報』No. 157, 1998年9月，45ページ．
14) 『FOURIN 自動車調査月報』No. 159, 1998年11月，24ページ．
15) 『日本経済新聞』1996年9月6日付．
16) 『FOURIN 自動車調査月報』No. 160, 1998年12月，21ページ．
17) 『FOURIN 自動車調査月報』No. 165, 1999年5月，5ページ．
   スペースフレーム構造は，「従来のプレス成型によるフロアパンにスペースフ

レーム構造の車体上部を組み合わせたもので，ボディーパネルのための複雑な統合構造が必要なくなることから，スタイリングのバリエーション多様化，開発期間の短縮，開発投資の圧縮につながる」（同上書，同ページ）という．

18) ダイムラークライスラー社代表取締役であるユルゲン・フベルト（Jurgen Hubbert）氏は，メルセデス・ベンツとクライスラーとのプラットフォーム統合化に関して次のように言明している．

「プラットフォーム戦略は取らない．これが合併の条件でもありました．中身は同じで違うボディを被せて売るようなことは絶対にしません．メルセデスはいつの時代においてもあくまでメルセデス・ベンツであり続けなくてはなりません．……ブランドというのは自動車メーカーにとって重要なファクターであり，メルセデスが所有しているもっとも価値のあるものだと思っています．どんなことをしてもこのブランドの価値は守っていくつもりです．」

また，同じく同社代表取締役であるディータ・ツェッチェ（Dieter Zetsche）氏も次のように言う．

「いま，各ブランドの将来的な課題を決めている最中です．今後同じマーケット内でライバルに相当するクルマが登場する可能性はあるでしょう．しかしそれがお互いに補えるような製品であることが重要です．たとえば，グランドチェロキーとMクラスは同じマーケットに属していますが，それぞれのポジショニングやキャラクターはまったく異なります．加えてこの2台，顧客層がまったく違うのです．結果として共食いした割合は約5％くらいにすぎない．この数値を他の製品でも展開できればいいと思っています．それを実現するためには，プラットフォーム戦略を取らないことが大切です．パーツやエンジンの共用化は必要とあればするかもしれませんが，ボディだけ乗せ変えるようなことは絶対にしません．」（『Car Graphic』二玄社，No. 464，1999年11月号，71，73ページ．）

19) 『FOURIN 自動車調査月報』No. 165，1999年5月，1ページ．
20) 中小企業金融公庫調査部（1999）『変貌するわが国自動車産業と部品産業の競争戦略－求められる「創値産業」への転換－』中小公庫レポートNo. 98-6，1999年2月，31ページ．
21) 同上書，31-32ページ．
22) 同上書，36-37ページ．
23) 前掲『日経メカニカル』No. 525，52-53ページ．
24) 『日経メカニカル』No. 531，1998年12月，17ページ．
25) 前掲『日経メカニカル』No. 525，54ページ．
26) 『日経メカニカル』No. 539，1999年8月，19ページ．
27) 前掲『日経メカニカル』No. 531，73ページ．

28) 日本の自動車メーカーによるモジュール化への取り組みについては、前掲『日経メカニカル』No. 539, 18-24ページ, 同No. 532, 1999年1月, 30-43ページ, 前掲中小公庫レポート, No.98-6, 等を参照されたい.
29) 前掲『自動車産業ハンドブック』(1999年版), 222ページ.
30) 前掲, 中小公庫レポート, No.98-6, 34-35ページ.
31) James P. Womack, Daniel T. Jones and Daniel Roos, (1990) *The Machine that Changed the World*, Rawson Associates and Macmillan Publishing, pp. 277-278. (J. P. ウォマック, D. T. ジョーンズ, D. ルース著, 沢田博訳 (1990)『リーン生産方式が世界の自動車産業をこう変える』経済界, 348-349ページ.) また,「リーン生産方式」の発展形態に関する最近の研究としては, James P. Womack, Daniel T. Jones (1996) *Lean Thinking : Banish Waste and Create Wealth in your Corporation*, Simon & Schuster. (J. P. ウォマック, D. T. ジョーンズ著, 稲垣公夫訳 (1997)『ムダなし企業への挑戦』日経BP社.) James P. Womack, Daniel T. Jones (1996) "Beyond Toyota : How to Root Out Waste and Pursue Perfection," *Harvard Business Review*, September-October, pp. 140-158.
32) 省エネ技術は代替燃料の開発に尽きるものではない. ガソリン消費の節約方法としては, アルミ材の利用など車体の軽量化や, 空気抵抗を押さえることによる燃費節減などの手法もある. このうち, 後者の発想を実用化するために1973年の第1次石油危機以降, 欧州政府機関が主導した空力実験プロジェクトは次のようであった.
　(1) イタリア政府機関CNRとカロッツェリアのピニンファリーナ社による共同開発
　(2) 旧西ドイツ政府研究技術庁と各メーカーによるカテゴリー別分担開発 (上級車:ベンツ, 中型車:アウディ, 小型車:フォルクスワーゲン, BMW, スポーツカー:ポルシェ)
　(3) 旧西ドイツ政府研究技術庁と各メーカー・民間大学との共同開発
　(4) フランス政府エネルギー管理機関とルノー公団との共同開発
　この時点では各国政府とそれぞれの国に属する自動車メーカーとの共同研究に限られるとはいえ, 空力デザインに優れた省エネ自動車の開発体制はエコカー開発の起源となるものであり, また今日の連合関係の複雑化との対比においても興味深い事例である. (森江健二 (1992)『カー・デザインの潮流—風土が生む機能と形態—』中公新書, 10-16ページ.)
33) 欧州委員会の主導による一連の先端技術研究プロジェクトの主要なものは,「情報技術研究のための欧州戦略計画 (ESPRIT) 計画」,「欧州高度通信技術開発計画 (RACE) 計画」,「欧州産業技術基礎研究 (BRITE) 計画」,「欧州先端

技術共同体(EUREKA)計画」等がある．このうち,「欧州先端技術共同体計画」いわゆる「ユーレカ(EUREKA)計画」の中で,欧州交通システムにおける高効率と新安全性を推進するための「プロメテウス(PROMETHEUS)計画」,新素材におけるコストと生産効率の向上を目指した「カルマット(CARMAT)計画」,ガスタービンエンジン開発のための「アガタ(AGATA)計画」等が自動車メーカー,自動車部品メーカー,専門研究開発機関などの連携の下で推進されてきた．(これらの諸計画に関しては,Frédérique Sachwald (ed.) (1994) *European Integration and Competitiveness : Acquisitions and Alliances in Industry*, Edward Elgar Publishing. Lynn Krieger Mytelka and Michel Delapierre "The Alliance Strategies of European Firms in the Information Technology Industry and the Role of ESPRIT", in John H. Dunning and Peter Robson (eds.) (1988) *Multinationals and the European Community*, Basil Blackwell, を参照されたい．)

34) 『日経産業新聞』1998年5月22日付．
35) 前掲,中小公庫レポート,No.98-6,36ページ．また,モジュール化にともなう効果としては,「量産効果」の他にも次のようなものが指摘されている．
   ・「組み立て効率の向上」……部品の統合により,完成車メーカーのラインで組み付ける部品は大幅に減少するため,生産性向上が期待できる．また,一般的に完成車メーカーに比べ,部品メーカーの方が労務コストが低いためのコスト削減効果も期待できる．
   ・「開発の合理化」……モジュール化は,特定のモジュールに関し,開発～製造～検査までを部品メーカーに依存することが可能になった時点で完結する．このため,完成車メーカーはこの部分の工数を部品メーカー(モジュール・サプライヤー)の側に任せて,より戦略的な部分あるいは事業に集中できる．他方で,モジュール・サプライヤーの方も一貫生産が可能となり,重複する機能や部材の見直しなどからコストダウンが可能になる．
   ・「開発期間の短縮化」……モジュール化を前提に,完成車メーカーと部品メーカーとの開発分業体制が構築できれば,開発工数の重複が減少し,効率的な投資配分も期待できる．(同上書,35ページ．)
36) 「スマート」生産におけるモジュール生産方式の利用に関しては,前掲『日経メカニカル』No.525,51-54ページ,『日経産業新聞』1998年5月22日付,同1999年10月8日付,等を参照した．
37) フォードのバレンシア工場におけるモジュール生産方式の展開に関する記述内容は,『日経産業新聞』1999年10月5日付より．
38) VW社のモジュール生産方式への取り組みに関しては,「ブラジルVWがトラックのモジュール生産でめざす7～10%のコスト削減(ブラジルVW・

Resende 工場視察報告)」『FOURIN 自動車調査月報』No.150, 1998年2月, 1-7ページ, を参照した.
39) この点に関しては, 日高稿 (1995)「自動車産業における国際生産統合の新展開」『中央大学企業研究所年報』第16号, を参照されたい.
40) 日本経済新聞社編 (1999)『トヨタ「奥田イズム」の挑戦』日本経済新聞社, 245ページ.
41) 『FOURIN 自動車調査月報』No.170, 1999年10月, 34ページ.

第12章 企業結合 —— 合併，提携，協定 ——

1. はじめに

　1960年代，アメリカの大企業は異業種企業を買収によって吸収合併してその企業規模を拡大し，業態を多角化した．これは水平的，垂直的合併にたいしてコングロマリット合併といわれた．一方，わが国においては高度経済成長の過程では一貫して子会社化，関連会社化という形で系列化をはかった．それは経済力を集中し，市場支配をするためであった．この経済力集中，市場支配には企業結合がとられる．すなわち，①企業合併，②企業提携，③企業協定（企業連合）である．

　1990年代，とくにバブル景気の崩壊以後，わが国企業の統合はさらに加速している．それは支配関係をとる持株会社，また，企業連合の形をとるバーチャル・コーポレーションである．現在，それはたんに国内企業間ばかりでなく，地球規模での企業間問題へと発展している．

　本章では，企業結合を理論的に考察するとともに，生産者としての業界—金融業，自動車組立業，情報通信業，および，コンピュータ業を対象にして，その実態をみる．さらに，生産者と顧客の関係をとらえることにする．

2. 企業結合

　20世紀の経済・社会は大量生産大量消費体制をとり，フォード流の流れ生産方式が確立した．すなわち，「規模の経済性」の追求が行われた．さらに，大

量生産の標準品が一巡すると需要は多様な商品を要求し，Chandler (1962) が指摘したように企業は「範囲の経済性」を追求するようになった．宮澤 (1989) はさらに新しい発展として「連結の経済性」の追求をとらえた．また，今井 (1990) は情報ネットワークをインフラストラクチャとしてシュンペーターの企業家の役割の観点から革新のために新しい組織が必要であるとした．

(1) 連結の経済性

宮澤 (1989) は情報化の進展のなかに経済性の追求が規模から範囲，そして連結にシフトしているとみる．

情報技術は情報の収集，蓄積，交換を高度化した．それにともない情報の共有が進み，産業，業種，業態を越えた相互参入を可能にした．すなわち，業際化である．情報化と業際化が同時並行的に現れたのが情報ネットワーク化であるとしている．

大量生産体制の論理は規模の拡大による生産コストの低減であった．単一主体において新たな投資なしで共通生産要素を利用して，複数製品を製造するようになる．すなわち，複数財生産による多角化，多様化の利益，すなわち，「範囲の経済性」の追求である．

さらに，宮澤は単一企業の製品範囲を広げる「範囲の経済性」にたいして複数主体のネットワークの結びつきの生む経済性を「連結の経済性」としてとらえる．すなわち，組織結合は

① 範囲の経済性における共通要素としての企業内部資源の活用だけでなく，外部資源を共有できる
② 共通目的のもとに異なった主体の間で情報を共有し，新たな情報構築，情報創出ができる
③ 情報の蓄積化，体系化によって学習システムへと発展する
④ その結果として信頼が形成され，グループの結束化が計られる

としている．宮澤は組織形態として複数主体の連結を上げている．

(2) 情報ネットワーク社会論

今井 (1990) はインターネットという情報技術の発展を意識して「情報ネットワーク社会」論を展開した．

従来,「技術革新」は新しい技術を産業に導入して経済体制を変革した．今井はこれをシュンペーターの理論によってとらえている．すなわち，市場が均衡している，そこに外生的に科学の成果としての技術が出現すると，それのもたらす新結合の可能性を見抜いた企業家が登場し，均衡を破壊する．その新結合を行う企業家にたいして信用が供与され，新技術にたいする革新的投資が行われると，新たな生産形態が生まれ，それが新たな市場構造の変化をもたらす．

今井はその技術としてコンピュータ・ネットワークをとり，これをインフラストラクチャとした．そして，その上部に産業，企業をおき，これらの階層はいずれもネットワーク化しているととらえる．

インフラストラクチャとしてのコンピュータ・ネットワークは，産業，企業の各階層において情報交換，および，情報蓄積を可能にする．企業はもちろんのこと，産業においても情報，知識が共有され，これによって産業を構成する企業には緩い連結が形成されている．これが情報ネットワーク社会である．

(3) ネットワーク外部性

情報ネットワーク社会においてはそのネットワークの規模が大きくなればなるだけその参加者の利益は大きくなる（浅羽 (1995)）．すなわち，「ネットワーク外部性」である．産業における商品に主力デザインが生まれると，それが需要され，そこに「事実上の業界標準 (defact standard)」が生まれ，需要者（外部）に大きな利益を与える．その外部効果は，

① それを利用することによって得られる直接効果
② 利用者が多いほどそれに関連するサービスが大きくなるという直接効果
③ それに関連する補完的な新しいサービスが生まれるという間接効果

が考えられる．

また，産業にとっては累積需要が2倍になると，その財の生産費用は20〜30％低減するといわれている（学習曲線による）．したがって，利用者，供給者ともにネットワークの規模が拡大するように協力する．

　さらに，今井（1990）はこれを動学的にとらえ，展開するためにシュンペーター・ポリシーをあげている．すなわち，

① 新しい財貨の生産
② 新しい生産方法の導入
③ 新しい販路の開拓
④ 原材料あるいは半製品の新しい供給源の獲得
⑤ 新しい組織の実現

である．①はプロダクト・イノベーションであり，②はプロセス・イノベーションである．これらによって，古いシステムの不適合を改革するために企業家は引き続いて，③，④，⑤の新結合を行うとしている．すなわち，まず古い均衡を破壊する機能に着目し，不均衡を取りのぞき，ついで販路の開拓，原材料の獲得，そして新しい組織へと結びつける企業家の役割を強調している．

(4) 企業結合の形態

　これらの企業結合を形態的にみると，

① 企業合併　二つ以上の企業が合併して一つの企業になる
② 企業提携　二つ以上の企業がその独立を維持しながら資本的に連携して実質的に一つの企業になる
③ 企業協定　二つ以上の企業が形式的にも実質的にもその独立性を維持しながら，企業活動のある部分について協定を結び，協定に関するかぎり各企業が自由な行動を放棄する

である．

　これらの結合は緩いもの，きついものがみられる．また，企業結合を推進する主体はかならずしも企業規模の大きいものではない．比較的小企業が統合の中心になる場合もある．中小企業の場合は，政策的に形成された産業団地があ

り，それは異業種の集団である．そこでの連携は業主らがフェイス・トゥ・フェイスの形を取り，かなり強い結びつきを形成している例がみられる．

　企業合併は，買収による吸収合併，あるいは併呑がとられる．また，さきに述べたように，経済性の追求を目的として垂直合併，水平合併，あるいは，コングロマリット合併がみられる．そこでは合併の主体が被合併社を支配する．

　企業提携は資本提携，技術提携，業務提携などの形をとり，コンツェルンともいわれる．また，最近では競争相手を囲い込むため複数の企業が提携する「合従連衡」[1]がみられる．それは「事実上の業界標準」の創造のためのものでもある．

　企業協定は企業連合ともいわれ，アウトソーシングを原形とし，それを発展させたものといえよう．そして現在，その形はバーチャル・コーポレーション[2]がとられている．バーチャル・コーポレーションは複数の組織のなかに分散している中核的能力（コア・コンピタンス）を機会主導かつ機会限定で統合したものである（Goldman, et al. (1985)）．すなわち，恒久的なものではなく，目的的であり，また，経済環境に柔軟に対応しようとする点が特徴である．

　現在のわが国の企業結合の形態をみると，分社化のなかで支配の形を強くし，「系列」から「グループ」と名称を変えて，それを支配する持株会社[3]が出現している．

　1947年，「私的独占の禁止及び公正取引の確保に関する法律」，いわゆる独占禁止法が制定された．それは財閥解体という占領軍の強い意志によるものであった．そして，持株会社は全面的に禁止されてきたが，1997年の改正により「事業支配力が過度に集中することとなる持株会社」だけが禁止されるようになった．

　また，製造業では子会社化（50％以上の株式保有），関連会社化（50％以下の株式保有であっても意思決定機関を支配している）によって事実上の事業持株会社が成立している．さらに日本版「金融ビッグバン」によって金融持株会社，いわゆる純粋持株会社が創設されている．

　これにともない，1997年大蔵省企業会計審議会は，1999年4月1日以後開始

する事業年度から本格的に連結財務諸表を作成するように決めた．親会社は多数の子会社，関連会社を支配している．そして，企業は一定の関係をもってその活動を行っている．したがって，1社の財務諸表で企業の全体をとらえることは不可能であるからであり，持株会社に関連する法整備の一環である．

3．ケース・スタディ——業界動向

ここでは業界として金融業，自動車組立業，情報通信業，および，コンピュータ業をとりあげ，生産者同士の企業結合をみる．また，企業とその顧客の企業結合をみる．

(1) 金融業

わが国の金融業界では総会屋への利益供与をはじめとして，一連の不祥事が暴露された．[4] 一方，バブル経済の進展とともに，企業はエクイティ・ファイナンスを通じて資金調達した．これによって貸出先を失った金融機関は中小企業といわゆる不動産関連3業種，不動産業，建設業，ノンバンクに貸出を傾斜させていった．その結果は，バブル景気の崩壊によって大量の不良資産をかかえ，債務超過に陥り，たとえば，北海道拓殖銀行は倒産し，日本長期信用銀行，日本債券信用銀行は公的管理下におかれた．また，都市銀行も不良債権の処理によって自己資本比率が低下する見込みであり，地方銀行の国民銀行，幸福銀行，東京相和銀行は破綻した．したがって，政府，日本銀行は金融機関の抜本的改革の必要にせまられ，公的資金を注入して自己資本比率を国際水準に復帰させようとした．その見返りとして金融業にリストラクチャリングを要請した．

(a) 破綻銀行の処理

金融再生委員会は1999年1月，新組織として金融機関の破綻処理や公的資金注入による金融システム再生に取り組む基本的な考え方を明瞭にし，運営の基本方針として発表した．すなわち，

① 公的資金注入をテコに大手銀行は2000年3月末までに不良債権処理を終える
　② 金融機関が破綻したとき，預金などの全額保護をとっているが，それは2001年3月末までとする
　③ 経営の健全性を確保できない金融機関は存続させない．
一方，国際的に銀行の業務の自由化，金融市場の国際化が進展するなかで，
　① 国際的な銀行システムの安定性の向上，
　② 国際的に活動している銀行間の競争条件の確保を図る
ことを目的に1988年6月にバーゼル国際決済銀行（BIS）監督委員会で基本的な枠組が合意された「BISの自己資本比率規制（BIS規制）」が1992年末以降全世界的に適用されるようになった．それは自己資本比率を

　　自己資本比率 ＝（自己資本）／（貸し倒れリスクにさらされた資産）

と定義し，これを8％以上に維持する，というものである．

　自己資本不足でこの規制を満たせなくなると，海外で業務ができなくなる．というのは，預金者ばかりでなく，金融システムを介して世界中の銀行，投資家に損害を与える恐れからである．わが国の銀行はバブル崩壊で大量の不良資産を抱えた．そのために自己資本を犠牲にしなければならない．しかし，自己資本比率8％を守るためには，分子の自己資本の目減りに応じて分母の貸し出し資産も減らさなければならないわけである．そのために「貸し渋り」が起った．それを解決するために公的資金が投入された．そして，政府はリストラクチャリングや合併，提携などの再編戦略を条件に，資本注入によって日本経済の足かせとなっている不良債権問題を解決させたい，と銀行側に「決断」を迫った．銀行側は合併，子会社化という「改善案」が出してきたが，当局の圧力をしのぐための方便でしかなかった．しかも，経営者の責任を問題にしなかった．だが現実は公的資金を利用しなければならなかった．

　その結果，金融機関の統合が進められた．統合によって自己資本を増加させ，公的資金によってそれを補強するとともに，重複した経営資源の整理を行おうとしている．公的資金の導入にともない，各大手銀行の対応は合併，子会

社化の動きとともに収益向上をはかる（図表12.1）．

　この公的資金は資本の拡充のためであるが，「借金」の色彩が濃い．その返済が問題であり，金融監督庁，金融再生委員会は公的資金注入行の経営監視体制づくりを急いでいる．

　金融監督庁，金融再生委員会の再生の一般的手順は次のとおりである．すなわち，金融監督庁の検査で不良債権が膨らみ債務超過が予想されるとき，

① 大手金融機関については，公的管理（一時国有化）して，優良債権と不良債権に分ける．そして，優良債権を引き継ぐ受皿銀行を探す

② 地方金融機関については，金融再生委員会は金融整理管財人を派遣し営業譲渡に応じる受皿銀行を探す

③ しかし，受皿銀行が見つからない場合には，預金保護機構が優良な債権を引き継ぐブリッジバンクを設立し，さらに，受皿銀行を探し，それによる継続か，あるいは，清算をする．

①の例は日本長期信用銀行，日本債券信用銀行にたいしてとられ，②，③の例は第二地銀の国民銀行，幸福銀行，東京相和銀行などにおいてとられた（1999年5月）．

　日本長期信用銀行は1998年10月破綻し，一時国有化された．公的資金は4兆円投入された．そして，アメリカ投資会社リップルウッド・ホールディングを中心とする欧米の投資グループに譲渡され，「新生銀行」と改名されて外資系銀行となった．この契約は特約条項「買収後に不良化した債権は国側が買い戻す」つきの「瑕疵担保方式」である[5]．

　日本債券信用銀行はソフトバンクとオリックスが手を組み買収する．それに東京海上火災，イトーヨーカ堂が出資する形をとる．このソフトバンク連合が有力な譲渡先となった（1999年11月）．これは異業種の参入である．イトーヨーカ堂は系列のコンビニエンスストアに現金自動預金払出機を設置し，金融サービスを実施しており，これに東京海上火災の保険販売網をつなぐ．いわば，インターネットを利用した新たな金融サービスを展開する予定であった．しかし，2000年5月ソフトバンク連合は引当金積増しを要求し，交渉は白紙に戻っ

図表12.1 公的資金導入にともなう銀行の動き

	95-97年度の平均業務純益(億円)	公的資金注入見込(億円)	最近の動き
住　　友	3,666	5,000	大和証券と提携強化，米T.ロウ・プライスと資産運用分野で提携
三　　和	3,992	7,000	東洋信託の増資1000億円を引き受け，筆頭株主へ
富　　士	3,628	10,000	安田信託の子会社化，一部は分離し第一勧銀と新信託銀を設立
第一勧銀	4,138	9,000	不良債権9700億円処理，米JPモルガンと投信合弁会社設立
さ く ら	3,043	8,000	年金分野で三井系金融4社の連携強化，証券分野で外資提携を模索
東　　海	1,915	6,000	海外拠点を半減，あさひ銀と持株会社をにらみ提携強化
あ さ ひ	1,674	5,000	地域金融を強化，東海銀と持株会社設立を視野に提携
大　　和	1,159	4,000	海外撤退，地域密着型銀行への転換で近畿銀，大阪銀と提携
日本興業	2,398	6,000	第一生命と全面提携，野村証券と年金，金融先端技術分野で合併
三菱信託	2,643	3,000	三菱系金融4社での証券子会社統合，投信評価会社設立
住友信託	2,059	2,000	住友銀などグループ内で年金・信託・証券分野の連携強化を検討
三井信託	1,231	3,500	中央信託と合併，海外撤退，米プルデンシャルと投信分野で合併
東洋信託	792	2,000	三和銀向けに1000億円の増資増強，海外融資業務から撤退
中央信託	590	2,000	北海道拓殖銀の本州店舗の営業権譲渡を受け，三井信託と合併
横　　浜	579	2,000	海外拠点からの全面撤退など

注) この表は1999年3月末現在であり，その後一部流動している．
出所) 『朝日新聞』1999年2月16日，3月5日付．

た．金融再生委員会は他の譲渡先サーベランスと折衝した．しかし，ソフトバンク連合は積増しを撤回し，第一譲渡先に復した[6]．

　金融再生委員会は，1999年5月幸福銀行（本店大阪），1999年6月東京相和銀行（本店東京）の破綻を認定し，金融整理管財人を派遣し，優良，不良債権の整理を行い，優良債権を引き継ぐ受皿銀行を探していた．2000年6月，アメリカWLロス・アンド・カンパニーが特別ファンド「日本さわやかパートナーズ（仮称）」を受皿法人としてその持株会社が両行の営業譲渡を受ける．その他の地方金融機関の破綻問題も同様な手法で処理された．また，中央信託銀行は，北海道拓殖銀行の本州店舗の営業譲渡を受けた．中央信託銀行自体は三井信託銀行と合併した．

　(b)　**金融機関の再編**

　以上は破綻銀行の処理である．一方，金融ビックバン，とくにそれにともなう金融持株会社を意識しての銀行，証券，保険のグループ化が進行している．次にそれらをみる．

　(i)　銀　　行

大手銀行は金融持株会社を設立して経営統合している．すなわち，

① 第一勧業銀行，富士銀行，日本興業銀行は，2000年9月みずほファイナンシャルグループとして経営統合する．

② さくら銀行（旧三井銀行，旧太陽神戸銀行の合併），住友銀行は，2001年4月系列を越えて統合する．さくら銀行連合はネットワーク・ATM銀行として認可される．

③ 三菱銀行，東京銀行は東京三菱ファイナンシャルグループを設立し金融持株会社となった．2000年春，経営統合するのは東京三菱銀行，日本信託銀行，東京信託銀行，三菱信託銀行の4行で，2000年秋には信託銀行3行は三菱信託銀行が吸収して新信託銀行になる．

④ 東海銀行，あさひ銀行は，それに三和銀行の参加を得て，2002年経営統合する．それは日本の3都市圏をそれぞれ拠点とする3行の統合であったが，あさひ銀行は離脱し[7]，かわりに東洋信託銀行が参加する．

⑤　あさひ銀行（旧埼玉銀行，旧協和銀行の合併）は横浜銀行，千葉銀行と経営統合を打診している．

さきに述べたネットワーク・ATM銀行はインターネットを通じて口座管理を行うよう計画されているので，営業店を持たず経費の節約を計ることを意図している．

これらの統合された巨大銀行は世界的にも巨大で，その総資産はみずほファイナンシャルグループ134兆円，さくら連合99兆円，東京三菱ファイナンシャル88兆円，三和・東海82兆円，あさひ連合28兆円である．ちなみにドイツ銀行の総資産は86兆円である．

(ii) 信託銀行

三和銀行は東洋信託銀行に資本をテコ入れして，筆頭株主になった．さらに，三井信託銀行と中央信託銀行は，2000年を目処に合併して中央三井信託銀行になる．資金量は国内最大になる．また，富士銀行は安田信託銀行を子会社化することを急いでいる（図表12.2）．

図表12.2　大手信託銀行の動き

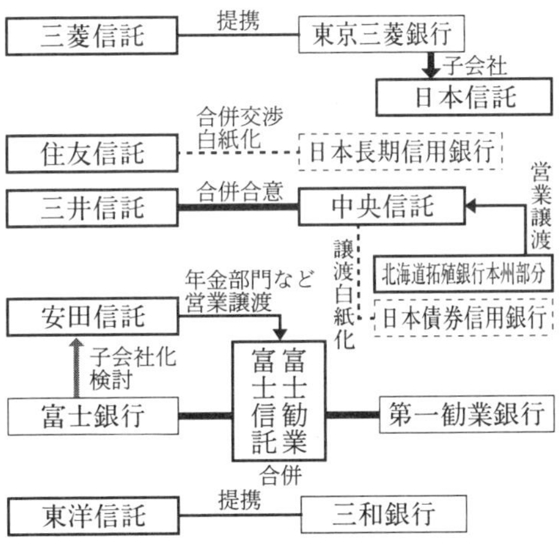

出所）『朝日新聞』1999年1月2日付．

(iii) 証券会社

証券会社は株式委託売買手数料に依拠している．したがって，取引市場の好不況に左右される．最近の株式相場の上昇，リストラクチャリング，すなわち，大きな損失をかかえる関連会社，海外現地法人の整理，国内店舗閉鎖もあって，1998年度の経常利益は黒字になった．しかし，リストラクチャリングの効果が現れたのは，証券大手3社を除く20社のうち半数にとどまった．さらに，不良資産の処理のために最終利益は軒なみに赤字であった．

証券会社は系列化されている．系列内の合併，系列を越えた合併がみられる．住友銀行と大和証券とは企業向け取引専門の合弁会社「大和証券SBキャピタル・マーケッツ」を設立した（1999年）．資本提携の形をとっている．これによって従来の企業向け取引，株式・社債の引受けのほかに企業の買収・合併の仲介，不動産の証券化などに業務を拡大している．さらに，大和証券は「大和グループ本社」という純粋持株会社を1999年4月に発足させ，この企業向け会社のほかに従来の個人向け取引を引き継ぐ「大和証券」を傘下においた．さらに，投資顧問業務の「大和住友投資顧問」，調査・システム開発の「大和総研」など10社を擁している．

持株会社の設立は，経済社会環境への対応を柔軟にし，とくに不採算部門の切捨てを意図するものである．また，持株会社の傘下の会社の名称をみると「大和住友」になっており，その提携は対等のようにみえる．双方にそれぞれの思惑があるのであろう．

また，2000年4月に合併するユニバーサル証券など中堅4証券会社，1999年9月期中間決算で当期利益は合算で業界準大手トップの国際証券を上回った．同じく2000年4月合併の新日本証券，和光証券も顧客からの預かり証券の合算で国際証券を抜いた．合併による規模の優位性を示している．しかし，従業員の削減，店舗の整理など合併にともなう大規模なリストラクチャリングをいかに進めるかが当面の課題である．

証券会社に問題がなかったわけではない．日本証券業協会は1999年6月実勢価格と大きくかけ離れた債券売買をしている，として傘下の証券会社に譴責，勧告などの処分を行った．1998年12月に債券の値幅制限が撤廃され，大口投資

家の強い要求や証券会社側の手数料稼ぎのために，実勢より30％以上離れた取引を行っていたからである．協会の処分の結果，それは改められた．

(iv) 損害保険会社

損害保険大手の三井海上火災，日本火災海上，中堅の興亜火災海上は共同持株会社のもとに統合する（1999年10月）．規模拡大による効率化で競争力を高める意向である．これによって正味収入保険料は，最大手の東京海上火災を上回り，業界トップになる予定であった．なお，3社は住友海上火災とも経営統合を協議していた．

しかし，2000年2月，三井海上火災は日本火災海上，興亜火災海上と進めていた合併構想から離脱することを決めた．そして，住友海上火災と合併協議を行った．日本火災海上と興亜火災は三和銀行と関係強化を進めた．また，三井海上火災の親密金融機関はさくら銀行，住友海上火災は住友銀行で，この両社は合併する．はじめは系列を越えた3社の合併であったが，系列の枠を越えることは難しかったのであろう（図表12.3）．

図表12.3　合併を予定していた損害保険3社と親密金融機関との関係

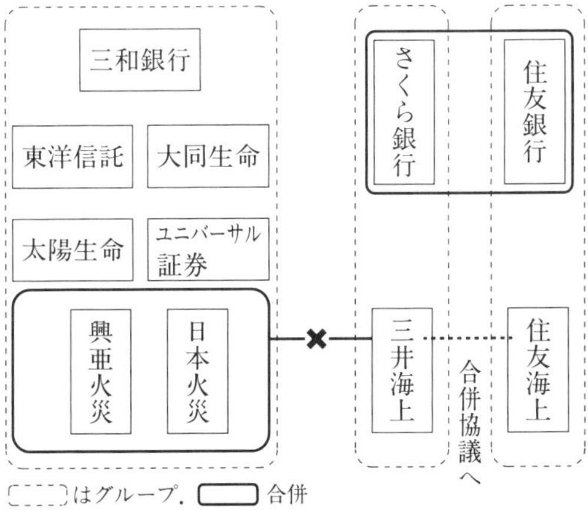

出所）『朝日新聞』2000年2月14日付．

損害保険会社においてもまた，外資との提携がみられる．住友火災海上はド

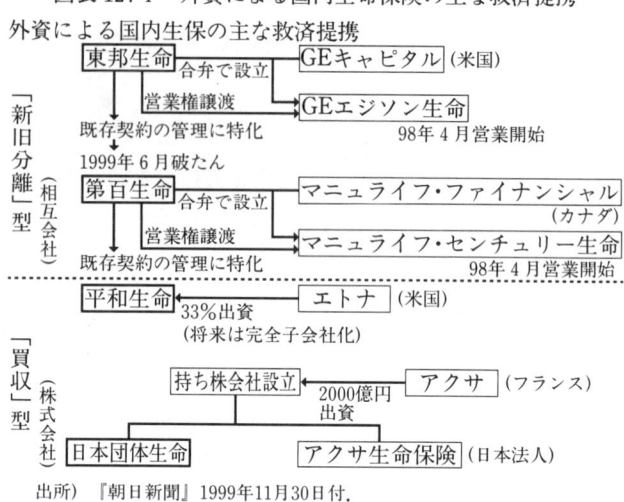

図表12.4　外資による国内生命保険の主な救済提携

外資による国内生保の主な救済提携

「新旧分離」型（相互会社）
- 東邦生命 ―合弁で設立→ GEキャピタル（米国）
- 東邦生命 ―営業権譲渡→ GEエジソン生命　98年4月営業開始
  - 既存契約の管理に特化
  - 1999年6月破たん
- 第百生命 ―合弁で設立→ マニュライフ・ファイナンシャル（カナダ）
- 第百生命 ―営業権譲渡→ マニュライフ・センチュリー生命　98年4月営業開始
  - 既存契約の管理に特化

「買収」型（株式会社）
- 平和生命 ―33％出資→ エトナ（米国）
  - （将来は完全子会社化）
- 日本団体生命 ―持ち株会社設立／2000億円出資→ アクサ（フランス）
- アクサ生命保険（日本法人）

出所）『朝日新聞』1999年11月30日付.

イツの大手保険会社ゲーリング・グループと提携して，「貸倒れ」保障の業務に乗り出す．

(v)　生命保険会社

　生命保険会社においては頼みとする株式の含み益が底をつき，新規契約が取れず，逆ざやの解消も進まず，不良資産がふくらむばかりである．さらに低金利による運用が重なり生命保険会社は体力をすり減らしている．

　1999年4月からは，個人保険などの保証利回り（予定利率）を下げるようになり，従来業界一様だった予定利率に差がつくようになった．

　大手の安田生命保険と中堅の富国生命保険は，情報技術投資や顧客サービス，損害保険などの周辺事業で包括提携する（1999年12月）．提携によって経費の節減，資源の有効利用を図るためである．

　アメリカンファミリー生命保険会社，アリコ・ジャパンなど外資系の生命保険会社はガン保険などの保険商品を開発し，独自の途をとっている．しかし，わが国の生命保険商品にはみるべきものはない．保険金の運用はバブル景気のときには好調であった．しかし，機関投資家に任せた資金の運用は低調で，その運用利子は生命保険保障の利子率を下回り，いわゆる逆ざや現象を呈してい

第12章 企業結合 353

図表12.5 金融機関の再編

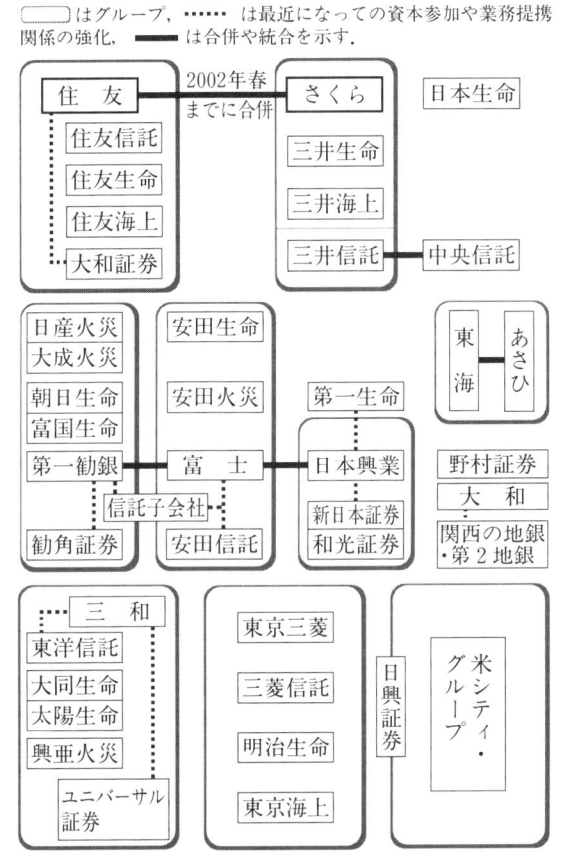

　□はグループ，……は最近になっての資本参加や業務提携
関係の強化，━━は合併や統合を示す．

【住友グループ】住友／住友信託／住友生命／住友海上／大和証券

2002年春までに合併 → さくら／三井生命／三井海上／三井信託 ━ 中央信託

日本生命

日産火災／大成火災／朝日生命／富国生命／第一勧銀／勧角証券 ━ 安田生命／安田火災／富士／信託子会社／安田信託 ━ 第一生命／日本興業／新日本証券／和光証券

東海 ━ あさひ

野村証券／大和／関西の地銀・第2地銀

三和／東洋信託／大同生命／太陽生命／興亜火災／ユニバーサル証券

東京三菱／三菱信託／明治生命／東京海上

日興証券

米シティ・グループ

注）さくら＝1990年に三井と太陽神戸が合併
　　あさひ＝1991年に協和と埼玉が合併
　　東京三菱＝1996年に三菱と東京が合併
　　中央三井＝2000年4月に三井信託と中央信託が合併
　　統合三行＝2000年秋に第一勧業，富士，日本興業が持ち株会社化
　　東海あさひ＝2000年秋に東海とあさひが持ち株会社化
出所）『朝日新聞』1999年10月14日付．

る．そこでとられている方策は外資系の生命保険会社との提携である．
　日本団体生命保険は世界最大の保険グループ「アクサ」（本社・パリ）と包括的な資本提携をした（1999年11月）．このような救済提携は図表12.4に示すよ

うに他にもみられる．すなわち，東邦生命からGEキャピタル社へ，第百生命からマニュライフ・ファイナンシャル社への営業譲渡，平和生命へのエトナ社の出資などである．

　以上みてきた金融機関の再編をまとめると，図表12.5のとおりである．金融機関の生き残り方策は，国内企業，あるいは外資系企業との資本提携によっている．また，その形はわが国ではアメリカの銀行持株会社とは対照的に金融持株会社の傾向が強い．すなわち，金融一機関ではなく，銀行を中心にして信託会社，証券会社，保険会社の資本提携である．また，系列を越えたものではあるが，系列意識が残っており，ときとして系列が強く顔を出す例もみられる．

(2) 自動車組立業

　わが国の自動車工業は輸出依存型である．製品のほぼ半数は輸出している．1980年代になると，性能の良さと価格を評価した欧米の消費者は日本車を選好し，それに応じてわが国の自動車工業は欧米に集中的に輸出した．そのため，「貿易摩擦」を引き起した．そして，それを避けるため生産を海外で行うようになった．しかし，部品は日本から輸出した．各国はそれに対抗するため部品の調達に現地主義をとるように要求した．

　自動車の経済環境をみると，1999年度トヨタ自動車と，軽自動車が好調なスズキ自動車とダイハツ工業が増収増益になったが，その他は国内市場の低迷と円高による利益の目減りが経営を圧迫している．さらに海外事業ではポンド高のためにイギリスの生産拠点は輸出の競争力を失い，ヨーロッパ事業は赤字に転落し，アメリカ市場への依存を強めている．

　一方，生産技術にはプラットホーム[8]の共通化，モジュール生産[9]が取り込まれ，その結果，コストの削減に大いに貢献した．しかし，世界的な自動車需要の成熟化は販売の伸びを停滞させている．いうならば，世界的に生産設備が過剰である．そこで，世界の自動車工業はアメリカ，ヨーロッパ，アジアの三極経済圏において優位性を確保するために「合従連衡」して再編成を進めている．

(a) 合従連衡

　提携は資本提携，技術提携，販売提携などがとられる．これらを複合したものは包括提携と呼ばれている．世界の自動車工業の提携は1980年代の半ばに始まった．それ以降，自動車工業は世界的再編成の過程にある．すなわち，ゼネラル・モーターズ，フォード，トヨタ，ダイムラークライスラー，フォルクスワーゲンを中心とするグループの形成とそれらを核とする「合従連衡」と呼ばれる再編成である．

　現在，わが国自動車メーカーのなかで海外メーカーの資本が入っていないのは，トヨタ自動車とその傘下にある日野自動車，ダイハツ工業と本田技研工業の4社だけである．トヨタ自動車はゼネラル・モーターズ社と共同出資してアメリカ・カルフォルニアに合弁会社を設立している．また，ドイツ・フォルクスワーゲン社と高度道路交通システム開発の技術提携，販売提携をしている．本田技研工業はイギリス・ローバー社にエンジン供給などの技術提携をしている．

　自動車メーカーの再編成過程でドイツ・ダイムラー社とアメリカ・クライスラー社は統合した．日産自動車はダイムラークライスラー社と資本提携交渉していた．この交渉は日産自動車の系列日産ディーゼル工業の保有株売却交渉に始まった．日産自動車は有利子負債返済の目処がたたなかったこと，提携にさいして日産自動車の北米事業の固執などの問題点があった．さらに，同時に交渉していたルノー社の関心が，ダイムラー社の警戒心を助長したのであろう．この交渉は決裂した．それはダイムラー社が日産自動車との提携による短期的損失を重視した結果であろう．しかし，クライスラー社によって北米市場は確立したが，ダイムラー社は今後成長が見込まれるアジア市場での提携先を失ったことになる．

　結果的に日産自動車はルノー社から35％の資本参加を受けることになった．ルノー社の筆頭株主はフランス政府である．フランス政府も日産自動車との提携に前向きであるといわれている．ルノー社は1996年に赤字に陥った．そして，1997年から1999年に200億フランの経費節減をリストラクチャリングによ

って実現, 販売を盛り返した. そして, 日産自動車の環境技術に深い関心をもっている. しかしその反面, 日産自動車はルノー社との文化, リストラクチャリングの対処方法の違い, 部品購入, 車のプラットフォームの統一による経費削減政策などの問題を抱えることになる. なお, ルノー社の日産自動車への資本提携により生産台数規模で両社をあわせて第4位になり, 世界自動車は6グループ[10]になる. なお, 日産自動車の主力銀行日本興業銀行は日産自動車との相互持ち合いを解消する.

(b) 三菱自動車

三菱自動車は1996年のアメリカの生産子会社のセクシュアル・ハラスメント訴訟, 1997年の総会屋への利益提供による商法違反があり, 再編過程に乗り遅れた. 三菱自動車は環境対応型のエンジンを開発した. これを自動車各社に売込みをかけている. 自社の自動車の販売が落ち込み, 開発費の償却が見込めず, 結果として多額の有利子負債を抱えた.

今回, マツダにこれを提供し, マツダから商用車をOEMとして供給を受ける業務提携をした. さらに, 三菱自動車はフォード社, ダイムラークライスラー社と資本受入れも視野にいれて提携交渉をしている. 三菱自動車はオランダでのボルボ社との合弁会社がフォード社に買収されたためにフォード社との対応が必要になっている. また, 旧ダイムラー社とは南アジアで生産協力しており, 旧クライスラー社とは完成車の供給, 資本提携をしていた. その資本提携は解消したが, 技術提携は継続する. 三菱自動車は三菱グループの強力なネットワークをもっており, アジアではトヨタ自動車に次ぐ強固な地盤をもっている. その点, 外資側にも乗り気な面がある. さらに, 三菱自動車は2001年までにトラック部門を分社化し, そこにボルボ社が出資する. したがって, 乗用車部門のパートナーの問題が焦眉の急である (図表12.6).

(c) その他

ゼネラル・モーターズ社は軽自動車最大手のスズキ, トラックのいすゞ自動車に出資し, 欧米ではドイツ・オペル社を子会社化した. さらに, 富士重工と資本提携 (20%出資) および技術協力を柱とする包括提携を結んだ (1999年12

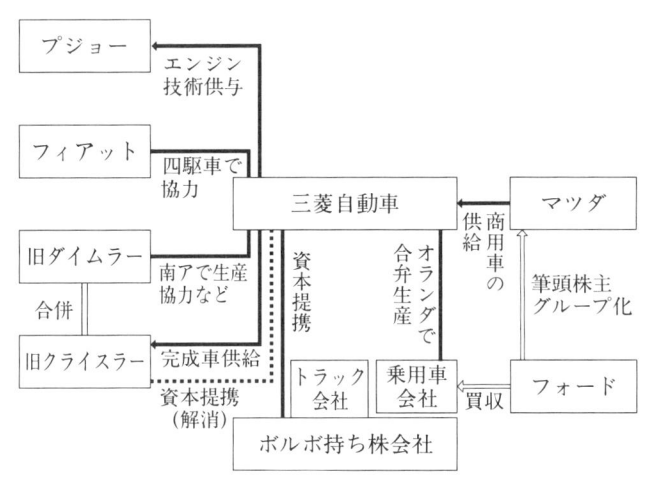

図表12.6　三菱自動車と欧米メーカーの主な関係

出所）『朝日新聞』2000年1月25日付．

月）．ゼネラル・モーターズ社は富士重工から四輪駆動，無段変速機などの技術供与を受け，富士重工はゼネラル・モーターズ社から環境対応や高度道路交通システムなどの次世代技術を受ける．

世界自動車グループの関係は図表12.7ようになろう．わが国の自動車組立業は資本の弱さもあり，大部分が包括提携の形をとっている．トヨタ自動車のように技術提携だけの場合もある．そして，現在の再編成過程をみるとほぼ形が整ってきたようにみえる．

(3) 情報通信業

普通，通信網を提供して通信サービスを提供する業態を電気通信業という．従来は音声による通信であったが，現在は音声，画像，記号などマルチメディアを通信網にのせて受配信するようになった．そこでここではかりに情報通信業ということにする．これを「通信キャリア」といい，これを対象にする．また，移動体通信を含むことにする．

(a) **NTT グループ**

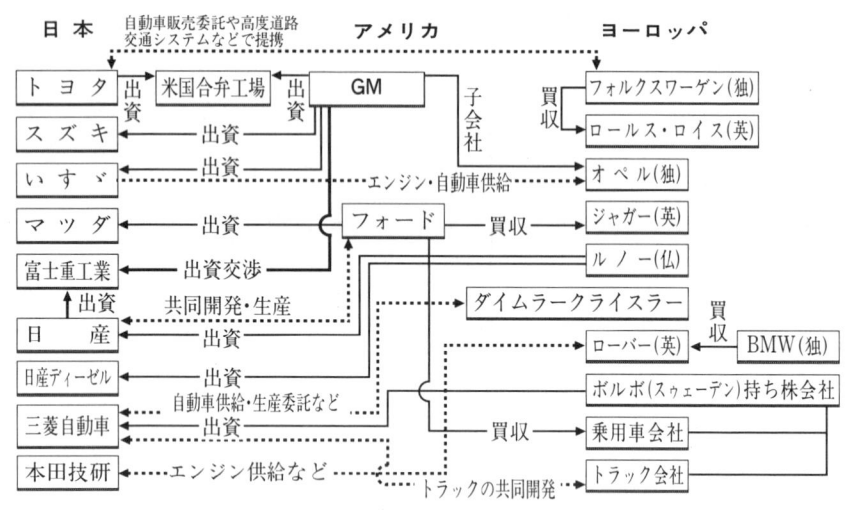

図表 12.7 世界自動車グループの関係

```
          自動車販売委託や高度道路
  日 本   交通システムなどで提携     アメリカ              ヨーロッパ
  ┌──────┐   出                ┌──────┐              ┌─────────────┐
  │トヨタ │資─┬─米国合弁工場─┬─│ GM  │──┐        ┌─│フォルクスワーゲン(独)│
  └──────┘   │              出 └──────┘  │買収    │ └─────────────┘
  ┌──────┐   │              資   │ │ │   子└──────┤ ┌─────────────┐
  │スズキ │←──出資────────┘ │ │   会    └─│ロールス・ロイス(英)│
  └──────┘                    │ │   社      └─────────────┘
  ┌──────┐                    │ │           ┌─────────────┐
  │いすゞ │←────出資─────────┘ │ ─エンジン・自動車供給─│オペル(独) │
  └──────┘                      │           └─────────────┘
  ┌──────┐                      │  ┌──────┐         ┌─────────────┐
  │マツダ │←─────出資──────────┤ │フォード│─買収──│ジャガー(英)│
  └──────┘                      │  └──────┘         └─────────────┘
  ┌──────┐                      │                   ┌─────────────┐
  │富士重工業│──出資交渉──────┘                   │ルノー(仏) │
  └──────┘                                          └─────────────┘
    ↑出資        共同開発・生産                ┌─────────────────┐
  ┌──────┐───────────────────────────│ダイムラークライスラー│──買収
  │日 産 │←──出資──────────                  └─────────────────┘          ┌─────────┐
  └──────┘                                        ┌────────┐             │ BMW(独)│
  ┌──────┐                                        │ローバー(英)│←─────┘
  │日産ディーゼル│←──出資──                      └────────┘
  └──────┘   自動車供給・生産委託など        ┌──────────────────┐
  ┌──────┐                                    │ボルボ(スウェーデン)持ち株会社│
  │三菱自動車│──出資───              ┌─買収──└──────────────────┘
  └──────┘                              │     ┌────────┐
  ┌──────┐                              └────│乗用車会社│
  │本田技研│──エンジン供給など──            └────────┘
  └──────┘                                      ┌────────┐
                       トラックの共同開発──────│トラック会社│
                                                  └────────┘
```

出所) 『朝日新聞』1999年12月3日付.

わが国の電気通信業は国有であった．戦後，日本電電公社となり，国内通信を独占していたが，規制緩和の一環として1985年日本電信電話会社（NTT）が設置され，同年データ通信事業本部がNTTデータ通信，92年には移動体通信がNTTドコモ（移動体通信）として分離された．さらに，1999年7月1日，旧NTTは持株会社と地域電話会社のNTT東日本，NTT西日本，長距離，国際電話のNTTコミュニケーションズに分割した．NTTグループはNTT（持株会社），NTTドコモ（移動体通信，NTTが64%の株式保有），NTTデータ（データ通信，システム開発，NTTが54%の株式保有），その他で構成されている．

(b) **世界の情報通信業の提携**

NTTはAT&T社と業務提携した（1999年4月）．これは国際データ通信ネットワークの構築，運営事業に関する業務提携である．既存インフラストラクチャを利用して多国籍企業内通信ネットワークの企画，設計，運用，アフターサービスを手がける．AT&T社はIBM社の通信サービス事業「IBMグロー

バル・ネットワーク」を買収する．NTT は従来から IBM 社と通信分野で業務提携しており，日本での運営主体は NTT と AT&T 社が合弁会社を設立する．

また，ブリティシュ・テレコム社，AT&T 社は JR 系の日本テレコムに資本参加する．これはヨーロッパ，アメリカ，アジアの世界の三大市場を結んで低料金の通信サービスを提供しようというもので，NTT と取り組むのは既存のインフラストラクチャを利用して総合的なネットワークを構築するサービスでこの二つの提携は矛盾しないとしている．

ドイツ・テレコム社とイタリア・テレコム社の両社は1999年中に合併するとしていた．欧州連合は1998年通信の完全自由化に踏み切り，電話電信事業への新規参入が相次いでいる．両テレコム社が目標にするのは「欧州の経営基盤を強化し，グローバルな展開を強化する」ことである．しかし，欧州連合の独占禁止政策に基づく審査という問題がある．この合併を否定していないが，オリベッティ社はイタリア・テレコム社の株式の公開買い付けを行い，株式の過半数を取得した．ドイツ側の対応が焦点になる（1999年5月）．

また，フランス・テレコム社はドイツ・テレコム社と提携している（図表12.8）．

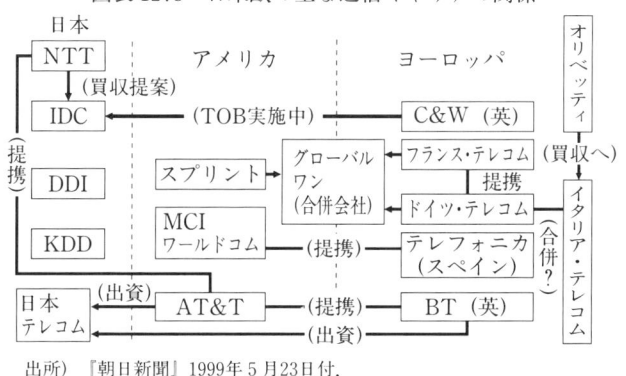

図表12.8　日米欧の主な通信キャリアの関係

出所）『朝日新聞』1999年5月23日付．

コンピュータ各社は自己の情報ネットワークを持ち，データ通信サービス，インターネット接続サービスを行っている．日本電気は自社のネットワーク接続サービス「ビッグローブ」を半導体メーカー・インテル社が世界で展開するネットワークに接続し，世界の企業が決済や受発注などの電子取引を国境を越えて展開できるネットワーク網をつくる．富士通はさくら銀行などと組んでネットワーク専業銀行をつくる．さらに，富士通は子会社が運営するニフティサーブと自社のインフォウエッブの統合を企画している．

(c) **携帯電話**

携帯電話事業は第2世代に入った．この第2世代というのは世界中同じ端末が使え，国境を越えたサービス網が構築される．そのために大型提携や合従連衡が進んでいる．その主な提携は図表12.9のとおりである．

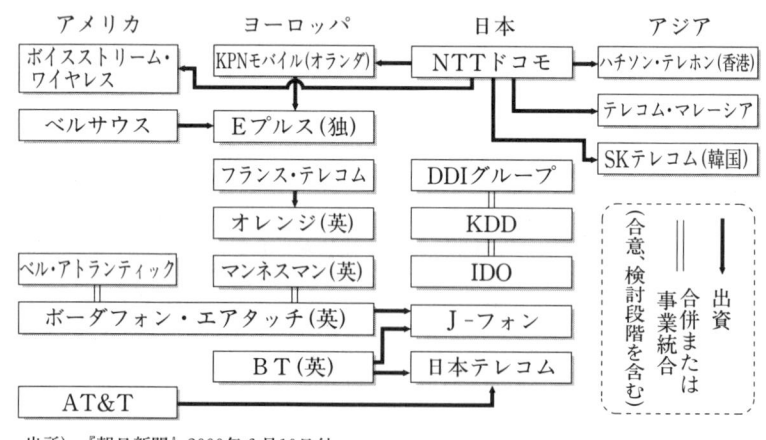

図表12.9 携帯電話をめぐる主な提携

アメリカ	ヨーロッパ	日本	アジア
ボイスストリーム・ワイヤレス	KPNモバイル(オランダ) ←	NTTドコモ →	ハチソン・テレホン(香港)
ベルサウス	Eプルス(独) ↑		テレコム・マレーシア
	フランス・テレコム		SKテレコム(韓国)
	オレンジ(英)	DDIグループ	
ベル・アトランティック	マンネスマン(英)	KDD	
ボーダフォン・エアタッチ(英)		IDO	
	BT(英)	J-フォン →	
AT&T		日本テレコム →	

（合意，検討段階を含む）合併または事業統合 ‖ 出資 →

出所）『朝日新聞』2000年6月10日付．

また，次世代サービスはNTTドコモが2001年5月，日本テレコム，エアタッチ・コミュニケーションズ社，ブリティシュテレコム社の出資会社J-フォンが2001年12月，DDI・KDD・IDOグループが2002年9月から主要都市圏で始める．海外ではヨーロッパで2002年，アメリカでは2005年からサービスが始まる（『朝日新聞』2000年6月10日付）．

(d) **NTT 接続料**

NTT 接続料は，新電電各社，外国通信事業者がNTTの東西地域会社の市内回線を使うときに支払う利用料である．2000年1月に行われた接続料の大幅引下げに関する日米協議は，決裂した．すなわち，アメリカは，それが日本の通信市場への新規参入を促し，通信料金の引下げやインターネットの普及につながると主張した．一方，郵政省は一度に大幅な引下げはNTTの経営に打撃を与え，基本料金の値上げなど，利用者の負担増を招くと反論した．

また，郵政省は16.7％引下げる案をもとにして，4年かけて21.5％引下げる修正案を提示した（図表12.10）．アメリカ側は，4年かけて実施するのは公約違反として2000年中に41.1％引下げることを要求した．アメリカとの協議を受けて郵政省は「NTTにさらなる努力をしてもらわないと……」としたが，NTTは「これ以上の合理化は無理」と強く抵抗している．

図表12.10 郵政省のNTT接続料引下げ案

市内接続料金 （3分）	現行	ケースA	修正案	ケースB
	5.81円	4.84円 (▲16.7％)	4.50円 (▲22.5％)	3.42円 (▲41.1％)

出所）『朝日新聞』2000年2月10日付．

NTTの分割は，分割をさせようとした郵政省と，一体経営を守りたいNTTの妥協の産物であるとする見方が強い．事実，公正取引委員会の「政府規制等と競争政策に関する研究会」のまとめた通信事業分野についての報告書ではNTTの再編を「期待された競争促進効果は必ずしも表れていない」と指摘している．そして，持株会社NTTは傘下の携帯電話会社NTTドコモの出資比率を下げてドコモの独立性を高めることで市内電話事業の東西地域電話会社との競争を促進すべきであるとしている．すなわち，携帯電話と固定電話を一体経営していることが問題であるとして，NTT接続料を低廉化する契機をみつけるべきだとしている．

接続料を世界的にみると，図表12.11のとおりである．これだけではあまり

差があるとは思えないが，公正取引の立場からみれば競争原理の欠如が問題なのである．

図表 12.11　接続料の国際比較

日本（現行）	5.81円
日本（提案）	4.50
アメリカ	4.44
イギリス	2.27
フランス	3.26
ドイツ	3.39

（3分間通話した場合の料金．郵政省の資料から．米国はベル・アトランティック・ニューヨークの長距離電話会社向け料金）

出所）『朝日新聞』2000年1月21日付．

(4) コンピュータ業

コンピュータ業では業界標準をめぐる動きが注目される．ある製品について供給者，需要者などの利害関係者が「標準（スタンダード）」と認めた機能を有するものである．その機能をもつ製品は互換性をもっている．そして，その製品は多くの企業によって供給され，その結果として多くの需要者によって購入され，その製品の機能は業界標準となる．業界標準をもつ製品の魅力は高まり，さらに需要を生む．

1997年度，わが国の電機メーカーの業績は悪化した．半導体メモリーの価格の低迷によるといわれた．わが国の半導体の製品はメモリーに偏重しており，家電製品などのマイクロプロッサが少ないことによる．さらに，パソコン国内出荷台数は前年より7％減少した．日本電子工業振興協会によればこれは金融システム不安による個人消費の落込みに加え，中小企業の情報化投資の鈍化によることが原因であるとしている．

(a) **事実上の業界標準**

1970年代末，反トラスト法の制約によってパソコンで遅れをとったIBM社は開発したパソコン仕様を公開した．それはコンピュータ業界に受入れられ

た．その公開に共鳴したマイクロソフト社のビル・ゲーツはIBM社と協力して，パソコンの基本ソフトウェア・オペレーティングシステム (OS) を開発した．その後，IBM社はパソコン仕様を公開しなくなり，ゲイツはそれに反対し，IBM社との協力を打ち切り，マイクロソフト社でMS・DOSを開発することにした．ゲイツの考え方は製品の機能を公開することによってネットワーク外部性が生まれ，多くの関係者が利益を得ることができるというものであった．

マイクロソフト社はMS・DOSを発展させ新しいOS Windows Workstationを開発した．また，すべてのマイクロプロセッサのOSとしてWindows NT (New Technology) に展開した．この間，マイクロソフト社は自社でのαテストが一段落すると，これをソフトウェア会社に公開し，次段階のβテストに参加させ，その意見を取り入れて改良している．これはネットワーク外部性の利用である．また，マイクロプロセッサの製作社インテルと共同してWintel仕様を新規のマイクロプロセッサごとに設定している．これはパソコンのデファクト・スタンダード（事実上の標準）となっている．

さらに，ブラウザ（閲覧プログラム）[11]としてExplorerを開発し，これをすべてのパソコンに搭載するよう強制した．ブラウザとして地位を確保していたNetscapeに対抗するための方策である．1998年3月，連邦地裁は商務省が反トラスト法違反の疑いありとした違法な「抱合せ販売」の主張をほぼ認める仮決定を出した．アメリカ上院司法委員会はマイクロソフト社の商法の是非をめぐる公聴会を開いた．ゲイツの思想はネットワーク外部性を生み出すために勝れたものであった．しかし，人間のつねであろうか，覇権をものにするとその思想はなくなってしまったように思える．異企業間結合における調整の難しさを示している．

一時的に商務省との和解が成立し，Explorerの抱合せ販売を止めた．しかし，問題は解決したのではない．マイクロソフト社にたいする反トラスト法違反の裁判は続き，司法省独占禁止当局はマイクロソフト社を強制的に分割することを求めた．アメリカ連邦地裁は2000年6月7日これを全面的に受け入れ，

分割を命じる是正命令を言渡した．その骨子は次のとおりである．
　① マイクロソフト社は，基本ソフトと応用ソフトの2社に分割される．この決定は発効日から10年間有効となる
　② マイクロソフト社は4カ月以内に，分割命令に沿う実行計画書を提出する
　③ マイクロソフト社は，基本ソフト「ウインドウズ」の技術情報を開示する
　④ マイクロソフト社はソフト製品に関して，どのパソコンメーカーとも排他的な契約や，競合他社との競争を制限する契約を結んではならない

(『朝日新聞』2000年6月8日付)．分割後の2社は「ウインドウズ社」「応用ソフト・ビジネス社」である．

(b) **協調と競争**

パソコンには，事実上の業界標準があり，インテルのマイクロプロセッサとウィンドウズが大きく市場を占有している．これを変更することは困難である．しかもパソコンは先端技術に中心をおき，技術競争を行っており，一社で投資するには負担が重すぎる．したがって，技術提携の形をとっている．

　1) 超小型演算装置（MPU）についてはAMD社はインテル社のMPUと互換性をとりつつ安い価格を武器に，650メガヘルツという世界最速のMPUを出荷した（1999年8月）．アメリカ大手パソコンメーカー・コンパック社やIBM社を始めわが国のメーカー日本電気もこれを搭載し始めた．それは主要部品を1社の製品に限定するときの供給問題を考慮したからである．

　2) MPUに対応する基本ソフトが開発されたが，各社とも主流にはなれなかった．サーバーのOSとしてリナックスが登場，利用者が急増している．その販売会社であるレッドハット・ソフトウエア社にIBM社，コンパック社，ソフトウエアの大手オラクル社，ノベル社など4社が資本参加した（1999年3月）．各社は競争上リナックスの将来性を認めたからであろう．

3) アメリカコンピュータ大手シリコン・グラフィックス社 (SGI) は，日本市場での高性能コンピュータ販売事業について日本電気と提携した．SGI 社の子会社クレイ・リサーチ社との競合関係にあった日本電気との販売提携である．
4) アメリカ・パソコン業界 2 位のデルコンピュータ社は IBM 社と事業提携を結び，IBM 社から今後 7 年間パソコン部品を購入することにした．パソコンはコスト削減によって生き残りをかけなくてはならなくなったからである．
5) ㈱日立製作所は IBM 社からメインフレームの技術を購入する協定を結んだ．メインフレームはイノベーションが加速化し，その寿命は 4 年から 2 年になり，さらに技術的イノベーションにおいて IBM 社が技術的優位性を持っているからである．
6) ソニーとビクターはディジタル放送をディジタル信号のままビデオテープに記録できるビデオデッキの新方式「D-VHS」システムを共同開発する．かつてビデオデッキの覇権争いをした競争相手同士の提携で，技術的に強いコアコンピタンスを出しあって協力する．
7) ソニーとフィリップス社は多くの市場で競争相手である．新世代の120分ディジタル CD プレイヤーの開発では協調している．
8) ソニーと IBM 社は「メディア資産管理」事業で提携する．これは放送用の映像，データをディジタル化して保存，検索できるようにするものである．

(5) そ の 他

ここでは，顧客を満足させ，顧客の問題解決のために迅速に対応する企業を上げる．これはメーカーと顧客との結合である．

(a) **ヤマザキマザック**

ヤマザキマザックは工作機械メーカーである．ヤマザキマザックは山崎鉄工所として80年前に創業された．現在は数値制御工作機械の世界的メーカーであ

る．

　ヤマザキマザックは「至近距離からお客さまにサービスする」をモットーに顧客満足を得るため，商品とサービスを融合していることに特徴がある．すなわち，

1) 世界を①日本国内，②アメリカ，③ヨーロッパ，④アジアの4地域に分ける．
2) 製造工場を日本国内4カ所，アメリカ，ヨーロッパ，アジアに各1カ所設置している．
3) テクニカルセンタを国内の東日本地域担当に6カ所，中日本地域担当の9カ所，西日本地域担当に9カ所を設置している．北南米地域には工場のほか3カ所の現地法人，テクニカルセンタ12カ所，欧州地域にはイギリスに工場と各国に置いた5現地法人と3テクニカルセンタを置く．また，アジア地域には3現地法人を置いている．主としてテクニカルセンタがアフターサービスを行う．
4) これらの事業所はインターネットで結ばれており，顧客の要求を24時間以内に解決する体制をとっている．

　コンピュータ，産業機械は企業にとっての生命線であり，カスタマー・サービスとしての素早い保守・維持が要請される．それを充足している．

　さらに，顧客満足のために新しい技術を専門企業と共同で開発している．すなわち，マザックの工作機械は汎用機でコンピュータ制御されている．その制御プログラム数は多い．大工場では大型コンピュータが制御プログラムを持ち，各工作機械の仕事の進行にしたがって，ネットワークを通じて配送される．いわゆる群管理体制をとっている．単体の工作機械もあり，この場合はプログラムの入換え作業を必要とする．マザックは富士通，三菱電機と共同でプログラムを工作機械に内装する器具，工作機械自体が自動的に交換できるICカードを装着した器具を開発した．その開発はコアコンピタンス（中核技術）を持つ企業との提携によってである．

　さらにまた，顧客の要請にしたがって，新技術を開発している．トヨタ自動

車が要求したウィールホイルの切削時間を実現するために機械を改良した．これはマス・マーケティングではなく，顧客を個としてとらえたからであり，消費者の満足を実現する新しいマーケティング手法である．

(b) NTN（New Technology Network）株式会社

NTN㈱もマザックと同じく創業80年である．ベアリング（軸受け）の専門メーカーであり，現在はグローバル企業である．

1) 地域を①日本，②北アメリカ，③南アメリカ，④ヨーロッパ，⑤アフリカ，⑥アジアの6つに分け，グローバル展開している．
2) 製造拠点は国内に12カ所，アメリカに2カ所置いている．
3) 海外販売会社は，北アメリカ8，南アメリカ3，ヨーロッパ4，アジア9である．アフリカには会社はない．
4) これらはコンピュータ・ネットワークで結ばれており，情報共有，情報交換を行っている．

これはマザックに類似しているが，顧客サービスにNTN軸受け技術計算，すなわち，軸受け基本定格寿命計算，ギヤ荷重と軸受けの基本定格寿命計算，軸受け荷重と軸受けの基本定格寿命計算のプログラムをインターネットで無料でダウンロードでき，軸受けを利用した設計について顧客の便に供している．

(c) 大塚商会

日本電気のコンピュータの販売会社として出発した．現在は情報システムの設計，開発，維持保守，その他のコンサルタント，システム・インテグレータのサービス，ユーザー教育・訓練と幅広い営業を行っている．特徴的なのは，顧客の満足するサービスを高価格で提供していることである．すなわち，顧客へのサービス業務の価格表を作成，提供するサービスを決め，その範囲内で顧客の要求に素早く対応している．したがって，高度のユーザからは高く評価されている．

顧客は満足すれば高料金を支払うのである．ただし，高料金というのは比較的なもので質的に高いサービスを反映しているのである．

(d) その他

1) ボーイング社は競争相手である三菱重工㈱と「777」旅客機の開発設計を提携した．ボーイング社は三菱重工㈱とともに，競合する航空機会社と機能横断的チームを編成し，また，顧客である航空会社からも参画を得た．これはバーチャル・コーポレーションの性格に近いものである．
2) グットイヤー・タイヤ社と住友ゴム㈱との提携も競争相手との技術提携である．

4. む　す　び

以上，1990年代の企業間結合の実態を，業種を中心にみてきた．
1) わが国の金融業はバブル景気のなかでいわゆる不動産関連に融資し，バブルの崩壊とともにそれは不良債権化した．それを解消するために，政府，日本銀行は公的資金を投入した．それによって再建をはかった．そこではいわゆる統合，提携の形をとった．また一方，金融機関は金融ビッグバンを睨んで内外企業との提携をはかっている．
2) 自動車産業は合従連衡という世界的な再編成過程にある．合従連衡は自動車産業だけではない．世界的に通信の自由化がすすみ，情報通信業もまた提携の途をたどっている．
3) 電子産業は，その技術の先端性の故に競争相手とも協調，協力してデファクト・スタンダードを形成している．
4) 上記は企業間結合であるが，厳しい経済環境に適合するため，消費者中心に事業を展開している企業もみられる．

　従来，企業は消費者需要を予測し，消費者の望む機能を持つ製品を，消費者が妥当と考える価格で提供した．そして，それを実現するために生産システムを整備した．これは生産者中心の政策である．
　しかし，企業は政策を転換している．すなわち，消費者中心のものである．極端な言い方をすれば，消費者個々に向けて製品を製作し，提供しようというのである．そのために生産者と消費者が一体になって，いわば注文生産の形を

とり，しかも，製品とともにサービスを一体化して販売している．

しかし，注文から納品にいたるリードタイムはできるだけ短くする．そのためには，1社でそれを遂行することは難しい．したがって，競争相手とも協調，協力して製品を開発する体制が取られ始めたのである．また，その提携を弾力的に運営するためにバーチャル・オーガニゼーションの形をとっている．その萌芽は1990年代にみられた．おそらく，これが21世紀の企業の姿であろう．

1) 中国の戦国時代（403BC-222BC），333BC蘇秦は南北に連なる韓，魏，趙，燕，楚，斉を同盟して秦に対抗しようと提案した．これを「合従」という．また，331BC張儀は東西に連なる6カ国（上と同じ）は秦とともに共存を計ろうとした．これを「連衡」という．233BC-221BCにかけて6カ国はすべて秦に滅ぼされた．そして，秦王は始皇帝となった．いわゆる対抗と協調の図式である．
2) virtualは「(名目上または表面上はそうではないが力・効果・効力の点で)実質上，事実上の」，という意味である．
3) 持株会社には，2種類ある．持株しているが，専門の事業を行わない純粋持株会社，それにたいして持株会社そのものが独自の事業を行う事業持株会社である．
4) その一つとして，野村証券の総会屋グループへの商法違反（利益供与），証券法取引違反（損失補填）がある．
5) 「そごう」グループの破綻により新生銀行の債権は不良化した．破綻銀行の債権について譲渡の瑕疵担保方式の特約によって国は債権を買い戻した．
「そごう」の債権については日本興業銀行が中心になって債権放棄して再建を計ろうとした．実際はこの債権放棄は倒産を避けて形式上返還を延期することである．しかし，公的資金の追加が必要である．そのため政界，民間は反対の意向が強く，譲渡の瑕疵担保方式の見直しを迫った．
6) 新聞報道によれば「4社連合」といわれていたが，2000年5月時点では「3社連合」といっている．直接折衝はソフトバンクなのであろう．金融再生委員会は2001年1月廃止される．したがって，公的管理下の金融機関の譲渡はそれまでに終了しなければならない，という事情がある．
7) 三和銀行は関西を地盤としていたが，最近は首都圏で実績が強く，あさひ銀行との合併の主導権が対立したのであろう．
8) 自動車下部構造をいう．これを共通化することによって，同一ベルト・コン

ペアで異車種を混流生産でき，また，下部に格納される装置の配置を画一化できる．
9) 従来，1本の長いベルトコンベアで組みつけをしていたが，組みつけ部品をモジュール化し，各ベルトの分肢でそれを組みあげる．したがって，ベルトが短くなった．また，仕掛かり品をここにバッファとして置き，部分に起こったベルトの停止を全部に及ぶことを避けるようにした．
10) ゼネラル・モーターズ，フォード，トヨタ自動車，ルノー・日産自動車，フォルクスワーゲン，ダイムラー・クライスラーの6グループである．
11) インターネットにつながっている情報源（ウエッブ）をつぎつぎに参照できるプログラムである．

参考文献

浅羽 茂（1995）『競争と協力の戦略－業界標準をめぐる企業行動－』有斐閣．
厚谷襄児（1999）『独占禁止法入門』日経文庫，日本経済新聞社．
Chandler Jr., A. D. (1990) *Scale and Scope : The Dynamics of Industrial Capitalism*, Belknap Press of Harvard University Press.（安部悦生，川辺信雄，工藤章，西牟田祐二，日高千景，山口一臣訳（1993）『スケール アンド スコープ－経済力発展の国際比較』有斐閣．）
Chandler Jr., A. D. (1962) *Strategy and Structure : Chapters in the History of the Industrial Enterprise*, MIT Press.（三菱経済研究所訳（1967）『経営戦略と組織』実業之日本社．）
Davidow, W. H., and Malone, M. S. (1992) The Virtual Coporation, Harper Collins Publishers.（牧野 昇監訳（1993）『バーチャル・コーポレーション』徳間書店．）
出口 弘（1994）『ネットワーク』日科技連．
Goldman, S. L., R. N. Nagel, and K. Preisis (1995) *Agile Competitors and Virtual Organizations : Strategies for Enriching the Customer*, Van Nostrand Reinhold.（野中郁次郎監訳，紺野 登訳（1996）『アジル・コンペティション』日本経済新聞社．）
Helper, S. (1991) 'How Much has Really Changed between U.S. Automaker and their Suppliers?' *Sloan Management Review*, Summer, pp. 15-28.
原田健一（1995）『米国自動車産業躍進の戦略』工業調査会．
池上一志（1983）「IBMの企業戦略」中央大学企業研究所『企業研究所研究年報』4号．
今井賢一（1990）『情報ネットワーク社会の展開』筑摩書房．
今井賢一（1984）『情報ネットワーク社会』岩波書店．

今井賢一, 金子郁容 (1988)『ネットワーク組織論』岩波書店.

馬淵紀寿 (1996)『金融持株会社－金融システム再編の主役』東洋経済新聞社.

宮澤健一 (1998)『制度と情報の経済学』有斐閣.

宮澤健一 (1989)『業際化と情報化, 産業社会へのインパクト』有斐閣.

野口　宏, 貫　隆夫, 須藤晴夫編著 (1992)『現代情報ネットワーク論』ミネルヴァ書房.

野中郁次郎 (1997)『俊敏な知識創造経営』ダイヤモンド社.

総合研究開発機構, 今井賢一編 (1992)『21世紀型企業とネットワーク』NTT出版.

さくら銀行調査部編 (1998)『金融の基本』日経文庫, 日本経済新聞社.

Takeuchi, H. and Nonaka, I. (1986) 'The New Product Development Game', *Harvard Business Review*, January-February, pp. 137-146.

建部正義 (1999)『はじめて学ぶ金融論』大月書店.

Womack, J. P., Jones, D. T., and Roos, D. (1990) *The Machine that Changed the World*, Rawson Associates, Macmillan Publishing Company.

付1　経営革新と情報化に関する調査票

　企業革新と情報化の関連を分析するため「企業革新と情報化に関する調査」を行った．すなわち、1998年9月480社にたいして郵送調査を行い，205社から回答（有効回答率42.7%）を得た．そして，その成果を第1章，6章に取りまとめた．以下にその調査票をあげる．

経営革新と情報化に関する調査票

1．経営環境について，貴社の認識としてもっとも当てはまりそうな程度の番号に〇印をつけてください．

　　　　　　　　　　　　　　　　　　　　全く違う　どちらとも言えない　全くその通り

(1) 競争環境は，ますます厳しくなっている．………… 1 − 2 − 3 − 4 − 5
(2) 技術の発展は，ますますスピードアップ化している．………………………………………… 1 − 2 − 3 − 4 − 5
(3) 製品のライフサイクルは，ますます短くなっている．………………………………………… 1 − 2 − 3 − 4 − 5
(4) 顧客の要求は，ますます多様化している．………… 1 − 2 − 3 − 4 − 5

2．経営理念・戦略について，貴社にもっとも当てはまりそうな程度の番号に〇印をつけてください．

　　　　　　　　　　　　　　　　　　　　全く違う　どちらとも言えない　全くその通り

(1) 経営理念やビジョンは，明確である．……………… 1 − 2 − 3 − 4 − 5
(2) 経営理念・ビジョンは，現場まで浸透している．……… 1 − 2 − 3 − 4 − 5
(3) 経営戦略は，理念やビジョンに基づいて具体化されている．………………………………………… 1 − 2 − 3 − 4 − 5
(4) 経営戦略は，実行計画・予算のレベルまで具体化されている．………………………………………… 1 − 2 − 3 − 4 − 5
(5) 経営戦略や実行計画は，状況に応じて弾力的に再編成される．………………………………………… 1 − 2 − 3 − 4 − 5

3．組織特性について，貴社にもっとも当てはまりそうな程度の番号に○印をつけてください．

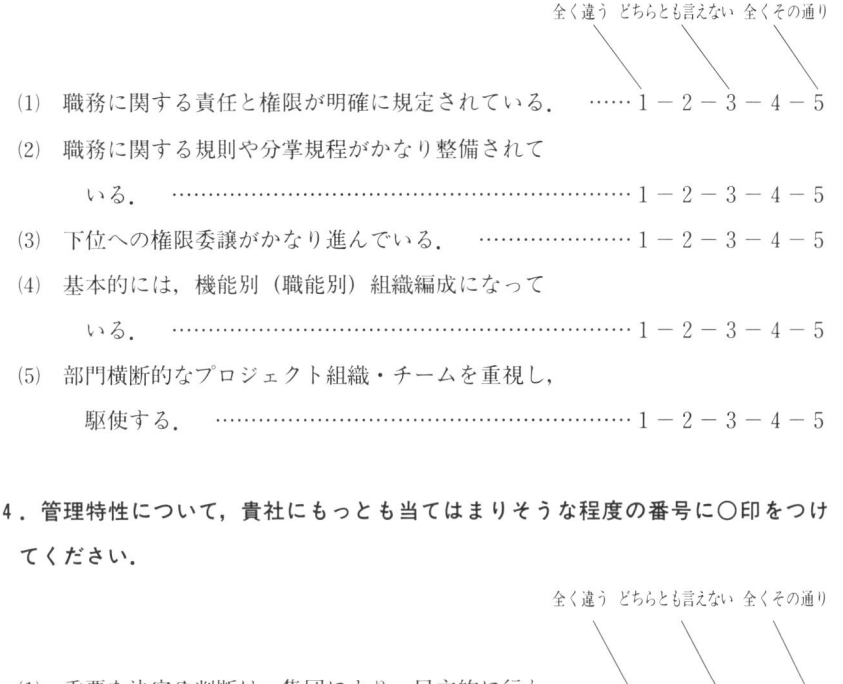

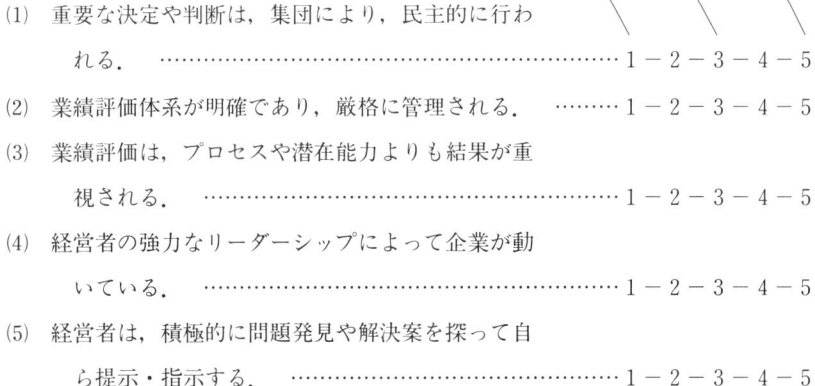

　　　　　　　　　　　　　　　　　　　　　　　全く違う　どちらとも言えない　全くその通り

(1) 職務に関する責任と権限が明確に規定されている．……1－2－3－4－5
(2) 職務に関する規則や分掌規程がかなり整備されて
　　いる．………………………………………………………1－2－3－4－5
(3) 下位への権限委譲がかなり進んでいる．………………1－2－3－4－5
(4) 基本的には，機能別（職能別）組織編成になって
　　いる．………………………………………………………1－2－3－4－5
(5) 部門横断的なプロジェクト組織・チームを重視し，
　　駆使する．…………………………………………………1－2－3－4－5

4．管理特性について，貴社にもっとも当てはまりそうな程度の番号に○印をつけてください．

　　　　　　　　　　　　　　　　　　　　　　　全く違う　どちらとも言えない　全くその通り

(1) 重要な決定や判断は，集団により，民主的に行わ
　　れる．………………………………………………………1－2－3－4－5
(2) 業績評価体系が明確であり，厳格に管理される．………1－2－3－4－5
(3) 業績評価は，プロセスや潜在能力よりも結果が重
　　視される．…………………………………………………1－2－3－4－5
(4) 経営者の強力なリーダーシップによって企業が動
　　いている．…………………………………………………1－2－3－4－5
(5) 経営者は，積極的に問題発見や解決案を探って自
　　ら提示・指示する．………………………………………1－2－3－4－5

5．組織文化について，貴社にもっとも当てはまりそうな程度の番号に○印をつけてください．

　　　　　　　　　　　　　　　　　　　　全く違う　どちらとも言えない　全くその通り

(1) 計画，規則・ルールを遵守して堅実に活動する組織風土が存在する． ……………… 1－2－3－4－5
(2) 社員は，規則やルールにとらわれず変化を追及する革新への組織風土が存在する． ……………… 1－2－3－4－5
(3) 会社特有の価値観や行動パターンが存在する． ……… 1－2－3－4－5
(4) 社員は，会社に対して一体感・誇りを感じている． …… 1－2－3－4－5

6．情報共有・組織学習について，貴社にもっとも当てはまりそうな程度の番号に○印をつけてください．

　　　　　　　　　　　　　　　　　　　　全く違う　どちらとも言えない　全くその通り

(1) 絶えず小集団活動・QCサークルを行っている． ……… 1－2－3－4－5
(2) 機能横断的人事異動・ローテーションなどが頻繁に行われる． ……………… 1－2－3－4－5
(3) 現場からの提案やアイディアが重視される． ……… 1－2－3－4－5
(4) 教育・訓練プログラムが充実している． ……………… 1－2－3－4－5
(5) インフォーマルな会議・会合が行われる． …………… 1－2－3－4－5

7．業務改善活動について，貴社にもっとも当てはまりそうな程度の番号に○印をつけてください．

　　　　　　　　　　　　　　　　　　　　全く違う　どちらとも言えない　全くその通り

(1) 全社的業務改善や改革は，一気に行うのではなく，漸進的に行う． ……………… 1－2－3－4－5

(2) TQC，TQM など全社的業務改善運動が展開され
    てきた． ………………………………………… 1 － 2 － 3 － 4 － 5
・全社的業務改善運動を展開している場合は，次の質問にお答え下さい．
(3) QC サークルや小集団活動を駆使する． …………… 1 － 2 － 3 － 4 － 5
(4) 情報システムの再構築や改善も同時に行う． ……… 1 － 2 － 3 － 4 － 5
(5) 部門横断的に業務プロセス（ワークプロセス）単
    位で自動化する． ……………………………………… 1 － 2 － 3 － 4 － 5
(6) ユーザー部門の業務単位で自動化する． …………… 1 － 2 － 3 － 4 － 5
(7) 非自動化業務も改善の一環として，
    担当者の「多能工」化（多機能担当）を進める． …… 1 － 2 － 3 － 4 － 5

8．情報化戦略と経営戦略について，貴社にもっとも当てはまりそうな項目の番号に○印をつけてください．

1．経営（事業・競争）戦略を策定してから，情報化戦略を策定する．
2．経営（事業・競争）戦略の策定は，情報技術の活用を前提にする．
3．情報化戦略は，経営（事業・競争）戦略の策定と関係なく策定される．
4．その他（具体的に：   ）

9．情報化と人的・組織設計・開発について，貴社にもっとも当てあまる項目の番号に○印をつけてください．

1．［順次型］
   全社的業務改善や組織設計・開発をしてから情報システムの設計・開発をする．
2．［並行・補完型］
   全社的業務改善や組織設計・開発と，情報システムの設計・開発は，並

行・補完的に行う．
3．[自己完結型]
　　情報システムの設計・開発は，全社的業務改善や組織設計・開発と連動せずに，自己完結的に行う．
4．その他（具体的に：　　　　　　　　　　　　　　　　　　）

10．情報文化について，貴社にもっとも当てはまりそうな程度の番号に○印をつけてください．

　　　　　　　　　　　　　　　　　　　全く違う　どちらとも言えない　全くその通り

(1) 社員の情報技術に対するアレルギーは，低い．………… 1 － 2 － 3 － 4 － 5
(2) 社員は，個別的な身の回りの業務については，
　　自ら情報技術を駆使しようとする．……………… 1 － 2 － 3 － 4 － 5
(3) 社員は，情報部門やヘルプ・デスクの
　　「情報技術支援体制」を積極的に利用する．……… 1 － 2 － 3 － 4 － 5
(4) 社員は，情報システムの構築や改善に，
　　主体的・積極的に意見を開陳したり，参加する．…… 1 － 2 － 3 － 4 － 5

11．情報システム化推進のイニシアチブは，どこがとりますか．もっとも当てはまりそうな項目の番号に○印をつけてください．

| 1．経営トップ　2．経営企画部門　3．情報システム部門 |
| 4．ユーザー部門　5．外部機関　6．その他（具体的に：　　　　） |

12. 情報システム特性について，貴社にもっとも当てはまりそうな程度の番号に○印をつけてください．

　　　　　　　　　　　　　　　　　　　　　　　全く違う　どちらとも言えない　全くその通り

(1) 基幹系（定型的業務処理）の情報化度合は，
　　　同規模・同業他社に比べて高い．……………… 1 － 2 － 3 － 4 － 5
(2) 情報系（管理的情報処理）の情報化度合は，
　　　同規模・同業他社に比べて高い．……………… 1 － 2 － 3 － 4 － 5
(3) 基幹系と情報系の連携・統合度合は，
　　　同規模・同業他社に比べて高い．……………… 1 － 2 － 3 － 4 － 5
(4) 基幹系情報システムは，
　　　中央（情報部門）において集中管理されている．…… 1 － 2 － 3 － 4 － 5
(5) 中央（情報部門）と各ユーザー部門の情報技術環境は，
　　　ネットワークによって統合されている．………… 1 － 2 － 3 － 4 － 5
(6) 各ユーザー部門の情報技術環境においても
　　　基幹系アプリケーションが分散的に機能している．… 1 － 2 － 3 － 4 － 5
(7) 各ユーザー部門の情報技術環境において
　　　基幹系データベースが分散的に管理されている．…… 1 － 2 － 3 － 4 － 5
(8) 各ユーザー部門の情報技術環境において
　　　情報系のアプリケーションやデータベースが管理
　　　されている．……………………………………… 1 － 2 － 3 － 4 － 5

13. 外部の企業・機関・消費者とのネットワークの活用レベルに関して，貴社にもっとも当てはまりそうな番号に○印をつけてください．

1．リンク先との間で，単純なデータや情報のやり取りのレベル
　　（たとえば，生産・販売の受発注データの送受レベル）
2．リンク先との間で，他方のデータ・ファイルやデータベースをアクセスす

るレベル
　　　　　（たとえば，生産，在庫，計画などのデータを相互に共有するレベル）
　　3．リンク先との間で，他方のアプリケーションが利用できるレベル
　　　　　（たとえば，手元のマシンから，相手先のプログラムが相互に利用できるレベル．）
　　4．その他（具体的に：　　　　　　　　　　　　　　　　　　　　）

14．情報技術に関するユーザー支援・教育体制について，貴社にもっとも当てはまりそうな程度の番号に○印をつけてください．

　　　　　　　　　　　　　　　　　　　全く違う　どちらとも言えない　全くその通り

　(1) 情報部門によるユーザー部門へのヘルプ体制が整
　　　備されている．……………………………………… 1 － 2 － 3 － 4 － 5
　(2) コンピュータおよび情報リテラシー教育プログラ
　　　ムが整備されている．…………………………… 1 － 2 － 3 － 4 － 5

15．最近の3年間において，とくにどのような目的をかかげて情報システム化を推進しましたか．貴社にもっとも当てはまる番号を3つだけ選んで○印をつけてください．

　　1．経費・為損じの削減など能率性の向上
　　2．管理の質的向上・有効性向上
　　3．情報共有・コミュニケーションの円滑・拡大化
　　4．社員のやる気，モチベーションの向上
　　5．顧客満足の向上
　　6．業務プロセスの抜本的改革
　　7．事業転換・組織転換

8．競争的優位の実現
　　9．ノウハウ・知識の創造
　　10．その他（具体的に：　　　　　　　　　　　　　　　　）

16．最近の3年間において，どのような情報システム効果が現われましたか．間接的・波及的効果も含めて，各項目について，貴社にもっとも当てはまりそうな程度の番号に〇印をつけてください．

全く違う　どちらとも言えない　全くその通り

(1) 経費・為損じの削減など能率性の向上 ………… 1 － 2 － 3 － 4 － 5
(2) 管理の質的向上・有効性向上 ………………… 1 － 2 － 3 － 4 － 5
(3) 情報共有・コミュニケーションの円滑・拡大化 ……… 1 － 2 － 3 － 4 － 5
(4) 社員のやる気，モチベーションの向上 ………… 1 － 2 － 3 － 4 － 5
(5) 顧客満足の向上 ……………………………… 1 － 2 － 3 － 4 － 5
(6) 業務プロセスの抜本的改革 …………………… 1 － 2 － 3 － 4 － 5
(7) 事業転換・組織転換 ………………………… 1 － 2 － 3 － 4 － 5
(8) 競争的優位の実現 …………………………… 1 － 2 － 3 － 4 － 5
(9) ノウハウ・知識の創造 ……………………… 1 － 2 － 3 － 4 － 5
(10) その他（具体的に：　　　　　　　　　　　　　　　　）

17．情報化投資について，貴社にもっとも当てはまりそうな程度の番号に〇印をつけてください．

・貴社の会社全体として情報化投資は，3年前と比較して変化していますか．

　　1．21%以上増大　　2．20〜11%増大　　3．10〜1%増大　　4．変化なし
　　5．1〜10%減少　　6．11〜20%減少　　7．21%以上減少

・貴社における情報技術環境の機能は，3年前と比較してどのくらい変化していますか．

| 1．かなり向上　2．やや向上　3．変化なし　4．やや低下　5．かなり低下 |

18．経営成績について，貴社にもっとも当てはまりそうな程度の番号に〇印をつけてください．

・貴社の売上高は，3年前と比較して変化していますか．

| 1．21%以上増大　　2．20~11%増大　　3．10~1%増大　　4．変化なし
5．1~10%減少　　6．11~20%減少　　7．21%以上減少 |

・貴社の営業利益は，3年前と比較して変化していますか．

| 1．21%以上増大　　2．20~11%増大　　3．10~1%増大　　4．変化なし
5．1~10%減少　　6．11~20%減少　　7．21%以上減少 |

19．最後に貴社の事業概要についてお聞きします．

| 売上高　約　　　　　　　　円 | 資本金　　　　　　　　　円 |
| 従業員数　約　　　　　　人 | |

20．貴社の主たる業種を一つだけお選び下さい．

| 1．製造業　　2．販売・商業　　3．流通・運輸業　　4．サービス業
5．金融・不動産業　　6．その他 |

以　上

付2　経営革新(トップ・マネジメント)に関する調査票

　企業のトップマネジメントの組織，その機能を把握するため，プロジェクト「現代の経営革新」のトップマネジメント・チームは機械工業4業種（機械，電気機械，輸送用機械，精密機械）300社に下記の調査項目について郵送調査を行った．調査は1998年10月，11月であった．なお，有効回答企業は84社（回答率28％）であった．また，必要に応じて補足の訪問調査を行い，成果を本研究叢書の第2,3および4章に取りまとめた．その調査項目を以下にあげる．

経営革新（トップ・マネジメント）に関する調査

Ⅰ． 貴社の目標，経営ビジョン・方針についてお尋ねします．

1　貴社の企業目標として現在どの項目を重視しておられますか．下記の中から重視している順番に5項目選択して，その番号を下の回答欄にご記入下さい．

　　①市場占有率　　　②売上高　　　③営業利益額　　　④経常利益額
　　⑤売上高営業利益率　⑥売上高経常利益率　⑦投下資本利益率（ROI）
　　⑧株主資本利益率（ROE）　⑨総資産利益率（ROA）　⑩顧客満足度
　　⑪地球環境問題への対策　⑫社会貢献活動　⑬その他（　　　　）

順位	1	2	3	4	5
番号					

2　現在の経営ビジョン・指針に示されている基本的内容はどのようなものですか．以下の中から選択し，（　）内に〇印をつけて下さい（2つまで選択可）．

　　①（　）経営理念を表明したもの．
　　②（　）長期的経営計画，経営目標を示すもの．
　　③（　）目指すべき自社の事業領域を表明したもの．
　　④（　）目指すべき事業領域とその到達への道筋を表明したもの．
　　⑤（　）その他（具体的に　　　　　　　　　　　　）

3　経営ビジョン・指針は変更されましたか．変更時期について以下の中から選択し，（　）内に〇印をつけて下さい．

　　①（　）最近1年以内に変更された．　②（　）3，4年前に変更された．
　　③（　）5年から9年前の間に変更された．
　　④（　）10年以上変更がない．

⑤（　）特にビジョンのようなものはない．

4　経営ビジョン・指針はどのように決定されていますか．以下の中から1つだけ選択し，（　）内に○印をつけて下さい．
　　①（　）社長・会長の提案を常務会や取締役会で審議し，決定する．
　　②（　）経営会議，常務会等で審議・策定したものを取締役会に諮って決定する．
　　③（　）ボトム・アップで全社的に審議・策定された案を常務会や取締役会が承認して決定する．
　　④（　）特に決まっていない（ケース・バイ・ケース）．
　　⑤（　）その他（具体的に　　　　　　　　　　　　　　　　）

5　貴社では経営ビジョン・指針をどの程度，社内外に明らかにしていますか．以下の中から1つだけ選択し，（　）内に○印をつけて下さい．
　　①（　）社内向けにだけ，必要な限りで知らせる．
　　②（　）社内向けにだけ，ビジョンの全体を周知徹底する手立てを講じている．
　　③（　）社内・社外に向けて，必要な限りで発表している．
　　④（　）社内・社外に向けて，ビジョンの全体を発表している．
　　⑤（　）社内・社外ともに公表していない．
　　⑥（　）その他（具体的に　　　　　　　　　　　　　　　　）

II．貴社の経営戦略についてお尋ねします．

1　貴社の経営戦略の性格はどのようなものか以下の項目の中から選択して（　）内に○印をつけて下さい（複数選択可）．
　　①（　）中期・長期経営計画として位置づけている．
　　②（　）経営ビジョン・指針を具体化するための行動を計画化したもの．
　　③（　）個別の課題解決をプロジェクト化したもの．

④ ( ) 経営方針と区別していない．

⑤ ( ) その他（具体的に   ）

2　全社的な経営戦略の策定および決定はどのように行われていますか．以下の中から選択し，( ) 内に○印をつけて下さい．

① ( ) 各部門・事業部で策定したものを統合して全社規模の戦略を創る．

② ( ) (トップの示す経営ビジョン・指針に基づいて) 各部門・事業部が戦略を策定し，トップが承認する．

③ ( ) (トップの経営ビジョン・指針に基づいて) 経営企画部等のスタッフ部門が主導して，各部門・事業部からの意見・情報を取りまとめ全社的な戦略案を策定する．

④ ( ) トップの具体的な指示のもとに経営企画部等のスタッフ部門が各事業部・部門から情報を収集し，トップの意向のもとに戦略の策定を行う．

⑤ ( ) その他（具体的に   ）

3　経営戦略の中で重要と思われる項目を現在，今後それぞれについて重要な順番に5項目選択して下さい．また10年前についてもお分りになる範囲でご記入下さい．

①人員削減を初めとする合理化　②製造ラインの合理化　③物流の合理化
④新製品開発　　⑤製造技術の開発　　⑥新規事業への進出
⑦不採算部門・事業からの撤退　⑧環境問題への対応　⑨販売部門の強化
⑩他社との提携　　⑪研究開発部門の海外拠点の新増設
⑫海外子会社の統括本部の新設・再編成

10年前	(1)	(2)	(3)	(4)	(5)
現　在	(1)	(2)	(3)	(4)	(5)
今　後	(1)	(2)	(3)	(4)	(5)

Ⅲ． トップマネジメント組織の変更について以下の点にお答え下さい．

1 トップマネジメント組織の変更はありましたか．以下該当する項目を選択し番号を（　）内に〇印を付けて下さい．
　① （　） 過去5年以内に変更があった．
　② （　） 変更はない．

2 変更の中身について該当する項目に〇印をつけて下さい．（複数選択可）
　① （　） 取締役の人数を削減した．
　② （　） 取締役の人数を削減し，執行役員制度を新設した（予定している）．
　③ （　） 常務会などトップ直属の審議機関を廃止・削減し，意思決定のスピードを高めた．
　④ （　） その他（具体的に　　　　　　　　　　　　　　　）

Ⅳ． 新製品開発について以下の点にお答え下さい．

1 新製品開発の体制はどのようなものですか．以下の項目から1つだけ選択し，（　）内に〇印をつけて下さい．
　① （　） 本社の研究開発部門の下に置かれ部門長が担当する．
　② （　） 各事業部に新製品開発部門が置かれ事業部長が担当する．
　③ （　） 本社の研究開発部門の主導の下に，各事業部等の新製品開発部門の調整が行われる．
　④ （　） 全社的にプロジェクトが創られ，開発の全権をプロジェクト責任者に委譲する．
　⑤ （　） その他（具体的に　　　　　　　　　　　　　　　）

2　新製品開発のプロセスを探索（アイデア・情報の収集・創造），テーマ設定，基礎研究，設計，製品化に分けると，それぞれのプロセスでもっとも影響力が大きい担当者の（　）内に○印をつけて下さい．

　　a）探索：①（　）トップ　②（　）研究開発部門長
　　　　　　③（　）各事業部長　④（　）各プロジェクト責任者
　　　　　　⑤各研究者　⑥その他（具体的に　　　）

　　b）テーマ設定：①（　）トップ　②（　）研究開発部門長
　　　　　　③（　）各事業部長　④（　）各プロジェクト責任者
　　　　　　⑤各研究者　⑥その他（具体的に　　　）

　　c）基礎研究：①（　）トップ　②（　）研究開発部門長
　　　　　　③（　）各事業部長　④（　）各プロジェクト責任者
　　　　　　⑤各研究者　⑥その他（具体的に　　　）

　　d）設計：①（　）トップ　②（　）研究開発部門長
　　　　　　③（　）各事業部長　④（　）各プロジェクト責任者
　　　　　　⑤各研究者　⑥その他（具体的に　　　）

　　e）製品化：①（　）トップ　②（　）研究開発部門長
　　　　　　③（　）各事業部長　④（　）各プロジェクト責任者
　　　　　　⑤各研究者　⑥その他（具体的に　　　）

Ⅴ．地球環境問題について以下の点についてお答え下さい．

1　製品の設計段階でリサイクルを想定した設計がなされていますか．以下から選択し，（　）内に○印をつけて下さい．
　　①（　）している　②（　）していない　③（　）現在検討中である

2 リサイクルを想定した製品の使用済み後の回収率はどの程度ですか．
　　① (　) 25%以下　② (　) 26〜50%　③ (　) 51〜75%
　　④ (　) 76%以上　⑤ (　) 分らない

3 使用済み製品の回収，リサイクル費用は誰が負担すべきであると考えますか．
　（2項目のみ選択）
　　① (　) 製品を製造した企業　② (　) 販売店　③ (　) 消費者
　　④ (　) 自治体　⑤ (　) その他（具体的に　　　　　　　）

4 企業経営において，地球環境問題をどう捉えるか，以下の中から選択し，(　)内に〇印をつけて下さい．
　　① (　) ビジネス・チャンスとして見る．
　　② (　) 法規制上，必要なかぎりで対応する．
　　③ (　) 社会に対する道義的責任として行う．

Ⅵ． 給与・雇用・定年についてお尋ねします．該当する項目に〇印をつけて下さい．

1 （給与・賃金について）
1-1 管理職の年俸制を実施していますか．
　　① (　) 実施している　　② (　) 実施していない
1-2 年俸制を実施している場合，管理職の給与全体に占める比率はどの程度ですか．
　　① (　) 5割以上　　　② (　) 5割未満
1-3 間接部門社員の給与（年間）のうち業績給＝成果給の比率はどの程度ですか．
　　① (　) 5割以上　　　② (　) 5割未満
1-4 現業部門社員の給与（年間）のうち業績給＝成果給の比率はどの程度ですか．
　　① (　) 5割以上　　　② (　) 5割未満

2（人員の増減）

2-1　5年前（1993年3月）と比較して管理職の数はどうなりましたか．

　　① （　） 微増　② （　） 1割以上増加　③ （　） 微減

　　④ （　） 1割以上減少　⑤ （　） 変化なし

2-2　5年前と比較して間接部門社員の数はどうなりましたか．

　　① （　） 微増　② （　） 1割以上増加　③ （　） 微減

　　④ （　） 1割以上減少　⑤ （　） 変化なし

2-3　5年前と比較して現業部門社員の数はどうなりましたか．

　　① （　） 微増　② （　） 1割以上増加　③ （　） 微減

　　④ （　） 1割以上減少　⑤ （　） 変化なし

2-4　5年前と比較して派遣社員の受け入れはどうなりましたか．

　　① （　） 微増　② （　） 1割以上増加　③ （　） 微減

　　④ （　） 1割以上減少　⑤ （　） 変化なし

3（人員の移動）

3-1　5年前と比較して役員のグループ会社への出向・派遣・転籍はどのようになりましたか．

　　① （　） 微増　② （　） 1割以上増加　③ （　） 微減

　　④ （　） 1割以上減少　⑤ （　） 変化なし

3-2　5年前と比較して間接部門社員の出向・派遣・転籍はどのようになりましたか．

　　① （　） 微増　② （　） 1割以上増加　③ （　） 微減

　　④ （　） 1割以上減少　⑤ （　） 変化なし

3-3　5年前と比較して現業部門社員の出向・派遣・転籍はどのようになりましたか．

　　① （　） 微増　② （　） 1割以上増加　③ （　） 微減

　　④ （　） 1割以上減少　⑤ （　） 変化なし

4 (定年)

4-1　役員の定年退職年齢はどの程度ですか．

　　① (　) 50歳未満　　② (　) 51歳〜55歳　　③ (　) 56歳〜60歳
　　④ (　) 61歳〜65歳　　⑤ (　) 66歳〜70歳　　⑥ (　) 定年制度はない
　　⑦ (　) その他 (　　　　　)

4-2　間接部門社員の定年退職年齢はどの程度ですか．

　　① (　) 50歳未満　　② (　) 51歳〜55歳　　③ (　) 56歳〜60歳
　　④ (　) 61歳〜65歳　　⑤ (　) 66歳〜70歳　　⑥ (　) 定年制度はない
　　⑦ (　) その他 (　　　　　)

4-3　現業部門社員の定年退職年齢はどの程度ですか．

　　① (　) 50歳未満　　② (　) 51歳〜55歳　　③ (　) 56歳〜60歳
　　④ (　) 61歳〜65歳　　⑤ (　) 66歳〜70歳　　⑥ (　) 定年制度はない
　　⑦ (　) その他 (　　　　　)

　　　　　　　　　　　　　　　　　　　　　　　　　　　　　　以上

執筆者紹介（執筆順）

遠山　　曉（とおやま　あきら）	研究員 中央大学商学部教授
芦澤　成光（あしざわ　しげみつ）	客員研究員 玉川大学文学部助教授
所　　伸之（ところ　のぶゆき）	客員研究員 玉川大学文学部助教授
林　　正樹（はやし　まさき）	研究員 中央大学商学部教授
長谷川　廣（はせがわ　ひろし）	元客員研究員 下関市立大学経済学部教授・中央大学名誉教授
安積　　淳（あづみ　じゅん）	準研究員 中央大学大学院商学研究科博士後期課程
河邑　　肇（かわむら　はじめ）	研究員 中央大学商学部助教授
長峰　秀和（ながみね　ひでかず）	元客員研究員
鄭　　炳武（チョン　ビョン　ム）	準研究員 中央大学商学部兼任講師
飛田　幸宏（とびた　ゆきひろ）	準研究員 中央大学商学部兼任講師
日高　克平（ひだか　かっぺい）	研究員 中央大学商学部教授
池上　一志（いけがみ　かずし）	客員研究員 中央大学名誉教授

現代の経営革新　　　　　　　　　　研究叢書 20

2001 年 2 月 20 日　　初版第 1 刷印刷
2001 年 2 月 28 日　　初版第 1 刷発行

編著者　　池　上　一　志
発行者　　中　央　大　学　出　版　部
代表者　　辰　川　弘　敬

発行所　192-0393　東京都八王子市東中野 742-1　　中央大学出版部
　　　　電話 0426(74)2351　FAX 0426(74)2354
　　　　http://www2.chuo-u.ac.jp/up/

©2001〈検印廃止〉　　　　　　　　　藤原印刷・渋谷文泉閣
ISBN4-8057-3219-9